百年中国协商史话

李红梅◎著

中国文史出版社

图书在版编目（CIP）数据

百年中国协商史话 / 李红梅著 . -- 北京：中国文史出版社，2023.10
　ISBN 978-7-5205-4300-2

Ⅰ.①百… Ⅱ.①李… Ⅲ.①中国人民政治协商会议 – 史料 Ⅳ.① D627

中国国家版本馆 CIP 数据核字（2023）第 171742 号

责任编辑：戴小璇　詹红旗

出版发行：	中国文史出版社
社　　址：	北京市海淀区西八里庄 69 号院　邮编：100142
电　　话：	010-81136606　81136602　81136603（发行部）
传　　真：	010-81136655
印　　装：	廊坊市海涛印刷有限公司
经　　销：	全国新华书店
开　　本：	1/16
印　　张：	28.25
字　　数：	460 千字
版　　次：	2024 年 1 月北京第 1 版
印　　次：	2024 年 1 月第 1 次印刷
定　　价：	88.00 元

文史版图书，版权所有，侵权必究。

序 一

卞晋平[①]

欣闻李红梅同志新著《百年中国协商史话》即将付梓，先睹为快。初览之后，击节鼓掌。

协商文化在我国古已有之且源远流长。它深深植根于中华民族传统文化沃土，是中华文明百花园中一道独特的景观。

中国是一个幅员辽阔、人口众多、历史悠久的多民族、多阶层、利益多元、文化多样的大国，多样性和一致性始终是中华民族相伴而生如影随形的首要关系。在漫长的历史演进过程中，人们在同一时空中并存共行，彼此之间有过激烈的竞争冲突，更留下许许多多和合相处、协调共济、求同存异、商量办事的故事。同时，与之相关的一些思想观念或人文传统，经过历史荡涤、去除糟粕后凝聚而成的精粹，润物无声地进入中华民族的血脉，汇入中华民族世代相传的文化主流。比如，民惟邦本、本固邦宁，海纳百川、协和万邦，兼容并包、和而不同，忧乐天下、家国情怀，厚德载物、自强不息等等。所有这些，都是中国传统协商文化滋生发育的温润土壤，是维系国家统一和民族团结的精神纽带，是推动国家发展和社会进步的重要精神力量。

1921年中国共产党成立，我国古老的协商文化涅槃新生，前所未有地被赋予一种全新的崇高含义。中国共产党人把马克思

[①] 作者系全国政协原副秘书长、原文史和学习委员会副主任。

主义统战理论、政党理论、民主政治理论创造性地与中国具体实际相结合，使协商文化在中国这片古老的大地上登上了人民民主的时代巅峰。1949年，中国共产党带领各民主党派、无党派民主人士、各人民团体、各阶级阶层、各族各界以统一战线和民主协商的形式宣告了中华人民共和国的成立，协商民主也破天荒地成为共和国的一项基本政治制度，成为人民大众当家作主的一种基本形式。数年之后，党和国家又以统一战线和民主协商的形式完成了对生产资料私有制的社会主义改造，我国进入全面开展社会主义建设的历史阶段。此后，在改革开放新时期和十八大以来的新时代，我国社会主义协商民主从内容到形式、从理论到实践都在不断地与时俱进，不断地扩容增效，不断地完善升华。党和国家协同推进选举民主和协商民主，构建起覆盖960多万平方公里土地、14亿多人民、56个民族的社会主义民主体系。

协商民主作为我国全过程人民民主的重要组成部分，迭经实践检验，业已形成广泛、多层、制度化的协商民主体系。从协商渠道看，包括政党协商、人大协商、政府协商、政协协商、人民团体协商、基层协商和社会组织协商；从协商内容看，覆盖政治、经济、社会、文化、生态文明各个领域；从协商性质看，既有国是协商也有民事协商，既有政治协商也有社会协商，既有重大决策协商也有民生小事协商；从协商程序看，贯穿于民主选举、民主协商、民主决策、民主管理、民主监督的各个环节。有事要商量，遇事多商量，广泛及时地倾听群众声音，把握群众意愿，接受群众监督，已经越来越成为我国政治生活和社会生活的一种常态。

当前，我国协商民主建设仍在过程之中，任重道远且不可能一蹴而就。有些绠短汲深之处，仍需踔厉奋发赓续前行。比如，对我国协商民主知之不多者为数不少，有些人不仅对我国以往协商历史不甚了了，甚至于对身边司空见惯的协商活动也漠然不闻；还有一些人对我国协商民主持虚无主义态度，只知欧美不知有汉，拿着外国舶来观念作为衡量我国协商民主的价值尺度。这让我想起70多年前毛泽东同志讲的一段话："马克思列宁主义的基本原则，就是要使群众认识自己的利益，并且团结起来，为自己的利益而奋斗。"（《对晋绥日报编辑人员的谈话》）他还提出，要善于把党的政策变为群众的行动，要让广大的群众都能懂得、都能掌握。李红梅同志撰著的《百年中国协商史话》，就是这样一部应运而生的专门讲述中国协商故事的著作，一部力图让广大群众都能懂得、都能掌握的著作。

《百年中国协商史话》以史为经，以事为纬，纵横交织，脉络分明；以史实为据，以叙事为体，因事谋篇，相互贯通，集中反映了中国共产党百年奋斗历程中的重大协商场景。此书最大的特点，是把史事的真实性严肃性与叙事的生动性可读性融为一体，使波澜壮阔的历史长河中一桩桩关于国事民情的商量过程，转化为具有长宽高三维的、有血有肉形象的、有细节有温度的鲜活故事。这些故事，有些已在社会上被传为佳话，有些至今尚鲜为人知，还有些则曾被误传误解。为此，本书作者耗费大量心血于档案史料的研究，使其所讲故事皆言之有据，绝无道听途说，在普及知识的基础上保持了较高的学术价值。这也是本书的重要特点之一。

在我们中华民族大家庭内，不同方面的人群彼此之间承认差异、尊重多样，协调关系、化解矛盾，遇事多商量、有事好商量，这是人民内部各方面利益的兼顾、关系的和谐、思想的交流、智慧的凝聚、力量的汇集，可以提升整个社会文明的水平，可以在最大公约数下构建起大团结大联合的同心圆，可以推动建设社会主义现代化强国目标的实现。这样一种生于中国、长于中国、适合国情、服务人民的好制度，必将在中华民族伟大复兴的进程中发出更多的光和热！

期望本书在深耕厚植中国特色社会主义协商文化方面事随人愿，做出积极的贡献。

2022年8月

序 二

宁 骚[①]

李红梅同志著《百年中国协商史话》付梓在即，我乐意为之作序，以点赞作者以叙事史学的方法研究协商主要是政治协商，收获新的硕果。

改革开放以来中国的现代化事业一路高歌猛进，"中国崛起"标示着中国方方面面发生巨大变化。发展的成功彰显着中国的国家制度和国家治理体系具有显著优势。国家的发展赋予我们一项重要使命：依托我国长期政治稳定、经济持续增长的骄人成就，立足五千年中华文明，构建能够体现中国立场、中国智慧、中国价值的中国叙事体系，讲好中国故事，展示真实、立体、全面的中国。构建中国叙事体系可采取论和史两种方式：论的方式就是通过理论的构建和阐释，系统论说我国的文明观、发展观、民主观、人权观、生态观和全球治理观；史的方式就是以叙事史学的方法来展现中华文明、中国奇迹、中国制度、中国治理以及中国与世界关系的起源、发展过程、运行机制和基本走向，展现中国故事的宏大壮丽和绚烂多彩。

李红梅同志和她的合作者多年来专心致力于以叙事史学的方法，研究中国国家制度和国家治理体系中的一项基本制度——中

[①] 作者系北京大学教授、原政治学与行政管理学系主任，中央马工程重点项目"比较政治制度"主持人、第一首席专家。

国共产党领导的多党合作和政治协商制度。通过检索和使用历史档案文件，以及访谈历史亲历者，他们搜集了关于政党协商和政协协商的丰富历史资料。在这一基础上，他们熟练地运用叙事史学的方法，进行史料的甄选、考释、梳理和分析，以严谨而生动的语言把研究所得表述出来。在几年的时间里他们就相继写成并出版了两部以人民政协诞生和协商建立新中国为中心事件的政党协商、政协协商的历史著作：《人民政协诞生实录》（中国文史出版社，2019年）和《向北方》（江苏人民出版社，2021年）。这两本协商史著作通过多线索、多维度的历史叙事，清晰地展现了中国自新民主主义革命时期起政治协商发生和发展的历史进程，成功地彰显了协商民主的优势，以及人民政协作为专门协商机构在全过程人民民主制度体系中的重要地位及其发挥的突出的制度效能。因此，两书一经出版，就受到了普遍关注和好评：《实录》以其系统全面地梳理人民政协成立的历史而受到政协委员和政协工作者的欢迎，被作为学习中共党史和政协史的参考书；《向北方》由十一届全国政协副主席郑万通作序，得到中共党史和政协史专家的广泛赞誉，获得中宣部主题出版重点出版物、中宣部中国图书评论学会组织评选的"中国好书"，以及第三届江苏省新闻出版政府奖图书奖、江苏省"五个一工程"奖等荣誉，2022年该书入选"经典中国国际出版工程立项项目"。

  李红梅同志没有因获得这样的成绩和赞誉而就此止步。一种不断进取的精神推动着她在叙事史学的方法的实践上做出新的探索，即从严肃史学的领域进入通俗史学的领域。简言之，严肃史学就是板起面孔讲历史，通俗史学就是谈笑风生讲历史。研究和写作政党协商和政协协商、协商建国和协商议政，所涉对象都是有关国家政治制度形成、发展和运行的"国之大者"，其历史的叙事必须是严肃的，真实可信是务必遵循的根本原则，容不得任何形式的主观臆测、编造、虚饰和戏说。那么，怎么才能做到谈笑风生讲历史呢？通俗史学在持续不断的探索中已经形成成熟的叙事套路，主要有以下几点：第一，注意在历史自然展开的过程中，选取故事性强的环节、事件和人物，叙事主要采取讲故事的形式。第二，重视所述史实的真实性和准确性。即便是细微末节，也不容许"合理想象"，务必是真实发生的。第三，生动有趣。努力做到理性逻辑蕴含于具体情节的描述中，寻求特殊事件的特殊阐释，以生动、具体的叙事刺激人的感官，触及人的灵魂深处。要做到这一点，就需要在大历史的框架内，大力挖掘历史的细节，并对细节进行具体的描述和铺展。要注重在历史的关节点上下这种功夫，避免以历史的细微末节淹没故事的主线。唯有如此，才能达到见微知著、以小见大、以具象见抽象、以特殊见一般的目的。李红梅同志对通俗史学的这些套路有很好的了解和把握，在《百年中国协商史话》一书的选材、叙事和结构安排上都运用得很成功。

《百年中国协商史话》在叙事结构上运思独到：以政治协商的制度起源和演化、人民政协的诞生和协商建立新中国、政治协商走向制度化为历史叙事的主线；以协商民主作为全过程人民民主的组成部分，在制度体系构成上的多主体、多层次、多领域和多渠道的叙事为辅线。主线的展开遵循历史演进的客观逻辑，政治协商的发展阶段层层递进、有序铺展；辅线的展开则通过案例的选择和演示，来展现其他主体、领域、渠道和层次的协商（如党内协商、基层协商、国家重大工程决策的协商监督等）的显著作用。案例之间的内在联系不是历史逻辑而是协商民主的制度逻辑。主线和辅线相得益彰，从而使本书的叙事结构别具特色。

李红梅同志以叙事史学的方法研究协商民主特别是政治协商的成功实践，说明运用叙事史学的方法能够讲好中国故事，展现中国奇迹及其背后中国制度的巨大力量和优越性，因而可以成为构建中国叙事体系的重要一环。

期望作者乘胜奋进，在不久的将来向广大读者奉献新的写作成果。

2022 年 9 月于北京大学

目 录
contents

序一　卞晋平　　　　　　　　　　　　　　　　　／001
序二　宁　骚　　　　　　　　　　　　　　　　　／005

短暂的国共联席会议　　　　　　　　　　　　　／001
国共合作的建立　　　　　　　　　　　　　　　　／001
联络机制的提出　　　　　　　　　　　　　　　　／002
联席会议的有限实施　　　　　　　　　　　　　　／004

阋于墙外御其侮　　　　　　　　　　　　　　　／005
从对抗到破冰　　　　　　　　　　　　　　　　　／005
"西湖会谈"前后　　　　　　　　　　　　　　　　／006
合作·分歧·协商　　　　　　　　　　　　　　　／011

国民参政会里的参政　　　　　　　　　　　　　／014
战时最高咨询机构　　　　　　　　　　　　　　　／014
"官吏谈和平者以汉奸论罪"　　　　　　　　　　／017
"这条新路，就是民主"　　　　　　　　　　　　／019

"精兵简政"背后的故事 /022
李鼎铭参议员其人 /022
"国事是国家的公事，不是一党一派的私事" /023
"精兵简政"提案引起热议 /025

在重庆谈判的日子 /028
应邀前来的"弥天大勇" /028
以妥协寻找共识 /033
达成《双十协定》 /035
"我们不是孤立的" /036
"特园"话民主 /038

"政治协商会议"的定名 /041
中共、民盟倡议"党派会议" /041
国民党提出"政治咨询会议" /043
达成"政治协商会议"共识 /045
"政治协商会议"何人命名 /046

"政治协商会议"始末 /050
代表名额分配之争 /050
政协会议达成五项协议 /051
实行协议步履维艰 /055
第三方面调停失败 /058

"新政协"应该是什么样子 / 061

"五一口号"开启新政协 / 061

香港的"双周座谈会" / 066

香港"新政协运动" / 068

李家庄的"特客" / 072

民主人士到李家庄 / 072

西柏坡与李家庄的互动 / 073

民主人士商讨新政协 / 077

报告会·讨论会·座谈会 / 078

李家庄经验 / 081

新政协"诸问题"的协商 / 084

面对面协商新政协 / 084

"远程"协商"诸问题" / 092

筹备新政协首份文件出台 / 097

毛泽东在香山民主协商纪事 / 099

毛泽东与黄炎培会谈 / 099

毛泽东与刘仲容会谈 / 102

毛泽东与李济深会谈 / 106

毛泽东与各民主党派负责人座谈 / 107

毛泽东与张治中等人会谈 / 109

毛泽东与柳亚子会谈 / 113

毛泽东与李达会谈　　　　　　　　　　　　/ 116

毛泽东与陈嘉庚会谈　　　　　　　　　　　/ 117

毛泽东与傅作义会谈　　　　　　　　　　　/ 119

召开新政协筹备会预备会议　　　　　　　　/ 120

毛泽东与黎锦熙等人聚谈　　　　　　　　　/ 121

毛泽东与张澜会谈　　　　　　　　　　　　/ 122

毛泽东到车站迎接宋庆龄　　　　　　　　　/ 124

毛泽东与司徒美堂会谈　　　　　　　　　　/ 126

毛泽东到车站迎接程潜　　　　　　　　　　/ 128

绘制新中国的蓝图　　　　　　　　　　　/ 132

周恩来担纲重任　　　　　　　　　　　　　/ 132

"包纳众意，期于尽善"　　　　　　　　　　/ 137

形成凝聚广泛共识的行动纲领　　　　　　　/ 142

这是一本"天书"　　　　　　　　　　　　/ 148

哪些单位能够参加新政协　　　　　　　　　/ 148

无党派民主人士是党派吗　　　　　　　　　/ 152

政协代表如何产生　　　　　　　　　　　　/ 153

特邀代表的特殊性　　　　　　　　　　　　/ 156

求大同存小异　　　　　　　　　　　　　　/ 157

政治制度的伟大创造　　　　　　　　　　/ 160

"我们的政协组织法是创造的"　　　　　　　/ 160

政协与人大、政府的关系 / 163
新政协有了新名称 / 165
政协全体会议才具有代表全国人民的性质 / 166
"协商这两个字非常好" / 168
政协第一届全国委员会产生 / 171

人民当家做主的新政权成立了 / 174

由新政协径直产生中央政府 / 174
制定中央人民政府组织法 / 176
构建适合国情的国家制度 / 177
新政权的机构如何设置 / 180
宣告中央人民政府成立 / 182

新中国国号的诞生 / 187

中国共产党的建国追求 / 187
黄炎培、张志让的条陈 / 188
张奚若为新中国起名 / 189
要不要"中华民国"简称 / 191

新中国国旗国歌的诞生 / 195

征集国旗国歌国徽启事 / 195
审慎的遴选 / 196
全体代表再讨论 / 199
丰泽园一锤定音 / 203

新中国国徽终于确定 /208

国徽设计竞赛 /208

梁思成受命修改图案 /211

清华大学图案获得通过 /214

"主席：你是一个伟大的政治家" /219

新中国成立之初的政协协商 /223

政协协商什么 /223

政协如何协商 /225

政协协商了哪些议题 /234

协商是人民政协与生俱来的特质 /251

人民宪法得人心 /273

要不要制宪 /273

形成宪法草案初稿 /277

草案初稿的协商讨论 /279

协商通过宪法草案 /288

宪法草案全民大讨论 /294

新中国第一部宪法诞生 /298

中共八大的党内协商 /301

浓厚的协商氛围 /301

"我们是有民主的" /303

没有事先提名的大会选举 /311

"一只火锅，一台大戏" /317
"五老"接到邓小平的邀请 /317
邓小平与"五老"话改革 /320
一顿火锅，拉开大戏的序幕 /324

审慎论证"高峡出平湖" /328
筑坝三峡的梦想 /328
林李之争 /330
"积极准备和充分可靠的方针" /332
对三峡工程"决不会草率从事" /333
全国政协的协商式监督 /335
"高峡出平湖"不是梦 /342

政党协商走向制度化 /347
"遇事先和党外人士商量" /347
"一起来协商新中国的大事非常重要" /349
凡属重大问题，都要进行协商 /353
中国共产党领导的多党合作和政治协商制度
  明确为我国的基本政治制度 /355
把政治协商纳入决策程序 /358
"政党协商"概念提出及基本规范 /361
"要用好政党协商这个民主形式和制度渠道" /365

人民政协的协商议政新格局 /369
传统协商形式不断完善 /369
协商议政平台继续拓展 /374
协商民主实践遍地绽放 /382

《民法典》立法协商采撷 /386
六十余年磨一剑 /386
"民法通则"与"经济法纲要"是否同步？ /390
《物权法》立法中的政协声音 /394
人格权法独立成编的争论 /402
凝聚高度共识的《民法典》诞生 /405

民主恳谈：基层协商的温岭模式 /410
缘起：思想政治工作的载体 /410
常态：乡村治理的必经程序 /414
嵌入：参与式预算 /417
搭载："请你来商量" /419
衍生：行业工资集体协商 /422

参考文献 /426

后 记 /430

短暂的国共联席会议

1921年7—8月，中共一大在上海和浙江嘉兴南湖召开，宣告中国共产党成立。这个以马克思主义武装的肩负中华民族复兴使命的新型政党，幼年时的革命力量远不如帝国主义和封建势力强大。她与当时还具有革命性的中国国民党进行合作，建立统一战线。要合作就有协商。国共联席会议就承担起协商合作的任务。

国共合作的建立

中国共产党成立后，在分析国内革命状况和各阶级力量的基础上，1922年7月第二次代表大会制定了"民主的联合战线"政策，提出要同国民党及其他革命派别召开联席会议。京汉铁路大罢工的失败，使中共认识到，如果没有同盟者，没有强大的武装力量，单靠工人阶级很难战胜强大的敌人。中国共产党在《对于时局的主张》中指出，中国现存的政党，"只有国民党比较是革命的民主派，比较是真的民主派"。国民党就成为新生的共产党寻求联合的对象。

孙中山和李大钊多次就合作方式进行商讨。考虑到国民党的性质及较为松散的组织状况，中国共产党最初提出党外合作。孙中山表示只接受共产党员以个人身份加入国民党、在国民党内部进行合作的方式。共产国际代表马林也赞同孙中山的意见。在马林的说服下，8月，中共中央执行委员会在杭州西湖召开会议，根据共产国际的指示，决定在孙中山改组国民党的情况下，共产党员以个人身份加入国民党实行合作。此后，孙中山公开表明国民党的联俄政策，共产国际也阐述了党内合作与保持共产党独立性的指导意见。

这次国共合作是在"国民革命"旗号下进行的。在共产国际的推动下，1923年6月在广州召开的中共三大主题讨论国共合作问题，作出了"中国共产党须与中国国民党合作，共产党员应加入国民党"的重大决策。

中国国民党在屡遭挫折后，孙中山听从共产国际和李大钊、陈独秀等人的建议，决定改组国民党。1924年1月，国民党第一次代表大会召开，决定接纳共产党员、社会主义青年团员以个人名义加入国民党。李大钊、谭平山、毛泽东等10人当选为国民党中央执行委员会委员或候补委员。大会重新解释了"三民主义"，确定了联俄、联共、扶助农工三大政策。这种新三民主义，就其基本内容而言，与中国共产党在新民主主义革命阶段的纲领基本上一致，从而成为两党政治合作的共同基础。国民党一大的召开，标志着国共合作的正式实现。

中国国民党是由兴中会、同盟会、国民党等几个组织建立的混合体，内部情况相当复杂。共产党员以个人身份加入国民党，遭到国民党代表方瑞麟等人的反对。但孙中山、廖仲恺等人坚持国共合作的方向，以俄为师推动国民革命。孙中山吸取此前一次次失败的教训，决定"创立军官学校，建立革命军的基础"。著名的"黄埔军校"就成为国共合作的一个重要成果。孙中山亲任总理，蒋介石任校长，廖仲恺任党代表，共产国际派代表任顾问，从欧洲归来的共产党员周恩来接任政治部主任。这所学校为国民党培养了许多高级将领，也为中共输送了徐向前、陈赓、左权等军事人才。国共合作实现后，以广州为中心，很快开创了反对帝国主义和封建军阀的革命新局面。

联络机制的提出

国民党本来就是一个比较复杂的组织。共产党与之合作后，矛盾和摩擦不时出现。为处理好国共两党的合作关系，孙中山采纳了共产国际鲍罗廷提出的建立"国际联络委员会"的建议。这个委员会在协调国共矛盾方面发挥了一定作用。

1924年10月，直系将领冯玉祥控制北京后，电邀孙中山北上"共商国是"。不幸的是，1925年3月12日，孙中山在北京逝世。国民革命军两次东征的胜利，使蒋介石在军队中的地位迅速提升。羽翼渐丰的蒋介石脱下"左派"的外衣，谋取上位。他在日记中剖明心迹："中国国民革命未成功以前，一切实权皆不宜旁落。"他炮制了一个"中山舰事件"，既赶走了国民党当权派汪精卫，也压制了共产党在军队中的力量。对于这种有意摩擦，共产国际代表和陈独秀一味退让，使蒋介石得寸进尺。

其间，鲍罗廷与蒋介石屡次会商国共合作的问题，订定整理案办法。在1926年5月国民党二届二次会议上，蒋介石借口改善两党关系、解决"党内纠纷"，抛出了所谓的"整理党务案"。

"整理党务案"在"国民党与共产党协定事项"中提出了对共产党的若干限制，比如，共产党应将其加入国民党的共产党名册，"交本中央执行委员会主席保存"；加入国民党的共产党，"在高级党部（中央党部、省党部、特别市党部）任执行委员时，其总额不得超过总数的1/3"；国民党的中央部长，不得由共产党担任；共产党对参加国民党的共产党员发出的一切训令，"应先交联席会议通过"。会上，何香凝、柳亚子投票反对这个议案，但共产国际认为"国共破裂问题具有头等重要的政治意义"，是绝对不能允许的。陈独秀也提出"包而不办，退而不出"，同意了这个议案。担任国民党中央机关部长的共产党员就退了出来。通过这次会议，蒋介石掌握了国民党党政军大权。

这时，蒋介石意识到与共产党撕破关系的时机尚不成熟。为了应付共产国际和共产党，他拿出了一个"联席会议组织大纲案"，规定由国民党5名、共产党3名组成联席会议，"审查两党党员妨碍两党合作之行动、言论及两党党员之纠纷问题，并协定两党有连带关系之各种重要事件"。会后，两党根据规定，成立张静江、谭延闿、蒋介石、吴稚晖、顾孟余为国民党代表，瞿秋白、谭平山、张国焘为共产党代表的联席会议。由于国共关系过于紧张敏感，这个联席会议发挥作用的空间有限。

北伐战争中，蒋介石进一步加强了自己的权力。他的独断专行，也加深了国民党内部的不满情绪。汪精卫从欧洲回国后，宁汉矛盾日趋激化。国民党于1927年3月在武汉由谭延闿主持召开了二届三中全会，通过了《统一革命势力决议案》，决定两党联席会议立即开会，讨论合作办法，包括几个方面：统一民众运动，共同指导工农运动；国内少数民族问题；共同担负政治责任，第三国际派人加入国民政府；中国共产党与国民党机关报关于两党相互批评与记载，不违背合作精神。国民党派出汪精卫、谭延闿等为代表，与中共的瞿秋白、谭平山、张国焘代表组成两党联席会议，商讨重大问题。

联席会议的有限实施

《统一革命势力决议案》制定后的最初一段时间，相关内容得到了一定的贯彻。特别是，蒋介石发动四一二反革命政变后，国民革命何去何从成为联席会议的主要内容。据有记载的会议共开了六次：1927年4月16日在武昌南洋大厦召开国民党中央执监委员会扩大联席会议；4月21日召开第二次联席会议；4月27日中共五大召开前开过一次联席会议。这三次会议主要"讨论应对时局的办法"，包括外交、商务、交通及蒋介石叛变后国民政府北伐还是东征问题。会议作出了对帝国主义"暂时退却的战略"，以及继续北伐的决策。5月中旬，召开的联席会议讨论如何限制工人店员斗争，以加强对"小资产阶级"的团结问题；双方达成调和店东、店员的协议。6月2日，召开了如何处理许克祥叛乱后湖南政局的联席会议。6月4日，召开最后一次会议，讨论继续北伐问题。据巴库林著《中国大革命武汉时期见闻录》所述，"由于冯玉祥登上舞台，会议没有取得一致意见"。冯玉祥转向蒋介石，使汪精卫意识到"正如一条船，有两个把舵的，有两个不同的方向，除了赶去一个，别无他法"。他也迅速搭上了蒋介石的那艘船。7月15日"分共会议"后，宁汉合流，第一次国共合作彻底破裂，联席会议无疾而终。

国共联席会议建立了一个协调两党关系、协商两党具体事务的机制，但它不具备统一战线最高权力的功能，更没有联合政权的含义。联席会议通过的决议，不能"违背合作精神"，也即不得违背国民党的党纲党章，并需经国民党中央认可方能生效。从决议过程及实施效果看，主动权在国民党手里。不过，这种通过协商讨论就一些具体问题达成协议的做法，也使国共两党的有限合作落在实处。

阋于墙外御其侮

大革命失败后，年轻的中国共产党经受住了严峻的考验。九一八事变后民族危机日益严重。国难当头，尽弃前嫌，举国一致，共御外敌，成为中国人民的共识。国共两党实现了第二次合作。合作期间，有摩擦、有斗争，协商与谈判贯穿始终。中国共产党坚持正确的统一战线政策，始终维护团结抗战大局。中国人民终于取得了抗日战争的伟大胜利。

从对抗到破冰

蒋介石背叛革命后，对共产党进行疯狂的镇压。经过十年内战，年轻的共产党经受住了考验，"从地下爬起来，揩干净身上的血迹，掩埋好同伴的尸首，他们又继续战斗了"。在严峻的斗争环境中，共产党一步步成长，重新活跃于政治舞台。

九一八事变的爆发，惊醒了中国社会各个阶层的有识之士。日本占领东北后，1935年推行"华北自治运动"，下一步所指就是华北，继而吞并整个中国。中华民族到了最危险的时候。黄炎培在10月10日日记中发出"哀哉中华，其亡其亡"的呐喊！北平"一二·九运动"掀起了民族救亡的高潮，青年学生喊出了"华北之大，已经安放不得一张平静的书桌了"。沈钧儒、章乃器等爱国民主人士成立"全国各界救国联合会"，汇集起救亡的抗日力量。

在中华民族处于生死存亡关头，国共作为当时政治实力最大的两个政党，面临着政策和策略的调整，寻求协商、谈判的契机。中国共产党发表《为抗日救国告全体同胞书》（史称"八一宣言"）宣告，"只要国民党军队停止进攻苏区，只要任何部队实行对日抗战，不管过去和现在他们与红军之间有任何旧仇宿怨，不管他们在对内战问题上有任何分歧，红军不仅立刻对之停止敌对行为，而且愿意与之亲密携手共同救国。"

蒋介石对日本得寸进尺的逼迫已退无可退，也在改变"攘外必先安内"方针。他派心腹陈立夫到苏联，希望签订共同对日的军事同盟，在国内试图打通关系与共产党取得直接联系。最早将国民党希望谈判的消息转达给共产党的是宋庆龄。她委托在上海以牧师身份活动的共产党员董健吾，作为秘密特使来到陕北，转达国民党的意愿，并带回共产党的五条复信。国共两党中断八年多的联系，在民族大义面前恢复了。

冰雪消融需要一个过程。1935年开始，双方相互接触，进行试探。此时蒋介石仍在调集优势兵力，企图歼灭红军。国共两党的猜忌和恩怨太深，致使彼此抛出的"橄榄枝"常常错位对接。在蒋介石看来，所谓"中共问题的解决"，就是共产党解除武装，像对待其他地方实力派一样，由他们收编，化整为零。但大革命失败的教训太惨烈了。共产党牺牲了几十万人的生命，用鲜血换来的警示就是必须攥住枪杆子、拥有武装力量，因而对蒋介石时刻抱有戒备。尽管如此，中共中央在1935年12月瓦窑堡会议上确定了建立抗日民族统一战线的策略，随后将"抗日反蒋"政策调整为"逼蒋抗日"。

受共产党委派，潘汉年到南京与国民政府协商相关合作事宜。1936年11月10日、11月19日，潘汉年与陈立夫分别进行会谈。潘汉年提出中共的《国共两党抗日救国协议草案》，国民党则坚持"收编红军"，将解决军事问题作为先决条件，会谈不欢而散。第二次会谈刚结束，双方军队在甘肃山城堡打了一仗。这是国共为抗日建立合作关系前的最后一战。12月初，潘汉年与陈立夫在南京举行第三次会谈。陈立夫提出红军可保留3万人，但需服从南京国民政府。中共方面认为，没有看到蒋介石抗日之决心，合作就缺乏基础。潘陈的几次会谈虽然没有实质性进展，但重启了国共两党谈判的大门。

"西湖会谈"前后

1936年12月12日，张学良、杨虎城两位爱国将领在对前来西安督战的蒋介石劝谏不成的情况下发动"兵谏"，扣押了蒋介石，向全国发出"停止一切内战"等八项救国主张。周恩来应邀前来，同张、杨一起，与蒋介石及随后到达的宋美龄、宋子文谈判。谈判详情一直没有公布。不久前在海外公开的宋子文日记披露了一些细节，比如蒋介石要周恩来停止一切共产主义宣传活动，服从他领导；周恩来要蒋介石保证停止"剿共"，容共抗日等。"西安事变"和平解决后，国共双方才真正进入谋求合作的协商谈判。

1937年2月，国民党五届三中全会召开。中共发出了《给中国国民党三中全会电》，提出包括停止一切内战，释放政治犯，召集各党各派各界各军的代表会议等五项要求，以及停止武装暴动，工农政府改名为中华民国特区政府、红军改名为国民革命军，直接接受南京国民政府和军事委员会指导等四项保证。这是中共中央正式公开发表的国共合作的政治条件，也是正式谈判的政治基础。国民党五届三中全会尽管没有放弃反共立场，但基本上接受了中共的条件。

这月初，在潘汉年介绍下，国民党联络代表张冲在西安与周恩来等中共中央代表会晤。2月9日，共产党代表周恩来、叶剑英、秦邦宪（博古）与国民党代表顾祝同、贺衷寒、张冲在西安举行国共第二次合作的首次正式会谈。对周恩来来说，张冲可是"老相识"。作为国民党"中统"的二号人物，张冲曾炮制了一个所谓"伍豪等243人脱离共党启事"，舆论上中伤周恩来。西安事变后，有功于和谈的张冲得蒋介石重用，被派到西安与中共代表谈判。周恩来与张冲这两位政见不同者，为共赴国难，摒弃前嫌，存异求同，在协商谈判中建立起日渐深厚的友谊。周恩来曾说："我认识淮南（张冲字淮南——笔者注）先生甚晚，西安事变后，始相往来，然自相识之日始，直到临终前四日，我与淮南先生往来何止二三百次，有时一日两三见，有时且于一地共起居，而所谈所为辄属于团结御侮。"[①]

西安谈判收获不大。3月，周恩来向国民党方面"申明西安无可再谈，要求见蒋解决"。蒋介石遂电约"恩来兄22日至25日到沪再约地相晤"的承诺。3月22日，周恩来从西安飞往上海，在张冲陪同下会见了蒋夫人宋美龄和宋子文，并送交了中共的文件。

西安事变后，蒋介石因腰伤住在杭州西湖湖滨公园的"澄庐"别墅疗伤。3月25日，周恩来与潘汉年登临烟霞洞，在洞旁的烟霞寺与蒋介石

[①] 中共中央文献研究室编：《周恩来年谱（1898—1949）》，中央文献出版社2020年版，第519页。

相对而坐，进行一场高级别的秘密会谈。周恩来开门见山，简要地通报了西安会谈情况，进一步表明中共中央对国共合作的立场。周恩来指出：我们是为了国家和民族利益与国民党合作的，我们寻求的是彼此的谅解和相互的真诚，而决不能接受国民党关于"投降""收编"的种种诬蔑。蒋介石肯定中共有民族意识、革命精神，是新生力量。希望彼此要有勇气去检讨过去。周恩来进一步重申了中共坚持苏区行政区完整，政府人员民选推荐，红军编为3个师和红军领导人不变等项主张，要求蒋介石给予明确的答复。蒋介石则表示：这些都是小节问题，容易解决。至于合作，你们不必说与国民党合作，准确地说，是与我的合作，永远合作。他要求中共方面尽快拿出一个永久合作的办法。周恩来敏锐地洞悉到蒋介石的真实意图是在于"领袖问题"，而当下最要紧的是创造一个全民抗战的局面。因此，他明确表态：我们承认委员长是全国抗日领袖，并不意味着我们丧失作为一个政党的独立性，如果说抗日是合作的基础，那独立则是我们的原则。当周恩来询问"蒋先生有什么永久合作的具体办法"时，蒋介石却推说"我正在疗养身体，还没有具体办法，要中共先商量。"周恩来提出，共同纲领是保证合作到底的最好办法。他将中共原先提出的15条意见改为6点要求，表明了中国共产党的诚意，作出了最大限度的让步。至此，蒋介石也不得不表示说：即使永久合作的办法尚未肯定，他也决不再打红军；不干涉中共行政区的内政。有蒋介石这个表态，这次会谈总算取得一些进展，改变了国共合作谈而未决的局面。

协商和谈判一样都是妥协的艺术。早在国共双方西安谈判出现僵局时，张冲曾向周恩来建议，中共可通过蒋经国的关系来做蒋介石的工作。周恩来认为是个好主意，当天就电告中央，建议从速与共产国际商量，协力促成蒋经国回国。

3月27日适值宋美龄38岁生日。周恩来送给了宋美龄一束报春花，并给蒋介石带去一个出人意料的好消息：刚刚收到共产国际的相关信息，苏联内务部已查到蒋公子蒋经国的下落，并批准他立即返回中国。尽管蒋经国四一二事变后，在莫斯科中山大学登报声明脱离与蒋介石的父子关系，可还是免不了被流放。关山万里，血浓于水，父子能够再团聚，蒋介石感念中共和周恩来的真诚。

此后几天，国共双方几经交锋，求同存异，各自作出了一些实质性的让步，蒋介石终于同意周恩来关于共同纲领的建议。最终商定，两党合作

童小鹏拍摄的周恩来与张冲在西湖柏庐合影

问题，先由中共方面起草一个民族统一战线的共同纲领，另定时间协商。国民党方面，仍由陈立夫、张冲与延安通过电报联系；关于红军改编和经费问题，由宋子文负责与红军代表商洽。

在谈判取得初步成果后，双方对共同宣言的发表方式又产生分歧。张冲提议派遣一个中央视察团，对延安等红军辖区进行调查，以此缓解僵局。周恩来赞同这一提议，但认为应改为考察团，以示平等。张冲访问延安之事得到蒋介石的首肯。关于释放政治犯的问题，蒋介石请中共方面先开一份名单，查实后分批释放，并当即嘱咐张冲尽快编制一套新的密码，交周恩来带回延安，以便在南京和延安之间建立一条"秘密热线"。

3月30日，周恩来携密码经沪飞回西安。时任周恩来秘书童小鹏在《在周恩来身边四十年》一书中回忆说："周恩来带着较为宽松的心情离开杭州来到上海，3月30日，他带着同蒋介石联系的专用密码本，飞抵西安。他把蒋介石侍从室制的密码给我看，是一本明码本加角码的简单密码。他又把在杭州住所门口和张冲的合影给我，我一直珍藏到现在，是一件很有历史价值的文物了。"[①]

4月2日，周恩来乘军用飞机回到延安，毛泽东、张闻天等都到机场欢迎。中共中央立刻召开政治局扩大会议，听取周恩来关于杭州谈判的汇报。中共中央肯定这次西湖会谈"结果尚好"。

---

① 童小鹏：《在周恩来身边四十年》（上），华文出版社2015年版，第48页。

5月下旬，张冲、涂思宗等率领国民党考察团对延安等地进行访问。这是国共内战十年后，国民党第一次正式实地考察中共和红军辖区。双方通过接触交流，增进了解，营造合作氛围，对和谈起了促进作用。

为了继续推动实现国共合作，6月4日，周恩来带着中共提出的《御侮救亡、复兴中国的民族统一纲领草案》经南京抵达庐山。在6月8日至15日间，周恩来与蒋介石在庐山进行了多次谈判。国民党提出成立国民革命同盟会，向红军和陕甘宁边区派遣主要官员等办法，旨在取消中共在组织、军事上的独立性。谈判没有实质性成果。回到延安后，周恩来向中共中央汇报会谈情况并商讨对策。6月18日，中共中央书记处在研究了蒋介石的意见后，为顾全大局准备作出重大让步，提出了一个新谈判方案。新方案在国共两党合作问题上，原则上同意组织国民革命同盟会，但要求先确定共同纲领，承认蒋介石依据共同纲领有最后决定权。

据《周恩来年谱》记载，关于这几轮国共谈判情况，6月23日，周恩来在延安接受美国学者T.A.彼森采访时作了回顾："到目前为止，我们已经举行了5次谈判……至于军事问题，我们仍在南方一些游击区活动的部队，成了一个特殊问题。南京企图把他们缴械、瓦解掉，这我们不能同意。但主要的军事问题大致谈定了。"

7月7日，卢沟桥事变爆发。蒋介石在庐山有一段著名的讲话："如果战端一开，那就是地无分南北，年无分老幼，无论何人，皆有守土抗战之责任，皆应抱定牺牲一切之决心。"对建立抗日民族统一战线来说，这种表态是一种进步。国难当头，国共合作便成为迫切需要解决的问题。蒋介石在日记中写道："对共党之收编应即解决。"

此后，国共谈判会商的焦点集中于两个方面，一是红军改编后的军事指挥和人事；另一个是合作的共同纲领。

为促进早日合作，7月中旬，周恩来、秦邦宪等中共代表再上庐山，就发表国共合作宣言、红军改编、苏区编制等问题同国民党谈判，并将《中共中央为公布国共合作宣言》送交蒋介石。这次谈判在军事指挥和人事上没有达成共识。8月，周恩来、朱德、叶剑英应邀赴南京参加国防会议，双方围绕《宣言》若干主张继续谈判。

平津沦陷后，日本发动"八一三事变"，很快大肆进攻上海及周边地区。战火蔓延到南京国民政府的心脏，中日全面战争迫在眉睫。在此情势下，国共两党议而不决的状况迅速改变。8月18日，国共双方就陕甘宁边区人事、红军主力改编和设立总指挥部等问题达成协议。红军改编为国民革命军第八路军（八路军），朱德、彭德怀为正副总指挥。尽管双方合作的共同纲领没有形成，但会谈中纠结已久的军事指挥和人事问题得以解决。9月中旬，双方代表在南京举行最后一次会谈，就发表《宣言》取得一致意见。

9月22日，国民党中央通讯社发表《中共中央为公布国共合作宣言》。第二天，蒋介石发表谈话："此次中国共产党发表之宣言，即为民族意识胜过一切例证。"这表明他实际上承认了中国共产党的合法地位。《宣言》的发表和蒋介石的谈话，标志着国共合作的正式形成。同时，双方就南方各省红军改编进行多次商谈，最后达成协议，南方各地红军游击队改编为国民革命军陆军新编第四军（新四军）。从此，国共两党从昔日互相厮杀的仇敌成为合作抗日的联盟。直到1938年10月武汉失守，国民党将重点放在抗日上。国共合作比较融洽，军事上密切配合，战场上共御外侮，迎来全国军民抗战的高潮。

合作·分歧·协商

按理说，两党合作应有一个稳定的机制，即共同纲领。南京沦陷后，周恩来、王明、博古到武汉与蒋介石会谈时，提出组成两党关系委员会、决定共同纲领、扩大国防参议会等建议。蒋介石当面答复"所谈极好"，但明显诚意不足。蒋答应建立的两党关系委员会只开了几次会，形同虚设；合作的组织形式也没有进展，随意性很强，基本上是遇事约见，随时商谈。由于国共两党实际上处于不平等地位，这种"会谈""协商"往往很难取得实质性成果。在中共的推动下，蒋介石在两党合作关系上做了一些局部改善。比如，请周恩来担任军事委员会政治部副部长，邀请共产党人参加国民参政会等。

武汉失守后，中国的抗日战争进入相持阶段。国共双方的合作呈现出既联合又斗争的特点。中共坚持有理有利有节方针，通过谈判会商，解决因摩擦产生的种种纠纷，巩固抗日民族统一战线。1939年9月至1941年1月，中共代表周恩来、叶剑英与国民党代表何应钦就八路军人事及经济问题进行多次磋商，希望在国共划界问题上达成协议，以解决根本问题。这轮磋商因皖南事变爆发而中断。

中国共产党顾全大局,于1942年10月,由周恩来、林彪会晤张治中,提出重启谈判,基本策略是"缓和两党关系,重开谈判之门,而不急于解决具体问题"。在12月份开展的协商谈判中,中共方面提出党、军队、陕北边区、作战区域四个条件,国民党则以"中共不应有军队、中共不应在各地擅立非法政府"予以反驳。1943年6月,周恩来、林彪再与何应钦会谈时,国民政府仍坚持原来的主张,周、林只好返回延安。1944年四五月间,林伯渠、王若飞到西安,以中共所提的四个条件为基础,又与国民党进行五轮谈判,达成初步协议。

其间,日本发动"一号作战",正面战场遭遇大溃败。豫湘桂大溃退集中暴露了国民党政治、军事、经济等方方面面的问题。大后方群情激愤,舆情汹汹,对国民党深感失望。国统区的民主运动以前所未有之势蓬勃兴起。鉴于此,毛泽东调整谈判策略,将重新拟定的方案电告林伯渠,提出解决目前急切问题的若干条意见,首次提出全国性的政治要求,例如开放党禁,正式承认中共和民主党派的合法地位,释放爱国政治犯等。国民党代表王世杰、张治中则提出了《国民政府对中国共产党问题政治解决提示案》,其中答应了中共的一些要求,但仍包含许多中共无法接受的苛刻内容。

1944年9月,林伯渠在国民参政会三届三次会议上非正式提出"联合政府"的主张,标志着国共谈判增加战后建国的新议题。当月美国派特使赫尔利来华,指挥中国战区作战,并调停国共关系。11月赫尔利带着国民政府修正后的草案到延安与毛泽东商谈。针对国民党的草案,中共提出五点协议,包括彻底否定国民党一党专制、建立联合政府和联合军事委员会的政治要求。军人出身的赫尔利,以西方人的思维,很难理解蒋介石对专制统治的固守。这个方案遭到蒋介石的断然拒绝。

中共的联合政府主张深得人心,受到社会各界的支持和拥护。为应对不断高涨的民主运动,蒋介石打出"提前召开国大,实施宪政"的旗号,企图以国大抗衡中共提出的召开党派会议的要求。蒋介石抛出一个"临时内阁"方案,按王世杰的说法,蒋意"于行政院成立一个战时行政会议,即一种战时内阁,由七人至九人组成,中共及其他党外分子可参加此会议"。在赫尔利的邀请下,周恩来于1945年1月重回重庆。国共双方就"政治咨询会议""党派会议"各执一词。在赫尔利回国述职时,蒋介石公开表示,抗战结束前召开国民大会,以此否定党派会议。事实上,这只是一个骗局。直到抗战胜利之前，国共双方的谈判都没有实质性成果。

  在第二次国共合作期间，尽管双方谈判有激烈的争执，甚至停滞，但在民族存亡关头，以维持合作关系为限度的协商仍是主流。一次又一次的协商谈判，推动了国共合作的实现，极大地调动了全民族抗战的积极性，为抗战的最后胜利奠定了坚实的基础。

国民参政会里的参政

国民参政会是抗战期间国民政府成立的带有相当民意机关性质的战时最高咨询机构，也是国共实行合作、各界团结抗战的一个重要舞台。在这里，中国共产党和各民主党派能够发表一些重要主张，围绕抗战大局参政议政。

战时最高咨询机构

1937年9月，国共两党实现重新合作标志着抗日民族统一战线的正式形成。这是一面旗帜，将引领全中国人民和海外华侨，筑起中华民族抗击日本侵略者的钢铁长城。动员全民族团结抗日，需要一个全国性的统战组织或民意机构。国防参议会虽由各界代表人物和社会名流组成，但难堪大任；国民大会又因战争无限期延后；此前共产党曾提议建立民族统一联盟不被国民党所接受。建立一个新的组织形式，迫在眉睫。12月21日晚上，周恩来、王明、博古一起面见蒋介石，商讨推进国共合作事宜时表示：中共愿意协助政府组织扩大国防参议会为民意机关以团结全国抗战。这一提议得到蒋介石首肯。

迫于局势带来的巨大危机，1938年三四月间，国民党在武汉召开临时全国代表大会，讨论抗战救国问题。3月1日，时任中共中央长江局（对外称中共中央代表团）书记王明起草了一份建议书：《中共中央对国民党临时全国代表大会的提议》，提出巩固和扩大各党派团结抗日、健全民意机关、动员和组织民众等三方面建议。关于健全民意机关，《提议》指出：民意机关的形式，或为更扩大的国防参议会，或为其他形式均无不可，最主要的在于此机关要真能包括各抗日党派、各军队、各有威信的群众团体

国民参政会一届一次会议召开

的代表，同时此机关要真有不仅建议和对政府咨询的作用，而且能有商量国是和计划内政外交的权力。这份提议虽未经中共中央讨论同意，还是以中共名义提出了。

代表大会通过了《中国国民党抗战建国纲领》，从外交、军事、政治等方面对抗战建国做出谋划。其中明确提出："组织国民参政机关，团结全国力量，集中全国之思虑与识见，以利国策之决定与推行。"3月31日，大会正式通过《设国民参政会案》，明确指出国民参政会是在非常时期设立的，其职权和组织方法由中央执行委员会妥订法规。

4月7日，国民党五届四中全会通过《国民参政会组织条例案》，开始组织参政会。条例规定设参政员150人（后增加到200人）。根据组织条例，参政员并非经过公民普选或各党派团体协商推荐产生。包括毛泽东等在内有党派身份的参政员，均以"曾在各重要文化团体、经济团体服务三年以上，著有信望，或努力国事信望久著之人员"而被选任、以个人身份出席会议的，并非以本党派名义或代表党派。事实上，参政员中国民党比例甚高，有88人；共产党员7人，分别为毛泽东、陈绍禹（王明）、秦邦宪、董必武、吴玉章、林祖涵（林伯渠）、邓颖超。此外还有救国会、国家社会党等党派成员。

国民参政会一届一次会议于7月6日在汉口开幕，宣告国民参政会正式成立。会议听取政府各部部长关于内政、外交、教育、财政、交通等方面的报告，通过了《具体规定检查书报标准并统一执行案》等提案，选举张君劢、董必武等25人为驻会委员。中共参政员陈绍禹、秦邦宪、林祖涵、吴玉章、董必武、邓颖超出席了会议。在会上，由陈绍禹领衔提出了《拥护国民政府实施抗战建国纲领案》，号召全国军民积极帮助政府，为全部实现《抗战建国纲领》而努力奋斗。

国民参政会是中国非常时期产生的非常民意机关。参政员有一定的知情权、询问权、建议权，没有决策权、执行权，这使其与真正的"民意机关"相去甚远。但在抗战激烈的环境中，它聚集了当时各党各派领袖、学者名流、海外侨胞及经济工商界重要人士，共商抗战建国大事，从体制上显然是一个进步。毛泽东等七位参政员在《我们对于国民参政会的意见》中说，国民参政会还不是尽如人意的民意机关，"并不因此而失掉国民参政会在今天的作用和意义"。

"官吏谈和平者以汉奸论罪"

国民参政会从1938年7月6日在汉口召开第一次会议,到1948年3月在南京宣布结束,历时十年。其间,经过汉口、重庆、南京三次会址变迁,共延续四届,召开13次全体会议。

根据《国民参政会组织条例》规定,"在抗战期间,政府对内外之重要方针,于实施前,应交国民参政会议议决"(第六条);"国民参政会得提出建议案于政府"(第七条);"国民参政会有听取政府施政报告及向政府提出询问案之权"(第八条)。但"遇有紧急特殊情形,国防最高委员会委员长得依国防最高委员会组织条例,以命令为便宜之措施",而不必交国民参政会议决(第六条)。后来又增加了调查权和初审国家预算权。从实际运作看,其提案、议案经大会审议通过后,对政府并不具有约束力。

提案是参政员履行职能的重要渠道。中共把国民参政会作为国民党刷新政治的重要开端,寄予厚望。首次会议召开前,中共的7位参政员声明将"以最积极、最热忱、最诚挚的态度去参加国民参政会的工作"。他们付诸行动,在前四次会议上领衔提交了12件提案。

国民参政会每次会议提案多则400余件,少则八九十件,内容涵盖方方面面,由此可见参政员的参政热情。最有名的提案当数陈嘉庚参政员11个字的"电报提案"。在一届二次会议召开前,武汉、广州失陷。国民党副总裁、国民参政会议长汪精卫连续对记者发表谈话,大放"和平"烟幕,制造投降舆论。会议开幕后,由中共、救国会、第三党、职教派、乡村建设派等方面的参政员73人联合提案,以"拥护蒋委员长抗战到底"为口号,孤立打击汪精卫集团。远在南洋的陈嘉庚参政员从新加坡给会议发来一个"电报提案":"官吏谈和平者以汉奸论罪。"寥寥数字,字如千钧!有超过20人迅速联署了这一提案。按惯例,提案付诸会议讨论时,需由议长在大会上宣读题目。汪精卫在宣读"官吏谈和平者以汉奸论罪"时,神情不安,面色苍白。这次会议闭幕不久,身为议长的汪精卫公开叛国投敌。一届三、四、五次会议分别通过议案,声讨汪逆兆铭南京伪组织,表示参政会"一致斥伐,以昭大义"的严正立场。

1939年1月国民党五届五中全会后,参政会内部出现摩擦和分裂。国民参政会一届四次会议召开前,面对国民党实行《限制异党活动办法》

等形势，共产党和各小党派参政员就此加强沟通交流，准备提交提案。据邹韬奋参政员回忆："大家交换意见及商讨研究的结果，认为如果真正实行宪法，实现民主政治，便可制止危机，使国家走上康庄大道，于是各方分头起草关于这件事的提案。"在一届四次会议上，共产党和各小党派参政员联署提出了6个关于民主政治的提案，要求国民党改革政治、结束党治、保障党派合法地位、施行宪政。国民党为了应对这种局面，便让国民党参政员孔庚也提出一份不到100字的提案，即请政府《定期召集国民大会制定宪法开始宪政案》。中共、中间党派同国民党在参政会上公开交锋。经过激烈辩论，七案合并审查，大会最终通过了主要反映民主政治内容的《召集国民大会，实行宪政决议案》。随后，在全国掀起了抗战时期第一次宪政运动。

国民参政会会议提案的数量不可谓不多，但能够产生实质性效果者有限。对此，媒体不满，参政员有意见。1939年2月重庆《大公报》一针见血地指出："国家既饥且渴，需食需饮，而不需多读菜单。国民参政会隔三月一开，议员忙提案，院部忙答复，假若不更为统一的确实的规划与调整，则若干议案，必然限于纸上文章。参政会以菜单去，各院部又以菜单来，依然不能使国家充饥止渴。"1944年9月在三届三次会议上，钱端升参政员等人提案批评道："本会历届之建议事项，论其内容与文辞，无不头头是道，件件皆通。苟其中有十分之一二真获实施，情势必远胜于今日，而隐患亦可以不萌。"

尽管如此，参政会这个舞台，为中共与各党派领袖、各阶层知名人士协商政事创造了条件。在中共的推动和影响下，民主力量不断壮大。"皖南事变"以后，中共参政员拒绝出席二届一次参政会。1941年3月7日，重庆《新华日报》登出"中共参政员未出席本届参政会真相"。因原稿内容经国民党新闻检查所审查扣发，当天报纸只登出一个标题，下面开了"天窗"。"皖南事变"这一现实，使参政会中的一些党派领袖和无党派人士对国民党顽固派消极抗日、积极反共有新的认识，充分意识到团结起来民主抗战的重要性，"中国民主政团同盟（后改为中国民主同盟）""民主建国会""中国民主促进会"等党派纷纷成立。1944年9月5日，三届国民参政会三次会议在重庆召开，大会请国民政府和中共代表向参政会报告国共谈判情况。9月15日，林伯渠参政员报告国共谈判经过时，会场座无虚席，出现参政会成立以来的一个高潮。据时任参政员喻育之回忆说，"不仅参政员座席和旁听座席上没有虚位，连走廊、窗台上也挤满了人"。

在这次大会上，林伯渠参政员代表中国共产党首次提出结束国民党一党专政，召开各党派参加的国事会议、建立民主联合政府、改组军事统帅部等政治主张。1944年11月和次年1月，周恩来专为建立联合政府一事，两次到重庆与国民党谈判。1945年5月召开的国民党"六大"决定召开一党包办的"国民大会"，以抵制中共和民主党派提出的建立民主联合政府的主张。为了表明抗拒态度，中国共产党于6月16日发表声明，宣布不参加即将召开的国民参政会。

"这条新路，就是民主"

国共两党的尖锐对立，引起一部分中间党派参政员的深深忧虑。褚辅成、黄炎培、冷遹、王云五、傅斯年、左舜生、章伯钧七位参政员，于1945年6月2日致电延安毛泽东、周恩来："团结问题之政治解决，久为国人所渴望，自商谈停顿，参政会同仁深为焦虑。目前经辅成等一度集商，一致希望继续商谈。先请王若飞先生电闻，计达左右。现同仁鉴于国际国内一般情形，惟有从速完成团结，俾抗战胜利早临，即建国新奠实基。"[①]中共中央收到七参政员的电报后，于16日复函表示出和平的意愿："倘因人民渴望团结，诸公热心呼吁，促使当局醒悟，放弃一党专政，召开党派会议，并立即实行最迫切的民主改革，则敝党无不乐于商谈。"[②]电报邀请他们前来延安商谈国事。

启程前，王云五有病未能成行。其他六位参政员乘飞机于7月1日到达延安。毛泽东、朱德、周恩来、林伯渠、刘少奇、张闻天、任弼时等中共领导人与六位参政员进行了三次会谈。双方各抒己见，畅所欲言。六参政员谈了他们来延安的目的、对国际国内形势的看法、对国共两党团结问题的建议……当他们谈到国共双方商谈的门没有关闭时，毛主席风趣地接过话题说："双方的门没有关，但门外有一块绊脚的大石头挡住了，这块大石头就是国民大会。"对国民大会的主张，六参政员的看法与中共接近；对其他重要问题则仁智各见。

---

① 重庆市政协文史资料研究委员会等编：《抗战时期国共合作纪实》，重庆出版集团2016年版，第1105页。

② 同上，第1105—1106页。

在第三次会谈时，毛泽东将中共方面整理的《中共代表与褚辅成、黄炎培等六参政员延安会谈记录》交褚辅成等人。《会谈记录》包含两部分内容：一、褚辅成等与中共方面同意下列两点：停止国民大会进行；从速召开政治会议。二、中共方面之建议，包括"在国民政府停止进行不能代表全国民意的国民大会之条件下，中国共产党同意由国民政府召开民主的政治会议"，并提议在政治会议召开前，应对这一会议的组织、性质、议程以及释放政治犯等作出确定。毛泽东对中共方面的建议作了进一步说明。

在与黄炎培的交谈中，毛泽东问黄炎培来延安的感受。黄炎培直言相答：我生六十余年，耳闻的不说，所亲眼见到的，真所谓"其兴也浡焉，其亡也忽焉"。一人，一家，一团体，一地方，乃至一国，不少单位都没有能跳出这周期率的支配力。大凡初时聚精会神，没有一事不用心，没有一人不卖力，也许那时艰难困苦，只有从万死中觅取一生。既而环境渐渐好转了，精神也就渐渐放下了。有的因为历时长久，自然地惰性发作，由少数演变为多数，到风气养成，虽有大力，无法扭转，并且无法补救。也有为了区域一步步扩大了，它的扩大，有的出于自然发展，有的为功业欲所驱使，强求发展，到干部人才渐见竭蹶，艰于应付的时候，环境倒越加复杂起来了，控制力不免趋于薄弱了。一部历史，"政怠宦成"的也有，"人亡政息"的也有，"求荣取辱"的也有，总之没有能跳出这周期率。中共诸君从过去到现在，我略略了解的了，就是希望找出一条新路，来跳

毛泽东与访问延安的参政员会谈

出这周期率的支配。毛泽东说：我们已经找到新路，我们能跳出这周期率。这条新路，就是民主。只有让人民来监督政府，政府才不敢松懈。只有人人起来负责，才不会人亡政息。这一"窑洞对"影响深远。

六参政员回重庆后集体面见蒋介石，陈述他们与中共会商的情况，并将中共提交的会议纪要呈给蒋。黄炎培还把自己的感受写成《延安归来》出版。这本书成为国统区的人们了解共产党、了解延安的重要渠道。各界人士纷纷订购，一时洛阳纸贵。

受整个抗战时期中国政治的影响，国民参政会在协商国是方面取得的成果不尽如人意。1944年9月黄炎培在其《国民参政会六年九次大会的客观检讨》中回顾说："六年九次集会之结果，究竟对于抗战建国，贡献有无、多少，就客观的判断，虽不得为'无'，也许不能不感为'少'。"抗战胜利之际，国民党为了继续实行一党独裁，国共两党的矛盾日益激化。国民党修改参政会《组织条例》，致使第四届之后的国民参政会，几乎成为国民党维护一党专制的御用工具。

不过，纵观前几届国民参政会的作用，尽管它不像国民党标榜的那样是一个民意机构，但在抗战期间，它为中国共产党和其他党派参与协商国是、联合国民党团结抗战，提供了一个公开、合法、稳定的场所，客观上有利于抗日民族统一战线的巩固，有利于中国民主运动的发展。[①]

[①] 本章资料参考重庆市政协文史资料研究委员会等编：《国民参政会纪实》，重庆出版社2016年版。

"精兵简政"背后的故事

毛泽东在《为人民服务》中有这样一句话："'精兵简政'这一条意见，就是党外人士李鼎铭先生提出来的；他提得好，对人民有好处，我们就采用了。""精兵简政"这项政策是抗日民主根据地实施"三三制"政权背景下形成的。

李鼎铭参议员其人

毛泽东在《为人民服务》中所说的李鼎铭，是陕西米脂县人，开明绅士。辛亥革命后，他拥护孙中山的政治主张，曾提倡放足、剪发、破除迷信和兴办学校。后因病返回故里，一面行医，一面为地方公益事业服务，为人公正，主持正义，在群众中颇有影响。七七事变后，他拥护中国共产党团结抗日的政治主张，反对蒋介石"攘外必先安内"的政策。因此，他被选为米脂县参议会议长，陕甘宁边区第二届参议会参议员、副议长。

陕甘宁边区参议会是抗日战争时期中国共产党设立的民意机构和立法机构，其前身为陕甘宁边区议会。1938年11月，参照国民政府《省临时参议会组织条例》，陕甘宁边区议会改称陕甘宁边区参议会，设区参议会、县参议会和乡参议会。边区各级参议会选举产生各级政府，监察、弹劾各级政府工作人员，创制和复决重大事项。

在1941年11月召开的陕甘宁边区第二届参议会上，李鼎铭当选为陕甘宁边区政府副主席。就是在这次会议上，他提出"精兵简政"的提案。中共中央决定采取这一政策，整顿各抗日根据地的党、政、军机构，精简机关，充实连队，充实基层。这一提案的实施对于加强部队战斗力，减轻人民负担，增加生产，克服当时的物质困难起了很大作用。

李鼎铭作为党外人士参加参议会并当选为边区政府副主席，与当时边区实行"三三制"抗日民主政权有直接关系。"三三制"是中国共产党为了团结一切可以团结的力量参与抗战，将抗日民族统一战线付诸政权建设，在根据地建立的一种崭新的政权形式。1940年3月，中共中央在总结抗战以来根据地政权建设经验的基础上，首次在党内正式提出了"三三制"政权建设思想，指出："在抗日时期，我们所建立的政权的性质，是民族统一战线的。这种政权，是一切赞成抗日又赞成民主的人们的政权，是几个革命阶级联合起来对于汉奸和反动派的民主专政。""根据抗日民族统一战线政权的原则，在人员分配上，应规定为共产党员占三分之一，非党的左派进步分子占三分之一，不左不右的中间派占三分之一。""必须使党外进步分子占三分之一，因为他们联系着广大的小资产阶级。""给中间派以三分之一的位置，目的在于争取中等资产阶级和开明绅士。"7月，毛泽东在为纪念抗战三周年所发表的《团结到底》一文中，首次公开提出建立"三三制"政权的主张。根据"三三制"原则，具有统一战线性质的"三三制"政权在敌后各抗日根据地相继建立起来。

"国事是国家的公事，不是一党一派的私事"

"三三制是共产党约束自己的一个制"，延安五老之一谢觉哉中肯指出这个制度的本质。这个制度需要中共身体力行，才能真正落到实处。在1941年11月15日，陕甘宁边区参议会各议员小组提出的常驻议员和政府委员候选人名单中，共产党员人数较多，于是谢觉哉、马文瑞等12名党员自动要求退出政府委员候选人，肖劲光等6名党员退出常驻议员候选人。后经无记名秘密投票方式从39名候选人中选出18名政府委员，其中共产党员占7名，略超过三分之一。此时，共产党员徐特立当即声明退出，经大会通过，党外人士白文焕递补。共产党人的实际行动，不仅有效保障了"三三制"在组织上的圆满实现，而且体现了中共贯彻落实"三三制"的决心和诚意。

毛泽东在提出"三三制"政权时特别提出，必须保证共产党员在政权中占领导地位。但不是说必须在数量上占优势，而是三分之一共产党员在质量上具有优越条件。这也是周恩来所说的"三三制"的两个特点之一。另一个特点就是"协商"。在"三三制"政权里，"要各方协商，一致协议，取得共同纲领，以作为施政的方针"。可以说，民主协商是"三三制"的主要精神和品质。

实行"三三制"，其目的是为了反对在党内长期存在的"左"倾关门主义，实行更广泛的民主政治，建立一个包容性强、代表性广泛的政权，也即"提倡民主作风，遇事先和党外人士商量"，克服共产党人"不愿和不惯同党外人士合作的狭隘性"，以适应抗日民族统一战线的需要。李鼎铭就是在"三三制"制度中作为开明绅士参与边区政权工作的。

毛泽东明确指出，"三三制"人员的分配，"是党的真实政策，不能敷衍塞责"。实行"三三制"不是一时的权宜之计，不是"拉拢"党外人士的一种"手段"。针对有些地方在工作中不能使党外人士发挥作用，形成共产党"请客"，党外人士成为"不愉快的客人"的尴尬局面，中共中央明确指出，我们"要使各党各派及无党无派的人士，都有说话办事的权利和机会。我们需要的是民主，而不是替天行道的'明主'，所以一切抗日人民的代表，都一定要享有在议会里讲话、在政府里办事的机会和权利"。正如毛泽东指出的，"我们如果有缺点，就不怕别人批评指出。不管是什么人，谁向我们指出都行。只要你说得对，我们就改正。你说的办法对人民有好处，我们就照你的办"。[①]

"三三制"作为抗日民主政权建设的一种形式，并不是党际合作。参议会、乡级"一揽子会议"和民主座谈会是其重要的制度载体。特别是参议会，代表边区之各级民意机构，也是边区最高权力机关。林伯渠在报告中称，"参议会的存在是民主政治生活的大事"。根据《边区各级参议会组织条例》，边区参议会每半年开一次，县级参议会每三个月开一次，乡参议会每一个月开一次。边区的政治、经济、文化、社会生活等重大事情，都要提交参议会研究，提出决议。

坚持协商讨论既是参议会遵循的重要原则，也贯穿于参议会活动的方方面面，包括选举议员、议题设置、会前征求意见、专题讨论、形成决议等。比如，会议召开前,考虑到党外人士对会上讨论、争论缺乏经验或有所顾虑，先就政府工作报告及相关议题，与他们沟通、商量，征求意见；在提案收集过程中，组织形式不同的群众会议，与边区人民沟通讨论，由议员将意见汇总带到会议上去。

[①]《毛泽东选集》（第三卷），人民出版社1991年版，第1004页。

协商讨论的一个基本态度是要善于倾听。毛泽东在陕甘宁边区参议会的演说中强调，"共产党员必须倾听党外人士的意见，给别人以说话的机会。别人说得对的，我们应该欢迎，并要跟别人的长处学习；别人说得不对，也应该让别人说完，然后慢慢加以解释。共产党员决不可自以为是，盛气凌人，以为自己是什么都好，别人是什么都不好；决不可把自己关在小房子里，自吹自擂，称王称霸。除了勾结日寇汉奸以及破坏抗战和团结的反动的顽固派，这些人当然没有说话的资格以外，其他任何人，都有说话的自由，即使说错了也是不要紧的。国事是国家的公事，不是一党一派的私事。因此，共产党员只有对党外人士实行民主合作的义务，而无排斥别人、垄断一切的权利"[①]。也就是说，既然是协商讨论，就要允许不同意见的存在，尊重大家发表意见的权利。边区参议会尤其重视"质问和讨论"这个环节。谢觉哉曾指出，质问和讨论要有比报告多一倍两倍以上的时间来讨论（包括质问、批评、建议）工作报告（主要是政府的）。

陕甘宁边区第二届参议会于1941年11月6日至21日在新落成的延安大礼堂举行。在此期间，11月12、13、14、15、17、18、19、20日这8天都安排为大会讨论和小组讨论，以使参议员有充分发言的机会。广大参议员围绕如何克服当时的严重困难、坚持长期抗战，就军事、政治、财经、文教等各方面提出了大量提案和建议。李鼎铭热情高涨，先后提出了好几条提案，其中最重要最有影响的是关于精兵简政的提案。

"精兵简政"提案引起热议

李鼎铭的"精兵简政"提案也是在民主协商氛围中提出来的。在提出精兵简政提案过程中，有一些议员提出质疑，认为"正值抗战救国紧急关头，敌人以大量兵力向我们进攻，我们实行精兵简政，不就等于束手就擒吗"；还有的说，"提倡精兵主义，部队就不能发展"；也有人担心参议会不一定通过，共产党也不一定接受，奉劝李鼎铭不要提这样的提案；甚至有人怀疑李鼎铭的动机。

目睹边区财政经济面临严重困难的情况，李鼎铭本着强烈的责任心主动同姬伯雄等参议员商量，毅然向大会提交了"政府应彻底计划经济，实

[①]《毛泽东选集》（第三卷），人民出版社1991年版，第809页。

行精兵简政主义，避免入不敷出，经济紊乱之现象"的提案。

这个提案从军事政治与经济关系的角度阐述了精兵简政的理由，即：军事政治之建立，必须以经济力量为基础，在今日人民困苦，资源薄弱之状况下，欲求不因经济枯竭而限制军政发展，亦不因军政发展而伤害经济命脉，唯有政府彻底计划经济，实行精兵简政主义，量入为出，制定预算，以求得相依相助，平衡发展之效果。基于此，提案提出五条办法：一、政府应根据客观物质条件及主观经济需要而提出计划经济，以求全面提高生产力，改善经济条件，加强经济基础。二、在现有经济基础上，政府应有量入为出的统一经济计划。三、在财政经济力量范围内和不妨碍抗战力量条件下，对于军事实行精兵主义，加强战斗力，以兵皆能战，战必能胜为原则，避免老弱残疾滥竽充数现象。对于政府应实行简政主义，充实政府机构，以人少事精，胜任职责为原则，避免机关庞大，冗员充塞，浪费人力、财力等现象。四、规定供给条例，避免不必要的供给与消耗。五、提倡节约、廉洁作风，避免不应有的浪费现象。

"精兵简政"提案提出后，果然引起大会热烈讨论和辩论。大多数参议员认为精兵简政的提案具有远见卓识，是适时的中肯的。毛泽东对李鼎铭关于精兵简政的提案，一字一句地抄在笔记本上。他认为，精兵简政尽管是针对陕甘宁边区的情况提出的，却也是解决目前各个抗日根据地财政经济严重困难的一剂良方。他在提案旁加了一段批语：这个办法很好，恰恰是改进我们的机关主义、官僚主义、形式主义的对症药。在会议上，李鼎铭先生刚发完言，毛泽东就站起来，一边鼓掌一边走到台前，极其深刻而生动地阐述了实行精兵简政的必要性，对一些不正确的批评进行了反批评。在对这个提案表决时，得到参议员165票的多数通过，并决议"交政府速办"。当选为陕甘宁边区政府副主席的李鼎铭在就职演说中有感而发：共产党"很愿意大公无私做到精诚团结"，各党派、无党派人士应"互相信任、互相亲爱"，"看成一家人，同力合作，干这抗战建国的事"。

边区政府根据参议会决议，在第一次政务会议上成立了编整委员会，具体组织精兵简政的实施。1941年12月，中共中央向全党发出精兵简政的指示。1942年9月，毛泽东专门给《解放日报》写了《一个极其重要的政策》的社论。此后，中共中央又陆续多次作出关于精兵简政的决定和指示，要求切实整顿党、政、军各级组织机构，精简机关，充实连队，加强基层，提高效能，节约人力物力。这样，"精兵简政"之花开遍解放区，成为中国共产党在抗日战争时期的十大政策之一。

　　"精兵简政"提出和实施,从一个侧面反映了中国共产党民主协商的探索及"三三制"政权的成功实践。这不仅为当时的团结抗战作出了贡献,还为其后中国共产党领导的多党合作和政治协商制度的形成积累了丰富经验。

在重庆谈判的日子

1945年8月，经过十四年的浴血奋战，中国人民终于取得了抗日战争的胜利。这是鸦片战争以来中华民族历史上的重大事件。抗战胜利前后，围绕中国的前途和命运，各方政治力量展开博弈。国共两党在重庆进行了艰难的谈判，最终达成若干协议。其间，毛泽东与各界人士协商会谈，有力宣传了中国共产党的政治主张，争取了人心，凝聚了力量。

应邀前来的"弥天大勇"

1945年8月15日，日本宣布无条件投降。中国人民付出巨大的牺牲，迎来了最后的胜利。这是中华民族的新生，是永载史册的荣光。和平！和平！全体中国人民发出内心的呼声！但以蒋介石为首的国民党统治集团，却要独占胜利果实，指示他的嫡系部队"绝不可稍有松懈"，抢占、接收大城市和主要交通线，意图消灭共产党的军队。

为了争取光明的前途，中国共产党顺应民意，积极主张和平民主。8月13日，毛泽东在延安干部会议上发表讲演，提出中国共产党关于争取和平发展、反对内战并准备应付内战的方针。

中国人民面前摆着两条路：光明的路和黑暗的路；两种命运：光明中国之命运和黑暗中国之命运。处于光明与黑暗十字路口，中国将走向何方？

蒋介石尽管坚持内战的既定方针，但对违背民意立即发动内战还是有所顾忌的。蒋介石一方面调兵遣将，积极备战；另一方面为获得更多时间进行部署，表示愿意和平谈判，企图欺骗舆论。他连续给毛泽东发了三封电报，邀请毛泽东到重庆共商国是。毛泽东相应地回复了三封电报。

8月14日，蒋介石给毛泽东的第一封电报：

万急，延安

毛泽东先生勋鉴：

倭寇投降，世界永久和平局面，可期实现，举凡国际国内各种重要问题，亟待解决，特请先生克日惠临陪都，共同商讨，事关国家大计，幸勿吝驾，临电不胜迫切悬盼之至。

蒋中正未寒
一九四五年八月十四日

毛泽东8月16日复电说：

重庆

蒋委员长勋鉴：

未寒电悉。朱德总司令本日曾有一电给你，陈述敝方意见，待你表示意见后，我将考虑和你会见的问题。

毛泽东未铣
一九四五年八月十六日

8月20日，蒋介石给毛泽东的第二封电报：

延安

毛泽东先生勋鉴：

来电诵悉，期待正殷，而行旌迟迟未发，不无歉然。朱总司令电称一节，似于现在受降程序未尽明了。查此次受降办法，系由盟军总部所规定，分行各战区，均予依照办理，中国战区亦然，自未便以朱总司令之一电破坏我对盟军共同之信守。朱总司令对于执行命令，往往未能贯彻，然事关对内妨碍犹小，今于盟军所已规定者亦倡异议，则对我国家与军人之人格将置于何地。朱总司令如为一爱国爱民之将领，只有严守纪律，恪遵军令，完成我抗战建国之使命。抗战八年，全国同胞日在水深火热之中，一旦解放，必须有以安辑之而鼓舞之，未可蹉跎延误。大战方告终结，内争不容再有。深望足下体念国家之艰危，悯怀人民之疾苦，共同勠力，从事建设。如何以建国之功收抗战之果，甚有赖于先生之惠然一行，共定大计，则受益拜惠，岂仅个人而已哉！特再驰电奉邀，务恳惠诺为感。

蒋中正哿
一九四五年八月二十日

毛泽东再次复电：

重庆
蒋委员长勋鉴：
　　从中央社二十日新闻电中，得读先生复电，兹为团结大计，特先派周恩来同志前来晋谒，希予接洽，为恳。

毛泽东未养
一九四五年八月二十二日

紧接着，蒋介石又给毛泽东发来第三封电报：

延安
毛泽东先生勋鉴：
　　未养电诵悉，承派周恩来先生来渝洽商，至为欣慰。惟目前各种重要问题，均待与先生面商，时机迫切，仍盼先生能与恩来先生惠然偕临，则重要问题，方得迅速解决，国家前途实利赖之。兹已准备飞机迎迓，特再驰电速驾！

蒋中正梗
一九四五年八月二十三日

8月23日，在中共中央政治局扩大会议上，毛泽东根据对国际国内形势的分析作出判断：抗日战争的阶段已结束，中国进入和平建设阶段。"和平是可能取得的，因为中国人民需要和平，苏、美、英也需要和平，不赞成中国打内战。中国过去是大敌当前，现在是疮痍满目，前方各解放区损失严重，人民需要和平，我们党需要和平。国民党暂时也不能下决心打内战，因为它的摊子没有摆好，兵力分散。"毛泽东也清醒地认识到："蒋介石要消灭共产党的方针没有改变，也不会改变。"他指出要利用这个暂时和平时期，壮大自己的力量。"以后我们的方针仍是'蒋反我亦反，蒋停我亦停'。"会议决定，先派周恩来前往重庆，毛泽东待时机较为成熟再去。因此，毛泽东给蒋介石发了第三封复电：

特急，重庆
蒋介石先生勋鉴：

　　梗电诵悉，甚感盛意。鄙人极愿与先生会见，商讨和平建国大计，俟飞机到，恩来同志立即赴渝晋谒，弟亦准备随即赴渝。晤教有期，特此奉复。

毛泽东敬
一九四五年八月二十四日

蒋介石接连给毛泽东发去三封电报，邀请毛泽东到重庆谈判的用意很明显：如毛泽东来则可使其就范；如其不来，他则可以昭示宽大于天下，而中共将负破坏统一之责。[①] 此时，美国、苏联也分别致电毛泽东和中共中央，希望毛泽东赴重庆共商和平。当时的《中央日报》等媒体，则趁机鼓吹共产党蓄意制造内乱，不愿和谈。

开启重庆谈判大门当时是众望所归，民心所向。胡适致电毛泽东："以为中共领袖诸公今日宜审察世界形势，爱惜中国前途，努力忘却过去，瞻望将来。"重庆《大公报》等各大媒体也纷纷发表评论："殷切盼望毛先生不吝此一行，以定国家之大计。"

中共中央为争取和平建国，决定与国民党谈判。通过谈判，在不损害根本利益情况下作出一定的让步。如果国民党还要发动内战，它就在全国全世界面前输了理。8月26日，中共中央决定派毛泽东、周恩来、王若飞赴重庆谈判。

8月28日，毛泽东、周恩来、王若飞在国民党代表张治中、美国驻华大使赫尔利的陪同下从延安飞往重庆。随行人员问毛泽东："我们能不能回来？"毛泽东说："不管他，很可能是不了之局。"毛泽东的"不了之局"意思是：你要我交出军队和解放区，不可能；你想消灭我们，也不可能；

[①]《在蒋介石身边八年——侍从室高级幕僚唐纵日记》，群众出版社1991年版，第688页。

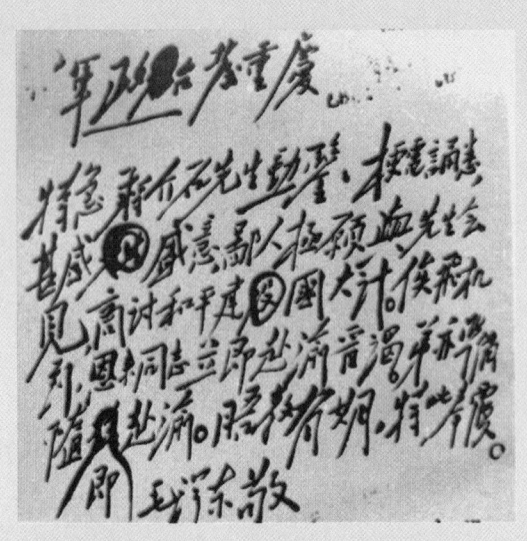

毛泽东致蒋介石的第三封复电

毛泽东与蒋介石在谈判期间的合影

你要我谈判，我来了；你不要和平，那是你的事。①

毛泽东的重庆之行受到各界人士的热烈欢迎，国民党代表邵力子、雷震、周至柔及民主人士代表张澜、沈钧儒、郭沫若等到机场迎接。各大媒体盛赞"毛泽东重庆之行，将可能成为中国近代史上划时代的大事件"。得知老友毛泽东到达重庆，柳亚子赠诗一首，有言道："弥天大勇诚堪格，遍地劳民乱倘休。"

以妥协寻找共识

毛泽东到达重庆的当天，蒋介石在重庆山洞林园官邸为他举行了欢迎宴会。对于毛泽东的到来，蒋介石心中颇为得意。他在 8 月 30 日的日记中写道："毛泽东果应召来渝，此虽威德所致，而实上帝所赐也。""应召"两字把蒋介石高高在上的帝王心态表露无遗。

第二天，在蒋介石官邸林园开始进行谈判。蒋介石集团对所谓的谈判本就没有诚意，竟然提出国共两党"没有内战"等谬论，企图从根本上否定谈判的必要性。毛主席当即以大量事实，驳斥了这一诡辩，戳穿了蒋介石声称没有内战而实际上积极准备内战的伎俩。

谈判从 8 月 29 日开始，到 10 月 10 日国共双方代表签署《政府与中共代表会谈纪要》（《双十协定》），历时 43 天。

9 月 3 日，周恩来将中共谈判方案交给国民党方面，共 11 项，主要包括：确定和平建国方针，在和平、民主、团结基础上彻底实现三民主义，承认各党派合法地位，承认解放区政权及部队，严惩汉奸，重划受降地区，停止武装冲突，在结束党治过程中，达到政治民主化、军队国家化、党派平等合法的地步等。中共这一方案作出了重要让步，明确表示拥护蒋介石在全国的领导地位。尽管如此，蒋介石得知中共提出的方案内容后仍"深受刺激"，亲自拟定"谈判要点"交给国民党代表作为依据。"谈判要点"提出：军队问题，中共军队以 12 个师为高限；解放区问题，绝对不可能承认；政治问题，拟将国防最高委员会改组为政治会议，由各党各派人士参加；国大问题，已选国大代表仍然有效，中共可酌增代表名额。

9 月 4 日，谈判正式开始。由于立场不同，互有不能让步之处。国共

---

① 胡乔木：《胡乔木回忆毛泽东》，人民出版社 2014 年版，第 404—405 页。

双方围绕政治问题、军队问题和解放区问题，进行会谈。

在解放区问题上，共产党提出由共产党人担任山西、山东等五省解放区所在地的省主席，担任解放区广为分布的广东、湖北等六省的副主席，以及北平、天津、青岛、上海四个特别市的副市长。国民党却只允许共产党参加政府。各解放区官员都需要国民党认可才能继续留任。

军队问题上，共产党提出将人民军队整编成16个军48个师。国民党则坚持最多只允许保留12个师。

中共对这次和谈是准备做出相当大让步的。9月4日双方的"第一次谈话记录"有这样一段话。周恩来对国方代表邵力子说："认为联合政府既不能做到，故此次并不提出，而只要求各党派参加政府……"这个问题在此前已经过几番协商。共产党深知，想让蒋介石接受联合政府的方案，无异于与虎谋皮。

其间，尽管双方在国民大会及政治会议等问题上都做了一些让步，但在核心的军队和解放区问题上，还是毫无进展。9月13日，中共在《中央书记处关于和国民党谈判情况的通知》说：国民党毫无诚意，双方意见相距甚远，谈判将拖延一时。关于两党关系的重要问题：对军队只允编12个师，需完全服从命令，按指定地区集中；对解放区民主政府，则表示含糊。蒋表面上对毛、周、王招待很好，在社会上造成政府力求团结的气象。实际上使用强大压力，企图迫我就范，特别抓紧军队国家化问题。因此在谈话态度上只要求我们承认他的法统及军令政令的统一，而对我方则取一概否认的态度。

美国大使赫尔利负有促成国共和谈任务的使命，这时收到了回国述职的命令。回国之前，他迫切地想拿到一份国共双方的书面协议，好向杜鲁门总统交差。但国共双方谈了半个月，仍没有进展。9月17日，就在准备回国的前一天，赫尔利宴请了国共双方的最高领导人和谈判代表。席间，赫尔利表示，希望尽快发一份公告，表明双方在和平建国原则问题上所达成的谅解，对军队问题也有一个明确的决定。为了尽快拿到和谈协议，赫尔利主动向周恩来提出将国共军队照比例缩编的想法。对此，中共方面认为可以接受。

在9月19日的谈判中，周恩来提出：关于军队数目，赫尔利大使拟议中央与中共军队之比例数为五分之一，我方以此比例考虑，愿让至七分之一，即中央现有262个师，我方应编有43个师；以后中央裁减缩编，中共亦依此比例裁编。关于解放区问题，周恩来也提出中共愿意从广东、海南岛、浙江、苏南等8个地区撤退，仅驻防在山东、河北、察哈尔等北方地区。

在中共来说，这已是做了很大让步。赫尔利为了和谈有个结果推迟了回国的行程。但这一切，并没有取得国民党方面的谅解。9月21日的会谈中，国民党代表仅同意中共军队整编的数目从他们原来提出的12个师增加到16个师。当日的"谈话记录"反映了当时剑拔弩张的紧张气氛。当国民党代表逐一否定中共的提议后，王若飞当场拍了桌子，气愤地说："那么，中央将我党军队都消灭好了。"谈判陷入了僵局，会谈几乎搁浅。在《胡乔木回忆毛泽东》里有这样一句描述：那几天是"最紧张的几天，因为当时看起来双方最后能否达成协议很成问题"。

面对这种局面，周恩来指出，皆因双方之商谈，是国民党不以平等待中共的……

赫尔利当晚找到蒋介石，软硬兼施，蒋终于同意把中共军队数量增至20个师。赫尔利连夜找到毛泽东，希望共产党接受蒋介石的这一最后方案。但这个方案离中共的目标相差太过悬殊。赫尔利只好带着遗憾走了。

此时，蒋介石借受降之机一手玩和谈一手部署内战，已完成军队调遣。中共对此保持着高度警惕。中共据情报得知，蒋有将毛、周扣留在重庆之可能。9月26日，中共中央政治局会议建议毛泽东回到延安。一些民主人士也为中共打抱不平。毛泽东认为，目前的斗争既不能作原则性退让，也不能使谈判破裂，要尽一切努力展开政治攻势，不使谈判之门关闭。

9月27日至10月5日，国共双方代表又举行了四次会谈，关于整编中共军队问题，双方商定成立一个小组先行商议；并就政治会议和解放区问题交换意见。鉴于再谈下去很难得出结果，在10月5日的会议上，周恩来提出，毛泽东来此已一月有余，拟于下周返回延安。

达成《双十协定》

在毛泽东返回延安之前，双方将历次谈判记录整理成一个书面文件《政府与中共代表会谈纪要》。10月8日，周恩来、王若飞与张群、张治中、邵力子进行商谈，就《会谈纪要》交换意见。第二天，毛泽东与蒋介石在蒋官邸就两党合作问题进行商谈。蒋介石仍然提出要中共改变对国内政策方针，放弃军队和解放区，被毛泽东拒绝。

10月10日，中共代表周恩来、王若飞与国民党代表王世杰、邵力子、张治中，在简单商谈后，举行签署《政府与中共代表会谈纪要》，即《双十协定》。这次商谈，国共双方"在友好、和谐的空气中"进行，虽有分歧，但看起来是积极的。

《双十协定》共12条，比较全面地反映了两党谈判的结果。其中双方意见一致或相近的有6条。关于和平建国的基本方针，协定认为："中国和平建国的新阶段即将开始，必须共同努力，以和平、民主、团结、统一为基础，并在蒋主席领导之下，长期合作，坚决避免内战，建设独立、自由和富强的新中国，彻底实行三民主义。"关于政治民主化问题，协定确定了"应迅速结束训政，实施宪政，首先由国民政府召开政治协商会议，邀请各党派代表及社会贤达协商国是，讨论和平建国方案及召开国民大会各项问题"。其余四条分别就人民自由、党派合法、特务机关、地方自治等问题达成了共识。双方意见分歧较大但仍达成部分协议的有六条，包括国民大会、军队国家化、解放区政府、释放政治犯、奸伪、受降等问题。在协定中，中共对军队数量问题又作出了巨大的让步，从最初要求的48个师，已经降到24个或至少20个师，几乎达到了国民党的心理预期。

《双十协定》是国共双方采取平等的方式正式签订的。其形成过程既包含努力寻求一致的协商会谈，也离不开解决分歧的艰苦谈判。这是中国共产党运用和平方式开展斗争的一次成功实践。

《双十协定》签订后的第二天，即10月11日，毛泽东返回延安。在当天举行的中共中央政治局会议上，毛泽东报告了重庆谈判经过。他将重庆谈判的意义概括为：第一，两党采取平等方式正式签订会谈纪要，这是历史上没有过的；第二，有成议的六条，都是有益于中国人民的。通过重庆谈判，中国共产党取得了政治上的主动权，表明了共产党和平建国的诚意和决心。

"我们不是孤立的"

除了国共谈判，重庆之行也是中国共产党宣传自己的主张和政策，协商国内外大局大势的有利契机。毛泽东、周恩来等中共代表在重庆期间，以多种形式，广泛接触各界人士。

在刚刚到达重庆不久的8月31日，《新华日报》就有一篇报道：

毛泽东、周恩来"昨天下午分访孙夫人、孙院长、于院长、赫尔利大使和民主同盟主席张澜等。前次飞延商谈的黄炎培、左舜生、章伯钧、傅斯年、王云五诸先生，昨日也到桂园毛泽东同志寓所畅谈很久。晚上由张治中先生设宴款待，并邀于院长、孙院长、邹鲁、叶楚伧等先生作陪。"从这一天的行程，可见毛泽东交往之密集。

在重庆，毛泽东住在八路军办事处红岩村。张治中专门腾让出自己在市内的桂园住所，以供毛泽东在城内办公和会见中外人士之用。毛泽东以拜访、接待、宴会、招待会等各种形式，与民主人士张澜、沈钧儒、黄炎培等人进行开诚布公的交流；与国民党各个方面的人物接触。毛主席说：国民党是一个政治联合体，要作具体分析，也有左中右之分，不能看作铁板一块。他数次会见中国共产党的老朋友宋庆龄、冯玉祥等人。8月31日，毛泽东在桂园会见一批"小民革"的领导人，有王昆仑、屈武、侯外庐等。毛泽东先听取他们对和谈的意见，然后吃晚饭。他们边吃边谈，旁征博引，兴致很高。所谈的是史册古籍，《红楼梦》《西游记》等，却借古寓今，针砭时弊，风趣横生。会谈进行了十个小时，尽欢而散。

当9月4日毛泽东提出要见陈立夫、戴季陶等国民党右派时，随行人员都不理解。时任中共代表团秘书王炳南在《回忆毛主席在重庆》中说：

> 对主席的这一做法，起初大家感到很意外：像陈立夫、戴季陶这样的反共专家和顽固分子，我们平时都看作冤家对头，相顾眦裂，有什么好见的呢？主席向大家解释说：不错，这些人是反共的。但我到重庆来，还不是为跟反共头子蒋介石谈判吗？国民党现在是右派当权，要解决问题，光找左派不行，他们是赞同与我们合作的，但他们不掌权。解决问题还要找右派，不能放弃和右派接触。

其间，毛泽东接见了妇女、青年、工商界、文化界等各界代表，阐述了中共关于实现和平、民主、团结的基本方针，推动了革命统一战线的发展。9月2日，毛泽东、周恩来参加中苏文化协会宴会。这是一次重要聚会，可以说全陪都的知名人士、党政军要人和文化艺术界人士都到场了。虽然那天正下着蒙蒙细雨，但毛泽东要出席会议的消息传开后，无数工人、市民、学生拥到街头，热切盼望着想看毛泽东。毛泽东走出大门，向群众频频招手。街道两旁顿时欢声雷动。

毛泽东与周恩来在重庆还开展了卓有成效的外交和国际统战工作。他们接见美国航空队员、日本反战进步作家，设宴招待各国援华团体的代表和在重庆的各国友好人士，感谢他们在抗战期间给予陕甘宁边区和各解放区的诸多援助。毛主席也接见了许多国家驻重庆的大使，同他们进行了谈话。通过这些活动，毛泽东介绍了中国共产党的政策和解放区的情况，也进一步掌握了国内外各界人士的思想动态。毛泽东回延安后曾在干部会上说，他在重庆时，"就深深地感到广大的人民热烈地支持我们，他们不满意国民党政府，把希望寄托在我们方面"。同时，"广大的外国人民不满意中国的反动势力，同情中国人民的力量""我们在全国、全世界有很多朋友，我们不是孤立的"。

"特园"话民主

特园是著名爱国民主人士鲜英的公馆，始建于1931年，坐落在风景秀丽的嘉陵江南岸，占地20余亩，由鲜宅、平庐、康庄等十几栋楼房、庭院和花园组成。因鲜英字"特生"，故名其宅为特园。

鲜英为人热忱，广交朋友，常常大宴宾客，有"孟尝君"之称。在抗战期间，他举家倾产，支持民主进步事业。重庆的知名人士、社会贤达以特园为民主运动的大本营，常常在此聚会，不少人还寄宿于此。1941年2月，张澜、黄炎培、梁漱溟、罗隆基等在特园秘密成立中国民主政团同盟，并将总部设在特园。冯玉祥将特园康庄2号长借为官邸。以周恩来为代表的中共南方局领导人也是特园的常客，在特园联络各界民主人士。

重庆谈判期间，毛泽东曾六次访问特园，成为中共统战史上一段佳话。

第一次是在8月28日下午，毛泽东飞抵重庆，稍洗风尘，就在周恩来、王若飞陪同下来到桂园附近的康庄，拜访了冯玉祥。毛泽东非常繁忙，此次只是礼节性拜访，彼此寒暄、问候了一番，未及深谈。

第二次是在8月30日下午，毛泽东在周恩来的陪同下，专程拜访长住于此的民盟主席张澜。张澜的秘书吕光光回忆说，张澜家旁边就住着军统特务头子戴笠。为了安全起见，周恩来特意嘱咐不要在客厅见面，而选在张澜的卧室中晤谈。

宾主刚一落座，张澜就不安地对毛泽东说："这明明是蒋介石演的假戏啊！国共两党要谈判嘛，你们可以像过去那样，派恩来先生，加上若飞先生，来谈就可以了。何必动润之先生的大驾呀……蒋介石在演鸿门宴，他哪里会顾得上一点信义！前几年我告诉他：'只有实行民主，中国才有希望。'他竟威胁我说：'只有共产党才讲实行民主'。现在国内外形势一变，他也喊起'民主''民主'来了！"

听了张澜的话，毛泽东风趣地说："民主也成了蒋介石的时髦货！他要演民主的假戏，我们就来他一个假戏真演，让全国人民当观众，看出真假，分出是非，这场戏也就大有价值了！"

毛泽东向张澜介绍了中共在此次和谈中提出的几项主张，张澜连声说："很公道，很公道！蒋介石要是良知未泯，就应采纳施行。看起来，这场戏倒是有看头。"

第三次是在9月2日中午，毛泽东同周恩来、王若飞赴特园，出席张澜以中国民主同盟名义举行的宴会。参加宴会的还有民盟负责人沈钧儒、黄炎培、冷遹、鲜英、章伯钧、罗隆基、张申府、左舜生等。毛泽东说："这是'民主之家'，我也回到家里来了。今天我们聚会'民主之家'，今后共同努力，生活在民主之国。"毛泽东与各位民主人士纵论天下，畅谈时局。他还在特园主人的纪念册上题词"光明在望"四个字，勉励大家"道路尽管曲折，前途甚是光明"。

第四次是在9月7日傍晚，毛泽东同周恩来、王若飞来到康庄，出席冯玉祥的宴会。对于毛泽东不惧风险、毅然赴邀的举动，冯玉祥非常敬佩。为了表示对毛泽东的热诚欢迎，冯玉祥设宴邀请毛泽东。据冯玉祥的副官郑继栋回忆说，冯玉祥命自己在乡间住所歇台子抗倭楼的厨师老张到办事处亲自做菜。考虑到毛泽东是湖南人，专门交代："多弄几个湖南口味的菜。"宾主相聚甚欢，气氛融洽，畅所欲言。毛泽东向主人介绍了延安和解放区各方面的情况，并对冯玉祥在抗战中的贡献表达钦佩："焕章先生的丰功伟绩，已举世尽知，尤其在抗日战争期间，你为反对投降、坚持抗战，呼吁团结、反对分裂作出了不懈的努力。还望焕章先生为实现祖国和平、民主、团结而努力，不负国人所望。"冯将军表示："愿为中国实现和平与民主奋斗到底！"周恩来称赞说："焕章先生始终献身于祖国的正义事业，为人所不敢为，说人所不敢说，这就是先生伟大成功之处。"

第五次是在9月15日下午，毛泽东来到特园"与张澜作长时间密谈"。毛泽东向张澜介绍了国共和谈进展情况，以及双方在军队问题、解放区问题等方面的纠结。张澜建议:"将两党已谈拢的问题公之于众,免得蒋介石将来不认账。如你们不便说,我可以采取给两党公开信的方式,把问题摊开来。"毛泽东欣然接纳,赞誉张澜老成谋国。9月18日,张澜在重庆《新民报》、成都《华西晚报》发表《给国共两党领袖的公开信》,郑重提出:"今日商谈内容,似应随时公诸国人,既能收集思广益之效,更可得国人共商国是之实。""纵国共双方存有若干特殊问题,不妨事先商谈,但所作成之解决方案,必须不与国人之公意相违。"这对国共和谈产生了一定的舆论影响。

第六次是在9月22日傍晚,毛泽东偕董必武、王若飞赴特园,出席李烛尘、胡厥文、吴蕴初、胡西园、吴羹梅等工商界人士的宴请。胡厥文第一次见到毛泽东,在交谈中提出疑问:"大家都是中国人,为什么不可以互相协商解决问题,而要武装斗争呢?"毛泽东指出:"共产党如果没有军队,不搞武装斗争,早就被国民党杀光了。"胡厥文等工商界人士深受启发。宴会气氛活跃,大家谈笑风生。应李烛尘等人再三相请,毛泽东请王若飞代他背诵《沁园春·雪》。这首词是毛泽东以旧作和老友柳亚子的《赠毛润之老友》。"……俱往矣,数风流人物,还看今朝",在重庆盛传一时。

毛泽东在重庆谈判期间六访特园,与民主人士共商国是,增进了联系,促进了团结,推动了国民党统治区的爱国民主运动,为新中国多党合作、政治协商制度的形成进行了初步探索。[1]

---

[1] 重庆谈判资料参见中共重庆市委党史研究室等编:《重庆谈判纪实》,重庆出版集团、重庆出版社2016年版。

"政治协商会议"的定名

"政治协商会议"是抗战胜利前后，国共两党和民主党派在政治博弈中，为谋求新的合作方式提出的。这个名称本身也是国共谈判期间，一次又一次协商的产物。

中共、民盟倡议"党派会议"

1944年8月17日，毛泽东在董必武给周恩来的电报上批示："应与张、左商各党派联合政府。"他提议与张澜、左舜生商讨成立"联合政府"的主张。这是推动政治民主化的一个新的发展方向。在9月1日中共六届七中全会主席团会议上，毛泽东重申这一奋斗目标："召集各党派代表会，成立联合政府，共同抗日将来建国。"

9月4日，根据毛泽东的意见，周恩来起草给林伯渠、董必武等人的电报指出："目前我党向国民党及国内外提出改组政府主张，时机已经成熟。其方案为要求国民政府即召集各党各派各军各地方政府各民众团体代表开国事会议，改组中央政府，废除一党统治，然后由新政府召开国民大会，实施宪政。"[①] 电文明确强调："这一主张应成为今后中国人民的政治斗争目标。"在9月15日召开的国民参政会三届三次会议上，林伯渠提出：立即结束国民党一党统治，"由国民政府召集各党各派、各抗日部队、各地方政府、各人民团体的代表，开国是会议，组织各抗日党派联合政府"。

中共中央这一主张得到民主党派的积极响应。章伯钧在重庆各党派各

---

① 金冲及主编：《周恩来传》，中央文献出版社2008年版，第629页。

界代表人士集会上提出："中国共产党提出召开国是会议，民主同盟、各党派及社会民主人士共同主张召开党派会议。"10月10日，民盟发表对抗战最后阶段的政治主张，提出"召集各党派会议，产生战时举国一致之政府"，要求立即结束一党专政，建立各党派之联合政权。

"双十节"这天，周恩来在延安各界集会上发表《如何解决》的演讲，提出在中国命运的转变关头，为挽救目前危机，应"由国民政府立即召集全国各方代表，开紧急国事会议，取消一党专政，成立联合政府，改弦更张，以一新天下之耳目"。

中国共产党提出建立民主联合政府的主张是一种适应形势，顺应民心的重大举措。毛泽东指出：虽然联合政府仍然是蒋介石的政府，不过我们入了股，造成了一种条件。只要成立了联合政府，一切要由国民党、共产党、民主同盟商决，国民党的文章就不好做了。

此时，美国驻华大使赫尔利开始在国共间斡旋。1945年1月，毛泽东复函给赫尔利时，正式提议在重庆召开有国民党、共产党和民盟三方参加的"国事会议"的预备会议。1月24日，周恩来受赫尔利邀请赴重庆前在机场发表谈话：这次去渝将代表党中央向国民政府、中国国民党、中国民主同盟提议，召开党派会议，作为国事会议的预备会议，以便正式商讨国事会议和联合政府的组织及实现的步骤问题。到了重庆后，在一次有国、共和民主党派三方面人士出席的会议上，周恩来表示：这次我来重庆，是为了召开党派会议，"我们要求成立联合政府的主张并不放弃，并声明继续为这个主张而奋斗。有了主张，没有步骤不行，因而提出召开党派会议。联合政府是立场，党派会议是方针，一个是立场，一个是方针，必须弄清楚"。①

从1944年8月毛泽东第一次提出"各党派联合政府"之后的半年间，在中共方面的话语里，曾先后出现"各党派代表会议""政治会议""国是会议""国事会议""国事会议的预备会议""党派会议"等称谓。无论何种称谓，都体现了中共的基本主张：改组国民政府，取消一党专政，建立各党各派参加的联合政府。这应是"国事会议""国是会议""政治会议"的重要内容，而"国事会议的预备会议"及"党派会议"是正式商讨联合政府的组织及实现的步骤问题。中国共产党这种斗争形式和

---

① 王邦佐主编：《中国共产党统一战线史》，上海人民出版社1991年版，第325页。

政治策略上的变化，针对的就是国民党拟通过国民大会以抵制联合政府的诡计。

国民党提出"政治咨询会议"

受赫尔利邀请，周恩来在重庆继续与国民党代表谈判。中共和民盟提出的关于召开党派会议、建立联合政府的主张显然不符合国民党的既定方针。1945年1月31日，国民党代表王世杰主张中共参加最高国防军事委员会，政府承认党派合法，同意召集党派会议，但不能接受结束一党统治的内容。

周恩来有备而来。他于2月2日把一个关于召开党派会议的协定草案交给王世杰。草案内容包括：党派会议应包含国、共和民盟三方代表；有权讨论和解决结束党治、改组政府，起草施政纲领；保证各代表有平等地位和来往自由等。对中共的建议，蒋介石不屑一顾。他在日记中写道：中共"鼓吹'党派会议'、'国是会议'与'联合政府'谬论，中央概置不理"。①

在当晚接着的谈判中，王世杰主张将党派会议改换名称，加入无党派人士。周恩来坚持党派会议必须讨论和决定结束一党统治、改组政府、起草纲领等问题。对于这次会谈，王世杰2月2日日记有这样一段记载："与周恩来谈，对于召集若干国民党以外人员及各党各派开会协商一事，经此已大体同意。"②从日记中看，王世杰在当晚会谈时提出了"各党各派开会协商"的内容。

王世杰深知蒋介石的心思，不敢违逆。他2月3日将国民党方面草拟的一个政治咨询会议的方案交给周恩来。对这个文件起草经过，王世杰当天日记记述甚详："今晨予草就协议草案，其内容为召集一十口（原字难辨——笔者注）人之会议，由国民政府召集，中共、国家社会党、中国青年党、民主同盟各派一人至三四人不等，并约其他无党派人士数人参加，商议结束训政，统一军事及容纳国民党以外之人于政府之方案。周恩来允电延安请示。予于午后偕张文白（即张治中——笔者注）面陈蒋先生，蒋先生以为可行。"③

---

① 《蒋介石日记》未刊本，1945年1月31日。
② 参见台湾"中央研究院近代史研究所"编印《王世杰日记手稿本》。
③ 同上。

国民党提出的所谓"政治咨询会议"方案，即由"国民政府约集国民党代表与其他党派代表，以及其他若干无党派人士，从事会商"。"此项会商可称为政治咨询会议。此项会议应研讨：（一）结束训政与实施宪政之步骤；（二）今后施政方针与军事统一之办法；（三）国民党以外党派参加政府之方式。"这仅仅是一个允许国民党以外党派参加政府而没有改组政府内容的方案。显然，"政治咨询会议"无任何实质权力，远远达不到中共主张的政治目标。

当周恩来将谈判情况报告给毛泽东时，毛泽东指示：除非明令废止一党专政，明令承认一切抗日党派合法，明令取消特务机关及特务活动，释放政治犯，承认解放区，并组织真正民主的联合政府等，我们是碍难参加政府的。至于会议名称、成分、方式，可以从长考虑。对此，王世杰2月9日日记曾记：周恩来来谈，称延安对予所草拟之"政治咨询会议"（周恩来原称为党派会议）尚未能接受，但可考虑，并云彼奉召须先返延一商。这表明，在其他重要内容达成共识后，中共在党派会议这一问题上准备作出妥协。但蒋介石对中共提出的组织联合政府主张实难接受。2月13日，临返延安前，周恩来在赫尔利陪同下会见蒋介石。蒋介石宣称："联合政府是推翻政府，党派会议是分赃会议。"[①] 这一轮会谈陷入了僵局。

2月16日，周恩来返回延安。经过中共方面协商，3月7日，周恩来致函王世杰说，鉴于蒋介石政府一意孤行，使国内团结问题的商谈再无转圜余地，对王所拟政治咨询会议的草案不再答复。

即便如此，中国共产党并没有放弃召开党派会议、成立联合政府的主张。在4月举行的中共七大上，毛泽东所作的政治报告专门论述联合政府。报告明确表示："我们共产党人提出结束国民党一党专政的两个步骤：第一个步骤，目前时期，经过各党各派和无党无派代表人物的协议，成立临时联合政府；第二个步骤，将来时期，经过自由的无拘束的选举，召开国民大会，成立正式联合政府。"毛泽东强调："不管国民党人或任何其他党派、集团和个人如何设想，愿意不愿意，自觉不自觉，中国只能走这条路。"[②]

[①] 中共中央文献研究室编：《周恩来年谱（1898—1949）》，中央文献出版社2020年版，第601页。

[②]《毛泽东选集》（第三卷），人民出版社1991年版，第1068—1069页。

达成"政治协商会议"共识

为了缓解国共紧张的关系，褚辅成、黄炎培、冷遹、左舜生、傅斯年、章伯钧六位国民参政员于6月提出访问延安。据唐纵日记载，他们"事先向主席请示，主席表示非常宽大，愿与共党及各党派、无党无派人士商谈，不用党派会议名称，而用政治咨询会议行之"。褚辅成一行在延安提出了事先经蒋介石同意的三条意见：由政府迅速召集政治会议；国民大会交政治会议解决；会议以前，政府先自动实现若干改善政治之措施。这个以实现召开"国民大会"为目的的"政治会议"，尽管与中共和民盟提出的"党派会议"主张有一定差距，但能够解决"国民大会"这个国共纠结的关键问题，对于推动当时的民主政治也是一个进步。

对于这个调整，8月22日，周恩来在《目前紧急要求》中进行了解读："立即召开各党派及无党派代表人物的政治会议，商讨抗战结束后的紧急措施，制定民主的施政纲领，结束训政，成立民主的举国一致的联合政府，并筹备自由无拘束的普选的国民大会。"作为"政治民主化"的实现形式，中共强调要先召开各党派参加的政治会议，并将其作为成立联合政府的必要步骤。之后，再由联合政府筹备召集国民大会。中共将这一策略带到了重庆谈判桌上。

8月28日，毛泽东率领中国共产党代表团从延安飞抵重庆。9月3日，在国共谈判中，周恩来提出中共的方案，其中政治民主化包括召开"政治会议即党派协商会议，以各党派代表及无党派人士组织之，由国民政府召集"，主要讨论建国大计、施政纲领、改组政府、重选国大等问题。国民党希望军事上收编中共军队，所以在政治上用允许中共有一定程度的参政权利来作为交换，遂提出拟改组国防最高委员会为政治会议，由各党各派选出人员参加，共同参与政治。在这一天谈判时，中共提出了"党派协商会议"的概念。

为推进问题的解决，中共准备作出让步：联合政府现在不能做到，故此次并不提出；召开党派会议产生联合政府之方式国民党有顾虑，此次不提党派会议。建议政治会议由国民政府召集，各党派参加政府。

9月10日，中共代表周恩来、王若飞同国民党代表张群、邵力子、张治中举行第三次正式会谈。关于政治会议问题，中共提出在召开国民大会之前，应召开一次有各党各派及无党派人士代表参加的党派会议，商讨国是问题。国民党方面原则上赞成召开这样的会议，但要求不用党派会议名称，而称政治协商会议为好。中共代表在会议上未作过多坚持。至于政治协商会议的召集办法、各方人数、会议权限等，双方经协商已经接近。

从目前收集的文献资料看，这是在正式会议上首次提出"政治协商会议"的名称。

按中共的理解，政治协商会议就是党派协商会议。9月28日、10月2日，双方还就召开政治协商会议的代表人选、协议方式、召集日期等进行了商谈，基本达成一致意见。这些共识最终体现在《双十协定》第二条规定中：对于政治民主化问题，应首先"由国民政府召开政治协商会议，邀集各党派代表及社会贤达协商国是，讨论和平建国方案及召开国民大会各项问题"。至此，召开"政治协商会议"得以在文件中确定下来。

"政治协商会议"何人命名

关于"政治协商会议"是谁首先提出来的，几十年来聚讼不已。

目前通行有三种说法：第一种说法是王世杰。主要依据的史料有三个：一是周恩来在新政协筹备会第三小组成立会上讲话指出："'政治协商会议'是我在重庆和王世杰谈判时他提出来的。"二是李维汉在《旧政治协商会议和南京谈判》中的回忆："政治协商会议这一名称，是根据国民党王世杰的拟议商定的。"三是重庆出版社出版的《抗战时期国共合作纪实》一书收集的一份档案文献，标题为"王世杰一九四五年二月三日提交赫尔利关于政治协商会议草案"。

第二种说法是陈果夫、陈立夫。其主要依据是薄一波晚年的一个回忆。他提到，1949年8月14日毛泽东在中央政治局会议上曾讲到，重庆谈判时毛泽东主张召开政治会议，陈果夫、陈立夫说政治会议权太大，应该加"协商"二字。

第三种说法是张治中。中华书局出版的《中华民国史》即采纳了这种说法。该书第十一卷有这样一段表述：9月10日谈判中，中共建议召开各党派和无党派人士参加的政治会议，即党派协商会议，解决和平建国、施政纲领、各党派参加政府等问题，这样可"在训政结束之过程中，使各党派由协商而趋于合作。一改过去一党在野一党在朝之方式，亦非以此党代表彼党之方式，乃求党派合作，共同参加政府，以求全国政治之安定"。此建议得到国民党的原则赞同，张治中正式建议将此会议确定为"政治协商会议"。

笔者认为第三种说法较为可信。

前两种说法的主要依据是当事人回忆。在没有档案、文献或其他人的回忆印证情况下，回忆仅仅只能作为一种参考。毛泽东、周恩来、李维汉均是当年重庆谈判的当事人。但就目前笔者能查阅到的有关重庆谈判时期文献资料看，没有发现王世杰或"两陈"提出"政治协商会议"的记载。

关于"王世杰说"。从时间脉络上看，王世杰自1943年10月起作为国民党代表之一参与国共之间的谈判。双方1944年8月后一直纠结于"国事会议""国是会议""党派会议""政治会议"等提法。1945年2月3日王世杰、张治中提出"政治咨询会议"。如果这天王世杰提交给赫尔利的文本果真用"政治协商会议"，那么在2月至8月期间中共和国民党的文件和谈话记录中不会从不提起这个名称，而始终沿用"政治会议""党派会议""政治咨询会议"。周恩来8月28日陪毛泽东到重庆后，曾于8月30日至9月1日与王世杰、张治中等就政治、军事问题进行会谈。在王世杰日记中，他于8月31日记载，会谈时提出"政治会议"这一表述。9月4日晨8时，王世杰即飞赴伦敦参加五国外长会议，并未参加后来包括9月10日提出"政治协商会议"在内的几次谈判。直到10月8日下午他返回重庆，赶上《双十协定》签字仪式。

日记是记录事件的最原始形式。从当事人王世杰1945年2月2日、3日、9日日记看，他都没有"政治协商会议"这一提法。王为法学家，且素来日记甚详，如此重大内容应不会漏记。此外，张治中回忆录中有一段王世杰作为国民党中央宣传部部长3月份作的一次讲演的记述。王说道："我所记录的完全是前一日彼此商定的内容；只有'政治咨询会议'名称，是我一人拟议的。"[①]

从相关文献看，王世杰在2月3日分别向赫尔利、周恩来各提交一份草案，其文本内容大致相同，只个别不相干的文字表述有差异。其中给周恩来提供的，明确为"政治咨询会议"草案，而不是"政治协商会议"。

"王世杰说"的另一个依据是《抗战时期国共合作纪实》。这本

[①]《张治中回忆录》（下册），文史资料出版社1985年版，第710页。

书收入的"王世杰一九四五年二月三日提交赫尔利关于政治协商会议草案",选编于1957年世界知识出版社《中美关系汇编》,而这份资料又来源于美国国务院1949年8月5日发表的《美国与中国的关系》白皮书。《美国与中国的关系》白皮书引自王世杰2月3日提供给美国大使赫尔利的英文稿。在英文稿中,"政治咨询会议"被译作"The Political Consultation Committee"。英文中的"Consultation"兼有咨询和协商之意,但汉语中"咨询"和"协商"两个词的含义差异甚大。极有可能在翻译为汉语时,"The Political Consultation Committee",被译成"政治协商会议"。

关于"两陈说"。毛泽东在渝期间,广泛拜访各方人士,"二陈"作为国民党元老,也在意向之列。但因陈果夫称病,毛陈未能会晤。据于化民研究员考证,毛泽东与陈立夫倒是见过三次面:一是9月1日在中苏文化协会出席苏联驻华大使彼得罗夫主办的签订《中苏友好同盟条约》庆祝酒会。二是9月6日出席于右任的招待午宴。这两次见面出席人数众多,纯属公务应酬,似不大可能有深谈的机会。三是9月20日毛泽东专门回访陈立夫,王炳南以秘书身份陪同前往。王炳南后来在回忆文章中记述了毛泽东、陈立夫这次会谈的内容。毛泽东先是谈到大革命前国共合作的情形,然后批评国民党背叛革命,实行反共"剿共"的政策。毛泽东风趣地说,我们上山打游击,是国民党"剿共"逼出来的,是逼上梁山。就像孙悟空大闹天宫,玉皇大帝封他为弼马温,孙悟空不服气,自己鉴定是齐天大圣。可是你们却连弼马温也不给我们做,我们只好扛枪上山了。毛泽东还向陈介绍了中共对于国内时局的主张,提请国民党认清人心所向,不要重蹈覆辙。[①]可见,这次会面话题广泛,交流也较深入。如果陈立夫提出政协会议问题,最有可能是这次。但这次会议是在9月10日国共第三次正式会议提出"政治协商会议"之后。陈若有此说,可能是附议,而非首倡。

当事人回忆中出现"两陈说"和"王世杰说"的这种情况,至少有两种可能。第一种可能是记忆有误。这些回忆是在1946年召开的"政治协商会议"几年之后。此时"政治协商会议"概念已家喻户晓。也许将会谈时提出的"政治咨询会议""政治会议"等名称,误记为"政治协商会议"。

---

① 王炳南:《回忆毛泽东在重庆》,中共重庆市委党史研究室等编《重庆谈判纪实》,重庆出版集团、重庆出版社2016年版,第577页。

第二种可能是在非正式会谈时，王世杰等国民党代表为替代"党派会议"一词，而另行提出过其他带有"协商"意思的表述。

关于"张治中说"。这种说法尽管没有明确的文献依据，但国共双方在9月10日的谈判中，均使用了"政治协商会议"的称谓。据《中华民国重要史料初编》第七编《战后中国》中记载，在这天的谈判中，周恩来率先发言："所谓政治会议，即是党派协商会议。"他回顾了双方就这一问题商谈的过程，清晰勾勒了这一称谓的演变：此事去年冬我与王雪艇（指王世杰——笔者注）先生曾有商讨，当时我方主张召开党派会议，成立联合政府，雪艇先生则主张改为政治会议，邀请各党派人士参加政府，双方意见大体上还相接近，故我方认为可以接受考虑，后来六参政员赴延安，亦主张召开政治会议，此次毛先生来渝，日前与雪艇先生谈话，遂同意此项主张，提出于9月3日之十一项建议中。随后，他谈了政治会议需要协商的事项，并称"此项会议完全为各党派临时协商之性质"，"此乃国民大会召开以前对一切问题采取协商性质之会议"，"但求对所议事项能寻得协商一致为目的"。尽管周恩来没有明确"政治协商会议"之名，但其意蕴呼之欲出。

在这次会议上确定的"政治协商会议"，与中共一贯主张的"政治会议""党派会议"称谓不同，应该是会谈时国民政府代表所提议，得到中共认可的。这次谈判张治中是国民政府代表。由此可以推定，"政治协商会议"这一提法是张治中在会商谈判时正式提出的。有学者说，张治中从1942年7月就开始参与国共谈判，始终与中共保持良好的合作关系，能有此举自有其历史机缘。

"政治协商会议"始末

重庆谈判达成召开"政治协商会议"的协议，这是中国共产党和各民主党派争取民主的重大收获，是对国民党一党统治的重大突破。在各方努力下，政治协商会议于1946年1月在重庆召开。这对中国政局发展产生了一定的影响。

代表名额分配之争

1945年重庆谈判签订协定后，国共双方打打谈谈、边打边谈，就谈判未决问题继续多轮艰难的磋商。其中，政协会议是谈判的主要议题之一。

由于双方在政治军事两方面均存在重大分歧，政治协商会议召开的时机尚未成熟。国共两党对召开政协会议有着不同的期待。国民党同意召开政治协商会议，一方面是为了争取政治上的主动，应对国内外舆论；另一方面，也希望通过召开政协会议及早确定国民大会日期，再通过召开国大确立其统治合法性。针对国民党的如意算盘，中共提出应将军事问题和解放区问题的解决作为政协会议召开的前提，不能使国民党轻易从"国民大会"中谋取政治利益。周恩来表示："目前，应以政治协商会议为我方进行政治攻势的主要讲坛，辅之以国共的幕后商谈。不要希望这次商谈有什么大结果，要准备在'政协'中以政治攻势和国民党厮杀一场，也可能在厮杀中得到一些结果。为在'政协'中采取政治攻势，其提案应着重于民主问题。"由此可见，开展政治攻势是中共在政协会议上的一个重要任务。

尽管期待不同，但国共双方既然就召开政协会议达成了妥协，那么代表名额的分配便成为关键问题。出席这次政治协商会议的单位及名额，《双十协定》规定由国共双方商定。会议原定代表36人，由国、共、民盟和社会贤达平均分配。其中,社会贤达的代表名额也由国共双方共同商定,能自主推定名额的只有民盟。国民党为了控制多数,使政治协商会议通过有利于他们的提案,使出种种手段拉拢民主党派,妄图孤立共产党。为了分化民盟代表团,他们以高官厚禄拉拢罗隆基、张君劢、张东荪等民主党派领导人,均遭拒绝。国民党便唆使青年党领袖曾琦分裂民盟。当时民盟内部情况复杂,是一个联合了"三党三派"的政治党派,这也正好给了蒋介石可乘之机。在国民党支持下,青年党提出一定要代表名额的5席,如若民盟不同意,青年党就要作为独立的单位参加政协会议。国民党也公开表示支持青年党脱离民盟,拥有5席,要求民盟减少2席。民盟强烈反对这一做法,数次向国民党申诉无果。

为顾全大局,周恩来代表共产党提议,青年党可以独立参加政协会议,其5个代表名额由中共让出2名,国民党让出1名,另外将代表总额再增加2名。民盟原定的9个名额不动。共产党这一主动让步的提议,让国民党始料未及,不得不接受这个分配方案。最后商定的名额分配是:国民党8名,共产党7名,民盟9名,青年党5名,社会贤达9名,共38名。11月26日,国民党中常委和国防最高委员会联席会议通过了召开政治协商会议办法,并公布了38名代表名单。

政协会议达成五项协议

经过反复磋商,1946年1月5日,国民党政府代表与中共代表就停止军事冲突和恢复交通问题取得一致意见。1月10日,国民政府和中共中央对各自所属部队下达了停战命令。停战令的颁布,为政治协商会议的如期召开最终扫清了道路。同日,万众瞩目的政治协商会议终于在重庆的国民政府礼堂开幕。

中国国民党出席会议的代表8人,分别是孙科、吴铁城、陈布雷、陈立夫、张厉生、王世杰、邵力子、张群。蒋介石代表国民政府致开幕词。他在开幕词中作出四点承诺:人民享有各项自由,各政党在法律之前一律平等,各地依法实行由下而上之普选,释放政治犯。

中国共产党出席会议的代表7人:周恩来、董必武、王若飞、叶剑英(后由秦邦宪接替)、吴玉章、陆定一、邓颖超。周恩来代表中共在开幕会上致辞。他说:这样的政治协商会议,在中国的政治历史上还是创举。

政治协商会议，就是要请各党代表及社会贤达一起来订出如何实现政治民主化、军队国家化及党派平等合作的方案。周恩来表示：中共"愿以极大的诚意和容忍，与各党代表和社会贤达，共商国是，努力合作"。

民盟代表张澜、社会贤达代表邵从恩、青年党代表曾琦分别在开幕会上致辞，表达各自的政治主张。

在政治协商会议这个平台上，国共双方就谈判中诸多未决问题继续讨论和磋商。从1月14日至19日，会议分五个小组，先后按以下内容进行讨论：改组政府问题、施政纲领问题、军事问题、国民大会问题、宪法草案问题。其中，关于国民大会、宪法草案和改组政府问题，讨论尤为激烈。

为保证会议取得成功，中共在会议磋商过程中本着有理有利有节的原则，对国民党一党专制进行坚决斗争，同时践行承诺作出了真诚的让步。罗隆基曾说：会议所达成的结果，是"共产党的让步多，蒋介石的苦恼大，民盟的前途好"。

在改组政府问题上，国民党抛出一个"扩大政府组织方案"，提出成立国民政府委员会，意使之成为一个最高咨询机关。中共认为，"如果委员会无权用人，那么，政策决定了，仍交一党专政下的官僚去执行，结果还不是和从前一样，什么都推不动"。民盟也认为，改组后的政府要真能决策，真能执行，真能过渡到民主，不然只有过渡而无目的，就无意义。在中共和民盟的坚持下，国府委员会成为负有实权的机构。但在国府委员名额分配上，中共原来提议多数党在政府中所占名额不得超过三分之一。在最后形成的《政府组织案》中，中共作出让步：承认国民党占国民政府委员的一半，而且五院院长为国民党所独占，在行政院中的比例达五分之三。

在施政纲领问题上，根据事先协议，由中共提出《和平建国纲领草案》。该草案包括十个方面的内容，主要有：各党派长期合作，实施宪政，和平建国；废止一切限制人民自由权利的法令，释放政治犯；结束训政，取消党治；修改宪法草案，召开有各党派参加的自由的民主的国民大会；地方自治，成立省以下各级自治政府，承认解放区之"民选"政府；改组军事委员会，公平合理地分期整编全国军队等。中共的草案得到除国民党外其他党派一致赞许。民盟也提出与中共的施政纲领类似的提案。由于政府代表几乎毫无准备，直到政治协商会议闭幕日，蒋介石才对施政纲领提出两点意见：纲领中规定的人民自由权利国统区要做，解放区也要做；军队国家化是国家和平完成统一的最大要素。最终，国民党接受了一系列民主化主张；中共承认三民主义和国民党、蒋介石的领导地位。

在军事问题上，与会各方代表一致主张军队国家化，但在如何实现军队国家化问题上，却存在着重大分歧。国民党坚持先军队国家化才能政治民主化，意要共产党先把军队交给政府，再由政府给点民主；共产党坚持军队国家化必须以政治民主化为前提，否则，就等于把人民军队交给国民党一党专政的国家；中间势力主张国共双方都交出军队，军队应立即脱离任何党派关系，而归于国家，达到军令、政令之完全统一。民主党派希望共产党在军事上让步，希望国民党在政治上让步。为了团结中间势力，同国民党右派作斗争，中共代表在这个问题上作了有原则的让步：坚持军队国家化和政治民主化必须同时实施，两者并行前进，归于一途。经过反复讨论，最后通过了国共两党在政治民主化前提下，军队属于国家、军党分离、军民分治等一般性原则，以及由国民党、共产党、美国代表三人小组继续商定整编国共两党军队的办法。

在国民大会问题上，讨论的焦点在原国大代表是否有效上。原国大代表是1936年国民党一党专政时选出的，其他党派不能参选。中共反对原国大代表有效，主张重新举行公开而合理的普选。民主党派支持中共的主张。章伯钧代表民盟表态：坚决不承认旧代表，要依新的组织法和选举法重新选举。罗隆基表示：以十年前选出的代表来开议会，制定宪法，为世界史例所无，坚决重选。但国民党代表和王云五等社会贤达代表则坚持原国大代表有效。双方各不相让。为打破僵局，周恩来提出，国大旧代表选举在十年以前，那时的选举不是直接、平等、普遍与自由的民主选举。我们当然不能承认他们合法。但如果其他问题都解决了，是否为了这个问题就要与政府党分裂呢？当然不能。既然是难题，就要找出路，在许多问题上找民主化的出路。如果在若干别的问题上都有好的民主的出路，那么，对于这一件违背民主的事情，人民或者还能谅解。这里所说的"别的问题"，具体说来，比如改组政府问题就是其一。周恩来的发言既讲原则又体现灵活。也就是说，在其他问题得到解决后，中共和民盟在国民大会中获得三分之一否决权后，中共才承认原代表有效。当时民盟的代表在这个问题上坚持不肯让步，还是在周恩来的劝说下，以和平、民主和统一为重而让步了。

中共和民盟的这份配合和默契，源自重庆谈判期间双方的"君子协定"。双方曾约定：为推翻国民党一党专政，实现民主政治之新中国，得共同携手奋斗；保持其政治最高原则，但在奋斗过程中得随时交换意见，以统一步调增加力量；不得单独对国民党作妥协合作，如有谈判，得相互通知，并取得双方同意后，始与国民党成立条件，等等。在政协会议期间，中共和民盟双方均遵守上述约定，特别是在名额分配斗争中，民盟在中共帮助下解决了难题，让民盟更加深刻感受到中国共产党这种以国事为重的宏大气魄，增进了双方患难与共、真诚相助的情谊，并结成亲密同盟。李维汉回忆说，双方代表"白天开会，晚上到特园碰头，互相交换情况和意见"，在重大问题上采取一致的立场，共同对抗国民党的一党专政。

在宪法草案上，国民党将1936年根据所谓人民有权、政府有能的"五权宪法"制定的"五五宪草"提交政协会议讨论。其核心是实行总统制和中央集权。国大只是名义上的人民权力机关，总统才是权力中心，五院从属于总统。民盟提出实行西方的资产阶级民主制度，中共从抑制国民党一党专制出发，支持民盟的主张。国民党最后被迫同意政协会议组成新的宪草委员会，审议修改"五五宪草"，采用国会制和三权分立的政体。

对于协商讨论中中共作出的让步，周恩来在会后回答中外记者提问时进行了系统总结："通过的纲领和中共的原提案有颇多的出入；在军队国家化上，终止了十八年来的武装斗争，改变了军队的制度；在改组政府上，我们放弃了我们根据边区经验所提的三三制，即最大的党不得超过三分之一，而同意国民党可在国府委员会中占二分之一，在行政院中占大多数；在民主宪草的原则上，我们接受英美式的初期民主，例如解散国会制度；在国大问题上，做了大让步，容许始终为人民所反对的十年前的代表继续留任。"

中国共产党领导的新民主主义革命的目标是建立无产阶级及其政党领导的国家政权。但在这次政治协商会议上，中国共产党所接受的政协协议设计的政治蓝图与新民主主义革命纲领相差甚远。比如，在政府组织案中，中国共产党仅仅是作为参加者的身份进入国家政权，政府的领导权被国民党牢牢控制；按照宪草方案，抗战胜利后的中国将会走上美国式的民主宪政道路，各党各派将通过议会进行和平的政治竞争。这种让步，是中共在权衡双方实力后作出的策略调整，以争取政治上的更大主动。与国民党相比，当时共产党在军事力量上处于劣势，国内外的社会舆论一致呼吁"和平""民主"。如果通过政协会议，能够结束国民党一党专制，中国走上和平民主的发展道路，那也将是中国共产党所期待的。

经过22天紧张而激烈的讨论和磋商，各方在主要问题上逐渐接近共识。1月27日，周恩来飞抵延安，向中共中央作了汇报。中共中央认为"代表团取得的成绩很大"，肯定了其"方针都是正确的"，并同意在政协会议文件上签字。

1月31日，政治协商会议闭幕。由蒋介石主持通过了《关于政府组织问题的协议》《和平建国纲领》《关于国民大会的协议》《关于宪章问题的协议》《关于军事问题的协议》等五项协议。

中国共产党积极参与和推动召开的政治协商会议，是促进实现各党派协商国是的一次有益尝试。它开创了协商国是的政治模式。这种模式，无论从召开会议的出发点还是具体过程看，有几个要素是不可或缺的：参与主体是各党派和无党派人士；运行方式是协商、讨论；主要内容是国家大事，即推行民主、实现和平建国。会议期间，各方在沟通、讨论中所体现的妥协、让步、理性、共识，以及会议过程的公开、合法，均为中国民主协商的形成增添了一抹底色。

实行协议步履维艰

政治协商会议召开了，政协协议达成了，但实现民主的道路障碍重重。很快，短暂的和平上空笼罩着内战的阴霾。

政协协议对国民党一党独大地位造成了事实上的挑战，这使国民党内的顽固派恐慌、不满和愤怒。在会议期间，国民党特务制造了"沧白堂事件"；会议闭幕后又制造了震惊中外的"较场口血案"；2月下旬，发生了由国民党反动势力策划的"反苏反共游行示威活动"，以及国民党特务捣毁北平军调部和重庆《新华日报》《民主报》等事件。这一系列事件绝不是偶然的，进一步反映了国民党顽固派对政协会议及形成决议的强烈不满。

蒋介石表面上接受政治协商会议的协议，但内心更加郁结。他事后在日记中写道："政治协商会议集会的三个星期，可以说是我一生中最痛苦的时期"，是在"委曲求全"。[①]当时，国民党军队疲劳空虚，精神松懈；

[①] 汪朝光：《中华民国史》第十一卷（1945—1947），中华书局2011年版，第155页。

社会经济凋零，民众厌战；国际舆论对国民党政府施加压力，使蒋介石不得不忍受一时的"委曲"。但会后不久，蒋介石就表示："此次政治协商会议中，宪草所决定之原则与总理遗教出入颇多。"蒋介石把签署政协协议的责任推给八位代表，并完全违背了他曾经的承诺："协议之结果，各方面均须遵守，当然有最后之拘束力。"

国民党对政协会议及其决议的全面否认从修改宪草开始，并在1946年3月1日国民党召开的六届二中全会上得以体现。这次会议通过《对于政治协商会议之决议案》，同时作出五项具体决议，基本推翻政协宪草决议的精神，在改组政府、整军和停战等问题上也出现诸多违反政协协议和整军方案的内容。

政协会议通过的各项协议尽管与中国共产党的主张有很大距离，但中共认为协议符合人民愿望，要推动其执行。2月9日，毛泽东在对美联社记者发表谈话时说："各党当前的任务，最主要的是在履行政治协商会议的各项决议，组织立宪政府，实行经济复兴，共产党于此准备出力拥护。"中共准备参加改组后的国民政府，还有将中央机关迁到淮安的考虑。那里离南京较近，便于参加议会活动。民主党派对政协会议的召开及形成的决议欢欣鼓舞，对国民党破坏政协决议的行为给予严厉谴责。

国民党六届二中全会的召开，引起中共的强烈反应。在国民党二中全会即将结束时，中共中央政治局召开会议，毛泽东对时局作出四条分析，改变了原先对形势的乐观估计。3月18日，中共中央发言人发表谈话指出："宪法原则协议，必须百分之百实现，反对任何修改，并呼吁一切民主人士与全国人民准备为此神圣的任务进行严重的奋斗。"国民党擅自否定政协协议的做法，打碎了民主党派对和平民主的憧憬。民盟主席张澜表示："国民党二中全会违反政协的决议，我们不能不加以重视。如果这些问题不弄清楚，我们同盟为对国民负责计，不愿贸然参加政府。"

虽然政协会议结束后，协议的实行障碍重重，但在社会各界关注下，各项决议还是进入具体实施程序。由于国民党方面制造了种种反对举动，使国共之间本来就脆弱的互信愈发陷入危机。

国民党若要修正政协协议，首先要修改宪草原则。政协会议结束后，即成立了由五个方面组成的宪草审议委员会。按会议程序规定，修改宪草原则须五方面一致同意，修改条文须出席者三分之二通过。国民党代表提出的对宪草决议作重大修改的五条意见，涉及国大、立法与行政的关系、地方自治等问题，遭到中共和民盟代表的反对。中共认为：议会制、内阁制、省之自治地位都是重大原则问题，必须坚持政协会议的一切决议，特别是宪法原则，必须百分之百实现，反对有任何修改。鉴于国民党内部对政协宪草反对声日高，为了使其他政协协议有实现的可能，周恩来作出了三点重要让步：无形国大改为有形；同意取消立法院对行政院的不信任投票权和行政院对立法院的解散权；省得制定省宪改为省自治法。民盟对此提出异议。周恩来劝解说："政治是现实的事情，走不通就得设法转圜，不能因此牵动大局。"[①] 共产党的原则让步并未得到国民党的积极回应，双方在一些重大问题上的分歧越来越大。

在改组政府上，主要问题之一是国共双方对名额分配意见不一致。根据政协会议期间国民党与中共、民盟达成的谅解，中共和民盟在国民政府委员中合占三分之一名额，即14个，以保证否决权。民盟认为，否决权是换取中共的信任，以使其交出军队，事实上否决权只有在涉及施政纲领变更时才发生作用。但国民党方面否认这一默契。本来民盟已经产生了一个国府委员7人名单，由于国民党的出尔反尔，就与中共行动一致，拒绝提交。

在宪草修改问题和政府改组问题上，国共不能达成共识，其他问题就无法推进。此时，国民党仍以一副还政于民的面目，催促各党派提交国府委员和国大代表的名单，当然遭到中共的抵制。在3月30日政协综合小组会上，中共代表团明确提出：鉴于二中全会所造成违反政协决议之混淆情形，尚未澄清；宪草修改原则之争议未决；国大代表名额总数，政府又提修改之议；而中共应有国府委员及行政院政务委员之名额，政府亦尚未作最后之肯定；在此种情况下，中共目前实无提出国府名单之可能。

此时，蒋介石积极在东北部署兵力，内战的硝烟已弥漫。蒋介石为了掩盖内战扩大、时局恶化的真相，召集政协代表座谈，拟改组政府，并许诺在还都后召开国大。4月21日，中共代表团正式通知国民党代表：在政协协议、停战协定及整军方案被破坏，内战重新扩大、民主毫无保障之情况下，中共目前已无提出国府委员及国大代表之可能。民盟也同时向国民党提出三个条件：东北必先停止内战；政府改组应在国大召开之前，由各党派参加的政府来召开国大；在改组政府问题上，国民政府委员会应与行

[①] 梁漱溟：《忆往谈旧录》，中国文史出版社1987年版，第181页。

政院同时进行。满足不了此三个条件，民盟决定不提名单。在此情况下，国民党要召开有各党派参加的国大已不可能。4月24日，国民政府正式发表延期召开国大的政令。政协决议的实施陷入困顿。

5月5日，国民党政府迁回南京。此后，国民党全力进行东北内战，19日占领四平街，23日进占长春。蒋介石得意于暂时的胜利，决意撇开共产党召开国大，组织联合政府。为实现这一目的，国民党企图对民盟采取分化、瓦解的手段，拉拢动摇的民盟成员，并以暴力威胁和对付不屈服的民盟成员，遭到民盟的坚决抵抗。6月，上海人民反内战代表团赴南京请愿，在下关遭到暴徒围殴，马叙伦等身受重伤。下关惨案发生后，全国出现了一个抗议国民党暴行、坚决反对内战的新浪潮。中共联合九三学社等民主党派支持民盟的抗暴行动。

第三方面调停失败

6月26日，国民党不顾全国人民的强烈反对，悍然向中原解放区大举进攻，发动了全面内战。与此同时，国民党加强对国统区的法西斯统治，血腥镇压民主运动。7月中旬又制造了骇人听闻的李公朴、闻一多血案。

随着国民党军队对解放区全面进攻的公开化和扩大化，美国一方面公然援助国民党扩大内战，另一方面接替赫尔利的美国驻华大使马歇尔仍在做着徒劳无益的调处努力。面对美国人的压力，蒋介石采取边打边谈、以打为主的对策，敷衍美国。

中共明知蒋介石所谓的谈判不过是一种"拖"的战术，但为了教育广大人民，也同意成立国共双方和美国组成的非正式五人小组，讨论恢复和谈问题。9月底，国民党军队进攻中共在华北最大的也是唯一的省会城市张家口，这引发中共的强烈反应。中共代表团正式致函蒋介石，明确表示："如果政府不立即停止对张家口及其周围的一切军事行动，中共不能不认为政府业已公然宣告全面破裂，并已最后放弃政治解决的方针。"但蒋介石不顾共产党的一再警告和全国人民的反对，一意孤行地于10月11日攻占了张家口。本来民盟秘书长梁漱溟10日来上海劝说周恩来继续谈判；11日早晨返回南京在火车站下车时听到国民党军队攻下张家口的消息，不由得一声长叹："一觉醒来，和平已经死了。"如此一来，马歇尔的调停再告失败。

事已至此，国共和谈没有什么意义了。但国民党为了急于召开国大，以体现其统治的合法性，不得不摆出还是要和平的姿态，邀请政协代表到南京重开和谈，并希望第三方面代表尽力调解。所谓第三方面，主要是以民盟为代表的中间势力。由于抗战机缘，民主力量得到发展，并在客观上一时造成民盟全国第三党的地位。民盟成为国民党和共产党之外，中国唯一的有代表性的政治集团，也是中间势力的中坚力量。

中共自然明了国民党的用意，但为了争取第三方面，力争使国民党实现不了"合法"目的，也同意继续和谈。用梁漱溟的话说："这时，国内第三方面举足轻重，国民大会大家都不来是国民党在政治上的大失败；反之，各党派如果参加国大而共产党不参加，共产党顿形孤立。"[①] 因此，国共双方都在争取第三方面的支持。第三方面代表人士，比如民盟的张君劢、黄炎培、沈钧儒、罗隆基等人，不愿意国共就此破裂，希望继续挽救和平，因此力促和谈，调解国共关系。

正式会谈还没有开始，国民党军队于10月25日又攻占东北解放区的安东（今丹东）。周恩来得知消息，愤怒地提出要返回延安。黄炎培、梁漱溟极力劝说，并表示民盟若有重大主张，必与中共协商，征得同意。此时，共产党提出两条主张：一是政府须承认恢复本年1月13日停战生效时双方军队驻守之位置，为一切军事商谈之原则；二是政府须承认政协所有协议，为一切政治商谈之原则。这两条主张均未被国民党接受。

第三方面无奈之下，由梁漱溟于10月28日提出一个折中方案，其中包括双方军队就地一律停战等。情急之下，第三方面没有征求中共代表的意见，就贸然将这一方案送交国、共、美三方。"就地停战"实际上就认同了国民党抢占的张家口、长春等地。周恩来听到这个方案极为震怒。据梁漱溟回忆："周脸色骤变，以手阻我说：'不用再往下讲了！我的心都碎了！怎么国民党压迫我们还不算，你们第三方面也一同压迫我们？今天和平破裂，即先对你们破裂。十年交情从此算完。今国民党是我的敌人，你们也是我的敌人！'周态度愤激，泪落声嘶。"[②] 第三方面自知理亏，决定将送出的方案取回，遂出现戏剧性的一幕。他们分头行动：到马歇尔处，因他外出文件未被拆阅，于是取回；到孙科处，借口需要修改，把文件拿

[①] 梁漱溟：《忆往谈旧录》，中国文史出版社1987年版，第210页。
[②] 同上，第216—217页。

了回来。经过这场波折，第三方面的调解作用也就无从发挥了。

第三方面的调停失败后，国民党决定单方面召开国民大会。11月15日，制宪国民大会开幕。第二天，周恩来在南京召开记者招待会，痛斥国民党扩大内战，单方面召开"国民大会"的行径。民盟也表示：拒绝参加国民大会，因为这次召集的国大违背了政协决议的整个精神，破坏了政协决议的程序。各民主党派也都发表声明，否认国民党召开国大，支持声援中共、民盟的正义立场。最后，只有青年党、民社党参加国大，投靠国民党，从民盟中分化了出去。各民主党派在国民党国大召开的关键时刻，在国民党的威胁利诱面前，经受住了严峻的考验，保持了与中共的团结合作，这是中共统一战线的成功体现。

1946年1月在重庆召开的政治协商会议及通过的一系列决议，是中国人民反对国民党一党专制、争取和平民主的重要成果，是中国民主革命的一次重大胜利。尽管蒋介石集团很快撕毁协议，发动内战，但政协精神深入人心。[①] 正因如此，在1949年9月21日中国人民政治协商会议第一届全体会议开幕会上，毛泽东指出："我们的会议之所以称为政治协商会议，是因为三年以前我们曾和蒋介石国民党一道开过一次政治协商会议。那次会议的结果是被蒋介石国民党及其帮凶们破坏了，但是已在人民中留下了不可磨灭的印象……"[②]

[①] 本章资料参见重庆市政协文史资料研究委员会等编：《政治协商会议纪实》，重庆出版集团、重庆出版社2016年版。

[②]《毛泽东文集》（第五卷），人民出版社1996年版，第342页。

"新政协"应该是什么样子

1948年春，解放战争形势已向人民方面发生重大变化。中共中央审时度势，发布"五一口号"，揭开了筹建政治协商会议、建立新中国的序幕。为区别1946年召开的政治协商会议，各方一致称这次会议为"新政协"。围绕新政协的性质和任务，中共香港分局领导开展了一场轰轰烈烈的"新政协运动"。

"五一口号"开启新政协

1946年6月，蒋介石集团不顾全国人民的强烈反对，公然撕毁政治协商会议（旧政协）协议，全面发动内战。经过解放区军民的奋力抗击，到1948年春，人民解放军在各战场展开强大攻势，在外线开创了中原战场的新局面，内线也捷报频传，并于4月21日成功收复延安。此时，在第二条战线上，爱国民主运动风起云涌。革命胜利指日可待，召开民主联合政府是人心所向、大势所趋。

1948年4月30日，中国共产党在"五一"国际劳动节之际发表了建国主张。"五一口号"第五条明确指出："各民主党派、各人民团体、各社会贤达迅速召开政治协商会议，讨论并实现召集人民代表大会，成立民主联合政府！"

"五一口号"第一时间经《华商报》在香港发表后，立即引起民主人士和社会各界的高度关注和热议。

同在5月1日，毛泽东给在香港的民主党派领袖李济深、沈钧儒发了一封信，将"五一口号"精神进行通报，以期形成共识。解放战争时期的香港，是民主力量的主要聚集地。按郭沫若的说法，它"是一个既不是蒋

毛泽东致李济深、沈钧儒信

管区，也不是解放区的'第三种地带'""不像解放区那么动荡，也不像蒋管区那样受迫害"。除九三学社和民建之外，其他民主党派的中央机构、重要领导人和著名民主人士都转移到那里。李济深、沈钧儒是民主党派在香港的代表性人物，影响力大，号召力强。中共中央发布"五一口号"后，毛泽东随即给这两位民主人士发信征询意见。

毛泽东在信中说："在目前形势下，召集人民代表大会，成立民主联合政府，加强各民主党派、各人民团体的相互合作，并拟订民主联合政府的施政纲领，业已成为必要，时机亦已成熟。国内广大民主人士业已有了此种要求，想二兄必有同感。但欲实现这一步骤，必须先邀集各民主党派、各人民团体的代表开一个会议。在这个会议上，讨论并决定上述问题。此项会议似宜定名为政治协商会议。一切反美帝反蒋党的民主党派、人民团体，均可派代表参加。不属于各民主党派各人民团体的反美帝反蒋党的某些社会贤达，亦可被邀参加此项会议。此项会议的决定，必须求得到会各主要民主党派及各人民团体的共同一致，并尽可能求得全体一致。会议的

香港《华商报》对12位民主人士联名通电的报道

地点，提议在哈尔滨。会议的时间，提议在今年秋季。并提议由中国国民党革命委员会、中国民主同盟中央执行委员会、中国共产党中央委员会于本月内发表三党联合声明，以为号召。此项联合声明，弟已拟了一个草案，另件奉陈。以上诸点是否适当，敬请二兄详加考虑，予以指教。三党联合声明内容文字是否适当，抑或不限于三党，加入其他民主党派及重要人民团体联署发表，究以何者适宜，统祈赐示。"①

毛泽东这封信中的内容与"五一口号"精神相互呼应。毛泽东还以协商的态度就目前形势的判断及政治协商会议召开的时间、地点、发起者、参会党派、实施步骤等具体事宜提出建议，这又是对"五一口号"内容的补充和说明。整封信的字里行间，充分反映了中国共产党坚持多党合作、共同协商建国的伟大政治构想和对民主党派的殷切期望。

毛泽东给李济深、沈钧儒的信由潘汉年在"五一"当天送到李济深

①《毛泽东文集》（第五卷），人民出版社1996年版，第90—91页。

寓所。李济深当即就对潘汉年表示完全支持毛泽东的提议，并立即与沈钧儒联系。

5月2日，李济深即同沈钧儒一道，召集在香港的各民主党派负责人到他的寓所聚会，讨论中共"五一口号"。李济深（民革）、何香凝（民革）、沈钧儒（民盟）、章伯钧（民盟）、马叙伦（民进）、王绍鏊（民进）、陈其尤（致公党）、彭泽民（农工党）、李章达（救国会）、蔡廷锴（民促）、谭平山（民联）和郭沫若（无党无派）等12位民主人士，一致认为召开新政协、建立民主联合政府是我国"政治上的必经的途径""民主人士自应起来响应"。与会者商定，立即以联名通电的方式响应"五一口号"，并推举马叙伦起草电文。

5月5日，李济深等12人代表各自党派和无党派民主人士，联名发出给全国同胞和毛泽东的两个通电，正式公开响应中共"五一口号"。

这两个通电是在5月5日发出的，又称"五五"通电。两个通电针对不同对象表述略有侧重，但对"五一口号"的反应，都用了"适合人民时势之要求，尤符同人等之本旨"的措辞。5月6日，"五五"通电在《华商报》刊发后，立即引发了席卷而来的响应浪潮。

第一个公开响应"五一口号"的政治团体，并不在12位民主人士所代表的党派当中，而是由谢雪红担任主席的台盟。5月7日，台盟在《华商报》上发表《告台湾同胞书》，指出：中共中央发表了这个号召，正切合全国人民目前的要求，也正切合台湾全体人民的愿望。

此时，民建总部和主要领导人黄炎培、胡厥文等都在上海。民建于5月23日在上海秘密召开常务理事、监事联席会议，一致通过决议，赞成中共"五一"号召，筹开新政协，成立联合政府。

"五一口号"发布时，民进的两位主要创始人马叙伦和王绍鏊均在香港。5月24日，民进发表《响应中共"五一"号召的宣言》，对"五一口号"给予极高的评价，称其为近百年来中国革命史的结晶，是今后中国政治运动航向的指标。

民联、民促也在5月份发表宣言，响应"五一口号"。

6月9日，致公党发表宣言指出，中共的政治立场和态度代表全国革命阶级和一切爱国民主的阶层，与本党对国事的主张和奋斗目标一致。在宣言中，致公党特别提出，中共在中国革命的艰巨而长期斗争中，贡献最大而又最英勇，为全国人民起了先导和模范作用。"这次新政协的召开，无疑我们得承认它是领导者和召集人。"

6月12日，在香港的民盟中央执行委员会举行扩大会议，讨论新政协的性质、意义，并确定响应召开新政协的步骤及办法。6月14日，民盟发布《致全国各民主党派各人民团体各报馆暨全国同胞书》。其中提道：此次中共发布"五一口号"，其第五项主张迅速召开政治协商会议，实现民主联合政府，正与本盟历来一贯的主张相符合，本盟当然愿为这一主张的早日实现积极奋斗。

6月16日，农工党发表《对时局宣言》，赞成中共中央"五一口号"的主张，就是"加速胜利有力的号召""是实现新中国的正确途径"。

民革经过再三讨论，于6月25日发表声明指出，中共"五一"号召"诚为消灭卖国独裁的反动统治和建立独立民主幸福的新中国所应循的途径"。民革是当时最有影响力的民主党派之一。但这篇声明发表时，距"五一口号"问世已有近两个月。数月后，北上到达哈尔滨的谭平山、蔡廷锴等民革成员与先于他们到哈尔滨的朱学范相聚，介绍了声明起草的内情：声明是经常委会指定要点，由陈此生起草，谭平山与陈劭先、梅龚彬审稿，李济深亲自定的稿。在文件起草过程中，越重视越易众口难调。声明从5月12日开始起草，一共花了44天，才算见报。可见在当时，民主人士理解和看待"五一口号"，在思想认识上仍有相当分歧。

沈钧儒担任主席的中国人民救国会在7月7日发表《"七七"宣言》，其中提及"五一口号"时说：此一口号恰符合本会"建立举国一致民主政府，完成反抗侵略肃清封建任务"的一贯主张。

"五一口号"发布时，九三学社因处在国统区，不宜公开发表声明。1949年1月22日，人民解放军开始接管北平。1月26日，九三学社在北平《新民报》公开发表《拥护中共"五一"号召暨毛泽东八项主张的宣言》，赞成中共中央关于"召开无反动派参加之新政治协商会议"的建议。

聚集香港的社会各界人士，在"五一口号"发布后，也联名发表声明或宣言。"五一口号"迅速传至海外，新加坡华侨、马来亚华侨、泰国华侨、缅甸华侨等，多以致电或通电的方式予以响应。

事实上，响应"五一口号"的团体并不止于上述所列，甚至国内非民主力量乃至平时倾向国民党当局的一些政党和团体，如民社党革新派、孙文主义革命同盟、台湾民众联盟、中国少年劳动党、光复会、中国农民党等，出于各种动机，也发表了声明。

这些声明、宣言形式各异,但基调一致,那就是对"五一口号"第五条产生共鸣并由衷盛赞。他们迫切盼望推翻国民党腐朽政权,建立一个统一、民主、光明的新中国。各民主党派、各界人士对中共"五一口号"公开而热烈的响应,在当时的香港形成了一种主流政治生态,产生巨大和深远的社会影响。

值得一提的是,由于种种原因,毛泽东并没有在第一时间看到"五五"通电。他复电民主人士,已经是三个月以后的事情了。1948年8月1日,毛泽东致电李济深、何香凝、沈钧儒等民主人士并转香港各民主党派、人民团体及无党派民主人士表示,为了建立独立、自由、富强和统一的中华人民民主共和国,实有召集各民主党派、各人民团体及无党派民主人士的代表们共同协商的必要。

香港的"双周座谈会"

在历史转折的当口,响应"五一"号召、召开新的政治协商会议已成为一个广泛的社会共识。但新政协如何召开,在哪儿召开,什么时候召开,哪些人参加,性质是什么,发展方向是什么,凡此种种,都是摆在中国共产党和各民主党派面前需要深入讨论和不断协商的问题。

中共中央在发布"五一口号"后,先后就邀请各民主党派代表来解放区协商召开新政协问题作出部署,并密切关注香港方面的动向。5月7日,毛泽东指示香港分局和潘汉年"可用非正式交换意见的态度(不是用正式决定和邀请的态度),和各真诚反美反蒋的民主党派、人民团体及社会知名人士交换意见,并与各方反映电告"。[①]

根据中共中央指示,5月初香港分局成立由连贯为负责人的统战工作委员会,来落实这项工作。据时任统战工委委员罗培元回忆说,潘汉年已发现有人窃听他家电话,所以香港分局和统战工委绝少用电话与高层人士联系,特别重要会议和重要意见转达,都通过单独登门拜访的办法。为了广泛有效征求民主人士的意见,香港分局组织召开"双周座谈会"。

"双周座谈会"是个约定俗成的称谓,沿袭了抗战时期周恩来在重庆

---

① 中央统战部、中央档案馆编:《中共中央解放战争时期统一战线文件选编》,档案出版社1988年版,第199页。

与民主人士交换意见时的做法，原则上每两周开会一次，可提前或推后。这种会议采取边聚餐边座谈的形式，邀请上层民主人士参加，大约一二十人，一般由共产党和民主党派轮流主持。"五一口号"发布前，座谈会地址选在主持者家里，如轮到民革主持，就在李济深家里；轮到民盟主持，就在沈钧儒家里；每逢中共主持，就设在连贯家里。会议议题因时因事商定，或由中共提出取得大家同意、作出决定；或是根据各民主党派、民主人士的意见商讨确定。会议程序为：先由一人作专题发言或政治报告，然后与会者围绕专题展开讨论。这种讨论通常是漫谈式的，大家畅所欲言。

"五一口号"发布后，"双周座谈会"在两个不同层次召开：上层民主人士的座谈会改在铜锣湾天后庙道"统委"所在地举行。每次开会，香港分局负责人方方、潘汉年、连贯一定出席。中层民主人士参加的座谈会，规模大一些，有三四十人，在湾仔某单位的一个会议室举行。"双周座谈会"先后开了八次，成为各民主人士讨论中共"五一口号"、响应新政协号召的重要阵地。在讨论协商中，新政协的雏形渐渐清晰。

5月8日，第一次正式协商新政协的座谈会由《华商报》召集，主题为"目前新形势与新政协"。

《华商报》是抗战期间中共在香港创办的报纸。抗战胜利后，《华商报》复刊，并迅速成为民主力量在香港的喉舌，也是解放区以外能直接传播中共中央声音的唯一一张报纸。在座谈会上，《华商报》记者用当日社评《无声的变化》阐述当前的形势：天下已在大变，筹备民主联合政府的时机成熟了。中共"五一"号召符合人民的要求。他希望与会者围绕三个问题讨论：新政协与旧政协有什么不同的地方？新政协和人民代表大会的召开，在现阶段的民主运动的作用和影响怎样？在广大人民中需要如何推动，以促进新政权的建立和扩大它的基础？

郭沫若、邓初民、翦伯赞、马叙伦、章乃器、黄药眠等民主人士出席座谈会，并作了发言。沈钧儒、章伯钧和谭平山提供了书面发言。

郭沫若用"向来做惯了尾巴的人，要来领头是很费力的"开场，以此比喻由中共联合民主党派筹建新政协过程的不易。对于新政协领导权问题，郭沫若坦言，应承认中共的领导权、毛泽东先生为中国人民领袖，新民主主义为今后中国建国的最高指导原则。在发言中，马叙伦也表明"新政协的召集人自然是由中共负责"。可见新政协讨论伊始，领导权问题就成为热点。

与会人员就新旧政协的区别、召开新政协的意义、新政协的成分、新政协举行的条件等问题进行了初步讨论和沟通。无论共识还是分歧，大方向是一致的，因而会场"气氛热烈、思想凝聚"。

香港"新政协运动"

在中共香港分局引领下，在港的民主人士通过不同方式纷纷加入关于"新政协"的讨论之中。有几位经历过旧政协的"过来人"成为主力。谭平山《适时的号召——论中共"五一"节口号》、邓初民《怎样响应新政协的号召》、马叙伦《读了中共"五一"口号以后》、郭沫若《为新政协催生》等，都一致认为新政协是对旧政协的超越，引导各界为新政协正名。章伯钧以民盟的立场著文认为："民盟对于新政协的理解，也正与其他民主人士所了解的相同，他不把新政协看作与旧政协是同名同质的党派会议，而是在新的阶段，负有新的任务的政治协商会议。"这些判断，基本上是一种共识。

针对一些人还存在模糊认识，中共香港分局、香港工委、统战委的几位负责人执笔上阵，阐明新政协的内涵和意义。5月13日，中共香港分局书记方方在香港《群众》周刊发表《为成立民主联合政府而奋斗》，对"五一口号"第五条作了进一步解读。方方是香港分局主要领导人，他的文章无疑起到了思想引领作用。中共香港工委书记章汉夫和香港分局统战委负责人连贯接连发表文章，参与"新政协"的讨论。

6月14日，民盟发表响应中共"五一口号"的宣言，提出了"新政协运动"的概念。在这份宣言中，民盟就召开新政治协商会议提出四点基本认识和七项具体主张，这已超出对"五一口号"表态式的响应，成为事实上的新政协运动的倡议书。此前的座谈会和文章，尽管早于民盟提出的"新政协运动"，但性质和内容无疑是"新政协运动"的重要组成部分，并为这场运动开了一个好局。

中共香港分局积极引导"新政协运动"走向深入。6月30日，方方亲自主持召开座谈会，邀请马叙伦、郭沫若、沈钧儒、谭平山、茅盾、李章达、胡愈之、王绍鏊等出席。李济深因故没有到会，委托连贯转达他的意见。此前讨论大多关乎新政协性质等宏大话题，这次座谈会则集中围绕

"新政协运动"中各方讨论的主要问题和观点

关于新政协与旧政协

谭平山认为： 旧政协已变成历史的陈迹。新政协的构成分子，应该是能够代表人民利益而且确有群众的各民主党派、各人民团体、各社会贤达所组成的。

中国民主促进会强调： 行将召开的新政协，是完全由各阶级各阶层的人民临时代表商讨国是，亲帝国主义分子，封建反动派，官僚资本主义垄断者，不会再让其幽灵复活，混进革命的阵营，更没有美帝国主义者阴谋魔手鬼蜮出没的余地。

关于参加新政协的资格

马叙伦认为： 人民团体有多种，蒋管区里面也很多，有许多是不足论的，不能算数。社会贤达必须具有人望、声望，地位则属次要，参加民主运动必须有工作表现。

郭沫若指出： 参加新政协的代表，先看承认哪些党派、团体，承认以后，代表由他们自己选；社会贤达没有自己的团体，不能由自己产生，可参考旧政协由中共、民盟和民革三方面推荐的办法，也可由各党派各团体推荐并共商决定。

王绍鏊指出： 党派及人民团体对民主运动有贡献的，应出代表；社会贤达，一是有声望，即背后有群众；二是对民主运动有贡献；三是经各党派承认。

关于新政协由何方召集

中国致公党明确表示： 中共在中国革命艰苦而长期的斗争中，贡献最大而又最英勇，为全国人民起了先导和模范作用。因此，这次新政协的召开，无疑我们得承认它是领导者和召集人。

邓初民深刻指出： 中国革命和新政协"必须由无产阶级来领导，这不是无产阶级及其政党的骄傲和自负，这是半殖民地半封建社会的革命历史决定的"。

关于新政协的主要任务

民盟强调： 必须确认新民主主义为各革命阶级统一战线的临时联合政府的最高实施原则，除蒋介石独裁政权代表的地主、官僚、买办之外，其他阶级阶层都可以在这个基础上共同合作，所以是符合全国人民的要求的。

三民主义同志联合会指出： 新政协"所拟定出来的共同纲领，应该是和革命的三民主义复合的新民主主义的共同纲领"。

中国民主促进会建议： 新政协应"加强人民革命统一战线之团结与其力量；筹备各革命阶级民主联合政权之实施纲领；筹备召开全国人民代表大会，组织民主联合政府"。

关于新政协召开的时间和地点

沈钧儒认为： 召开时间不可以迅速，不必等得太久，因为开新政协号召力度大，利于鼓舞人民解放军军事上迅速发展，同时可以加速敌人的崩溃和他们内部的动摇和分裂。

李济深认为： 为使新政协的号召力加大，等拿下平津后才开最好。

李章达认为： 开会地点不可用单纯的地理观点看，只要是象征新民主主义的地方就行。

关于"第三条道路"

中国国民党革命委员会强调： 今日之中国，只有革命或反革命两条道路，即爱国与卖国之分，民主与反民主之分，其间绝无中立徘徊之余地。苟且偷安，投机取巧，依靠美帝扶持，轻视人民力量，都是自绝于民主，自绝于人民的思路。

三民主义同志联合会指出： 凡是坚持地站在民主统一战线方面者，凡是希望今后"政协"顺利成功者，不独不应该有丝毫"第三条道路"的幻想，而且应该积极起来揭露这种"第三条道路"的阴谋。

"新政协运动"中各方讨论的主要问题和观点

具体问题展开。

新政协何时召开？马叙伦、郭沫若、沈钧儒、谭平山普遍希望根据形势发展，尽快召开新政协，甚至越快越好。茅盾则认为："如果要我们住在香港的人来决定一个政协召开的时间，恐怕有点困难。"王绍鏊给出了具体时间"至迟到年底就好了"。李济深则委托连贯在会上提出"拿下平津"后再召开政协会议的建议，但马上遭到李章达的反驳："对任公打下平、津的观点，我认为不妥，这样新政协的召开，不是以政治为前提而是以军事为前提了，如果打不下平、津，是否便不开了呢？"

在什么地方开会？中共中央最初的设想是在哈尔滨召开新政协。李济深不赞同在哈尔滨开会，他建议："为使新政协的号召力量加大，要拿下平、津，在平、津开会，最好不要在东北开会。"王绍鏊也提出"开新政协的地点，应在关内"，这实际上呼应了李济深的建议。谭平山、茅盾、马叙伦、李章达则认为，只要在解放区，"关内关外无所谓"。沈钧儒对此问题另有一番考虑，主张开会地点保密："地点问题不能公开，否则要招致轰炸。"

谁是新政协的召集人？在讨论时，没有出现不同意见，大家一致认为新政协应当由中共召集。

1948年6月30日座谈会会议记录

新政协要解决哪些问题？对于新政协的性质，大家比较接近的意见是，新政协应该是新民主主义性质，反帝反封反官僚资本主义是应有之义。李章达、沈钧儒主张新政协应有一个各方都可接受的共同纲领。作为法学家，沈钧儒提出，"宪法则可另组机构来研究起草"。郭沫若表示不同意见：政协不要订出临时施政纲领，因为"中共在解放区已有一套办法"。

哪些单位和个人有资格参加新政协？这是讨论最热烈，也最具原则性的一个问题。中共中央在"五一口号"中提到这样一个大致范围：民主党派、人民团体、社会贤达。讨论也大体没出这个框架，普遍认为应以其对现阶段民主的实际态度和贡献为原则。然而在讨论接近结束的时候，连贯转达李济深的意见"新政协代表范围要扩大到蒋介石下面的拥护政协的各种力量"时，引起一些人的反对。谭平山认为："任公第一条宽大主义则甚有问题，当然那些人也要争取，但是只是个别争取，不要整个争取，整个争取也是不可能的。"李章达说："任公太宽大，认为许多蒋反对派的力量都是革命派。"马叙伦也认为："对蒋区的人要个别争取，不要集团的争取，更不可把政协当作筹佣的东西。"这应该算是此次座谈会上一次直接交锋。①

香港"新政协运动"虽说历时不过数月，但影响深远。在"新政协运动"期间，中共与各民主党派、各人民团体和无党派民主人士围绕新政协若干实质性问题深入讨论，交流看法，凝聚共识，为此后新政协筹备、人民政协和新中国成立做了必要的思想准备。

---

① 《无悔的选择——罗培元回忆录》，花城出版社1999年版，第148—153页。

李家庄的"特客"

1948年秋，随着解放战争形势的快速发展，筹备召开新的政治协商会议已提到中共中央重要的议事日程。在中共中央所在地西柏坡毗邻的李家庄，聚集了一批民主人士。他们听时事报告、发表到新世界的感受、讨论新政协筹备、呼应中共中央发表的主张。一段时间，李家庄山潮水潮人来潮，沸腾起来。

民主人士到李家庄

1948年八九月份，中共中央准备组织民主人士到解放区，以便筹备新政协。当时，计划在东北和华北两个解放区分别接待民主人士，并按照地域拟定了两份邀请名单：一份是将香港及江南地区的民主人士，经海路北上护送到东北解放区；另一份则是将平津地区的民主人士，经陆路接送到华北解放区，即前往中共中央统战部所在地——河北省平山县李家庄。

李家庄是太行山区的一个小村庄，坐落在滹沱河北岸、郭苏河东岸，距离中共中央所在地西柏坡5里地。中共中央城工部改为统战部后，立即投入邀请民主人士前往解放区、筹备新政协的工作。自下半年起，24位陆续到达李家庄的民主人士成为中央统战部的客人。当地称他们为"特客"，即特殊的客人。

李家庄是山村，本来就不大。中共中央城工部迁来后，陆续住进一二百人，住宿情况已相当紧张。作为中共中央邀请来的客人，民主人士的住宿问题，便成为统战部当务之急的大事。中央统战部除腾出部分较好的民房外，还利用村里的空地或旧房基地，盖了一批新房子。

李家庄的"特客"有携带子女的，有夫妇同行的，也有独自一人的。

他们在李家庄都不开伙，一律吃食堂。当年是供给制，食堂按级别高低分为小灶、中灶和大灶三类，供应的标准因灶而论。谁吃什么灶，有时候可以用来体现一个人的级别或身份，相当于后来说谁是多少级。在李家庄，只有中央统战部部长李维汉属于吃小灶的待遇。而中央决定，来李家庄的民主人士一律吃小灶。这种破例的接待规格，也从侧面反映了中共中央和中央统战部对新政协筹备工作的重视。

来李家庄的"特客"，有的在中共中央给香港分局、沪分局和华北局城工部的邀请名单之中，如胡愈之、沈兹九、田汉、翦伯赞、胡风、宦乡和吴晗、张东荪、符定一、雷洁琼、费孝通。还有十几位属于单独邀请，如楚图南、周建人、韩兆鹗、何惧、安娥、葛志成、杨刚、刘清扬、严景耀、张曼筠、周颖、严信民等。这些民主人士中，后来有20人出席了人民政协第一届全体会议。

西柏坡与李家庄的互动

随着民主人士一批又一批的到来，李家庄这个本来不过几十户人家的山村，变得热闹起来，时任统战部副秘书长童小鹏形容为"沸腾的李家庄"。民主人士在这里讨论和筹备新政协，参加各种政治活动和联欢活动，吟诗作文，接待从西柏坡来的中共中央领导人，到西柏坡拜访中共中央领导人……从1948年秋天到1949年春天，李家庄发生了许多故事，也见证了许多载入史册的大事……

毛泽东1948年4月27日致信华北局城工部部长刘仁，第一次提出邀请民主人士来解放区。这封信提到了张东荪、符定一、许德珩、吴晗和曾昭抡五个人的名字。后来符定一、吴晗和张东荪先后到达李家庄。毛泽东与他们分别有过不同形式的交往。毛泽东或单独、或与其他领导人一起，还宴请过楚图南、田汉、费孝通、张东荪、雷洁琼、严景耀等民主人士。周恩来在党内长期分管统战工作，与李家庄的民主人士接触更多。

符定一是毛泽东的老师。毛泽东和符定一的交谊自然与其他人不同。1948年11月符定一到达华北解放区时，毛泽东、周恩来、任弼时等中共中央领导人直接把他接到西柏坡，连夜听取他对解放北平的意见。符定一力陈武攻天津、文取北平的主张。

毛泽东后来又两次专程去李家庄探望符定一。一次是1949年1月北平和平解放协议敲定当夜；一次是中共中央离开西柏坡之前。

因符定一曾力主和平解放北平，所以当毛泽东接到北平和平解放协议已经签订的电报后，不顾连续几天没有很好睡过觉的疲劳，立马赶到李家庄向符定一报喜。符立达后来有段回忆：

> 毛主席见了父亲，亲切地握着手，说："好久没有见到你老人家了。今天一方面来看你，一方面向你报告一个好消息，傅作义已经赞成我们的条件，北平和平解放了。"父亲说："这可是大家的希望，这都是毛主席胸怀广阔和共产党的英明使然，否则，北平怎能和平解放？"毛主席笑着说："这是民主起了决定作用，广集群言，也包括你老人家的意见。"[1]

毛泽东是熟读史书的中共领导人。作为历史学家，吴晗前往解放区时，随身带着刚刚完稿的《朱元璋传》。1948年11月，毛泽东在西柏坡两次约见吴晗，纵论时局与明史。吴晗后来在自传中说："毛主席找我谈了两次话，初步知道了工农联盟人民民主专政的意义。"吴晗在另一篇文章中回忆："毛主席在万分繁忙的工作中，看了我的《朱元璋传》的原稿，特别约谈了一个晚上，除掉指出书中许多不正确的观点以外，特别指出彭和尚这一条，给了我极深刻的阶级教育，挖出我思想中的毒瘤，建立了我为人民服务的观点。"

张东荪是在1949年1月与费孝通、雷洁琼、严景耀一道前往解放区的。毛泽东在"五一口号"发布前写给刘仁的信，首先就提到张东荪，显然很看重他在民主活动中的作为，并称"他们及平津各位文化界民主战士的一切爱国民主活动，我们是热烈同情的"。张东荪到解放区后，即与毛泽东见面，互赠著述，并进行了深入交流。学者左玉河所著《张东荪传》根据史料作了详细记述："张东荪一到西柏坡，便送给毛泽东一本自己的封笔之作——《民主主义与社会主义》；毛泽东也回赠他一套东北解放区出版的《毛泽东选集》。据张东荪后来对家人说，当时他出发去石家庄时神情非常兴奋，想向毛泽东和中共阐明自己关于即将成立的联合政府内外

---

[1] 符立达、周勉德：《符定一：毛泽东的恩师》，《人民日报》1994年5月8日。

方针问题的意见。"张东荪向毛泽东所要陈述的，实际上是所谓"新型民主"的主张。对于毛泽东提出的新民主主义的许多内政方针，张东荪承认有其合理性，但仍劝中共应该迅速把重心放在发展农业生产上；对于以暴力方式严厉镇压反动派的破坏，张东荪虽表示理解，但仍不是非常赞同。总体上看，双方在召开新政协、建立联合政府、进行新民主主义经济建设等重大内政方针上是一致的。然而，在讨论新中国的外交方针时，两人产生了巨大分歧。张东荪不同意新中国实行"一边倒"的外交方针，主张应该走"中间路线"，不亲近美国也不亲近苏联，或者可以比较亲近苏联，但也要与美国建立良好关系，不能反美。毛泽东认为很多知识分子都存在着严重的"亲美""恐美"思想，张东荪不同意"一边倒"向苏联，就是这种思想的反映。张东荪与毛泽东双方各执己见，谈话的气氛一度非常紧张。毛泽东对张东荪的"中间路线"主张和"亲美"思想进行了委婉的批评，希望民主党派站在人民大众的立场同中国共产党采取一致的步调，真诚合作，不要半途拆伙，更不要建立反对派和走中间路线。

毛泽东的这次会见，给同行的雷洁琼留下了深刻印象。在亲切热情、无拘无束的交谈中，毛泽东、周恩来等中共中央领导人与他们谈形势、讲政策，介绍党内和解放区的情况，润物细无声地做着统一思想的工作。雷洁琼在《一次难忘的幸福会见》中说："这一席长谈，从晚饭后直到深夜才结束，我们第一次听到毛泽东同志的亲切教导，都非常兴奋，感到这是受到一次毕生难忘的马克思主义思想教育。"

周恩来与到李家庄的民主人士中的不少人以前就认识，甚至有的渊源颇深。例如刘清扬，她是周恩来的入党介绍人，两人相识近30年。

胡愈之也是周恩来的老熟人。在李家庄期间，周恩来与他至少有过两次单独谈话。第一次是胡愈之到西柏坡向周恩来汇报工作，并谈及自己今后的打算；第二次是周恩来专程到李家庄，找胡愈之彻夜长谈。楚图南比胡愈之到李家庄稍晚，但他是周恩来与胡愈之交往的知情者。楚图南晚年回忆："据我所知，早在愈之同志刚刚从香港到达解放区时，就向周恩来同志表达了希望继续从事新闻出版工作的愿望。恩来同志和他谈了一个通宵，说明了统一战线和民主党派工作的重要性。愈之同志听从了周恩来同志的意见。"据于友所著《胡愈之》所记，周恩来第一次和胡愈之谈话后，感到意犹未尽，于是有了第二次长谈："周可能感到对胡愈之还有解释的必要，几天之后又专门来到胡住的宿舍，同胡谈了一个通宵，要胡安心继续做统战工作。周说：'我们胜利了，尖锐复杂的阶级斗争还在后头。是将革命进行到底，还是使革命半途而废呢？对这样一个问题，各民主党派和人民团体正在进行一场激烈的斗争。全国解放后，民主党派和无党派民主人士进行社会主义改造，也还是长期的事。统战工作还有很多事要做，我们一定要把这一工作做好。'周副主席还建议胡愈之读一读恩格斯、列宁和毛泽东的几本著作。"

周恩来与吴晗、田汉、周建人、翦伯赞、杨刚等民主人士都有过单独的会面和谈话。有些会面是礼节性的，如周建人回忆："我们一到住地，周恩来同志就代表党中央、毛主席来看望我们，问寒问暖。"有些会面则是实质性的，如田汉回忆："我们在西柏坡的时候，恩来同志曾几次跟我谈话。他批评我不严肃，没有鲁迅的'打落水狗'的精神，等等，曾使我惭悔交并，夜不成寐。"[①]

周恩来与民主人士更普遍的交往，常见于公众场合，不少民主人士在回忆中有所提及。他常到李家庄看望大家。楚图南回忆："周恩来同志很忙，只在傍晚有些时间，这时他就从西柏坡赶来和我们见面，和我们亲切交谈，讲形势、讲政策，并听取大家的意见，气氛亲切融洽，待人犹如师友、犹如兄长。周恩来同志对民主党派朋友这种待人以诚、服人以理、谦逊厚重的精神，给我和很多朋友的印象极为深刻，永志不忘。"[②]

中共中央非常关心到达李家庄的民主人士，力图安排好他们的食宿和业余生活。中央曾派京剧演员李和曾带团到李家庄慰问演出。有文章记述："1948年11月，在村北的麦场里举行联欢晚会，统战部机关和民主人士以及从西柏坡赶来的中共中央工作人员参加了晚会，毛泽东、周恩来、朱德等中央领导都来了，盛况空前，热闹非凡。"[③]雷洁琼一直很怀恋这段时光。1995年，已担任全国人大常委会副委员长的雷洁琼在一个美术展览会上与当年的工作人员钟灵不期而遇，两人忆及李家庄扭秧歌的往事，雷洁琼感慨道："那时候真痛快，大家好像都变成了小青年，达到了忘我的境界，现在是想扭也扭不动了。"

[①] 田汉著：《田汉自述》，大象出版社2002年版，第186页。
[②] 楚图南：《与共产党同舟共济》，《文史精华》2010年增刊。
[③] 中共河北省委统战部编：《追忆李家庄》，华文出版社2018年版，第49页。

民主人士商讨新政协

邀请民主人士到解放区筹备新政协，是中共中央根据时局进程作出的通盘部署。讨论即将召开的新政协，就成为民主人士在李家庄参与的一项重要政治活动。童小鹏对此有一句概括性的回忆："中央统战部热情接待后，同他们个别交换意见，举行时事座谈会，讨论国际国内形势，座谈周恩来起草的《关于召开新的政治协商会议诸问题（草案）》和统战部起草经周恩来批准的《新的政治协商会议组织条例（草案）》。"楚图南在各类回忆文章中也多次提到："我们在中共中央统战部及李维汉同志的安排下，就和平解放北平、筹备新政协、准备成立民主联合政府等问题进行学习和协商。""中央统战部的负责同志召集我们就新政协召开的时间、地点、参加单位等问题交换意见，并和已到东北解放区的李济深、沈钧儒、章伯钧等沟通情况，交换看法。"

《关于召开新的政治协商会议诸问题（草案）》是周恩来根据毛泽东的指示主持起草的。1948年10月初，毛泽东与周恩来谈到召开新政协的各项事宜时提出："似宜将名单及其他各项拟成一个文件，内容字句均须斟酌。"周恩来随后与中央统战部召集已经到达李家庄的民主人士座谈商讨，并很快起草了这个草案。毛泽东对草案作了逐字逐句的修改。《草案》大体包括四个方面的内容：新政协召集问题；新政协人选问题；召开新政协的时间、地点问题；新政协准备讨论的事项。前三项都很具体，《草案》提出了初步意见：提议由中共及赞成中共中央"五一口号"第五项的各主要民主党派、人民团体及无党派民主人士的代表们成立一个新政协的筹备会。由此筹备会，负责邀请参加新政协的各方代表人物，负责起草新政协的文件，并负责召开新政协的正式会议。筹备会的人选，提议即以5月5日香港联名通电响应中共中央"五一口号"的民主党派、人民团体及无党派民主人士的九个单位代表，加上上海民主建国会，平、津教授，国内少数民族及南洋华侨的民主人士代表；全国性的人民团体，例如工人、农民、学生、青年、妇女、文化界、产业界等代表；中共和中国人民解放军的代表，共约二十人左右组成之。

楚图南到达李家庄后，正好赶上讨论新政协筹备的若干问题。他曾回顾当时的情况说：新政协筹备中很重要的一条是"没有反动分子参加"。

当时难免"泥沙俱下、鱼龙混杂",有些类似青红帮的组织、与国民党关系很深的人,也想混迹"民主人士"行列。对此,中共中央统战部多次召集我们交换看法,就参加新政协的单位和个人名单征求意见。农工党中央执委严信民曾受周恩来委托到香港了解民主人士对新政协态度的情况,后又返回华北解放区。他回忆说,关于召开新政协,民主人士原则上一致,但对具体问题有不同意见:有的主张1948年冬季召开,有的主张1949年春季召开。有的主张在东北开,并把联合政府放在东北;有的反对,认为东北离苏联近,主张在华北开,联合政府应在关内。有的主张新政协闭幕后,马上成立联合政府,有的主张先召开全国人民代表大会,再成立联合政府。这些意见都集中反映给中共中央研究。

的确如严信民所说的,统战部经常将民主人士对召开新政协的意见集中起来,汇报给中共中央。周恩来1949年1月16日到李家庄作报告时还提到:"统战部随时将各位先生对召开新政协的意见报告了毛主席和党中央。"时为中央统战部工作人员的宋堃也曾回忆:"周恩来亲自看望这些民主人士,并与他们多次谈话。李维汉等领导更是经常与他们座谈有关新政协问题和国内外形势。"

报告会·讨论会·座谈会

民主人士多来自国统区,可谓"另一个世界"。他们对中国共产党的政策和解放区情况需要一个认识过程。为此,中共中央统战部应民主人士的提议,安排多种形式的学习活动。民主人士到李家庄后,每人都得到一本《毛泽东选集》及马列著作和各类学习材料,经常参加报告会、时事座谈会,随时与党内负责同志谈话,交流意见。中央统战部还组织民主人士在解放区参观访问。尽管只有短暂的几个月,用今天的时尚语言表述,可谓信息量很大。

中共中央统战部组织最多的是专题报告会,内容涉及方方面面,如战争进程、军事政策、政权建设、土改、外交、经济、文化、教育、妇女运动等。对于不少民主人士来说,1949年1月是他们在李家庄度过的最后一个月,也是他们参与政治活动最频繁的一个月。仅1月中旬就举办了多场报告会:1月16日,周恩来到李家庄"报告解放战争的发展情况";17日,邓颖超作《关于解放区的妇女工作》的报告;19日,胡乔木作《关于新民主义的文化政策》的报告；陈毅在参加 1949 年 1 月中央政治局会议期间，应邀来到李家庄给大家作了淮海战役的情况报告；安子文曾到李家庄向民主人士作中共干部政策的报告……

周恩来是在 1 月 16 日晚上来李家庄作形势报告的。报告会由胡愈之主持。据童小鹏回忆，周恩来先说了一段开场白："本来早就应该来看望各位先生并当面请教，因为战事紧急抽不出身来，好在统战部随时将各位先生对召开新政协的意见报告了毛主席和党中央。今天本想先听各位的意见，李维汉却对我说，许多先生要求我先讲，然后大家再座谈发表意见。那么，我现在就向大家报告一些情况……"[1]周恩来从毛泽东提出的八项和谈条件说起，进而分析解放战争的形势发展和军事力量对比，并对战争进程作了预测。之后，周恩来还谈了如下一些问题：新政协的地点和安全问题；人民政府的组织问题；对待战犯和官僚资本问题；关于外交及文化思想问题。关于新政协召开的地点，周恩来说："现在香港和蒋管区的民主人士还要继续来解放区。北平若解放得早些，政协筹备会的工作更要加紧进行。将来打算逐步发表这方面的消息，但为避免敌机骚扰，开会的地点要保密。对外公开说还在哈尔滨召开，使敌人相信。"[2]可见在北平和平解放之前，中共中央已经决定在解放后的北平召开新政协。

周恩来在李家庄所作的报告也引发了一些互动和讨论。李青时为中共中央统战部工作人员，参加了这个报告会。他回忆说：周恩来发言告一段落后，会议转入讨论。何惧说：我有个生意人的想法，万一蒋下台，换了别人谈判，若提出不要惩办战犯、不要没收财产，在这种情况下怎么办？周恩来反问：若不没收官僚资本你愿意不？何答：我当然不愿意。周恩来说：战犯将功折罪，还勉强可以。不没收官僚资本就通不过。八条中废除伪法统，决不是修改法统。在废宪、土改、联合政府、废除卖国条约等八条中，只有战犯的惩办轻重、人数多少有伸缩余地，如果本人将功折罪处罚就轻些，这取决于他们自己。田汉说：在国际法上，美国可以收容这些战犯，并可以为之保留资产，我们是否将他们作为政治犯处理？政治犯与今天的战犯有何不同？胡愈之说，战犯问题，可在对外新闻公告中表示：

---

[1] 童小鹏著：《在周恩来身边四十年》（下），华文出版社 2015 年版，第 354 页。
[2] 中共河北省委统战部编：《追忆李家庄》，华文出版社 2018 年版，第 131 页。

"若不愿做中国之友邦,可以自由容纳,要做中国友邦,就不许容纳。德国垮台后,就有此通告"。周恩来说:昨天到新华社谈到这问题。现在我们的家产大了,美、英、法将来必有求于我们……①

李青的回忆提到会场的一些细节:报告会"由晚八时左右开始,持续了四五个小时。由于当地条件限制,没有准备夜宵。周恩来和与会人员始终精神饱满,坦诚相见,商讨各种问题,达成了共识,气氛十分热烈。深夜时,大家饮几口解放越南奠边府时缴获的法国白兰地,使精神倍增,谈兴更浓。座谈结束时,已是凌晨一时许,周恩来与民主人士亲切告别,在星空闪烁下乘吉普车返回中共中央所在地——西柏坡"。②

李家庄还经常召开专题座谈会。张传玺的《新史学家翦伯赞》有段记述:"统战部在招待所组织有学习座谈会,参加者都是先后来自香港、北平及其他国统区的进步人士,其中有周建人、杨刚、符定一、楚图南、胡愈之、沈兹九、田汉、安娥、费孝通、张东荪、雷洁琼、吴晗等,许多人都是翦伯赞的老朋友。座谈会每周只有一次,多由李维汉或齐燕铭主讲。"楚图南对这些政治活动印象深刻,曾在回忆中提及:"根据李维汉同志的安排,我们进行了多方面的学习,其中有唯物辩证法等,更主要的则是对解放战争形势的学习,以及新中国成立后的政权建设、城市政策、土地政策、知识分子政策、外交政策的学习。"童小鹏对此也有一些回忆。他说:"1948年12月25日,在李家庄的民主人士举行时事座谈会,与会者有胡愈之、沈兹九、刘清扬、韩兆鹗、周建人、吴晗、杨刚、严信民、楚图南等,由胡愈之主持会议。李维汉、章汉夫等也参加了会议。会议就国际国内政治形势进行了广泛讨论。"这些当事人的回忆尽管不能还原历史,但可管中窥豹、略见热情洋溢的学习场景。

民主人士多为具有深厚文化底蕴的知识分子,但面对一个即将到来的新时代,思想上和认识上难免有这样或那样的想不通。李家庄的学习活动有讲座,有讨论,是一种很见成效的补课方式。吴晗的思想转变很典型。他在离开李家庄一年后,写成《我克服了"超阶级"观点》一文,回顾了思想转变的过程:依毛主席的指示,细读列宁的《国家与革命》,认识了国家的意义,熟读了毛主席的选集,初步明白了马列主义如何和中国的具

---

① 中共河北省委统战部编:《追忆李家庄》,华文出版社2018年版,第247页。
② 中共河北省委统战部编:《追忆李家庄》,华文出版社2018年版,第134页。

体实践相结合，明白了毛泽东思想。听了关于土地改革，关于中共党史的报告，明白了土地改革是支持解放战争的基本环节，是消灭封建的必要步骤；明白了共产党26年来的成长壮大和发展，曾经犯过"左"倾、右倾的错误；但是由于有了正确的领导，毛主席的领导，才能得到胜利，才能解放几万万人民。

1949年元旦，《人民日报》发表了毛泽东为新华社写的新年献词《将革命进行到底》，表明了中国共产党和中国人民将革命进行到底的决心。1月14日，毛泽东又发表了《关于时局的声明》，提出八项和平谈判的条件。在李家庄的民主人士立即行动起来，开展一系列响应活动。他们分别于1月7日、1月16日联系在东北解放区的民主人士联合发表声明。

经过充分协商，1月22日，到达解放区的各民主党派、各人民团体的代表人物及无党派民主人士55人，联名发表《我们对于时局的意见》，一致表示："愿在中共领导下，献其绵薄，共策进行，以期中国人民民主革命之迅速成功，独立、自由、和平、幸福的新中国之早日实现。"[1] 这个政治主张，表明各民主党派、无党派民主人士公开自愿接受中国共产党领导，决心走人民革命道路，拥护建立新中国。这一具有重要影响的声明，可以作为民主人士在李家庄参加的各类政治协商活动的一个圆满收尾吧。

李家庄经验

民主人士从国统区来到解放区后，感受到新的气象，焕发了新的活力。从统一战线工作角度，也难免会带来一些新的问题。民主人士在解放区普遍受到礼遇，享受解放区一定级别的干部所难以享受的生活待遇。但作为长期在大城市生活的知识分子，他们与长期处于戎马倥偬状态的解放区干部，毕竟在人生经历、思想观念等方面有本质的不同，甚至格格不入。这在一定程度上，会形成一些沟通和交流上的障碍。

召开由各民主党派、各界人士的代表参加的新政协，是中共中央做出的一项重大战略决策。中共中央不仅将同各民主党派、民主人士协商建立

---

[1] 政协全国委员会文史资料委员会编：《五星红旗从这里升起——中国人民政治协商会议诞生记事暨资料选编》，中国文史出版社1984年版，第218页。

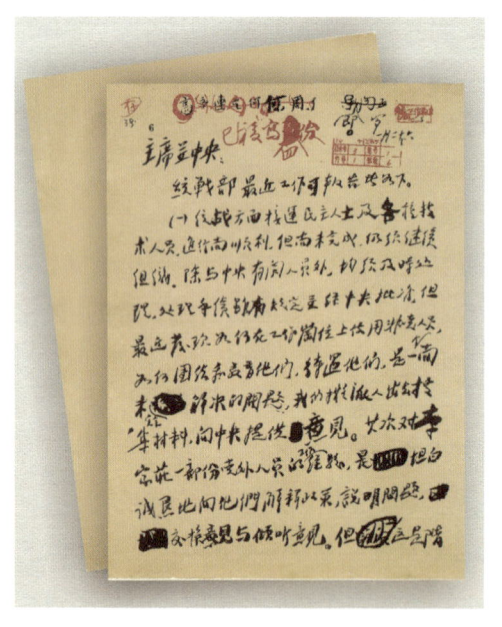

新中国，还要与各民主党派、民主人士长期合作。因而如何对待民主人士，与他们形成良好的协商、沟通和合作模式，就成为当时举足轻重的一件事情。李家庄的这几个月，对中共中央做好民主人士工作、完善统一战线政策来说，是弥足珍贵的实践。

1949年1月，李维汉就中央统战部接待民主人士的工作情况向毛泽东和中共中央写了一个报告。这是结合李家庄的实践经验写成的，也等于李家庄几个月来对民主人士工作作

中央统战部关于接待民主人士的工作情况的报告（部分）

了一个简要的总结。报告说，接送民主人士工作尚未完成，仍需继续组织；当中特别提到："对李家庄一部分党外人员的工作经验，是坦白诚恳地向他们解释政策，说明问题，交换意见与倾听意见。"

民主人士到解放区后，李家庄遇到的问题，在东北等地区也不同程度地存在；乃至以后，会以新的形态出现。为了推广经验，中共中央于1月22日向东北局并各地发出《关于对待民主人士的指示》。《指示》分为三个部分：

一、我党对待民主人士的方针应该是以彻底坦白与诚恳的态度，向他们解释政治的及有关党的政策的一切问题，积极地教育与争取他们。对政策问题，均予以正面解答，不加回避。除党的秘密和某些具体策略外，一切可以公开谈的都可以谈。对政策实行的情况亦应据实相告，在强调说明各种成就时，并应指出困难和缺点，以及我们依靠群众力量，虚心学习等，克服困难和缺点的方法。同时，请他们充分发表并提出批评和意见，以加强共同努力的精神。

二、此间曾根据上述方针和态度对民主人士进行过以下工作：

（一）依据他们的提议，由我党各部门负责同志作报告（已报告过战争、军事政策、政权、土改、外交、经济、文化教育、妇运等）。（二）举行座谈，除座谈上述报告外，还座谈过我党新年献词，主席八条文告（他们致东北民主人士两个电报即由此产生）及有关新政协诸问题，我们有负责同志参加。（三）他们可以和我任何负责同志谈话，交换意见。（四）组织一部分同志进行日常的接触和交谈。（五）组织参观。（六）供给他们以马列著作，毛泽东选集（每人一册），党的公开文件及材料，解放区建设的材料，报纸及参考消息（无党内新闻）。（七）他们得自由与老百姓接触交谈。（八）民主人士间推有负责人，并有分组研究。许多工作进行均经其负责人与我方负责同志商洽。以上各项工作进行以来，民主人士均感收获甚大。（九）关心他们的生活及疾病。这些经验，供你们参考，可依据你们的具体环境加以运用。

三、上述方针，应在干部会议上明确地转达与讨论，使大家都能掌握其精神，主动地向民主人士进行教育宣传又耐心倾听他们的意见，一方面保持积极主动，另方面要反对我们自己的无纪律无组织状态。[1]

从李家庄经验可以看出，中共中央领导人与民主人士在坦诚的气氛中协商和交流，为新政协的顺利召开作了多方面的铺垫。此前，双方虽有接触，但毕竟缺乏如此深入交换意见、沟通看法、协商问题的机会，更没有如此密切地合作过。因而可以说，《关于对待民主人士的指示》为新中国诞生后中国共产党领导的多党合作和政治协商制度作出了初步的探索。

---

[1] 中央统战部、中央档案馆编：《中共中央解放战争时期统一战线文件选编》，档案出版社1988年版，第240—241页。

新政协"诸问题"的协商

1948年秋,随着人民解放战争的节节胜利,新政协筹备工作也紧锣密鼓地进行。为了使新政协的召开有一个各方遵循的规则,中共中央委托东北局与到达哈尔滨的民主人士协商相关问题,同时征求在香港、李家庄的民主人士意见。经过西柏坡(李家庄)、哈尔滨、香港的反复沟通讨论,形成了新政协历史上的第一份正式文件。

面对面协商新政协

受中共中央邀请,沈钧儒(民盟)、章伯钧(民盟)、谭平山(民革)、蔡廷锴(民促)等人,历经十几天的海上旅程,于1948年9月29日从香港乘船到达目的地哈尔滨。沈、章、谭、蔡四位都是民主党派的重要领导人,在民主人士中享有很高的威信和地位。他们的到来,使中共与民主党派就筹备新政协的面对面协商成为可能。

为了更具体地同民主人士商谈召开新政协的各项事宜,在西柏坡的中共中央草拟了《关于召开新的政治协商会议诸问题》草案。所谓"诸问题",就是围绕新政协筹备工作提出的若干重要问题,包括新政协的召集、参加者、时间和地点,以及应讨论的事项等。关于新政协的参加者,草案提议在南京反动政府系统下的一切反动党派和反动分子必须排除,由反对美国帝国主义侵略、反对国民党反动统治、反对封建主义和官僚资本压迫的各民主党派、各人民团体及无党派民主人士的代表组成。关于时间,拟订在1949年,究竟何月,视代表到达情况而定;地点,哈尔滨,亦有可能依情况改在华北某一大城市。应讨论和实现的两项重要事宜是:制定共同纲领;建立中华人民民主共和国临时中央政府。这四个方面也是"五一口号"

发布后民主人士讨论新政协最为集中的问题。

10月2日，沈钧儒等致电毛泽东、朱德、周恩来，表示"愿竭所能，借效绵薄，今后一切，期待明教"。第二天，他们收到毛泽东从西柏坡发来的复电，字里行间充满真挚的期待："弟等正在邀请国内及海外华侨、各民主党派、各人民团体及无党派民主人士的代表人物来解放区，准备在明年适当时机举行政治协商会议。一俟各方代表大体到位，弟等即当趋前候教。在目前准备期内，弟等已托东北局负责人高岗同志等与诸先生面洽一切，尚希随时指教，使会议准备工作臻于完善。"[1]

10月8日，东北局负责人高岗、李富春接到西柏坡传来的电波："除沈、谭、章、蔡四人外，王绍鏊（字却尘，代表上海中国民主促进会）亦将由北鲜抵哈。高崇民、朱学范久已在哈。请高、李约集上述七人会谈数次，并将下面所附书面意见，正式征求他们的意见，请你们和他们过细加以斟酌，以其结果电告。"[2]"所附书面意见"，指的就是周恩来与中央统战部在李家庄拟定并经毛泽东修改的《关于召开新的政治协商会议诸问题（草案）》。

中共中央10月8日电文中提及的七位民主人士，除沈、谭、章、蔡四人外，王绍鏊（民进）也已从香港抵达哈尔滨。他们下榻马迭尔宾馆。另两位民主人士，即民革的朱学范在中共中央颁布"五一口号"之前就已到达哈尔滨；民盟的高崇民时任东北行政委员会副主席。他们接到电文后，均集中居住在马迭尔宾馆。

马迭尔宾馆坐落在美丽的松花江畔，是一座俄式宫廷风格的三层建筑，为白俄修建并曾专供社会上层人物住宿和娱乐，内部装饰富丽堂皇。在马迭尔宾馆二楼一间五六十平方米的会议室里，米黄色的墙壁，配以欧式门窗、座椅、吊灯和壁灯。这里成了高岗、李富春与沈钧儒、谭平山等民主人士协商新政协活动的主要场所。

新的政治协商会议由哪些党派、哪些人参加，应是"诸问题"的重中之重。10月15日，中共中央就向在哈民主人士征询新政协代表名单的意见等事项再次致电高岗、李富春并东北局，提出了民革、民盟、民进、农

---

[1] 政协全国委员会文史资料委员会编：《五星红旗从这里升起——中国人民政治协商会议诞生记事暨资料选编》，中国文史出版社1984年版，第14—15页。
[2] 中共河北省委统战部编：《李家庄时期统一战线史料选编》（上卷），华文出版社2018年版，第294页。

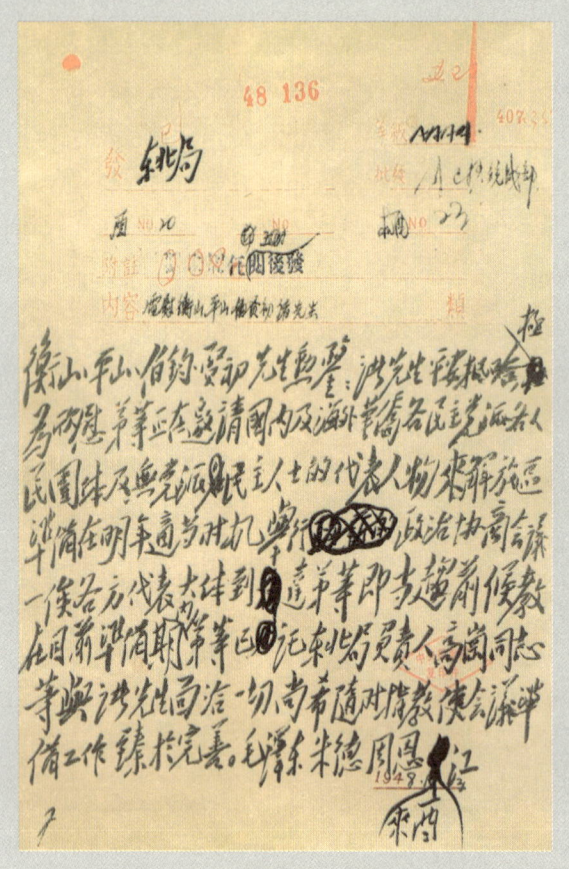

毛泽东亲笔拟定的准备在适当时机举行政治协商会议致沈钧儒等的电报

工党、救国会、民促、民联七个党派及团体参加新政协的51人名单。

电文强调，新政协的组成必须依照《关于召开新的政治协商会议诸问题》第二项所指出的原则。但在被邀请的各民主党派及某些团体、产业界和其他方面，也会邀请个别对群众有一定影响和联系的右派分子。

比之10月8日电，这个电文更为细化。比如，关于名单，电文指出"望向各该党派在哈的五位代表（国民党革委会，谭、蔡；民盟，沈、章；救国会，沈；农工民主党，章；民促会，王；国民党促进会，蔡；民联，谭），分别提出，征询他们的意见，并交换意见。""你们对名单上的人物有不熟悉之处，可先与谭老、沈老详谈，不够时还可与王、章两人谈。"① 实际上，这个电文相当于一份与民主人士的协商指南：谈什么，先和谁谈再和谁谈，必须坚持什么原则，需要解释和说明哪些问题等，都有明确交代。

围绕"新政治协商会议诸问题"，受中共中央委托，东北局负责人高岗、李富春与在哈尔滨的民主人士沈钧儒、谭平山、章伯钧、蔡廷锴、王绍鏊、李德全（11月初到达哈尔滨）、朱学范、高崇民共举行了三次座谈会。

10月21日，第一次座谈会召开。高岗、李富春及沈钧儒、谭平山、章伯钧、蔡廷锴、王绍鏊、朱学范、高崇民出席。中共中央提出的草案，原则上得到出席座谈会的民主人士的一致赞同。朱学范后来回忆："会上，我们民主党派代表均表示同意中共中央《关于召开新的政治协商会议诸问题（草案）》。"蔡廷锴也在当天的日记中写道："到达哈市各民主党派人士对中共中央所提各问题原则同意，约谈2小时散会。"

七位民主人士中，沈钧儒、章伯钧是"旧政协"的过来人。在大家的建议下，沈钧儒在会上扼要回顾了旧政协会议的情况。他的结论是："旧政协是革命势力与反动势力面对面斗争的会议。蒋介石毫无诚意，在美蒋勾结下，放出通过政治协商会议以求和平的烟幕，争取时间发动内战。民盟为和平而奔走努力，结果不仅都归于徒劳，而且是上了一个大当。"这个论断今已成为学术界的共识，可见沈钧儒对时局具有深邃的洞察力。

谭平山的发言条理清晰，自成体系，涉及新政协的性质、参加范围和领导权问题，显然经过深思熟虑。他说："现在中共号召的新政协，是代

---

① 中共河北省委统战部编：《李家庄时期统一战线史料选编》（上卷），华文出版社2018年版，第298页。

表人民利益的,绝不允许反动分子参加。美蒋已成为中国人民的敌人,当然不能参加,也不容许插手。新政协是由中国共产党和各民主党派、各人民团体以及社会贤达所组成的。新政协讨论的共同纲领,应该是新民主主义的政纲,绝不是旧政协连欧美旧民主都不如的政纲。同时,这个新政协,是中共和各民主党派分担革命责任的会议,而不是分配胜利果实的会议,为着争取革命的提前胜利,是要大家多负责任的,而领导的责任,更不能不放在共产党肩上,这是历史发展上一种不容放弃的任务。"对于新政协的领导权问题,朱学范坦言道:"没有中国共产党的坚强领导,任何革命统一战线也是不能胜利的。"[1]

商议具体问题时,民主人士仁智各见。会后,高岗和李富春立即将会议情况分门别类地整理出来,致电中共中央,特别针对草案中的诸问题逐一作了汇报。

关于召集的原则问题,大家一致同意排除南京一切反动党派反动分子的主张。章说规定得坚定明确。朱说新的政协是没有反动分子参加的。关于新政协由各党派、各方面共同组织筹备会负责召集,均表示很满意。章说非常满意,非常周到,中共中央的政治风度是伟大的。蔡说中共之伟大超乎理想之外,在港商谈,是主张或由各党派,或由中共、民革、民盟三大团体召集,现在大家一律平等,共同召集,非常之好。朱说中共中央政治风度超出各党派理想之外,由各党派共同召集,我想各方面均会十二分满意的。

关于筹备会的组成问题。沈提出 20 人左右是否能包括各单位,如每单位只一人也可以,各单位参加的人数要规定,且需电港得到正式委托。章提参加的单位中有平津教授,是否改为全国教授,并可由 25 人至 30 人组成之。蔡提出他可代表国民党民主促进会,至于民革何人代表,还要请示香港。朱提出可以单位为标准,组成筹备会,不以人为标准,希望尽快组成,政治上可起大号召作用,配合军事胜利。

关于新政协参加者问题。对 39 个单位参加,没有表示异议的。沈提出要规定参加者的总额。谭提出 100 人左右即够。章提出 100 人到 150 人。关于各单位出席的人数与人选,大多认为要有人数规定。朱主张各单位出席人数应有参差不能平均。人选则均主张向各单位个别商量,并向香港各

---

[1] 朱学范:《我与民革四十年》,团结出版社 1990 年版,第 186—187 页。

毛泽东修改的中央关于约集沈钧儒等会谈征求新政协诸问题的意见致高岗等电报

方面请示决定，才能合法。王提出政协会内，可设专门顾问名额，集中专门人才，以做咨询。关于民社革新派，王提沙彦楷可参加。章提梁秋水、汪世铭也可参加。谭说民社党革新派中真正革新的人很少。

关于政协重要讨论事项问题。章、王、朱均提可否讨论宪法草案。关于共同纲领，蔡提中共已准备，可提供讨论参考，其他各党派也可提，总之，大家认同反帝、反封建、反官僚资本的三个共同原则。

关于如何成立中央政府问题。谭、王主张新政协后，限定时间召集临时人民代表会议，再产生临时政府。章、蔡主张新政协即等于临时人民代表会议，即可产生临时中央政府，现在对内对外均需要，待全国统一后，再成立正式的。①

这次座谈会提出了各类建设性意见，中共中央都高度重视，或全部，或部分，或有选择地予以采纳。

1948年10月23日，第二次座谈会举行。在讨论中，民主人士就一些具体问题不断提出意见和建议，与中共代表在坦诚的氛围中沟通和交流。有人提议参加新政协的单位应增加"上海人民团体联合会"；有人提议《草案》中的"平津教授"应改称"全国教授"，"南洋华侨民主人士"应改称"海外华侨民主人士"；有人提出将无党派民主人士单列一单位。蔡廷锴当天日记记载："中共与民主党派提出，第二步座谈会交换意见，将所谈话情形由中共方面转中共中央。"

大家同意中共中央10月15日给中共东北局的电文中提到的"也要邀请少数右派而不是公开反动的分子参加"。但在一些问题上，民主人士之间也存在不同看法。谭平山与蔡廷锴、朱学范同属国民党左派，但对哪些党派或个人能参加新政协，认识上有很大的分歧。朱学范回忆说："例如中华职业教育社及民社党革新派是否参加的问题，有的认为可以参加，有的认为不能参加。谭平山就认为国民党反动派的胁从分子，如能弃暗投明，接受中共的政治主张，在言行上有积极的表现，也只能免除与反动派头子同归于尽的命运，不能参加新政协。我想起同冯玉祥、何香凝的接触中，他们都主张多团结一些国民党中愿意与我们合作的人；李济深不久前的来信中更是着重提及这方面的问题。"②对此问题，中共中央不但接受了民

---

① 中共河北省委统战部编：《李家庄时期统一战线史料选编》（上卷），华文出版社2018年版，第313—314页。

② 朱学范：《我与民革四十年》，团结出版社1990年版，第188—189页。

在哈尔滨的部分民主人士合影

前排左二起：谭平山、沈钧儒、李德全、蔡廷锴；朱学范、章伯钧（后排左二、左三）

主人士的意见，在原协议草案中增加规定："留待筹备会最后决定。"在以后的商谈中又加了一条："此外如再有增加单位的提议，可随时协商，在筹备会中作正式决定"，这就为进一步扩大新政协的代表性开了一个口子。

在哈尔滨，除了类似的正式协商座谈会外，东北局负责人与民主人士还进行了多种形式的沟通和交流。

冯玉祥本来在美国接到中共中央邀请后乘苏联客轮回国，不幸于9月1日在黑海遇难。李德全在莫斯科安顿好留在苏联学习的子女后，于11月2日独自抱着冯玉祥的骨灰盒抵达哈尔滨。随即她就参加到协商"阵营"，投入新政协的筹备活动中。

中共中央密切关注新政协的协商进展，在辽沈战役结束后的第二天，即11月3日，就致电高岗、李富春：请单独告沈、谭、王三老：依据目前形势的发展，临时中央人民政府有很大可能不需经全国临时人民代表会议，即径由新政协会议产生，故新政协代表人数能有200人至300人方好，因此，在民革、民盟、民进（蔡）、第三党、致公党、民建、职教社、产业界、教育界、新闻界、自由职业界、宗教界及华侨13个单位（占39个单位的1/3）的代表中，应多邀请一些尚能与我们合作的中间人士，甚至个别的中间偏右乃至本来与统治阶级有联系，而现在可能影响他拥护联合政府的分子，以扩大统战面。具体人物，请沈、谭、王三老多加考虑见告……[①]"临时中央人民政府有很大可能不需经全国临时人民代表会议，即径由新政协会议产生"显然是采纳了章伯钧和蔡廷锴在第一次座谈中提出的意见。

哈尔滨方面于11月15日召开第三次座谈会，讨论中共中央11月3日的意见。民主人士又提出两点新的建议：规定参加新政协的单位由中共及各民主党派、各人民团体、各地区代表共38个单位组成，每单位人数六名；如再有增加单位的提议，在筹备会中作正式决定。

中共方面对这些意见和建议都予以采纳并逐一答复。11月21日，中共中央电复，同意上述两点。这天座谈会还谈到筹备会可能改在沈阳等问题。蔡廷锴当日日记记："各党座谈会参加人员如前……筹备会，说迁沈阳，但尚未正式决定。"[②]

"远程"协商"诸问题"

当时在哈尔滨的几位民主人士，尽管能够覆盖民革、民盟、民进、农工等几个民主党派，但毕竟人数有限。大部分民主党派主要领导人还滞留香港。

由于交通不便，信息不畅，在哈尔滨与在香港的民主人士之间难以做到即时沟通。朱学范说：1948年10月上旬，我和谭平山、蔡廷锴等在哈尔滨参加'新政协诸问题'座谈期间，很多有关李济深、何香凝等民革领导人对新政协的意见，除重大者由中共南方局转示外，大都是由香港《文汇报》登出，解放区报纸转载后给我们提供的信息。因此，在第一次座谈时，沈钧儒就提出，应将此文件发往香港方面征询意见。这在蔡廷锴10月21日日记中也得到反映。蔡当日记：到达哈尔滨各民主人士因起程

[①] 中央统战部、中央档案馆编：《中共中央解放战争时期统一战线文件选编》，档案出版社1988年版，第219页。

[②] 中国政协文史馆编：《文史学刊》，中国文史出版社2018年版，第292页。

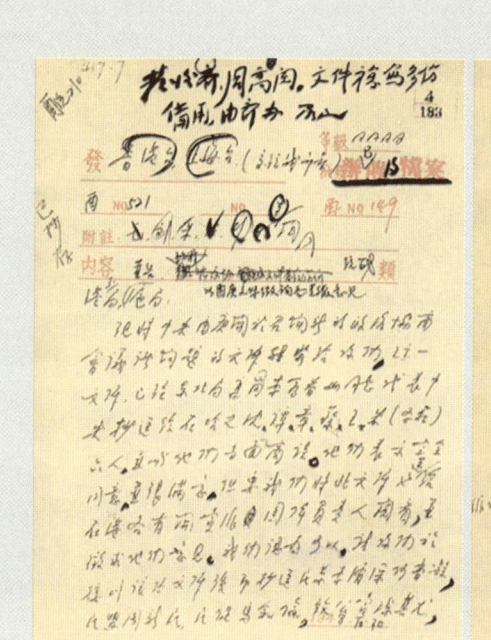

周恩来起草的发给香港分局并告沪局电文

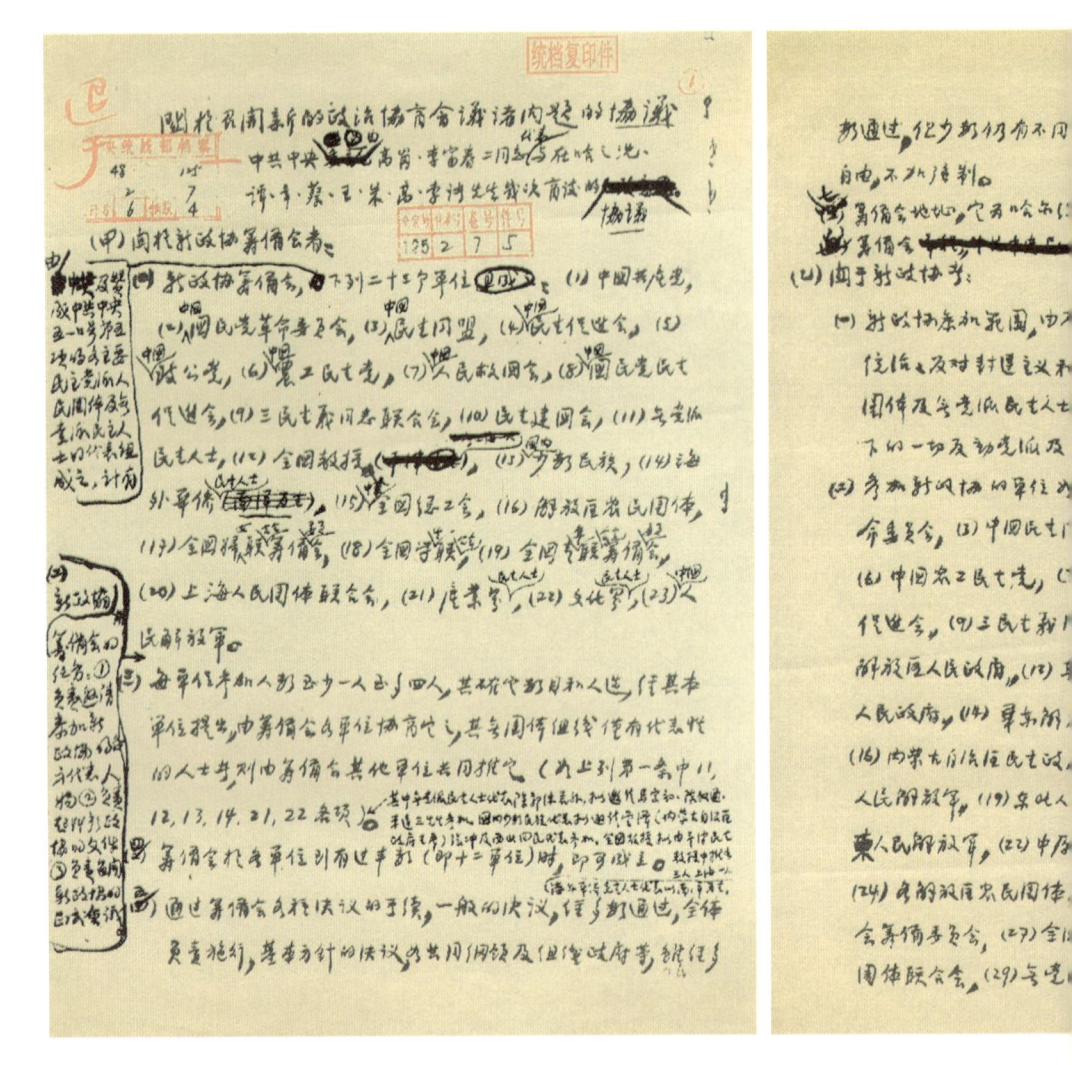

《关于召开新的政治协商会议诸问题的协议》定稿前的修改件

（31）教育界民主人士，（32）文化界民主人士，（33）妇女界民主人士，（34）新闻界民主人士，（35）自由职业界民主人士，（36）宗教界民主人士，（37）国内少数民族代表，（38）海外华侨民主人士。

上述三十九单位中，中华职业教育社单位，因说有尚公房、钱新之等汉奸嫌疑分子，目前不参加，最后还加入单位或否参加，留待筹备会决定。

民社党革新派是否参加的问题，留待筹备会最后决定。

此外如再有增加的提议，可随时提出，在筹备会中作正式决定。

（三）新政协每单位代表人数均为六人，但经筹备会同意亦可允许某些个别单位酌增人数。

（四）新政协开会时间订在明年，究在何月举行，应视各方代表到达代续与否而定，一俟由筹备会决定。

（五）新政协应对讨论和实现的有两项重要问题，一为共同纲领问题，一为修建立中华人民民共和国临时中央政府问题。共同纲领，由筹备会起草，中共中央已在起草一个草案，不久可提出，但各单位如欲自己起草纲领草案，均可。关于修建立临时中央政府即民主联合政府（即由新政协产生的人民代表会议产生），问题及宪法草案问题，总的来看它名，留待筹备时严守秘密,责任上未得各党派单位规定,即电知香港李任潮主席,原电如下:"香港李主席,现与各民主党派各首要磋商,到达哈尔滨各党派负责人为新政协筹备会出席各单位代表:谭平山为民联,蔡廷锴为民促,李德全、朱学范为民革,各单位筹备会各代表请常会追认。"

中共中央体察到沈钧儒他们的顾虑和现实情况,于10月30日致电香港分局,转发中央《关于召开新的政治协商会议诸问题》的文件,要分局接到该项文件后,即抄送民革李济深、何香凝,民盟周新民,民促马叙伦,致公党陈其尤,救国会李章达、沈志远,第三党彭泽民,民主建国会章乃器、孙起孟,及无党派人士郭沫若11人,并由潘汉年、连贯分别拜访或邀请他们一起聚谈,征询他们意见。

11月5日,中共中央又一次致电香港分局:"各方对我们关于新政协诸问题的建议反映如何,你们执行情形如何,均望陆续电告。"

根据中共中央的指示,香港分局立即通过聚谈和拜访等方式,征求在港民主人士的意见。11月20日,中共香港分局方方、潘汉年、连贯致电中共中央,分九个方面报告他们征询意见的情况:

(1)有人提出,民社党革新派可参加新政协筹备会。与会者均不赞同。(2)有人提出,国民党反动集团内、特别是国民党地方派系人员中,如有赞同三反(反帝、反封、反官僚资本)并见诸行动者,似应准其参加新政协。(3)有人提出,中华全国文艺协会可否作为一个单位参加。与会者认为文协大多数理事均在国统区,且多系统战人物,无从推派代表,文协中好的理事仍从文化界民主人士中提名较妥。(4)有人提出,华侨民主人士中各层都有代表参加筹备会则更好。(5)有人提出,东北政治建设协会,可否作为一个单位参加,与会者认为可从哈尔滨方面征询意见。(6)有人提出,梁漱溟的"乡村建设派"似应列为一个单位。与会者认为梁先生个人参加是不成问题的,但其组织不应列入邀请单位。(7)有人提出,华南各省游击区人民武装有数万人,有斗争历史(如琼崖、东江)似应列为一个单位。(8)有人认为,国旗、国歌应事先研讨准备。(9)关于共同纲领起草,各党派正在研讨中。对以"新民主主义"为今后建国最高指导原则问题,民革方面有两种意见:一种赞同,一种坚持"革命的三民主义"；民盟方面有的主张用"人民民主主义"，有的主张用"民主主义"，不必加上"新"字，但大多数意见均赞成"新民主主义"。①

从这个电文可见，香港分局和在港民主人士对"新政协诸问题"这份文件高度重视，问题具体、详细，正面意见、反面意见皆有反映。

筹备新政协首份文件出台

围绕筹备新政协这一重大主题，西柏坡（包括李家庄）、哈尔滨、香港，电波将相隔万水千山的几地联系在一起。经过若干轮协商，11月25日，高岗、李富春代表中共中央与在哈尔滨的民主人士沈钧儒、谭平山、章伯钧、蔡廷锴、王绍鏊、朱学范、李德全、高崇民正式达成筹备新政协的第一份文件《关于召开新的政治协商会议诸问题的协议》。这份文件，对中共中央关心、民主人士关注的新政协"诸问题"作出规定。

关于新政协筹备会。筹备会由23个单位的代表组成；任务为负责邀请参加新政协的各方代表人物、起草新政协文件、召集新政协正式会议；筹备会组织条例由中共起草，俟筹备会开会时正式通过；筹备会会址预定为哈尔滨。

关于新政协。新政协的参加范围，协议规定：新政协的参加范围，由反对帝国主义侵略、反对国民党反动统治、反对封建主义和官僚资本主义压迫的各民主党派、各人民团体及无党派民主人士的代表人士组成，南京反动政府系统下的一切反动党派及反动分子必须排除，不许参加；新政协由38个单位组成（减少了草案中的中华职业教育社），每单位代表6人；新政协任务为讨论和实现两项重要工作：《共同纲领》问题、如何建立中华人民民主共和国临时中央政府问题；新政协召开的时间拟在1949年，具体时间及地点由筹备会决定。

关于专门委员会。根据工作需要聘请民主人士和专家组成专门委员会，研究各项专门问题。

---

① 政协全国委员会文史资料委员编：《五星红旗从这里升起——中国人民政治协商会议诞生记事暨资料选编》，中国文史出版社1984年版，第19—20页。

《关于召开新的政治协商会议诸问题的协议》从"草案"到定稿，经过了将近两个月的时间。如果说协商新政协诸问题是西柏坡、哈尔滨、香港等地共同演奏的一曲"大合唱"，那么毛泽东、周恩来很好地发挥了"指挥"的作用，充分反映了中共中央运筹帷幄、协调各方、发扬民主、集思广益的高超政治能力。新政协诸问题协议的达成，使这些数十载追求革命、向往光明的民主人士触摸到新中国的第一缕脉动。通过这一协商过程，也为他们进一步了解中共的各项政策、适应新的环境，进而统一思想、凝聚共识、加强多党合作、参与建国伟业，创造了良好的政治氛围。

毛泽东在香山民主协商纪事

1949年3月25日，中共中央从西柏坡到达北平，进驻香山。在这里，毛泽东、朱德发布向全国进军的命令，吹响了"打过长江去，解放全中国"的伟大号角。香山期间，正是新政协、新中国筹建最为紧要之时。围绕新生的政权建设，毛泽东与民主党派、各界代表人物谈话交流、协商国是，凝聚了坚持中国共产党的领导、接受新民主主义纲领、将革命进行到底、民主党派长期存在等若干重大问题的共识。

毛泽东与黄炎培会谈

黄炎培是著名社会活动家。1905年，他经蔡元培介绍加入同盟会，投身辛亥革命。1917年5月16日，黄炎培联合蔡元培、梁启超等人在上海创立中华职业教育社，从此以办职业教育为己任。全面抗战爆发后，黄炎培奔走各地宣传抗战，积极从事民主活动。他是其间成立的两大民主党派——民盟和民建——的主要发起人之一。

黄炎培在60岁后，才有了与共产党人交往的机缘。1938年5月，黄炎培与周恩来在武汉国民参政会上第一次见面，同时期还结识了董必武、吴玉章、秦邦宪、王若飞、陈绍禹、邓颖超等共产党人。黄炎培在武汉和重庆生活期间，时常出席有共产党人参加的各类聚会，或与他们私下交往，共论时局，促膝深谈，结下了诚挚的友谊。他后来回忆："抗战期间，我们在重庆的一群人，与中国共产党负责同志保持着经常的联系。"

1945年黄炎培有了一次延安之行，见到毛泽东及更多的共产党人。延安期间，黄炎培与毛泽东等中共领导人做了累计长达十余小时的深入交谈，留下了关于"周期率"的著名"窑洞对"。

全面内战爆发后，国民党当局加大了对国统区民主力量的打压。黄炎培在上海，不得不换一种方式生活，几乎是半隐居的状态。但黄炎培并没有就此"躲进小楼成一统"。他与留在上海的民盟高层依旧保持经常性的接触，时常与故旧见面，参与一些"共论时局"的小聚，只不过不再公开集会了。

1948年中共发布"五一口号"后，黄炎培曾与民建同人"商定对某问题态度及意见"。在日记中，他都以"某问题"来替代中共发出的号召。可见在当时，白色恐怖下的政治环境已恶劣到极点。

事实上，黄炎培的处境日益危险。他被特务盯梢跟踪了。他的多位担任国民党要员的朋友传来消息，称他上了"黑名单"。尽管"七十吾生始有家"，他也不得不考虑离开上海，经香港前往解放区。

在上海中共地下组织的精心策划下，1949年2月14日，黄炎培采取"金蝉脱壳"的方式离开特务环伺的新居。他回忆说："扬言赴永安公司购物，特务尾追，我们自公司前门入，边门出，坐上王艮仲预留的汽车到吴淞口，由中共同志陪同，搭特备轮船去香港。为了遮掩特务耳目，家中还大宴宾客三天。到第三天，报载黄某离开上海了。"①

于香港稍作停留后，在中共香港分局护送下，3月14日晚，他与民建同仁盛丕华、盛康年父子和俞寰澄一行登船北上。船行十日，从日记看，黄炎培的生活并不枯燥。他除了审定文集、参加晚会外，还阅读胡绳的《辩证法唯物论入门》、斯诺的《毛泽东自传》。此时平津已经解放。3月23日，黄炎培一行在天津第二码头登陆，受到黄敬市长的热情接待。3月25日上午，黄炎培抵达北平，中共方面董必武、李维汉、齐燕铭、连贯，以及民主人士李济深、沈钧儒、章伯钧、谭平山到车站迎接。巧的是，毛泽东也在这天下午率中共中央机关进京"赶考"，到达西苑机场。黄炎培风尘未洗，便匆匆地和许多民主人士一起去机场迎接毛泽东等中共领导人，并留下了一张广为流传的合影。

毛泽东到北平后，暂住香山双清别墅。3月26日晚上，毛泽东邀请黄炎培作为双清别墅的第一位客人会谈并用餐。黄炎培日记载："夜，毛主席单独招餐于其家香山双清别墅，毛夫人、周恩来四人同餐。我畅述所见，

---

① 黄炎培：《八十年来》，文汇出版社2000年版，第151页。

刚进入北平的毛泽东与北平各界人士合影（后排右三为黄炎培）

获得具体结果三点，决定分别发电。夜十一时始归。"① 寥寥数语，可见相谈甚欢直至深夜。

按黄炎培的儿子黄方毅的说法，这次谈话"确定了黄在新中国政治生活中的地位"。当晚谈话的内容，黄炎培记录略简。黄方毅则作了详细的补充。在四五个小时的会谈中，他们谈时局、谈民建、谈民营经济发展。最为重要的是，毛泽东请黄炎培作即将成立的新中国的民营经济牵头人，一方面向共产党反映民营实业家的要求，另一方面向民营实业家传递共产党的声音。正值兴亡易代之际，民族资本家人心惶惶在所难免。黄炎培不负重托，自到北平的第一天起，即为建立新中国、建设新中国而左右奔波。

两天后的3月28日，黄炎培根据与毛泽东商谈的内容，分别就邀请陈嘉庚参加新政协会议及组织工商考察团之事拟定电文。在他当天日记中罗列了"写成电稿五通，面交与李维汉发（根据与毛主席谈）"的内容。

对于毛泽东与黄炎培的这次谈话，周恩来曾在新中国成立后召开的全国统战会议上说："我看了一个同志的发言，他好像认为跟资产阶级做统一战线就是讲'外交'、应付、说空话。这是不对的。难道毛泽东同志是在那里闲着没事做，把黄炎培找去聊天讲闲话吗？大家晓得，毛泽东同志

---

① 《黄炎培日记》（第10卷），华文出版社2008年版，第204页。

没有这样的闲工夫。他找一个人去总是有目的的。毛泽东同志向黄炎培讲清道理后，黄炎培就给资产阶级写信，首先是给上海资产阶级写信，用他自己的口气向资产阶级转达毛泽东同志的指示，这有什么不好呢？"①

确如周恩来所说的，黄炎培在新政协筹备和新中国筹建中一直以自己的影响发挥着作用。《黄炎培日记》清晰记录了他的活动轨迹。

在批判美国白皮书运动中，黄炎培带领民建作出了表率。毛泽东在8月24日看到《人民日报》刊登的民建发言人发表痛斥美国白皮书的声明后，批示胡乔木：民建发言人对白皮书的声明写得极好，请予全文文播、口播，并播记录新闻，当对民族资产阶级的教育起很大作用。当天，他写信给黄炎培，称赞民建发言人对白皮书的声明。信中说："民建的这一类文件（生动的、积极的、有原则的、有前途的、有希望的），当使民建建立自己的主动性，而这种主动性是一个政党必不可少的。"8月24日，黄炎培为此专门复信毛泽东。8月26日，毛泽东再致信黄炎培："民建此次声明，不但是对白皮书的，而且说清了民族资产阶级所以存在发展的道理，即建立了理论，因此建立了民建的主动性，极有利于今后的合作。民建办事采用民主方式亦是很好的，很必要的。此种方式，看似缓慢，实则迅速，大家思想弄通了，一致了，以后的事情就好办了。"②这种书信协商，为构建新中国良好的政党合作关系提供了示范。

后来，黄炎培当选中央人民政府委员，并在毛泽东、周恩来的劝说下，出任新中国的政务院副总理兼轻工业部部长。这位立志"不当官"的人，做了"人民的官"。

毛泽东与刘仲容会谈

刘仲容，早年留学苏联莫斯科中山大学，曾长期在李宗仁、白崇禧身边担任幕僚，极受信任。

西安事变时，刘仲容做了大量有益于抗日民族统一战线的工作。事变和平解决后，他受周恩来邀请，到延安住过一段时间。在延安，毛泽东与他就广西的政治、经济、军事等情况作过深入交流，并勉励他读一点革命

---

① 《周恩来统一战线文选》，人民出版社1984年12月版，第232页。
② 中共中央文献研究室编：《毛泽东年谱（1893—1949）》（下卷），中央文献出版社2013年版，第556—557页。

的书籍，在延安多看看、多听听。经过延安之行，刘仲容与中国共产党建立了密切关系。

全面抗战开始后，在中共抗日民族统一战线的感召下，李宗仁再度派刘仲容到延安，作为广西常驻代表，同中共中央保持联系，直到李宗仁取得台儿庄大捷之后，才将他召回。

抗战期间，刘仲容随白崇禧到桂林，负责对外联络工作。这为他与共产党、苏联顾问、苏联记者打交道及接待民主人士提供了便利。随着蒋桂矛盾的加深，刘仲容作为李宗仁和白崇禧的心腹，从事许多有利于抗战、有利于共产党的事情。

其间，刘仲容在武汉、桂林、重庆等地积极开展团结抗战的民主活动，并参与发起成立"小民革"，宣传抗日民族统一战线的方针政策。1945年8月，毛泽东在重庆谈判期间，专门请刘仲容聚谈，听取他对时局的看法。毛泽东对争取国民党内部进步势力的问题十分关心，肯定"小民革"干得很好，希望刘仲容为人民民主革命做出更多贡献。

全面内战爆发后，随着蒋介石集团在解放战争上节节败退，蒋桂之间的紧张关系也达到表面化程度。尤其李宗仁参加竞选副总统成功，更加剧了这种矛盾。

三大战役开始后，桂系认识到这场战争已经毫无希望，演出了一场逼蒋下台的活剧。同时，要刘仲容找中共方面的人，表明和平谈判的愿望。

刘仲容北上是毛泽东亲自点的名。当时，上海以民间名义组织的和平代表团要从北平返回。毛泽东托他们给李宗仁带话：南京要真正和谈，希望派一个比较恰当的人来，这个人叫刘仲容。就这样，刘仲容被派往了北平。

1949年2月，刘仲容几经周转，通过"小民革"，找到中共上海地下党负责人吴克坚。吴克坚请示中共中央后，专门规划了刘仲容进入解放区的路线和暗号。

3月初，在刘仲容从汉口动身前，白崇禧告诉他说：希望早日谈判，可以有一个"划江而治"的政治局面；同时希望中共军队不要渡过长江。他强调国民党主力虽被歼灭，但还有强大的空军和数十艘军舰，强行过江会吃亏的；中共军队过了江，打乱了摊子，就不好谈了。白崇禧给毛泽东、周恩来写了一封亲笔信，希望刘不辱使命。

在中共组织的护送下，刘仲容经信阳、遂平，顺利进入了解放区。因为战争破坏，他几经辗转，直到3月28日才到达北平。

当天晚上，周恩来派吉普车把刘仲容送到香山双清别墅。毛泽东接见了他，听取关于李宗仁、白崇禧的情况汇报。这次会谈从晚上8点左右，一直持续到凌晨3点。

毛泽东最关心李、白的真正想法，未谈先问：李、白两位选择和谈结束战争值得欢迎，但不知是真心实意，还是步蒋介石的后尘，利用谈判备战再打？

刘仲容说：南京方面希望获得体面的和平，主张以长江为界，划江而治，与中共和平共处。对此，白总司令的表现尤为强烈。

"这是白崇禧的如意算盘。"毛泽东严肃地说，"要我们不过江，这是不可能的。"

当毛泽东询问起南京方面情况时，刘仲容说：南京政府里有三种人，一种认识到国民党失败命运已经注定，只好求和罢战，这是主和派；一种是主张"备战谋和"，他们认为美国一定会出面干涉，只要赢得时间，准备再打，这是顽固派；还有一种人，既不敢得罪蒋介石，又不相信共产党有和平诚意，动摇徘徊，这可说是苦闷派吧。

毛泽东追问：李宗仁、白崇禧算是哪一派？刘回答说：从历史上看，蒋桂多次兵戎相见，纠葛甚深。现在两家又翻了脸，彼此怀恨。李、白知道蒋对他们是不会善罢甘休的，他们既要防范蒋介石对他们下手，又怕共产党把桂系部队吃掉，在这种情况下，李、白被迫主张和谈，以求"划江而治"的对峙局面。

刘仲容试图说服毛泽东：白总司令估计，你们能用于渡江的部队不过60万。长江自古号称天险，加上陆海空立体防御，就凭你们的木船过得了江吗？

毛泽东闻言纠正说：我们不是60万，而是100万；另外还有100万民兵。我们的民兵可不像国民党的民兵，是有战斗力的。等我们过了江，江南的广大人民是拥护我们的。那时候，共产党的力量就更强大了。这是白先生估计不到的。

4月2日晚，毛泽东又会见刘仲容，告诉他以张治中为首的南京政府代表团已到北平，与周恩来等开始谈判，为"划江而治"各不相让，陷入了僵局。要他回南京一趟，劝李宗仁、白崇禧在历史转折关头顺应时势，勿再固执己见。

毛泽东开出了几个条件，请刘仲容转告：一是关于李宗仁的政治地位，可以暂时不动，还是当他的代总统，照样在南京发号施令。二是关于桂系部队，只要不出击，中共也不动它，等到将来再商量；至于蒋的嫡系部队，也是如此。三是关于国家统一问题，国共双方正式商谈时，实行对等原则。谈判地点在北平，不能在南京。双方协商取得一致意见以后，成立中央人民政府，南京政府的牌子就不要挂了。四是现在双方已经开始和平谈判，美国和蒋介石是不甘心的，他们一定会插手破坏，希望李、白拿定主意，不要上当。

为了表示和谈的诚意，毛泽东表态说，将来和谈成功，一旦成立中央人民政府，建立国防军时，可以请白崇禧继续带兵。不是现在的10万军队，而是请他指挥30万军队，人尽其才，这对国家也有好处。毛泽东明确表示：白先生要我们的军队不过江，这办不到。我们过江以后，如果他感到孤立，可以退到长沙再看情况，还不行，还可以退到广西嘛。我们来一个君子协定，只要他不出击，我们三年不进广西，好不好？毛泽东说：这样做，并不是没有力量打赢他们，是让国家和人民少受损失。

第二天，在周恩来的安排下，刘仲容到北京饭店同几位出席新政协会议的民主人士见了面。他们大多是老朋友，久别重逢，很是高兴。周恩来宣布，这次去南京谈判的共有4位，除刘仲容外，还有朱蕴山（代表各民主党派）、李民欣（代表李济深）、刘子毅（他去找顾祝同）。周恩来亮出中共的底线：他们同意我们过江，什么都好谈；要抵抗，那是不行的。

4月5日，刘仲容同朱蕴山、李民欣、刘子毅4人搭乘专机回到南京。他向李宗仁汇报了在北平接洽和谈的情况，转达了毛泽东、周恩来的期望。他还把从北平带来的4月4日《人民日报》给李宗仁看。这天的《人民日报》刊登了由毛泽东亲自撰写的社论《南京政府向何处去？》。毛泽东在社论中说，南京政府有两条路：或者向人民靠拢，或者与人民为敌。"第三条路是没有的。"李宗仁看后不置可否。

刘仲容又把北平之行向何应钦、白崇禧作了汇报。白崇禧听完后态度很暴躁："他们一定要过江，那仗就非打下去不可了，这还谈什么？"当刘转告说，毛泽东将来请白带兵时，白表示，他个人去留不重要，还是要求中共立即停止军事行动，不要过江。否则，和谈决裂不可避免。

李、白顽固坚持在中共不过江的条件下才能达成和平协议。在以后几天里，刘仲容又与李、白多次交谈，毫无结果。

根据中共的建议，刘仲容将搭乘南京派往北平接黄绍竑和屈武的专机再回北平，继续为和谈做出努力。4月12日，刘仲容一下飞机，就乘车前往香山双清别墅向毛泽东汇报南京之行的情况。刘仲容说：白崇禧顽固坚持反对解放军过江，已经没有什么希望了。但李宗仁的态度还有缓和。毛泽东告诉刘仲容：中共中央已经决定，解放军4月20日就要渡江。毛泽东希望李宗仁在解放军渡江以后不要离开南京。如果认为南京不安全，可以飞到北平来。毛泽东希望刘仲容留在北平，参加新中国的建立与建设。

4月16日，当黄绍竑、屈武带着和平协定送到南京签字时，李宗仁还是拒绝了。4月21日，毛泽东主席和朱德总司令发布向全国进军的命令。4月23日，解放军占领南京，李宗仁仓皇逃离，飞往广西。5月17日，白崇禧被迫放弃武汉，退到长沙。当白崇禧打电报要刘仲容回长沙时，被周恩来劝阻了。

刘仲容留在新中国，创办北京外语学校，并担任民革第五届中央副主席，为祖国统一做出贡献。

毛泽东与李济深会谈

李济深曾是国民党内的著名左派领袖，因反对蒋介石独裁统治，被三次开除党籍。1948年1月民革成立后担任主席。

毛泽东在"五一口号"发布当天即致函李济深、沈钧儒，与他们商量召开新政协的具体事宜。在中共中央邀请民主人士到解放区的名单上，李济深位列第一，可见他的重要性。

国民党当局当然不愿意看到李济深去解放区，千方百计地进行阻挠。李济深参与了第一、二批民主人士北上行动的策划，但他并没有离开香港。他在犹豫在纠结，为曾经与中国共产党的过往、为正在从事的策反工作、为他家里妻子病重与儿子被禁等。他在香港连续接受《华商报》、路透社、合众社等媒体记者采访时，一再抨击蒋介石的独裁政策，这使蒋介石恼羞成怒，打算派特务暗杀他。在这种局势下，实现李济深的安全离港北上，难度很大。

中共香港分局潘汉年等人精心策划了李济深的离港行动。他们利用1948年圣诞节放假，以宴请宾客为由，让李济深采取"金蝉脱壳"的方式离家，深夜护送他乘货轮北上。与他同行的还有朱蕴山、茅盾等人。经过十几天的航行，货船抵达大连港，受到东北局负责人李富春、张闻天的热烈欢迎。一踏上解放区的土地，李济深与其他民主人士一起，于1949年1月22日发表声明，接受中国共产党的领导，拥护毛泽东提出的八项和谈条件。随后，他们在东北哈尔滨、长春、沈阳等地参观，了解和感受解放区的新气象。2月25日，在东北的民主人士由中共中央接到北平。

4月2日，李济深受邀来到香山双清别墅。当他见毛泽东亲自在门口迎接时，非常感动。李济深紧紧拉住毛泽东的手说："毛主席，您太客气了。我这个人您是知道的。我过去是反对共产党的，犯有很大错误。……现在才认识到，只有中国共产党才能够救中国。"

两人坐下后，毛泽东对李济深说："我们都是老朋友了，互相都了解，不要多夸奖了，应该对我们多提意见，多提出批评。这样，才能使咱们今后相处得更好啊。"

李济深说："我相信，以后在毛主席的领导下，咱们会相处得更好。"[1]

据李济深女儿李筱松回忆说，这天，毛泽东与李济深就与国民党南京代表团和谈、筹备新政协会议和外交问题等，充分交换意见。

这次见面后不久，毛泽东和李济深共同参加了人民政协，见证了新中国的诞生。在人民政协第一届全体会议上，李济深当选为中央人民政府副主席、第一届全国政协副主席。

毛泽东与各民主党派负责人座谈

1948年夏秋，新政权建立在即。邀请民主人士到解放区，成为中共中央的一项重要政治任务。当时大部分民主人士避难居住在香港，还有一些在国统区。在中共中央的精心组织下，大部分民主人士冒着重重风险到达解放区。北平解放后，他们又会聚北平。

1949年3月25日，中共中央机关迁移到北平的当天，下午阅兵式后，毛泽东在颐和园益寿堂宴请民主人士的代表。

古都仍在，换了人间。新的中国有待山河重整。4月3日，毛泽东邀请各民主党派负责人，到香山集会。黄炎培在当天日记记载："午后六时，

---

[1]《毛泽东与国民党军队五将领：与李济深最肝胆相照》，《郑州日报》2012年8月9日。

应毛主席招，到其寓庐香山双清别墅。同被邀者李济深（中国国民党革命委员会主席）、沈钧儒、章伯钧（中国民主同盟常务委员）、马叙伦（中国民主促进会常务理事）、谭平山（中国国民党三民主义同志联合会常务委员）、彭泽民（中国农工民主党中央监察委员会主席）、李章达（中国人民救国会中央执行委员）、蔡廷锴（中国国民党民主促进会代主席）、陈其尤（中国致公党主席），我以民主建国会常务理事参加。"[①]

当天集会讨论三个议题。首先，毛泽东报告了起草反对北大西洋公约联合声明稿情况。北大西洋公约组织（北约）是由美国和西欧国家组建的与以苏联为首的东欧集团国成员相抗衡的国际组织，带有很强的意识形态属性。美国与加拿大、英国、法国等12国将于4月4日在华盛顿签订《北大西洋公约》。这次集会讨论的声明稿，得到大家一致赞同。会议决定待修正后正式发表。

这次集会后，中国共产党主席毛泽东与上述各党派负责人共同署名，发表联合声明，反对《北大西洋公约》。声明指出：美、加、英、法、挪、丹、冰、荷、比、卢、葡、意等国政府将于四月四日签订的《北大西洋公约》，是一个以挑动新的世界侵略战争为目的的危害人类和平安全的条约。中国各民主党派，对《北大西洋公约》及其他任何类似的侵略方案，表示坚决的反对。

第二个问题是中共关于国际大势的看法及其应对方针。大家都同意。

第三个问题是关于国共和谈的经过与今后方针。对这次谈话经过，朱学范在他的《我与民革四十年》中作了详细记述。他说："4月2日（应为3日——笔者注）晚，毛主席邀请各民主党派负责人晚餐，谈话至深夜12点。毛主席指出：'独立'外交是新形势下的新烟幕，美国不希望我们与苏联接近。我们的外交政策就是要'一边倒'，要与苏联紧密合作。帝国主义不可怕，战争不可怕，我们今天必须真正站起来。毛主席又说，邵、章、颜等来时，曾带来八项'和谈'，毛主席改为谈判。他们提出，战犯问题暂时不谈，将来由联合政府办。联合政府由中共与南京政府商量决定。毛主席说，战犯要谈，联合政府由中共与民主党派决定。毛主席还说，拖不行，必须迅速决定。张治中等原则上承认八条，具体全不承认。南京政府是六亲不靠，美蒋和地方势力都靠不住，和平攻势也靠不住，靠中共

[①]《黄炎培日记》（第10卷），华文出版社2008年版，第207页。

走北平道路是上策，广西道路是中策，跑到广东是下策，现在该下决心了。章士钊提出，连政权都交出了，为什么还要惩办战犯？周恩来说，这是战争责任问题。"按照黄炎培上述日记所载，朱学范应不在被邀请参加集会之列。但当时的北平和谈是引人瞩目的大事件，作为民主人士的朱学范自然关心。4月4日，李济深曾召集会议传达并讨论毛主席和周恩来的讲话。他或许从这次会议上得知前两天的谈话内容。

由于和谈刚开始，会议决定今后继续讨论这一问题。不过，这次谈话对民主人士统一思想、站稳立场起到了重要作用。这在4月4日李济深召集会议讨论及之后民主人士的态度上就体现出来。据朱学范回忆，在会上，他们听完报告后认为，蒋介石在幕后操纵，和平的实现有赖于解放大军的渡江。但是现在和谈也是实现和平的一条渠道，中共方面很有诚意，很有信心。"会议决定，张治中等来平，我们不要去找，如他们来找我们，则本着毛主席、周恩来的讲话精神与之谈话，正式谈话由李济深出面。这次会议经向中共中央反映后，林伯渠当天即到北京饭店找李济深等谈话。他认为对南京国民党做工作很重要。据此我们改变了张治中等来平我们不要去找的原决定。同日，周恩来也到北京饭店与朱蕴山、刘仲容、李民欣等人谈话，要他们去南京，敦促李、白等接受'和谈协定'。"

这次集会及中国共产党与各个民主党派公开发表《反对北大西洋公约声明》，有其特殊的意义。如果说几天前颐和园益寿堂的宴请更体现入城后的礼节仪式，则这次聚会有了政治协商的实质性主题，更具多党合作的意蕴。这是新中国成立之前，中共中央领袖与各民主党派主要领导人首次面对面的政治协商，是中国共产党领导的人民民主统一战线在解放区的一次全新的实践。以黄炎培的话说，"自此，中共与各民主团体正式成立统一战线"。

毛泽东与张治中等人会谈

张治中少时家贫，在做学徒时喜欢阅读报纸，后从军参加反清起义、护法运动等。在黄埔军校时，与中国共产党人周恩来、恽代英结下深厚友谊。九一八事变爆发后，张治中率部参加上海淞沪抗战。抗战期间，与中共合作，推动抗日救亡运动。

张治中被人们称为"和平将军"。他是唯一一位没有同共产党打过仗的国民党将领，曾多次代表国民党去延安同共产党谈判。战后，他作为国民党代表，到延安接毛泽东率领的中共代表团到重庆，并与周恩来就召开政治协商会议、军事问题等进行具体商谈。谈判期间，他对中共代表团表现出关心、友好，自己举家迁往他处，将桂园留给毛泽东住，还为此举行盛大欢迎宴会。政治协商会议后，张治中代表国民党参加军调处三人小组，主张和平解决国内问题。

蒋介石的独裁统治注定与和平背道而驰。内战无可避免地爆发了。内战初期，蒋介石"三个月消灭共产党"的幻想很快被现实打得粉碎。一年后，人民解放战争就进入战略进攻。到1949年初，蒋介石无可奈何"下野"。李宗仁代理总统，并接受毛泽东提出的八项和谈条件。张治中再次出任国民党南京政府和平谈判代表团首席代表，4月1日到北平，同中国共产党谈判。

重庆谈判仅过了三年多，形势就发生重大变化，主动权掌握在人民手里。对张治中来说，尽管他是坚决的主和派，但也深知这次实现和平困难重重。且不说中共已取得政治、军事上的优势，国民党内也掣肘不断。蒋介石表面退让，但实权在握。张治中参与北平和谈前专门去溪口见蒋介石，还给蒋介石写过一份改革建议的万言书，甚至劝蒋出国，足可窥见一斑。

张治中带着提前拟定的九个方面的谈判腹案和"国防部"的方案，与以周恩来为首席代表的中国共产党代表团进行谈判。中共要求以毛泽东提出的"八项条件"为基础，南京政府代表团则坚持"划江而治"。双方围绕惩办战犯、战争责任等问题各执一词，争论激烈。

为了促进和谈取得成效，毛泽东于4月8日上午在香山会见张治中。在周恩来的陪同下，毛泽东与张治中进行了友好自然的长谈，就关键性问题交换意见。

对于这次谈话内容，张治中的机要秘书余湛邦曾在《文史资料选辑》（合订本）第67辑上发表《1949年国共北平和谈始末记》，作了详细记录：

（1）关于战犯问题，张一再说蒋介石已经下台，一切交由李宗仁主持，并明确表示愿终老是乡，终身不复担任国家职务，为便利和谈进行，希望战犯问题不要写入条文。毛主席表示可予考虑宽大处理。（2）关于组设联合政府问题，张提到重庆政协的政治民主化原则及当时达成协议的具体方案，如按此办理，国民政府当将权力移交给新政府。毛主席表示：联合政府还不知何时成立，或许两三个月、三四个月都说不定。在这段时间，南京政府当照常行使职权。不要散掉了，不要大家都跑了，南京就散了。

（3）关于今后建设问题，张表示国民党执政20多年，没有能遵循孙中山先生遗教进行建设，我们愧对国家人民，今后是你们执政了，你们怎样做，责任是重大的。毛主席说：今后，我们大家来做，是大家合作做的。当前最重要的是共同一致来结束战争，恢复和平，以利在全国范围内开始伟大的生产建设，使国家和人民稳步地进入富强康乐之境。毛主席并且问张对今后建国的意见。张详细地阐述了他的关于美苏并重的外事主张。

毛泽东在会见张治中后，又接着会见国民党代表团的其他成员邵力子、章士钊、黄绍竑、刘斐、李蒸、卢郁文。4月10日，毛泽东同刘斐、黄绍竑交谈中，有一件趣闻。金冲及著的《毛泽东传》中这样记述：

在谈到打麻将时，刘斐借机试探："你会打麻将吗？"
毛泽东随口答道："晓得些，晓得些。"
刘斐接着问："你是爱打清一色呢，还是喜欢打平和？"
毛泽东立即明白了这个问题的用意，笑着答道："平和，平和，还是平和好，只要和了就行了。"

毛泽东当即指出，只要你们真正和谈，我们共产党是说话算数的，是守信用的。

4月11日，毛泽东约见代表团成员李蒸、秘书长卢郁文。卢郁文的儿子曾叙述这次会谈的情况。李蒸、卢郁文一大早被接到双清别墅。他们到时毛泽东还没有睡觉。主客寒暄过后，毛泽东招待二人吃饭，不算是早点，但午饭还不到时候，几人边吃边谈，很快谈话自然而然转入正题。毛泽东就国内和平和经济建设问题，听取二人的意见。卢郁文对毛泽东说道："蒋先生打不下去了，让李宗仁先生出面来搞和谈，不单是工商界、教育界人士、江南人民，即便是国民党内部，许多人都希望早日结束内战，休养生息，和平是大势所趋。"毛泽东习惯地打着手势说道，人民的要求我们最了解，中国的老百姓不希望打仗，我们也不愿打仗，是没有办法才打的。我们共产党人是主张和平的，否则也不会请你们来。发动内战的是蒋介石为首的国民党反动派嘛，只要李宗仁先生诚心和谈，我们是欢迎的，希望大家共同努力，促成和平这一天早日来临。在双方谈及今后建设问题时，毛泽东率直地讲道，中国的经济是落后的，但中国人民是勤劳勇敢的。以前和日本和蒋介石打了这么多年仗，将来要搞国家建设，过去的经验就用不上了，单靠共产党人，恐怕……我们必须广纳贤才，发挥社会各界贤达的力量。二位是学教育、学经济的，将来国家的建设，就要靠发展教育和经济。卢郁文二人听了这席话，感到肃然起敬，这话既显示了一位领袖的高瞻远瞩，又表达了中国共产党人决心与各界人士团结一致，共同建设新中国的强烈愿望。

这次谈话无拘无束，长达三小时。毛泽东指出：和平实现后，国民党军队要改编，解放军也要改编，都要成为国家的军队。所有国民党军队原来的官兵，国民党政府的工作人员，都给予适当安排，使之"各得其所，各尽其能"。卢郁文后来回忆说：毛主席说的"各得其所，各尽其能"这八个字，给我印象甚深；毛主席这种为国求才，求才如渴的精神，是十分感人的。

北平和谈的中心问题是接收和改编。这两条是关系到人民革命能否进行到底的根本问题。为了尽量争取以和平方法解决问题，中共在其他方面作了许多让步。例如战犯问题，蒋介石最为忌讳，南京代表团主张不要将战犯问题写入协定。中共尊重他们的意见，将战犯分为两类，对其中怙恶不悛者，应予从严惩办；对能认清是非，幡然悔悟，出于真心实意，确有事实表现者，准予取消战犯罪名，给以宽大待遇。谈判中，中共还主动保证，若李宗仁政府接受和平协定，中共将负责同各民主党派协商，接受他们以及南京政府方面若干人参加新的政治协商会议，也参加联合政府。

双方代表议定了《国内和平协定》8条24款，但国民党南京政府拒绝签字。和谈再次失败。人民解放军渡江后，中共方面考虑南京代表团成员回去后的安全问题，极力挽留。周恩来言辞恳挚地对张治中说："西安事变，我们对不起一个姓张的朋友，今天再不能对不起你了。"于是，北平和谈出现中外谈判史上罕见的一幕：在北平的南京谈判代表张治中、邵力子、章士钊、李蒸及其随从人员一致同意留下。

黄绍竑、刘斐辗转抵达香港后，也于8月13日联合在港国民党军政人员龙云等44人共同发表主张，坚决拥护中共的领导，同国民党政府公开决裂。

9月，张治中致电新疆的陶峙岳等，对促成新疆和平解放起到推动作用。同月，南京代表团的全体代表，应新政协筹备会的邀请，参加了中国人民政治协商会议。新中国成立后，张治中曾任全国人大常委会副委员长、国防委员会副主席等职，对促进民族团结和社会主义建设事业，作出了贡献。

毛泽东与柳亚子会谈

柳亚子是同盟会的老会员、国民党左派的元老，清末著名的文学社团"南社"的领军人物。国共合作时期，他曾与毛泽东在广州共事。四一二政变后，柳亚子因公开反对蒋介石被"通缉"流亡日本。1945年，重庆谈判期间，他积极拥护共产党的和平主张。他向毛泽东"赠诗"和"索诗"，在中国诗坛引为韵事。毛泽东的名篇《沁园春·雪》由此名扬天下。

中共中央"五一口号"发布后，时任民革中央常委兼秘书长的柳亚子积极予以呼应。在北上途中，他吟诗30多首，尤以一首七绝最能表达心声："六十三龄万里程，前途真喜向光明。乘风破浪平生意，席卷南滇下北滇。"1949年3月25日晚，在颐和园益寿堂宴会上，柳亚子兴奋之余，即席赋诗三首并录呈毛泽东。诗中热情地回顾同毛泽东20多年的友谊、歌颂毛泽东、讴歌中国革命的胜利。

不久，柳亚子遇到了诸多不顺：搞一个北平文史探讨委员会，进展受阻；数次要求去碧云寺恭谒孙中山先生灵堂，未能成行；他对少数曾经追随蒋介石反共反人民、在革命胜利时却转向革命阵营的人表示怀疑，视其见风使舵；满怀激情参加新政协，但落选政协筹备组。由于"不顺眼的事情太多"，他郁闷不已，不仅牢骚满腹，还乱发脾气。3月28日夜，柳亚子写了一首七律诗《感事呈毛主席》：

> 开天辟地君真健，说项依刘我大难。
> 夺席谈经非五鹿，无车弹铗怨冯驩。
> 头颅早悔平生贱，肝胆宁忘一寸丹。
> 安得南征驰捷报，分湖便是子陵滩。

诗中连用了六个典故，委婉地表达了事不随意的苦闷和退隐之心。

毛泽东与柳亚子相识数年，深知他性格率真，颇为自负，喜怒哀乐不加掩饰，人际关系比较紧张。在毛泽东看来，柳亚子是一个"有骨气的旧文人"。读了柳亚子的诗后，毛泽东体察到他的不满情绪，格外重视，立即派人妥善安排他的生活问题，让他暂时迁入颐和园居住。百忙之中，毛泽东还于4月29日写成《七律·和柳亚子先生》一诗：

饮茶粤海未能忘，索句渝州叶正黄。
三十一年还旧国，落花时节读华章。
牢骚太盛防肠断，风物长宜放眼量。
莫道昆明池水浅，观鱼胜过富春江。

前四句，毛泽东深情回忆了他们之间三次相会，表明中国共产党和毛泽东本人，始终没有忘记柳亚子等民主人士的革命贡献。后四句，出于诗友和诤友之情，委婉含蓄地批评了柳亚子的牢骚情绪，真诚挽留他在北平参加建国事业。

柳亚子见到毛泽东的诗后，很受感动。他欣然接受了毛泽东的规劝，立即又写了一首《次韵奉和毛主席惠诗》：

离骚屈子幽兰怨，风度元戎海水量。
倘遗名园长属我，躬耕原不恋吴江。

5月1日，毛泽东携女儿李讷等专程邀请柳亚子游颐和园，同乘画舫，比肩爬山，促膝相谈，宽怀释感。在交谈中，柳亚子说：今天胜利了，这是我们盼望已久的。我们都很清楚，蒋介石早晚是要垮台的，因为他们腐败无能，太不得人心了。共产党要胜利，这是肯定的。共产党的政策正确，合乎民意，人民拥护支持，这是胜利的基础。但是，我们没有想到胜利会这么快，人民解放军很快渡江成功，并且占领了南京。我们不知道毛主席用的什么妙计？

毛泽东说：打仗没有什么妙计，如果说有妙计的话，那就是知己知彼，根据实际情况，作出正确的决策，还有，就是先生说的，人民的支持是最

毛泽东在香山双清别墅会见柳亚子

大的妙计。① 毛泽东鼓励柳亚子赤膊上阵多发表文章、多讲话，建言献策。

5月5日，借孙中山就职非常大总统纪念日之际，毛泽东邀柳亚子到香山拜谒孙中山衣冠冢并合影留念，随后接柳亚子到家中共进午餐，请朱德总司令作陪。大家谈诗论政，甚为欢畅。

散席的时候，柳亚子拿出随身带去的《羿楼纪念册》，请毛泽东和朱德题词。"羿楼"是柳亚子在抗战时期为其香港居所起的名字，以古代神话"后羿射日"的故事表达矢志抗日的决心。毛泽东在纪念册上为他题写了一首联句诗："池塘生春草，空梁落燕泥。竹外桃花三两枝，春江水暖鸭先知。"毛泽东的这首集句诗集谢灵运的《登池上楼》、薛道衡的《昔昔盐》、苏轼的《惠崇春江晚景》之句，却不见一点斧凿痕迹，既充分表达了冬去春来的自然之景，更表达了中国革命即将取得胜利、新中国即将诞生的喜悦之情。

柳亚子作为民革代表出席了人民政协第一届全体会议。新中国成立后，

---

① 中共中央文献研究室编：《毛泽东年谱（1893—1949）》（下卷），中央文献出版社2013年版，第496页。

他曾任中央人民政府委员、华东行政委员会副主席、中央文史馆副馆长等职。

毛泽东与李达会谈

李达是中国共产党的创始人和早期领导人之一，著名的马克思主义理论家。1921年7月，他出席中共一大并当选为宣传主任。1923年，他因与党内同志在政治路线上发生分歧而脱离组织，但仍与毛泽东保持着个人友谊和工作合作。此后，在国民党统治区和日寇占领区，李达于颠沛流离之中，坚持系统研究马克思主义理论和中国革命，成为研究马克思主义哲学的著名学者。

解放战争期间，随着人民军队的节节胜利，毛泽东通过中共"地下交通"带信给正在湖南大学任教的李达说："吾兄乃本公司发起人之一，现公司生意兴隆，盼兄速来参与经营。"[①] 李达收到毛泽东的密信后，感动不已。可当时他患有严重的胃溃疡，不能长途跋涉。

中共中央发布"五一口号"后，组织各地民主人士到解放区筹备新政协已成当务之急。9月20日，中共中央拟定的邀请名单中，李达在"社会贤达"一列。11月5日，中共中央再次致电香港分局，在提及李达时，特别注明"望设法从湖南接出，翦伯赞知其住处"，可见中共中央对李达的重视。

1949年初，香港《群众》杂志转载了毛泽东《将革命进行到底》一文。李达从一位进步学生手里拿到这期杂志后，兴奋地说："天就要亮了啊！"经过中共地下党的周密策划，李达于4月16日深夜秘密离开长沙，前往香港，受到邵荃麟等人的热烈欢迎和盛情接待。

根据组织安排，李达5月5日随岳州轮北上，九天后抵达天津。在船上，李达向带队的周而复提出，到解放区后，"希望看望润之同志"。周而复答应将他的这个愿望报告党中央和毛主席。抵达天津后，周而复立即向中央报告此行情况，并将李达的愿望上报，随即得到答复：李达不必在天津停留，直接去北平，毛泽东主席准备见他。周而复回忆说："我把这

[①] 陈光辉、叶鹏编著：《李达画传（1890—1966）》，人民出版社2018年版，第155页。

个消息告诉李达同志,他平静严肃的面孔上绽开了微笑的花朵,匆匆上车,到北平去了。"

5月14日,李达到达北平。在北平,他受到中共中央和毛泽东的热情接待。毛泽东亲赴车站迎接,周恩来为李达的到来举行了欢迎晚会。

待李达稍事休息几天后,毛泽东于5月18日邀请他到香山双清别墅。毛泽东亲自出门迎客,并对工作人员说:我这位客人你们就不要管了,今夜我们得好好谈谈喽。

李达受程潜重托,向毛泽东汇报了湖南的政治形势,转达了程潜决心起义、走和平解放之路的心愿,毛泽东听了很高兴。李达还回顾了他这次北上的经过,说:我离开岳麓山时,乘坐的还是国民党兵站的汽车呢!毛泽东哈哈大笑。

不知不觉到了深夜。李达因胃病出院不久,身体尚未康复,就有点撑不住了。毛泽东看他疲惫的样子,就留李达住下,睡在自己的床上。李达推辞不肯,要请秘书另找个房间。毛泽东对他说:你就在我的床上休息吧!我晚上要批阅公文、看书,已是多年的习惯了。盛情之下,李达才睡在毛泽东那张硬板床上。这份难得的殊荣饱含着两人的深情厚谊。

李达作为特邀代表出席了人民政协第一届全体会议。新中国成立后,他担任过政务院文化教育委员会副主任等职。毛泽东希望李达留在北京工作,但他多次要求回湖南继续从事高等教育。12月2日,李达被任命为湖南大学校长。赴任前,李达又接到毛泽东的邀请,让他到中南海叙谈。在这次谈话中,李达郑重提出重新入党的请求。由刘少奇介绍,毛泽东、李维汉、张庆孚等3人为历史见证人,中共中央特别批准李达重新入党。后来,李达意味深长地说:从此我"守寡"的日子终于结束了,我决心为共产主义事业奋斗到底,鞠躬尽瘁,死而后已!

毛泽东与陈嘉庚会谈

陈嘉庚出生于福建同安县集美镇,是我国著名的爱国华侨领袖、教育家、华侨实业家。抗战期间,陈嘉庚在重庆《中央日报》上公开发表了一份著名提案:"日寇未退出我国土之前,凡公务员对任何人谈和平条件,概以汉奸国贼论。"爱国之情、浩然之气溢于言表。

内战爆发后,陈嘉庚反对美国援助蒋介石,以南侨总会主席名义致电美国总统和国会表示抗议。基于访问延安留下的深刻印象，他预见中共能取得这场战争的胜利。时局的发展印证了陈嘉庚的远见卓识。中共"五一口号"发布几天之后，陈嘉庚代表南洋 120 个华侨团体致电毛泽东，表示拥护。

根据解放战争形势的快速变化，中共中央几次提出民主人士北上参加新政协的邀请名单，陈嘉庚都位列其中。1948 年 10 月 1 日，毛泽东复电陈嘉庚，希望各界侨胞对于召集新政治协商会议提出具体意见。1949 年 1 月 20 日，毛泽东向陈嘉庚发出了热情洋溢的邀请电。

对于中共的诚邀，陈嘉庚深表感谢。他以满腔的热忱，对新政权充满期待。1949 年春天，陈嘉庚与庄明理等人登上英国邮轮"加太基"号从新加坡启程赴港。在中共香港分局的精心安排下，5 月 28 日，陈嘉庚一行 10 余人，乘船从香港出发，穿过台湾海峡，于 6 月 3 日抵达天津大沽口。

次日，陈嘉庚乘中共特派的专车到北平，受到林伯渠、李维汉、董必武、叶剑英及先期到达的李济深、沈钧儒、彭泽民、蔡廷锴、邵力子等民主人士和在北平的 200 多位华侨青年学生的热烈欢迎。

中共中央对陈嘉庚这位"南侨硕望"表达了极高的礼遇。6 月 7 日，周恩来到陈嘉庚下榻的北京饭店看望，深情回忆往事。随后，在周恩来陪同下，陈嘉庚前往香山双清别墅拜会毛泽东，并共进晚餐。刘少奇在座陪同。这是陈嘉庚九年前访问延安后老友重逢。毛泽东热情回顾了两人的缘分："我们两个跟 6 月有缘，在延安见面是 6 月（1940 年——笔者注），在北京见面又是 6 月，6 月里有花香、有清风，真是个好时节呀！抗战胜利，陈先生功不可没。现在新政协正在筹备，群贤毕至，陈先生可不能不参加啊！"陈嘉庚谦逊地回答："主席的美意我心领了，但我不懂政治，也不会说普通话，参加新政协之事我不敢接受。"[1] 席间，大家纵谈中外时局及新中国建设，半夜方散。

此后数日，林伯渠、沈钧儒、马寅初、郭沫若、黄炎培等一些社会知名人士纷纷到北京饭店看望陈嘉庚，劝说他参加新政协。郭沫若诚恳地表示："心通胜于言通。"陈嘉庚盛情难却，答应参加新政协。

陈嘉庚积极参与到新政协的筹备工作之中，并在政协大会上以满腔热情对新中国建设提出 7 份提案。新中国成立后，他曾任第二、三届全国政

---

[1] 参阅陈碧笙、陈毅明编：《陈嘉庚年谱》，福建人民出版社 1986 年版，第 207 页。

协副主席等职。毛泽东誉其为"华侨旗帜、民族光辉"。

毛泽东与傅作义会谈

傅作义,字宜生,1918年保定陆军军官学校毕业后,加入阎锡山部队,倍受器重。1931年后,任国民党军第三十五军军长,国民党绥远省政府主席。1933年率部参加抗日战争,取得闻名遐迩的"百灵庙大捷"。内战爆发后,他任察哈尔省政府主席、"华北剿总"总司令。1949年1月率部起义,为北平和平解放作出贡献。

1月28日,毛泽东为中共中央起草的关于征求民主人士对战犯名单的意见致东北局的电中,特别指出:如和平解放北平,傅作义将功折罪,可以免除战犯罪名。北平解放后,毛泽东得知傅作义想见他,立即安排会见。2月22日,傅作义、邓宝珊与上海和平代表团一行到达西柏坡,受到毛泽东、朱德、周恩来等中共中央领导人的热烈欢迎。

傅作义向毛泽东说的第一句话是:"我有罪。"

毛泽东真诚地说:"你做了一件大好事,人民是不会忘记你的。"

周恩来向傅作义表示:原来准备在解放区召开民主党派和无党派人士的会议,成立临时中央政府。现在北平和平解放了,就可以在北平召开这样的会议,你可以参加这次会议。你既是有党派,也是有功将领,参加会议,也是有代表性的。[①]

在这次会见时,双方谈到绥远问题。绥远是华北连接西北地区的重要交通要道,战略位置十分重要。毛主席表示解决绥远问题最重要的是先解决军事问题。在中共七届二中全会上,毛泽东提出了"绥远方式",即在局部地区暂时保留部分国民党军队,让其原封不动待条件成熟后再进行改编。

驻绥远的国民党将领董其武愿意接受和平改编,但部队内部极其复杂。国民党政府对傅作义起义耿耿于怀,千方百计破坏绥远再走此途。因此,要实现"绥远方式",曾经主政绥远的傅作义无疑是关键人物。

中共与傅作义、董其武等人通过多次谈判及协商,研究以"绥远方式"解决问题的方案。毛泽东也数次与傅作义会谈。6月8日,毛泽东在香山

[①] 董世桂、张彦之:《北平和谈纪实》,文化艺术出版社1991年版,第344页。

又一次会见傅作义,力图消除他的顾虑。当天,华北人民政府与傅作义达成《和平解决绥远问题决议》。

毛泽东对傅作义今后的工作十分关心。在这次会谈时,毛泽东问傅作义和邓宝珊开国后打算干点什么。傅作义说:搞水利可以直接为人民办事。毛泽东便说:那你的意思想到水利部啦!

签订协议不易,实施更难。为了推动绥远方式的解决,8月25日,傅作义在华北野战军一个营的保护下,冲破国民党当局拉拢、暗杀、搅局等各种阻碍,先后在归绥、美岱召、包头等地连日传见部下,耐心说服教育。9月18日,起义签字仪式在绥远省银行包头分行举行。国民党绥远省党政军要员在和平起义通电上签字。9月19日,通电发表,宣告绥远和平解放。毛泽东以薄一波、聂荣臻名义起草致电,邀请傅作义、邓宝珊以及绥远起义将领董其武、孙兰峰参加人民政协。

对于这次绥远之行,傅作义在出席人民政协第一届全体会议发言时有个生动的回顾。他说:"作义这次到绥远,蒋介石给了我一个'亲切的'电报,说我这次从北平到绥远,正像他当年西安事变以后从西安回到南京一样。他说,当他回到南京以后,由于一念之差,竟铸成今日危亡之大错,所以要我接受他的教训,不要自误、误国、误部下。但是我坚决拒绝了他,回到北平来出席政治协商会议,我相信有良心的爱国的国民党军政人员,都将成千成万走到人民方面来,反动派是破坏不了阻拦不住的。"[1] 傅作义短短的发言赢得了20次掌声。

新中国成立后,傅作义任中央人民政府委员,并当上了新中国第一任水利部长,如愿从事水利事业。1955年获一级解放勋章。在第四届全国政协换届时,当选为副主席。

召开新政协筹备会预备会议

随着人民解放战争的胜利推进,1948年夏秋,筹备新政协成为中共中央重要的政治任务。在协商新政协诸问题时,根据民主人士的建议,将由新政协直接产生新政权。这使新政协的准备和召开意义更重大、任务更艰巨。

---

[1] 政协全国委员会办公厅编:《开国盛典——中华人民共和国诞生重要文献资料汇编》(上),中国文史出版社2009年版,第332页。

1949年上半年，北平、天津、汉口、南京、上海等中心大城市相继解放，全国的胜利只是时间问题了。形势喜人，形势催人，形势不等人。中共中央决定在北平召开筹备会，迅速完成新政协的各项必要的准备工作，尽早召开新政协，成立民主联合政府。经过紧锣密鼓的工作，到了6月份，成立新政协筹备会的时机成熟。

6月11日晚，在毛泽东双清别墅寓所举行新政协会议筹备会首次预备会议。毛泽东、周恩来（中共）、李济深（民革）、沈钧儒、章伯钧（民盟）、黄炎培（民建）、郭沫若（无党派）、马叙伦（民进）、彭泽民（农工）、谭平山（民联）、蔡廷锴（民促）、陈其尤（致公党）、朱德（解放军）、李立三（总工会）、刘玉厚（解放区农民团体）、陈叔通（产业界）、沈雁冰（文化界）、张奚若（民主教授）、廖承志（青联）、蔡畅（妇联）、谢邦定（学联）、周建人（上海人民团体联合会）、乌兰夫（少数民族）、陈嘉庚（南洋华侨）等出席。在筹备会23个单位中，除了救国会，都有代表参加。

当晚会议议题非常丰富：研究决定了新政协筹备会参加单位、人数和人选；筹备会组织条例草案；筹备会分组名单，新政协大会参加单位和人数；筹备会常务委员人选；常委会主任和副主任、秘书长人选；筹备会日程等。

6月15日，新政治协商会议筹备会拉开了帷幕。中共中央主席毛泽东代表中国共产党发表激动人心的讲话。他指出："中国人民将会看见，中国的命运一经操在人民自己的手里，中国就将如太阳升起在东方那样，以自己的辉煌的光焰普照大地，迅速地涤荡反动政府留下来的污泥浊水，治好战争的创伤，建立起一个崭新的强盛的名副其实的人民共和国。"[1]

毛泽东与黎锦熙等人聚谈

北平解放后，各民主党派总部相继迁移到北平。由于长期处于动荡不安的状态，一些党派内部思想混乱、局面复杂，一些党派还提出解散。稳定下来后，加强自身建设成为民主党派的重要任务。

---

[1] 政协全国委员会文史资料委员会编：《五星红旗从这里升起——中国人民政治协商会议诞生记事暨资料选编》，中国文史出版社1984年版，第247页。

毛泽东在中共七届二中全会报告中，明确提出了"我党同党外民主人士长期合作的政策，必须在全党思想上和工作上确定下来"。为了贯彻这一方针，保证新政协会议如期顺利举行，中共中央领导人主动与民主人士沟通座谈，帮助各民主党派在政治上、组织上、思想上完善提高。

作为分管统一战线工作的周恩来，频繁出席民主党派的各项活动，与党派领导人进行座谈。比如，1949年4月29日，与中国民主革命同盟（小民革）中央负责人谈话；5月20日，参加"小民革"招待会，提出"小民革"今后的组织形式应该成为革命知识分子的组织，不是政党而是政治活动团体；5月23日，邀请民革负责人座谈；5月24日，宴请民盟中央委员；5月26日，与民建负责人座谈……通过这些座谈协商，为召开新政协凝聚共识，也基本确定了各民主党派工作范围：民革重点发展原国民党成员；民盟专门吸收知识分子；民建以民族工商业者为骨干，包括公营企业者。

毛泽东在与民主党派负责人会谈时，以调整党派关系为己任，推动完善统战政策。6月17日，毛泽东从香山来到北平城内，拜访北平师范大学代校长汤璪真、文学院院长黎锦熙、地理系主任黄国璋等人。黎锦熙是毛泽东在长沙读书时的历史老师，两人感情甚笃。黄国璋是毛泽东的同乡。黎、黄二人都是北平九三学社的成员。在畅叙旧情后，黎锦熙对毛泽东说：新政协会议就要召开，新中国将要诞生，北平九三学社的人数不多，这个团体的历史任务已经完成，正准备宣布解散。

毛泽东听后，诚恳地对他们说：九三学社不要解散，应该认真团结科学、文教界的知名人士，积极参政，共同建设新中国。

毛泽东对民主党派提出"积极参政，共同建设新中国"的要求，具有深刻的政治含义。这标志着民主党派政治地位的根本变化。他们不再是旧中国反动政权下的在野党，而成为新中国人民民主政权的参与者。他们将在中国共产党的领导下，和共产党一道担负起管理国家和建设国家的历史重任。

毛泽东与张澜会谈

张澜的一生紧跟时代，伴时代前行。他是清末秀才，早年办教育，办报刊，传播进步思想。抗战爆发后，积极宣传抗日，团结西南军政学商各界上层人士，推动全民族抗战。在国民参政会等政治舞台上，他揭露国民党的一党专制，谴责蒋介石的反共政策。

张澜是民盟的主要发起人之一，任民盟主席。战后，在重庆谈判、政治协商会议等重大行动上，他与中共密切配合，步调一致。在追求民主革命道路上，张澜与中共领导人毛泽东、周恩来等人建立了深厚友谊，得到共产党人和其他民主人士的信赖与敬重。

1947年11月民盟总部被迫解散后，民盟许多中央委员秘密前往香港。张澜年事已高，留在上海。中共中央"五一口号"发布后，民盟香港总部予以响应，张澜在上海致电沈钧儒、章伯钧，对他们的行动"极感欣慰"，认为这是"国家当前自救的惟一途径"。

1949年蒋介石发表《新年文告》，演出一场"引退"闹剧。1月27日，邵力子、甘介侯等人受李宗仁委托，到上海游说张澜。张澜以民盟负责人的名义发表声明，拒绝国民党当局"策进和平运动"的邀请，表示"现在是革命与反革命之争，我们站在革命的一边"。蒋介石无法挽回败局，但也不能给共产党留下建设亟需的人才和物质力量。对社会名流，蒋介石下令若不去台湾，一律就地处决，暗杀名单中包括张澜等民主人士。在中共地下党的营救下，张澜、罗隆基在黎明前夕，终得虎口脱险。

上海解放的第二天，张澜和罗隆基、史良等人联名发表声明，庆贺上海解放，祝贺上海开始了新的历史。5月29日，张澜致电毛泽东、朱德等，祝贺人民解放军光荣胜利，并表示"澜不久将与罗努生（罗隆基——笔者注）兄来平聆教"。6月1日，毛泽东等人复电张澜，表示："今后工作重在建设，亟盼告各方友好共同努力，先生及罗先生准备来平，极表欢迎。"

6月15日，新政治协商会议筹备会成立。张澜缺席当选为筹备会常务委员。同日，张澜和罗隆基、史良一行乘火车离开上海，在南京、济南短暂参观后，于6月24日到达北平。

第二天，毛泽东亲临北京饭店看望张澜。两位老朋友重庆之后再聚首，别有一番滋味在心头。

6月28日，毛泽东请张澜到家中吃饭。据李银桥回忆，为表示尊重，毛泽东吩咐他找件好些的衣服，但找了许久也没有找到一件"好些"的衣服。

于是，他向毛泽东诉苦道："主席，咱们真是穷秀才进京赶考，一件好衣服都没有。"

毛泽东豁达地说："历来纨绔子弟考不出好成绩，安贫者能成事，我们会考出好成绩！"

当李银桥建议找人借一件时，毛泽东说："不要借，有补丁不要紧，整齐干净就行，张老先生是贤达人士，不会怪我们的。"就这样，毛泽东穿着补丁衣服会见了张澜。

张澜这年已经78岁了。毛泽东亲自到门口迎接，扶他下车，扶他上台阶。席间相谈中，两人为世人留下了一段颇有意味的"北京对"：

张澜：共产党真有本领，解放南京后一个多月，就解放了5个省城和上海，取得如此伟大的胜利。

毛泽东：我们共产党人，其实也无过人的本领，我们只不过做到了谦虚、谨慎、勤劳、节俭，全心全意为人民服务，全国人民拥护我们，这才办成了一些事情。

张澜：主席讲的前八个字，是中国人的传统美德，少数人能够做到。但要做到这后一句话就很难啦！恐怕这也就是历来为政者的病根之所在吧？①

毛泽东点头表示认同。

7月3日下午，张澜再次到双清别墅，回访毛泽东。毛泽东热情地说，"咱们要共同商量，建设一个崭新的中国"。"我们现在可以明确一点，民主党派不是在野党，而是在朝党。我们早就设想，未来的新政府将是联合政府。民主党派将在这个政府中占有一定的地位。我们要联合执政，因为我们是一道斗争过来的，民主党派都是有功劳的。"张澜说："这几年来，我们对中共的领导有了切身的体会，因而民盟是坚决拥护中共领导的。"②

张澜作为民盟首席代表出席了人民政协第一届全体会议，并当选为中央人民政府副主席。

毛泽东到车站迎接宋庆龄

宋庆龄青年时代追随孙中山，献身革命。孙中山先生逝世后，宋庆龄坚决维护、忠实执行"联俄、联共、扶助农工"的三大政策，同违反孙中

---

① 林伟：《毛泽东与张澜的"北京对"启示啥》，四川日报2012年5月13日。
② 参考谢增寿编著：《张澜年谱》，群言出版社2013年10月版，第391—393页。

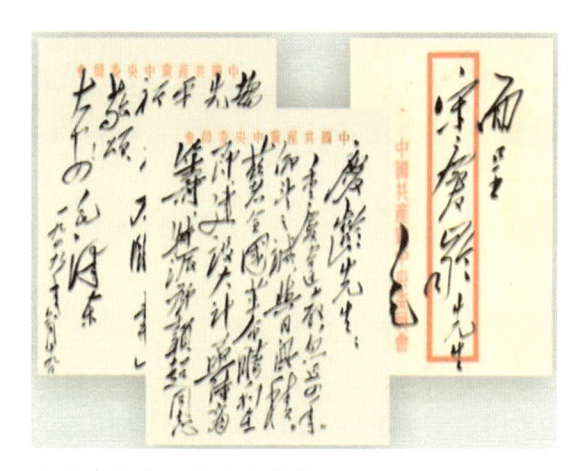

毛泽东给宋庆龄的亲笔信

山革命原则的势力进行不懈的斗争。九一八事变后，宋庆龄以实际行动支持抗战。她以自己的特殊身份，通过广泛的社会活动，营救一大批革命者和爱国进步人士。西安事变后，宋庆龄积极推动形成抗日民族统一战线。宋庆龄是国民党左派的代表人物，民革成立后任中央名誉主席。她始终坚定地站在进步立场，与中国共产党一起致力于革命事业，受到中国人民、海外华人华侨的景仰和爱戴，并在国内外享有盛誉。

毛泽东、周恩来与宋庆龄相识已久，相交甚挚。重庆谈判之时，宋庆龄不顾国民党特务的盯梢，在短短10天内，拜访、宴请毛泽东，参加毛泽东、周恩来举行的茶会、酒会，以及一起参加活动就有5次。1949年初，在香港的各民主党派代表人物已陆续北上到东北、华北解放区。但宋庆龄还在白色恐怖中的上海。毛泽东、周恩来非常关注宋庆龄的安危，同时也诚挚地希望她能够出席新政治协商会议，于1月19日联名向宋庆龄发出了邀请。2月20日，宋庆龄专门复函毛泽东、刘少奇、朱德、周恩来表示感谢。宋庆龄信中说："我非常抱歉，由于有炎症及血压高，正在诊治中，不克即时成行。""但我的精神是永远跟随你们的事业。"

到了6月间，新政协筹备会召开。6月22日，受中共中央委派，邓颖超和廖梦醒等一行7人从北平出发，专程到上海邀请宋庆龄北上，参加新政协，共商建国大计。毛泽东和周恩来分别给宋庆龄写了亲笔信。毛泽东在信中说："重庆违教，忽近四年。仰望之诚，与日俱积。兹者全国革命胜利在即，建设大计，亟待商筹。特派邓颖超同志趋前致候，专诚欢迎先

125

生北上。敬希命驾莅平，以便就近请教，至祈勿却为盼！"①

宋庆龄当时正患有严重的荨麻疹。在中共的盛情邀请下，她还是克服困难，于8月26日从上海启程前往北平。在商请赴平时，她提出凡事从简。8月28日下午，宋庆龄乘坐的专列徐徐驶入北平火车站时，她看到毛泽东、朱德、周恩来、林伯渠、董必武、廖承志和李济深、何香凝、沈钧儒、陈其瑗、郭沫若、柳亚子等50余人在站台上迎接，毛泽东还亲自上车表示欢迎，深受感动。

宋庆龄抵达北平有着特殊的意义。它象征着在中国革命洪流中，由孙中山先生开创的事业和中国共产党人所追求的目标，终于汇合在一起了。当晚，毛泽东特别为宋庆龄举行了欢迎宴会。毛泽东对宋庆龄说：欢迎你与我们继续合作，共商建国大事，为把中国建设得繁荣富强，屹立于世界东方，使我们的子孙后代都能过上美满幸福的生活而共同努力。

宋庆龄作为特邀代表出席人民政协全体会议，并当选中央人民政府副主席。

毛泽东与司徒美堂会谈

司徒美堂，出生于广东省开平县，是美洲华侨社会著名的"传奇人物"。为生活所迫，他14岁孤身一人赴美谋生。初到美国，受到了美国流氓和种族歧视者的侮辱和袭击。这种屈辱经历在他的心里留下了难以磨灭的印象。1884年他加入洪门致公堂，后任致公堂总监督和安良堂总理数十年，负责华侨社团工作。

司徒美堂对祖国一片赤诚，对人豪放侠义，在华侨中很有影响。抗战爆发后，已经七旬高龄的司徒美堂，不顾年迈，积极投身抗日救亡运动，发动美洲华侨捐款支援祖国抗战。1941年冬，司徒美堂被聘为国民参政会参议员。在重庆期间，他受到周恩来、董必武等中共代表的友好接待。经过接触，司徒美堂对中共的政策有了进一步的了解，衷心拥护国共合作，呼吁民主抗战。

1948年中共中央"五一口号"发布后，司徒美堂召开记者招待会，

---

① 上海宋庆龄故居纪念馆编译：《上海宋庆龄故居纪念馆馆藏宋庆龄往来书信选集》，上海人民出版社1995年版，第203页。

司徒美堂与毛泽东在一起

发表国是主张。10月23日，在香港分局为他回美设宴饯行的酒会上，特意让秘书起草《上毛主席致敬书》，表示："贵党与各民主党派所号召之新政治协商会议，以组织人民联合政府，美堂认为乃解决国内政治唯一之方法，衷心表示拥护。"

司徒美堂回到美国后，到各大城市唐人街演讲，宣传国内解放战争形势，号召洪门兄弟加强团结，全力支持解放战争，将革命进行到底，回国参加建设。司徒美堂的这些演讲和文章，在美洲华人报纸上刊登后，对于远在异国他乡的华侨同胞了解情况、澄清是非起了重要作用。

1949年1月20日，毛泽东给司徒美堂回电，真挚邀请司徒美堂"摒挡公务早日回国，莅临解放区参加会议"。

司徒美堂在美国接到毛泽东的邀请后，克服重重阻挠，回到香港。在中共香港分局的精心安排下，8月28日，司徒美堂与秘书司徒丙鹤等人乘船北上，经天津，于9月4日到达北平。周恩来到车站迎接。

在北平，毛泽东邀请司徒美堂到双清别墅，留下了一段"我们大家既是坐轿者，又都是抬轿者"的佳话。

由于司徒美堂年过八旬，身体病弱，毛泽东专门安排用担架抬老人上山。没有现成的担架，就用毛泽东用过的一把藤椅在两边绑上木棍，制成"轿子"。毛泽东再三叮嘱抬担架的年轻人：你们四个人抬时，一定要轻轻抬起来，抬上肩后要走稳走齐，不要让担架晃动。

司徒美堂乘着平生最"特别"的轿子走进双清别墅。他深为感动地说："原来对共产党了解不多，以为来北平是给共产党'抬轿子'，捧共产党上台的。没想到，毛主席这样平易近人，民主协商的精神对我教育很深。"

毛泽东听后诚恳地说："我们今后要长期一直共事，我们大家既是坐轿者，又都是抬轿者。每一个爱国的志士仁人，都可以自己的特长，参加人民政府的工作，不但要做到尽职尽责，还要做到有职有权。"①

司徒美堂作为华侨代表，参加了人民政协第一届全体会议，并当选为中央人民政府委员、全国政协委员，后担任全国人大常委等职。

毛泽东到车站迎接程潜

程潜，既是毛泽东的老乡，也是"老上司"。辛亥革命后，毛泽东剪去头上的辫子，成为湖南新军一名列兵。当时的程潜是湖南督军府参谋长、军事厅厅长，所以毛泽东后来一直尊称他为自己的"老上司"。程潜曾有过同共产党合作的历史，与蒋介石集团也有矛盾。1948年被任命为没有实权的长沙绥靖公署主任兼湖南省政府主席。人民解放军渡江前夕，他已在考虑同共产党合作，实行"应变"。考虑到程潜在国民党内的地位和影响，为推动和争取湖南和平解放，毛泽东做了大量工作。

1949年3月，章士钊受共产党委托，到南京见程潜，转达了毛泽东对他的殷切期望，说明不咎既往，还将给予礼遇。这使程潜坚定了起义的决心。6月下旬，程潜慎重地将致中共中央和毛泽东的《备忘录》书写在一幅绢帛上，请中共湖南省工委迅速密转。信中明确表示：将按照中共提出的八项原则，争取湖南和平解放。"一俟时机成熟，潜当立即揭明主张，正式通电全国"。收到密信后，毛泽东指示时任华北军政大学总队长的前国民党高级将领李明灏，速赴武汉配合林彪谈判，争取实现湖南和平解放。7月11日，程潜收到毛泽东亲笔复信，其中写道："所提军事小组、联合

---

① 殷开：《毛泽东与司徒美堂交往记略》，《党的文献》2010年第2期。

1949年9月，毛泽东与程潜等人同游天坛公园

机构及保存贵部予以整编教育等项意见均属可行。""只要先生决心站在人民方面反美反蒋，先生权宜处置，敝方均能谅解。诸事待理，借重之处尚多，此间已嘱林彪将军与贵处妥为联络矣。"①

程潜反复看过几遍后非常高兴，表示决心"早日实现湖南和平起义"。当时，追随程潜起义的国民党军第一兵团司令官陈明仁，因1947年6月坚守四平，给攻城的解放军造成重大伤亡，担心共产党不会宽恕他，心有顾忌。毛泽东在给程潜信中表示：当日，陈明仁是坐在他们的船上，各划各的船，都想赢，这是理所当然的。我们会谅解，只要他站过来就行了，我们还要重用他。这番话，让陈明仁消除了疑虑。

7月30日，南迁广州的国民党政府任命陈明仁为湖南省政府主席、湖南省绥靖总司令部总司令，取代了程潜。8月1日，程潜以个人名义发出和平通电，呼吁和平。8月4日，由国民党湖南军政首脑陈明仁与程潜领衔、37位国民党军政要员联署发布起义通电，郑重宣布："正式脱离广州政府。加入中共领导之人民民主政权，共同为建立新民主主义之中国而奋斗。"8月5日，湖南各界著名人士唐生智、周震麟、仇鳌等100余人通电响应起义。当晚，人民解放军进驻长沙，湖南宣告和平解放。

毛泽东欣慰之中，于8月16日特意致电程潜、陈明仁及全体起义将士，对三湘健儿脱离反动阵营予以祝贺。期待他们与人民解放军亲密合作，为消灭残匪，解放全中国人民而奋斗。8月25日，新华社发表毛泽东写的时评《湖南起义的意义》。评论指出：无论什么人，只要脱离蒋介石、李宗仁、白崇禧集团，接受中国共产党的领导，就有受到人民谅解的希望。

8月30日，毛泽东致电程潜，邀请其出席政协会议。对程潜来北平，毛泽东高度重视。9月4日，他将程潜一行的行程函告周恩来、聂荣臻，要求沿途注意保护照料，"不可疏忽"。9月7日晚，程潜到达北平，在车站受到毛泽东、朱德、周恩来、林伯渠、董必武、李济深、郭沫若等人的热诚欢迎。故人重逢，倍加亲切。毛主席迎上前去紧紧握住程潜的手说："颂公（程潜字颂云）别来无恙，一路上劳累了。你看，老朋友们，你的学生、部下都在恭候你呵。"程潜连连表示感谢。

9月8日，毛泽东在中南海会见并宴请程潜，朱德、刘少奇、周恩来

---

① 中共中央文献研究室编：《毛泽东年谱（1893—1949）》（下卷），中央文献出版社2013年版，第526页。

等参加。席间，大家唠着家常，追叙起往事。毛主席感慨道："二十多年来，我是有家归不得，也见不了思念的乡亲。蒋介石把我逼成个流浪汉，走南窜北，全靠这一双好脚板，几乎踏遍了半个中国。"他说："我们这个民族真是多灾多难啊！经过八年浴血抗战，打败了日本侵略者，也过不成太平日子。阴险的美帝国主义存心让蒋介石来吃掉我们。我们是被迫打了四年内战，打出新中国。这是人心所向呵。"

程潜连忙说："我作为一个国民党元老，在大革命以后，对蒋介石是有看法的。抗战虽然胜利了，但我对中国的前途怀有疑虑，甚至有些悲观。辽沈、淮海战役后，国民党大势已去已成定局，使我看到了希望。平津战役中的傅作义和后来我们所选择的道路，都是历史的必然……"程潜感慨之余举起酒杯说："今朝承蒙润之兄盛情厚待，我深感受之有愧。不过，尚望在我有生之年，愿追随各位为建设祖国、造福人民做些事情。"①

9月19日，毛泽东再次起个大早，来到北京饭店看望住在这里的国民党起义将领。共进午餐后，毛泽东邀请程潜、陈明仁等同游天坛。一行人谈笑风生。祈年殿前，毛泽东邀请大家拍照留念。

新中国成立后，程潜历任中央人民政府委员兼军事委员会副主席，湖南省人民政府主席、省长，全国政协常委，全国人大常委会副委员长，国防委员会副主席，民革中央副主席等，践行着"建设祖国、造福人民"的诺言。

---

① 徐肖冰：《从一张照片说起》，金瑞英主编：《风雨同舟四十年》（1949—1989），中国文史出版社1990年版，第17—18页。

绘制新中国的蓝图

《中国人民政治协商会议共同纲领》(《共同纲领》)是新中国成立历史上一份非常重要的文献。它解决了要建立一个什么样的新中国、如何建立新中国等一系列极其重大的问题，实际上起着临时宪法的作用。制定《共同纲领》关乎立国之基。在毛泽东、周恩来的直接领导下，起草工作从1948年10月开始，到1949年9月提交审议，一年时间，三次起稿，三次命名，经过多轮协商。在政协代表的共同努力下，中国人民政治协商会议第一届全体会议完成了这项经国之大业、不朽之盛事。

周恩来担纲重任

早于1940年《新民主主义论》中，毛泽东就开始擘画新中国的蓝图。在1945年4月24日召开的中共七大上，毛泽东作了题为《论联合政府》的政治报告，进一步指出要建立一个什么样的国家和怎样建设国家的问题。该报告明确指出，在中国仍然存在着严重危机的情况下，"中国急需把各党各派和无党无派的代表人物团结在一起，成立民主的临时的联合政府……然后，需要在广泛的民主基础之上，召开国民代表大会，成立包括更广大范围的各党各派和无党无派代表人物在内的同样是联合性质的民主的正式的政府，领导解放后的全国人民，将中国建设成为一个独立、自由、民主、统一和富强的新国家。一句话，走团结和民主的路线，打败侵略者，建设新中国"[1]。为此，毛泽东特别提出，中国人民，中国共产党和一切抗日的民主党派，迫切地需要一个互相同意的共同纲领。

---

[1]《毛泽东选集》(第三卷)，人民出版社1991年版，第1029—1030页。

1946年1月,政治协商会议在重庆召开。中国共产党在1月16日的《新华日报》上发表了题为《论共同纲领》的社论,提出了要求政治民主化的六项主张,明确用"共同纲领"这个提法。在政治协商会议上,中国共产党提出的《和平建国纲领》,经过会议反复讨论形成了决议。后来,尽管国民党破坏了协议,但政治协商会议精神深入人心。

1948年中共中央发布"五一口号"的同时,毛泽东在致函李济深、沈钧儒时提出,"在目前形势下,召集人民代表大会,成立民主联合政府,加强各民主党派、各人民团体的相互合作,并拟订民主政府的施政纲领,业已成为必要"。既是民主联合政府,其施政纲领必然不同于中国共产党的党纲,应该是各方面共同协商、共同制订、共同接受、共同执行的。马叙伦也提出"政治协商会议是叫代表各阶级各阶层的各方面拿出他们自己需要的政治主张和具体方案来,讨论出一个'衷于一是'的政治纲领。"这可以说代表了大多数民主人士的主张。

为了召开新政协,中共中央精心组织、护送在香港、上海、北平等地的民主党派负责人和无党派民主人士奔赴解放区。从香港来的第一批民主人士沈钧儒、谭平山、蔡廷锴、章伯钧等9月底到达哈尔滨。10月6日,周恩来以中共中央名义电告高岗、李富春并东北局,"新政协须通过共同纲领",委托他们向到哈尔滨的民主人士征询"对共同纲领的主要内容有何意见"。《关于召开新的政治协商会议诸问题的协议》明确指出:"新政协应讨论和实现的有两项重要问题:一为共同纲领问题,一为如何建立中华人民民主共和国临时中央政府问题。共同纲领,由筹备会起草。中共中央已在准备一个草案,不久可提出,任何单位亦均可提出自己的纲领草案。"

推翻一个旧政权,实践证明中国共产党完成了这个历史使命。建立一个新生的人民政权,确是一项前无古人的事情。中国国情决定了这也是一件无法模仿复制的事业。在战争尚且继续,新情况新问题尚较复杂,思想认识尚未达到统一的情况下,制定一个各党派各阶层各团体共同遵循的共同纲领,既是必要的也是艰难的。

10月初,中共中央由统战部部长李维汉主持,开始着手起草《共同纲领》。第一次起稿的名称为《中国人民民主革命纲领(草案)》。这一稿,除简短的序言外,分总则、政治、军事、土地改革、经济财政、文化教育、社会政策、少数民族、华侨、外交等10个部分,共46条,规定了即

李维汉带领起草的《中国人民民主革命纲领草稿》

将诞生的新中国应实行的最基本的纲领和政策，体现了中国共产党长期以来形成的新民主主义建国思想，也为后来的稿本提供了基本的框架。

初稿完成后，李维汉立即上报给周恩来审阅。按照李维汉给周恩来信中的说法，稿子"勉强凑来"。周恩来将稿子签送给刘少奇、朱德、陆定一、胡乔木、齐燕铭等人，征询他们的意见。经过各方面的修改，11月形成了第一次起稿的第二稿。第二稿结构与第一稿不同，分为人民解放战争的历史任务、建立人民民主共和国的基本纲领、战时具体纲领三大部分。这一稿偏重于动员各方力量支援人民解放战争，带有明显的政治宣言性质。

1949年4月23日，解放军攻克南京，国民党政权垮台。召开新政治协商会议，成立民主联合政府，制定一个新的共同纲领的时机已经成熟。6月15日，经过各方面精心组织，新政协筹备会第一次全体会议在中南海勤政殿开幕，宣布新政协筹备会正式成立。

为了迅速完成召开新政协及建立民主联合政府的各项必要准备，筹备

1949年6月15日，毛泽东在新政协筹备会开幕会上讲话

第三小组商讨共同纲领起草事宜

会决定在常委会领导下设立六个小组,分别承担相应的具体任务。其中第三小组被赋予重任,负责起草共同纲领,并由周恩来亲自担任组长,九三学社负责人许德珩任副组长。这个组的成员是自愿报名参加的,有陈劭先、章伯钧、章乃器、李达、许广平、季方(严信民代)、沈志远、许宝驹、陈此生、黄鼎臣、彭德怀(罗瑞卿代)、朱学范、张晔、李烛尘、侯外庐、邓初民、廖承志、邓颖超、谢邦定、周建人、杨静仁、费振东、罗隆基。在这二十几人中,有中共党员,也有民主党派成员。

新政协筹备会成立后,周恩来带领第三小组立即投入《共同纲领》的起草工作中。

在6月18日第三小组成立会上,周恩来强调:去年工作重心在动员一切力量参加和支援解放战争,现在重点却在建设新民主主义中国,以及肃清反动残余。因此,中共方面第二次的草稿也已不适用。会议决定重新起草《共同纲领》。这是新民主主义的,"是各民主党派、人民团体、各路野战军和解放区一切人民的共同愿望的具体表现,也是各党派、各区、各界长期合作的基础"。[①]

《共同纲领》的重新起草,是形势发展及工作重心转移的直接体现,也是对这段时间关于建国原则讨论的一个结论。在此前《共同纲领》的起草过程中,各民主党派和民主人士对《共同纲领》所涉重大问题展开了热烈讨论。其中,围绕要不要以"新民主主义"作为建国原则,出现了多种意见。据曾参与新政协筹备的民主人士楚图南回忆:"在民盟内部,意见也并不完全一致,甚至还有尖锐的矛盾。"对于建立人民民主的新中国,在国统区的有些人有不同考虑,"其中罗隆基一人还很热心于第三条道路,对于'和谈'问题也有不同的看法"。罗隆基还写了一份"将民盟作为资产阶级政党的所谓纲领,要求同共产党讨价还价,如得不到同意,即不参加政协不参加联合政府,要作为在野党同新政府进行斗争"。[②]

在举什么旗、走什么路这些利害攸关的重大问题上统一思想、形成共识,是顺利召开新政协、建立新中国的重要政治基础。中共中央通过个别交流、报告会、参观座谈等形式,反复向民主人士进行政策解释和教育工

[①] 中共中央文献研究室、中央档案馆编:《建国以来周恩来文稿》(第一册),中央文献出版社2008年版,第10页。

[②] 石光树编:《迎来曙光的盛会——新政治协商会议亲历记》,中国文史出版社1987年版,第79—80页。

作，使大多数民主人士彻底转变了政治立场，自愿接受中国共产党的领导，拥护新民主主义路线。6月30日，毛泽东又发表《论人民民主专政》，全面阐述人民民主专政思想。这对进一步澄清当时在新中国政权性质上依然存在的模糊认识发挥了重要作用。到新政协筹备会召开时，在将革命进行到底、彻底推翻国民党反动统治和建立新民主主义中国这两个重大而又基本的问题上，中共和民主党派、民主人士达成了广泛的政治共识，这为《共同纲领》的正式起草提供了重要的思想准备。

第三小组会议决定，继续委托中共方面再次起草《共同纲领》初稿。起草工作按照政治法律、财政经济、国防外交、文化教育、其他共5个小组进行专门论证。财政经济小组召集人章乃器在报告中说：他们这个组于21日、25日及28日一共开三次会。第一次集中讨论一般经济问题；第二次讨论财政、金融、贸易等问题；第三次总结。这基本上反映了每个小组讨论的情况。

7月上旬，第三小组各分组均提出了具体条文。在参加新政协筹备会的23个单位中，有8个民主党派和团体提交了政治纲领和政治主张。

"包纳众意，期于尽善"

鉴于《共同纲领》事关全局、影响重大，7月，经毛泽东同意、周恩来暂时放下千头万绪的事务，把自己关在中南海勤政殿里，亲自执笔起草《共同纲领》。一个星期后，终于完成了初稿。

这份初稿除简短的序言外，分为一般纲领和具体纲领两大部分。一般纲领规定了新民主主义国家的国家制度、政治制度，以及国防、经济、文化、国际关系等。具体纲领分"解放全中国、政治法律、财政经济、文化教育、国防、外交侨务"6个部分，共45条。

走出勤政殿的周恩来顾不上连日的疲倦，紧接着主持召开了7次会议，对初稿进行反复研究、讨论。

周恩来最早拟出的标题为《新民主主义纲领》，后改为《新民主主义共同纲领》。由目前发现的手稿看，从起草提纲，到送给毛泽东审阅，至少八易其稿。

8月26日，新政协筹备会常委会主任毛泽东在常委会会议上对《纲领》和《宣言》的定位作了区分：纲领中只说现阶段的任务，如果再说得远一点就变得空洞了。就是说，纲领是带有时间性、有变动的。它是行动纲领，是为着规范当时的行动而规定的；它不同于《宣言》，不是描绘新中国社会发展前途的图画。根据毛泽东的设想，《纲领》管当下，《宣言》讲未来。可以说，《共同纲领》具有过渡性，这是在新政协筹备会筹备阶段就确定了的。在《共同纲领》的起草过程中，毛泽东为之倾注了大量心血，以力求它能"照顾四面八方的利益"，能使"每一个方面都会赞成"，成为共同的政治基础和可行的施政大纲。

八、九月份，新政协筹备的各项工作已进入倒计时。随着筹备工作的推进，对若干重大问题有了进一步深入的认识。9月初，《共同纲领》第三次起稿。与第二次起稿相比，名称、结构、内容都作了重大调整。在名称上，改为《中国人民政治协商会议共同纲领》。在结构上，不再分一般纲领和具体纲领，把"一般纲领"放在序言和总纲中；在具体纲领中，去掉"解放全中国"这一部分，将"民族政策"单列一章。这样，形成的草案在"序言"后平列"总纲""政权机关""军事制度""经济政策""文化教育政策""民族政策""外交政策"7章，共60条。字数也从12000多字精减为7000多字。

这一阶段，毛泽东不仅参与《共同纲领》各个稿本的修改工作，还亲

周恩来起草的《新民主主义纲领（草案初稿）》

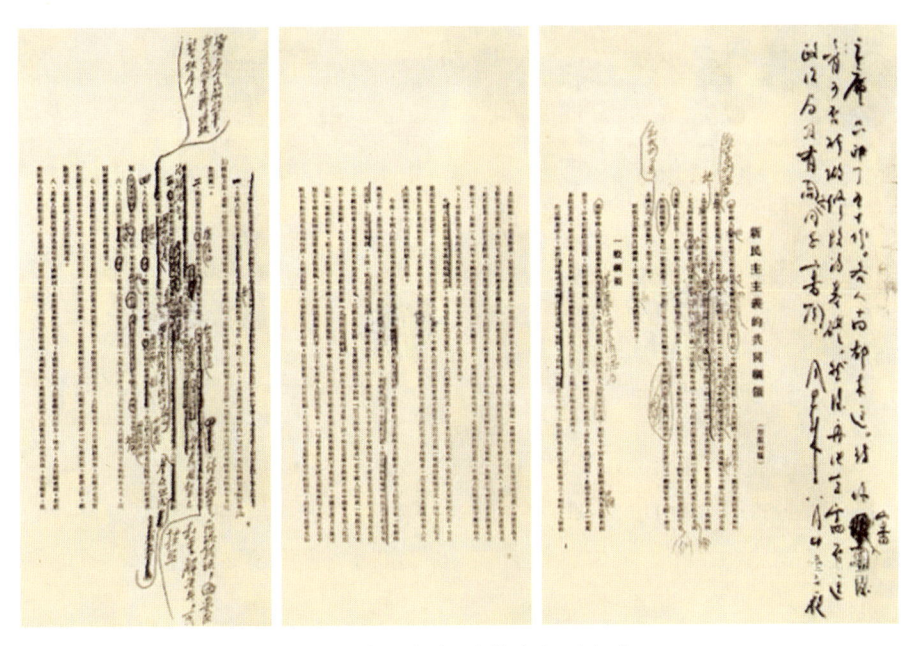

毛泽东修改的《新民主主义的共同纲领（草案初稿）》

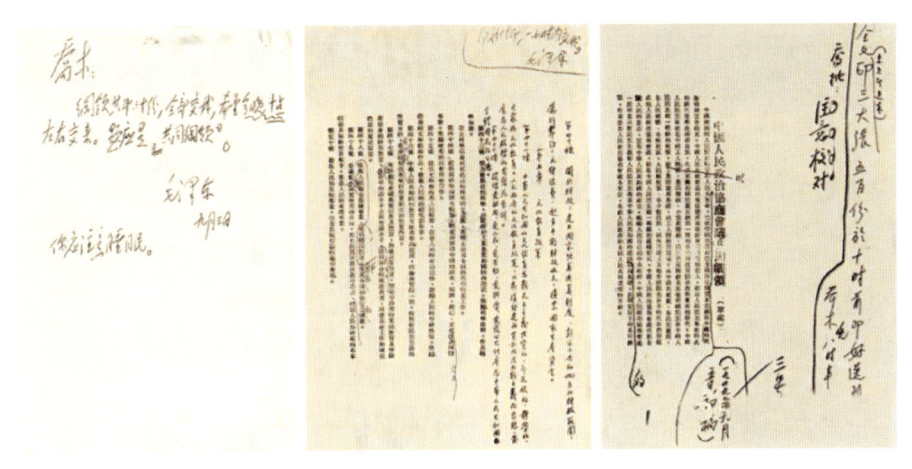

1949年9月3日，毛泽东给胡乔木的便条及修改的《中国人民政治协商会议共同纲领（草案）》

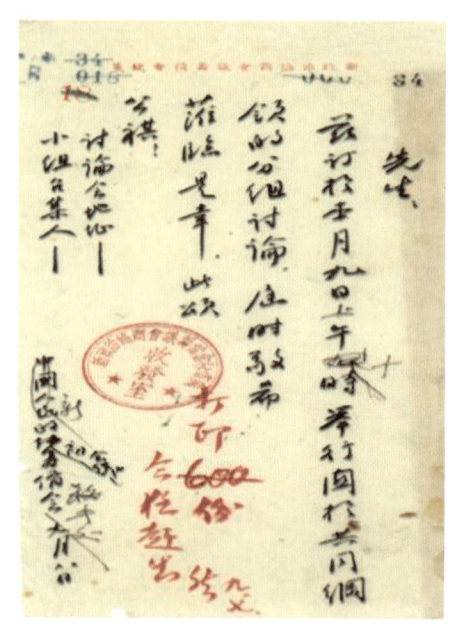

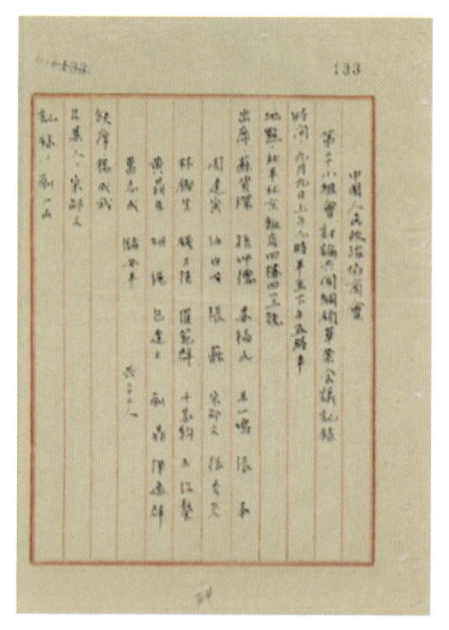

9月9日会议通知和小组讨论记录

自校对和督促印刷。从9月3日至13日，毛泽东至少4次对草案稿进行了修改，改动总计达200多处。

9月6日，许德珩在中南海勤政殿主持召开第三小组第二次会议，讨论《共同纲领》草案。

为了充分听取政协代表的意见，筹备会在9月9日分成20个小组，开会讨论《共同纲领》草案。9月14日，又再一次分11个小组进行讨论。几位当事人的日记中，对这两次大规模的集中讨论均有记载。比如，叶圣陶记：

> 九月九日（星期五） 十时至勤政殿，参加小组，讨论共同纲领。凡已来平之政协代表俱以今日讨论此草案，共分二十小组。余之一组凡二十二人，以林伯渠为召集人。此方式余以为甚善。六百余人共聚一堂，必不能为详密之讨论，今于事先分组研究，然后综合各组之意见而为修订，可谓普及于人人，实比旧日开会方式进步多多。此新民主之民主集中大异于旧民主也。全文至下午五点讨论完毕。

绘制新中国的蓝图

　　九月十四日（星期三）　午后二时到北京饭店，又参加共同纲领之小组讨论。所据草案系经过讨论而加以修改者。余前已参加讨论两次，今为第三次。前日昨日教育工作者之小组讨论，余应参加而贪懒未往。否则今日为第四次矣。如此反复讨论，由分而合，合而复分，实是包纳众意，期于尽善。是深可称道者也。讨论至五时半而毕，亦仍颇有修正意见。[1]

　　从叶的日记可推测，在集中讨论期间，各参加单位，比如"教育工作者"联合会也组织了讨论；讨论频次如此之密集，仍有不同意见，可见兹事体大；参与者对这种重大议案提交会议之前的协商讨论非常赞赏，称之"甚善""此新民主之民主集中大异于旧民主也"。

　　类似的广泛征求意见，比较重要的有七次。周恩来在报告《共同纲领》草案起草经过时说：初稿写出后，除各单位自己讨论不计外，"经过七次的反复的讨论和修改。计由先后到达北平的政协代表五六百人分组讨论两

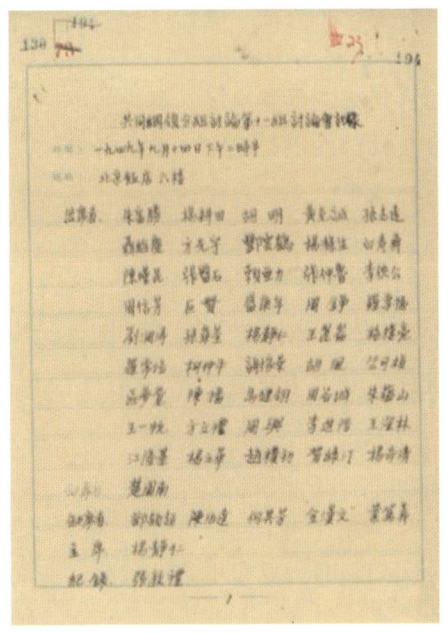

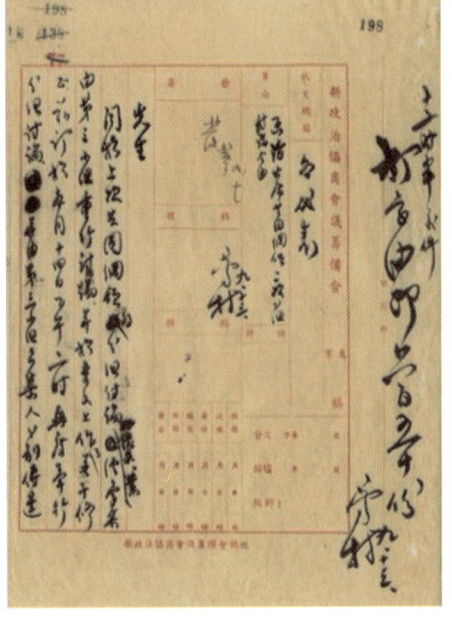

9月14日会议通知及小组讨论记录

---

[1]《叶圣陶日记》，商务印书馆2018年版，第1130—1131页。

141

次,第三组本身讨论三次,筹备会常务委员会讨论了两次。"①

这种反复协商的精神和做法,给当事人留下了深刻的印象。出现不同意见如何处置呢?马寅初作为筹备会代表,后来在《人民政协召开的经历中》回忆说:

> 中共对这次会议是无事不采取协商的态度的。有问题,由各单位代表先行讨论,讨论结果集中了意见,交由首席代表发言。比方商议《共同纲领》的时候,这五十几个单位的首席代表便先把各单位的意见集中交给第三小组(草拟《共同纲领》的小组),第三小组讨论得出了一个结果,交给常务委员会讨论,再把讨论的意见交回大家讨论,但这回讨论不是按各单位而是把所有单位混合分作20多个小组,每一小组都有各单位的人参加,这些混合小组讨论得到的结果,又交回第三小组,第三小组整理后,再提交常务委员会,常务委员会讨论后,再交给大家所混合组成的10多个小组讨论,这些小组讨论后,再交第三小组讨论,转交常务委员会研究,然后再提到大会。问题到了大会,差不多已经包括了各方的意见,很顺利地通过了。
>
> 也许有人会问:要是有不同的意见又怎样解决呢?解决的办法是:在大会上,少数应该服从多数,但在小组会上,多数却不能压迫少数。小组会如遇到了反对的意见,要用说服的方法。如反对意见不接受这个说服,反对意见也开列在小组的意见内,由首席代表向第三小组报告。第三小组认为这个反对意见可以接受,便归纳在草拟的纲领中,报告常务委员会讨论研究决定。用这种方法来讨论,是叫作少数服从多数,多数尊重少数意见。②

形成凝聚广泛共识的行动纲领

参与讨论的政协代表来自不同的阶层和领域,具有不同的政治、文化背景;制定《共同纲领》又是新生事物,所涉内容宏大而具体。所以,代

---

① 《周恩来统一战线文选》,人民出版社1984年版,第144页。
② 马寅初:《人民政协召开的经过》,《浙江日报》1949年11月25日。

表们讨论热烈，畅所欲言，有旁征博引，有据理力争，最终提出的意见建议不计其数。通过集思广益，与会代表在一些重大问题上逐渐取得一致意见。

关于社会主义目标问题。在讨论新民主主义总纲时，许德珩、雷洁琼、袁翰青、张奚若等代表认为，新民主主义既然是一个过渡阶段，必然要向更高级的社会主义和共产主义阶段发展，就应该明确地把这个前途规定出来。许广平、何思敬、冷遹等代表认为，《共同纲领》是新民主主义性质的，目前提社会主义问题为时尚早，且新民主主义本身即预示着社会主义方向，在纲领中不写为好。

对此，中共中央主要领导保持着清醒的认识，倾向于后一种意见。毛泽东早在1945年《论联合政府》中就说，"只有经过民主主义，才能到达社会主义，这是马克思主义的天经地义"[1]。周恩来在介绍共同纲领起草工作的报告中也说明了不写社会主义的原因：大家都认定社会主义前途，但应该经过解释、宣传和实践的过程，只有全国人民在实践中认识到这是唯一的最好的前途，才都会真正承认它，并愿意全心全意为它而奋斗。"暂时不写出来，不是否定它，而是更加郑重地看待它。"[2] 刘少奇在随后召开的第一届人民政协全体会议上解释说："在协商过程中，有些代表提议把中国社会主义的前途写进共同纲领中去，但是我们认为这还是不妥当的。因为要在中国采取相当严重的社会主义的步骤，还是相当长久的将来的事情，如在《共同纲领》上写上这一目标，很容易混淆我们在今天所要采取的实际步骤。"[3]

关于人民政协和民主党派是否长期存在问题。统一战线是中国共产党领导中国民族民主革命取得胜利的重要法宝。中国共产党运用这一政策，与国民党两度合作，后因蒋介石的破坏而告终；与各民主党派在追求民主、反对独裁的革命斗争中，同甘共苦，风雨同舟，即将取得全面胜利。这个时候，各民主党派还有没有存在的必要？中国共产党如何处理此后与民主党派的合作关系？等到人民代表大会召开之后，需不需要人民政协这个组

---

[1]《毛泽东选集》（第三卷），人民出版社1991年版，第1060页。
[2] 政协全国委员会文史资料委员会编：《五星红旗从这里升起——中国人民政治协商会议诞生记事暨资料选编》，中国文史出版社1984年版，第508页。
[3] 政协全国委员会文史资料委员会编：《五星红旗从这里升起——中国人民政治协商会议诞生记事暨资料选编》，中国文史出版社1984年版，第212页。

织了？这些问题在民主党派、民主人士，以及中共内部都有议论。九三学社、中国人民救国会、民盟、民进、致公党都曾酝酿过解散。

中共中央对这些问题态度鲜明。在中共七届二中全会上毛泽东就指出：同党外民主人士长期合作的政策，必须在全党思想上和工作上确定下来。对大家的议论，周恩来在作《共同纲领》说明时回应：在讨论中曾出现过两种想法：有人认为等到人民代表大会召开之后，就再不需要人民政协这样的组织了；有人认为由于各党派这样团结一致，推动新民主主义很快地发展，党派的存在就不会很久了。这两种想法是不恰当的，因为它们不合于中国革命的发展和建设的需要。

在《共同纲领》前两稿中没有涉及民主党派的发展方向和多党合作问题。到了第三次起稿，增加了"确认各民主党派应实行长期合作"的内容。周恩来在筹备会中共党组会上说：如果拿成分来说，有些人（指民主人士——笔者注）和我们的一般干部都比不上。但不能这样比，如果这样比，我们开党员大会好了。那就不叫人民政治协商会议了。

在向政协代表报告《共同纲领》的起草经过和特点时，周恩来专门讲了"中国人民民主统一战线问题"。周恩来说，中国人民政治协商会议这一组织是中国共产党过去所主张的民族民主统一战线的形式。它绝对不同于旧的政治协商会议，旧的政治协商会议已经让国民党反动派破坏了。可是大家都熟悉这一组织形式，所以今天我们沿用了这个名称，而增加了新的内容。但以它的组织和性质来说，绝不是发源于旧的政协。既然是这样一个组织，就不应该开一次会议就结束，而应该长期存在。中国人民政治协商会议是个长期性的组织。就是在普选的全国人民代表大会召开以后，政协会议还将对中央政府的工作起协商、参谋和推动的作用。

周恩来进一步指出，对于各党派来说，旧民主国家的统治者是资产阶级，其所属各派必然是互相排挤，争权夺利。新民主主义时代既有各阶级的存在，就会有各党派的存在。各阶级及其所属的各党派，在工人阶级领导下虽然有不同的利益和意见，但在共同要求上，在主要政策上能够取得一致。筹备会通过的《共同纲领》草案就是一个最明显的证明。人民民主统一战线内部的不同要求和矛盾，在反帝反封建残余的斗争面前，是可以而且应该得到调节的。

关于民族政策问题。中国是一个多民族国家。在中国共产党历史上，民族自决和联邦制都曾作为中共争取少数民族参加革命的宣传动员口

绘制新中国的蓝图

周恩来作草拟《共同纲领》的经过及其特点的报告

号。①1948年9月，毛泽东在中共中央政治局会议上还指出，在资产阶级民主革命完成之后，除了主要矛盾之外，民族矛盾"可以用苏联的办法来解决"。②

抗战胜利后，内蒙古在中共的支持下成立了民族自治政府，这为中共处理民族问题提供了实践经验。1949年初，人民解放战争取得全国胜利指日可待。在新旧政权处于交替之际，英美企图借助地方势力在西藏和新疆搞分裂。这时，米高扬秘密访问西柏坡，向毛泽东建议"应该让少数民族自治，而不是独立"③。对于即将成立的新政权来说，处理好复杂的民族问题意义重大。中共在民族政策方面需要作出抉择：实行"民族自决"还是"民族自治"？

在前两次起稿的《共同纲领》草案中，对民族问题基本上是承认少数民族有自决自治权，在平等、自愿的基础上建立各民族自由联合的联邦制国家。但在第三次起稿的《共同纲领》中，"民族政策"单列一章，不再出现"民族自决""中华各民族联邦"等表述，而提出"应实行民族的区

---

① 于化民等：《裂变与重构——人民共和国的创世纪》（上册），社会科学文献出版社2016年版，第101页。
② 《毛泽东文集》第五卷，人民出版社1996年版，第145—146页。
③ 转引自［俄］A.M.列多夫斯基著，陈春华、刘存宽等译：《斯大林与中国》，新华出版社2001年版，第85—86页。

145

域自治"。

9月7日,周恩来就这一重要变化向代表作出解释。他说:"关于国家制度方面,还有一个问题就是我们的国家是不是多民族联邦制。"周恩来指出,中国是多民族的国家,汉族占人口的最大多数,少数民族还不到百分之十。当然,不管人数多少,各民族间是平等的。主要的问题在于民族政策是以自治为目标,还是超过自治范围。任何民族都是有自决权的,这是毫无疑问的事。但是今天帝国主义者又想分裂我们的西藏、台湾甚至新疆。在这种情况下,我们希望各民族不要听帝国主义者的挑拨。为了这一点,我们国家的名称,叫中华人民共和国,而不叫联邦。"我们虽然不是联邦,但却主张民族区域自治,行使民族自治的权力。"[1]

综上,关于《共同纲领》草案中所涉及的重大问题已基本形成共识。9月16日,新政协筹备会常委会第六次会议讨论通过《中国人民政治协商会议共同纲领修改(草案)》《中国人民政治协商会议组织法修改(草案)》《中华人民共和国政府组织法(草案)》等重要文件。9月17日新政协筹备会第二次全

会议通过的《中国人民政治协商会议共同纲领》

---

[1]《周恩来统一战线文选》,人民出版社1984年版,第139—140页。

体会议通过这几项重要法案,并授权常委会将之提交人民政协第一届全体会议审议。

9月21日,中国人民政治协商会议第一届全体会议开幕后,即成立6个整理委员会,收集汇总代表们的重要意见建议。共同纲领草案整理委员会的召集人仍是周恩来。

9月22日下午,周恩来代表第三小组作《关于草拟中国人民政治协商会议共同纲领的经过及其特点的报告》。

9月28日下午,各单位及共同纲领(草案)整理委员会分别举行会议,讨论《中国人民政治协商会议共同纲领(草案)》。截至当日,共收到代表关于文字修改12件,属文字技术上的修改6件,不了解情况需要解释的有5件。《共同纲领》整理委员会认为,除对9月20日草案印稿中的不正规字体加以规整并增添一处标点外,全体一致同意"无需再加修改",保持原文送交大会主席团审议。

9月29日下午,中国人民政治协商会议第一届全体会议一致通过《中国人民政治协商会议共同纲领》。

《共同纲领》作为新中国的奠基性文件,发挥着临时宪法的作用,奠定了国家建构的基础,指明了中国人民行动的方向。张澜、沈钧儒、郭沫若等代表都将之称为"新中国的一个人民大宪章"。《共同纲领》反复讨论、数易其稿的过程,展现一幅政治协商的长轴画卷。这一过程融合了全党和党外民主人士的智慧,是全国人民意志和利益的集中体现,也是发扬民主协商精神的生动写照。

这是一本"天书"

中国人民政治协商会议第一届全体会议肩负着建立新中国的伟大历史使命。协商推选新政协的单位和代表，是一项政治性、政策性、程序性非常强的工作。新政协筹备期间，当中共中央统战部把参加单位、代表人选和各项统计印制成一本厚厚的表册送给毛泽东时，毛泽东风趣地说：这是一本"天书"。

哪些单位能够参加新政协

1949年6月16日，新政协筹备会常委会决定，由李维汉任组长、章伯钧任副组长的第一小组负责拟定参加新政治协商会议之单位及其代表之人数。组员有：李济深、沈钧儒、黄炎培、马寅初、马叙伦、彭泽民、曹孟君、谭平山、蔡廷锴、陈其尤、聂荣臻、李立三、朱富胜、陈叔通、曾昭抡、许德珩、冯文彬、蔡畅、黄振声（黄鹤祯代）、罗叔章、天宝、陈其瑗。

6月17日，第一小组拟定了参加新政协的单位及代表名额。6月19日，新政协筹备会第一次全体会议听取了李维汉代表第一小组所作的《关于参加新政治协商会议的单位及其代表名额的规定（草案）》的说明，并通过了这个《规定》。根据规定，参加新政协的代表共分四类。第一类是党派性的；第二类是区域性的，包括已解放了的地区和待解放的地区；第三类是中国人民解放军；第四类是人民团体。按照这四种分类，参加新政协的单位共45个，代表名额为510人。其中，党派代表14个单位、142人；区域代表9个单位、102人；军队代表6个单位、60人；团体代表16个单位、206人；按照规定，以上每个单位，其代表名额满10人以上者，可推候补代表2人，不满10人者，可推候补代表1人，这样共推候补代表77人。另外还设了一个"特别邀请人士"单位，其代表资格、名额与人选由常委会另行协议。

看起来，新政协的这个组成结构是在一两天的会议里讨论通过的。但其背后经历的确是一个审慎的协商过程。以林伯渠的话来说，是"斟酌再四"。他在人民政协第一届全体会议上报告代表名单决定经过时说："对于参加中国人民政治协商会议的单位及其代表名额与名单的问题，筹备会是用非常慎重、非常严肃的态度来处理和拟订的。时常为了某一个代表的适当与否而函电往返，斟酌再四，费时达数周之久。代表名单产生之后，又经过筹备会反复协商，郑重研究。这样一共花了近三个月的工夫，才确定了今天这张662位代表的名单，可以说是整个筹备工作中最繁重的工作之一。"[①] 他用了"慎重、严肃、再四、郑重"等词语，足以体现这项工作的重要性、特殊性和艰巨性。

协商新政协参加单位和遴选代表，坚持严肃的政治标准是第一原则。《新政治协商会议筹备会组织条例》明确规定："新政治协商会议，为全国拥护新民主主义、反对帝国主义、反对封建主义、反对官僚资本主义及同意动员一切人民民主力量，推翻国民党反动统治，建立人民民主共和国的各民主党派、各人民团体、各解放区人民政府、人民解放军、国内少数民族、海外华侨及无党派和各界民主人士的代表人物所组成。国民党反动政府系统下的一切反动派及反动分子不允许参加。""南京反动政府系统下的一切反动党派及反动分子必须除外"。这个政治标准，是中共从开始倡导召开新政协时就一直强调的。[②]

根据这一标准，筹备会对协商遴选参加新政协的单位及代表的审查工作慎之又慎。比如，各民主党派都有自己的斗争历史，能否参加新政协可以说是对这段历史的一次政治总结。经过与各方面协商，筹备会确定新政协各党派单位14个。除了中共和在香港公开响应"五一口号"的9个民主党派、无党派民主人士外，增加了九三学社、台盟、新民主主义青年团3个单位。

[①] 政协全国委员会办公厅编：《开国盛典——中华人民共和国诞生重要文献资料汇编》（上），中国文史出版社2009年版，第306页。

[②] 政协全国委员会办公厅编：《开国盛典——中华人民共和国诞生重要文献资料汇编》（上），中国文史出版社2009年版，第168页。

还有一个党派也有民主革命的历史,但没有作为一个单位参加新政协,这就是中国民主革命同盟(简称"小民革")。它成立于抗战期间,在斗争中同中共始终保持一致立场,对革命作过一定贡献。其成员既有中共党员亦有民主人士。1949年4月29日、5月20日,周恩来等中共领导人两次同"小民革"中央负责人,就其历史作用及今后的任务等问题进行座谈。周恩来说:"小民革"今后的组织形式应该成为革命知识分子的组织,不是政党而是政治活动团体。中心任务是学习,以政治科学为主。根据座谈精神,9月17日,"小民革"中央负责人王昆仑、王炳南等7人发表声明称其历史任务已经完成,宣告结束。王昆仑、许宝驹、阎宝航等原"小民革"负责人分别作为民主党派、人民团体等单位的代表参加了新政协。

伴随着全国革命胜利的脚步,各种全国性的人民团体先后恢复和建立。1948年8月,中华全国总工会恢复;1949年3月,中华全国学生联合会成立;同月,首次全国妇女代表大会在北平召开,中华全国民主妇女联合会成立;4月,中国新民主主义青年团第一次全国代表大会在北平召开;5月,中华全国青年第一次代表大会在北平举行;7月,中华全国文学艺术工作者代表大会在北平召开;随后,在新政协筹备会常委会的推动下,全国社会科学、自然科学、教育、新闻等工作者代表也分别举行会议,成立相关全国性组织的筹备委员会。这些全国性的人民团体,也都应邀参加了新政协。

抗战胜利前后,在当时特殊的政治环境中,一时政党纷立,涌现出近百个大大小小的政治派别和团体。这些组织性质不一,影响各异,甚至泥沙俱下,鱼龙混杂。筹备工作期间,新政协筹备会常委会收到28件各方面要求参加新政协的来函,20件以个人名义要求参加新政协的书面请求。对此,筹备会按照政策和标准逐一经过慎重研究,分别给予适当处理。

在协商处理要求参加新政协的单位和代表时,新政协筹备会掌握三项具体的政策标准:

对不符合或不完全符合参加新政协标准的组织,拒绝作为一个单位邀请。包括在解放战争期间虽做过有益的工作,但其组织严重不纯,成分复杂的团体;并无民主运动的历史和实际表现的团体;在解放战争时期有过反动行为的团体;由极少数反动分子或政治投机分子临时拼凑起来进行招摇撞骗的反动组织。

对一些民主人士,邀请他们以个人身份参加新政协。在上述组织中,一些有民主运动历史并有一定代表性的民主分子，在他们的政治派别或团体解散后，或邀请他们以个人身份参加新政协，或提供机会，安排工作。

对一些与美帝和国民党政权关系密切并为之服务的团体，予以解散。就这些团体原来举办的事业，加以改造利用。

按照上述标准和政策，有20个以上的党派和团体未被邀请参加新政协。比如，民社党革新派，全称是革新中国民主社会党。1946年11月民社党张君劢等决定参加蒋介石召开的伪国民大会和伪政府。一部分反对这个决定的成员从民社党中分裂出来，组成了民社党革新派。其组织成分比较复杂，有的与美国关系密切；有的是国民党军统分子和中统分子；有的是既反蒋也反共，主张走第三条路线；也有少数反蒋民主人士，如沙彦楷、汪世铭等。

1948年中共中央发布"五一口号"后，该派发生分化。沙彦楷、汪世铭等曾以民社党革新派的名义发表文告，响应"五一"号召。10月，中共中央在与民主党派代表人物商量参加新政协代表名单时提出：民社党革新派闻已分裂，如其中有赞成反美、反国民党反动派并赞成土地改革的一派，似可考虑其参加新政协问题。此时，该组织主席伍宪子宣布退出，副主席沙彦楷任代理主席。12月，该组织发表声明，宣称他们"代表中小资产阶级及生产劳动大众利益"，主张肃清帝国主义在华势力，推翻南京反动政府，建立一个独立、自由、民主、富强的新中国。

1949年6月中旬，汪世铭自香港抵达北平，致函周恩来和李维汉，要求参加新政协。中共与各民主党派进行了协商，筹备会常委会第一小组提出了处理意见：该派在成立后几年中，经过一些曲折和几次分裂。以其过去历史来说，成分复杂，直到"五一口号"时还在动摇，实在不能算为一个民主党派，不宜作为一个单位参加新政协。作为一个党派，应当结束。内部成员确实有一些民主分子，有必要参加的可以考虑个别邀请。

6月底，李维汉约见汪世铭，向他表达了上述意见。这次谈话后不久，社会上发现有以民社党革新派名义发表的《告全国同胞书》，对未被邀请参加新政协表示强烈不满。经询问汪世铭、沙彦楷两人，均表示事先不知情，愿意公开予以驳斥，自行处置。

9月，在民社党革新派决定自行解散后，新政协筹备会特邀沙彦楷、汪世铭两人以个人身份参加新政协。有些成员加入了民盟。

类似的组织还有孙文主义革命同盟（简称孙盟）、中国和平民主同盟、中国少年劳动党、光复会、中国农民党、中国民治党、中华平民教育促进会（简称平教会）、青洪帮、辛亥革命同志会、人民民主自由联盟、民主进步党、中国人民自由党等。经多方协商和调查，筹备会认为，这些派别团体成员复杂，性质多属反动，不符合参加新政协的条件。后来，其中一些人政治态度陆续发生转变，回到人民阵营，参加新中国建设。

无党派民主人士是党派吗

关于参加新政协的单位，筹备会前中共中央已与各民主党派和各方面进行过多次磋商，到筹备会召开时基本达成了共识。但将"无党派民主人士"归为党派这一类，以及"无党派民主人士"在党派类排名的次序，在筹备会代表中还是引发了热烈的争论。

1949年6月19日的会议记录留下了关于这一问题讨论的情况。在听取李维汉所作的说明后，刘王立明代表提出：条文中甲款党派第五项规定有"无党派"代表。条例的第三条内有特别邀请单位。可否把第五项放入第三条内？

周恩来为此解释说，无党派民主人士是在中国革命的具体历史条件下发展形成的。有一批人如郭沫若、马寅初、李达、符定一等，虽然没有组织一个政党或者政治团体，但却领导着很大一批民主人士，联系许多方面的人士奋斗着。他们中的一些人作为"社会贤达"参加了旧政协。但有些"社会贤达"后来参加了国民党的"国大""国民政府"，郭沫若等民主人士就对"社会贤达"这个名称很反感，在响应"五一口号"时用了"无党派民主人士"这个称谓。周恩来强调，"这一部分人士，也是长期参加民主政治活动，参加反对帝国主义、封建主义和官僚资本主义的斗争的"。"所以从广义上说，这就是一种党派性的活动"，他们是"没有党派组织的有党派性的民主人士"。

黄炎培认为，周恩来的这个解释很详细，但他对排序提出异议。"也许刘王立明先生还偏重在形式方面，我想可以不可以把甲项第五条'无党派民主人士'摆在甲项的末了第十四条上面。"甲项就是党派类，黄炎培的意思是放在党派类的最后一条。

对此，王昆仑表示：这只是一种精神。如果不承认郭沫若他们在长时期对革命的贡献，那么放在什么地方都不合适。如果承认这种贡献，放在第十四条反倒觉得轻视了。

许德珩则顾虑以此称谓，国内好理解，国际上说不通。

田汉反驳道：对美帝为首的这些国家不用考虑，他们对整个新政协都无好感，对于整个新政权就认为不合逻辑。这个名词就是"无党派"的党派，就像解放军没有军旗仍然是打胜仗的军队一样，没有必要争执。

张东荪发言说：郭沫若不属于民建，不属于民盟，但他还是民主人士，有党派性的。只是没有党派的名称，这点毫无关系。

秦元邦的建议倒是简单："无党派"的民主人士就是民主派，不妨就改成"民主派"。

洪深的提议更简单：把甲乙丙丁（指政协单位类别——笔者注）几个部分都取消，从第一条列到第四十五条。

何香凝等许多代表赞成"维持原案"。

黄炎培最后也表示：对这条实质上也没有异议。无党派摆在党派之下也不是说不通。在座的有许多是研究印度哲学的，有的是研究孟子的。"无党派"不是"非党派"，如为"非党派"，就不能摆在党派之下。如为"无党派"就能摆在党派之下。他解释说，"我本来是提议换一下地位。大家不同意的话，我自己取消提议"。[①]

至此，关于"无党派民主人士"名称和排序的讨论维持原案。从这次讨论可见，筹备会对政协组成单位和代表人选的遴选，都是高度重视、反复协商的结果。

政协代表如何产生

与确定新政协参加单位相比，协商各单位代表名额与人选政策性更强。新政协代表的提名有三种情况：组织推荐、个人推荐、本人申请。相关单位酝酿代表名单的情形，在宋云彬日记中多有记载。他在1949年6月27日的日记中记："下午七时救国会例会，讨论新政协代表提名问题。有主张即将名单提出讨论，并及早提交新政协筹备会者，决议推胡愈之、张志让、萨空了会同衡老（沈钧儒——笔者注）作初步拟议，下次会议提出讨论，但张志让力辞，谓绝对不愿参加讨论也。今日出席者有史良、袁青伟、冯亦代，皆新近从上海来者，对上海情形均有所报告。正开会时衡老接到

[①] 参见1949年6月19日新政协筹备会第一次全体会议记录。

上海来电,王造时等发言,请缓提新政协代表名单。衡老将电文向大家报告后,谓此系王造时所鼓动者。"他28日记:"上午写给沈衡老信,略谓昨晚上海方面之来电,颇引起余之疑虑。意者衡老已将拟议之代表名单抄寄上海,引起彼方之不满。而余与王造时素不相识,彼见余名必甚诧异。衡老既已将余名提出,希望不因上海方面之不满而重行圈去。末复说明,此间同人如叶圣陶、周建人均已确定被提名为新政协代表,此外必有二三人从别方面提出者,余倘不能出席新政协,殊为难堪,恐将影响及于工作情绪也。"[1] 从中可见当时情况的复杂及协商名单任务的艰巨。

制定明确的原则与标准是做好政协代表推选工作的前提。原则和标准是什么呢?周恩来9月7日专门向政协代表报告参加单位和人选问题时说:在确定代表名额和人选的时候,不是平均主义的,而是有重点的。这就是"以工农联盟为基础,以工人阶级为领导"。46个单位的名额和人选的确定,始终都体现着这一重点。

除了原则标准外,还要考虑代表性、党派标准。

中共中央具体协商代表名单时,尽可能照顾到方方面面,包括个人身份与人数配备是否适当。例如区域单位当中,中共和政府领导人,只有一二人参加;其他名额,分配给工会、农民、妇女、文化、财经、私人工商业、民主人士等各个方面。在军队单位代表中,中共高级领导人很少,尽量照顾到兵团的指战员、战斗英雄及后勤卫生人员等,并注意起义方面的人员。农民团体,照顾到各地区,包括待解放区及各省的分配。华侨单位,与陈嘉庚等商定,照顾到各地名额。自然科学、社会科学、文学艺术等方面的代表,也是根据照顾各方面的原则来推选的。

在协商当中,要尊重党派标准。既然照顾到各个方面,就要考虑各党派的情况不一样,而且各单位代表的影响力也会有差别。周恩来强调:个人参加的,我们注意到他在社会上的影响和代表性。代表单位参加的,由于"各单位有自己的标准",还要看其代表的单位在民主运动中所起的作用如何,个人在这个单位的代表性如何。比如,青年学生代表,虽然不能与其他代表相比,但他们在中国学生当中却有其代表性。有些人在这一单位可能是正式代表,在另一个单位却是候补代表。尽管会有正式代表和候补代表的区别,但这只是表决权的问题,同样可以在协商国是中发挥作用。

---

[1] 海宁市档案局整理:《宋云彬日记》(上),中华书局2016年版,第188页。

这就是周恩来多次强调的,新民主主义的议事精神不在于最后的表决,主要地是在于事前之协商和反复之讨论。因为各方面都会有不同意见,所以必须经过各方协商,才能使大会开成功。

对于参加会议的代表,原则上能够来的才确定他为代表,不能来的就不提名。解放区和解放军等方面,由于工作关系不能参加会议,林彪、彭德怀等人都没有被列名。有个别特殊情况要经筹备会常委会同意,才可以列名而不来,这包括92岁的萨镇冰。萨镇冰早年投身洋务运动,参加过甲午海战,有北洋水师全军覆没的痛苦经历。就是这样一位资历深、影响大的老人,在1949年7月拒绝了李宗仁代表蒋介石劝他赴台湾的邀请,而签名欢迎人民解放军进入福建。所以,他列名新政协将具有特殊的象征意义。

对远在香港的政协代表中共中央尤为慎重。周恩来曾专门指示:"如果被邀代表本人不愿北上即作罢,不要丝毫加以勉强;如果本人虽愿充新政协代表,但因海行有被袭击危险,对北上踌躇(如黄绍竑),或因情况复杂,而有所顾虑(如龙云),也不要勉强说服其北上,使一切责任全由我负,将来不论有无危险,我总陷于被动。故邀请是一件事,必须将话转到;愿来与否,是又一件事,必须出于本人自愿。"[①]

到了1949年9月初,绝大多数单位代表名单已定,少数单位代表有一些小问题,筹备会决定还要经过协商、斟酌之后才能发表。在代表名单遴选中,可以说"慎重的协商"精神贯穿于整个过程的每一个环节。比如,中共中央与各参加单位协商产生名单后,还要对党外人士个人情况进行非常认真的审查,要有准确、翔实的资料作为依据。时为中共中央统战部工作人员的李青亲身经历了收集整理参加新政协党外人士资料的过程。他回忆说:"新政协的参加者,由反美反蒋的各民主党派、各人民团体及无党派民主人士的代表人物组成,南京反动政府系统下的一切反动党派和反动分子,不许参加。为全面准确地反映这一要求,统战部在原南方局、中央社会部人物资料基础上加强了对党外人士资料的收集和整理。在当时封闭的山沟小村里,资料来源贫乏,只能从蒋管区的报纸杂志的夹缝和片言只语中细心搜集党外人士的政治经历、社会关系、政治主张、经济状况、业

[①] 中央统战部、中央档案馆编:《中共中央解放战争时期统一战线文件选编》,档案出版社1988年版,第277页。

务专长等各方面的信息,点点滴滴地积累。经过半年多的努力,终于圆满完成任务。"①

特邀代表的特殊性

在协商名单时,特邀代表这个单位比较特殊。关于特邀代表,周恩来说:"这是根据目前的发展确定的。被邀请的人物当然总是在这一个时期有所表现的,如在人民解放大军胜利推进当中,对推翻反动政权、协助人民解放军和平接管等方面立过功的;或是目前我们认为需要特别邀请他来参加的一些人物。""整个政治协商会议的基本阵容是五百人左右,一部分特别邀请的人士增加到这个基本阵容里来,更可以增强团结性。"② 但相对于其他单位推荐的代表,小组会对特邀代表的提名讨论更加热烈。有一段1949年8月18日李维汉作为筹备会秘书长邀请各单位首席代表座谈讨论新政协代表名单时的发言记录,很能反映当时的协商情形。李维汉首先介绍了筹备会与各党派、各方面协商名单的情况及掌握的原则,然后各单位代表发言。

> 章伯钧:对李维汉先生所提各原则,一切处理,煞费苦心,均表同意。其中许多人是长期从事民主运动的,也有在政治生活方面不偏不倚,素来纯正的。这些人在影响中间阶层向前走是有作用的。一般说包括无遗。即令个别因名额所限,亦无伤大体。至于个别不为人所谅解的,好在经过中共详细调查,当无问题。特别邀请的名额,随革命形势发展而不免变更,最好保留几名,到常务委员会开会时再作最后决定,以期做到全国大团结。
>
> 李济深:同意章伯钧的话。尤其对于特别邀请部分,本人认为在历史转变关头,为了建设新国家,中外观瞻所系,网罗应求广泛,必要时再添几个都可以。
>
> 马叙伦:对各单位的名单都同意。因为,第一,信任各单位,第二,名单都经过统战部考虑过。惟对于特别邀请名单,过去了解,

---

① 中共河北省委统战部编:《追忆李家庄》,华文出版社2018年版,第124页。
② 《周恩来统一战线文选》,人民出版社1984年版,第232页。

只是包括国民党的和谈代表和起义的,这是很好的。但现在并不限于此。有一部分人,似乎其他单位无法容纳,而列为特别邀请的。本人认为如包罗太广不大妥当。因各方面对于特别邀请,认为非常慎重,非邀不可的,希望在此意义上定一个标准。不一定要在新政协上包罗万象。名单内,如张元济先生,年龄甚高,系戊戌维新党人,参加有好影响。且过去对于民主运动很有贡献,如前年上海逮捕学生时,他曾起来说话,所以请他来参加,可令社会上对新政协重视。假如太广泛的话,便令人对此不能了解。如中共这样的大党,亦只十几人参加而已。决不可末大于本。[①]
……

经过广泛协商,最后有 75 位特邀代表列名新政协。他们包括了各方面"特别"的人物:有在中国整个民主革命阶段,始终站在正义事业方面的,如宋庆龄;有从事科学研究和工业建设的人才,如中央研究院陶孟和、资源委员会钱昌照;有一向或在某一个时期和中共有某种联系和朋友来往,同情人民,一旦解放了便站在人民方面的,如萨镇冰、张难先;有从事民主运动在解放区服务很久的,如陈瑾昆;有参加和平运动有功的,如颜惠庆、张治中、邵力子、程潜等;有解放战争时期起义的将军,如傅作义、邓宝珊、董其武等;有海军、空军的代表,如邓兆祥等;有愿意为建设新的人民艺术而服务的,如周信芳、梅兰芳、程砚秋等;还有劳动界护厂有功的工人、劳动英雄和在各解放区单位安排不下的,如晋察冀的戎冠秀。

求大同存小异

在酝酿代表名单时,对于邀请原国民党和谈代表团成员、起义将领参加新政协问题,当时有些共产党员和部分民主人士不能接受。有人发牢骚说"早革命不如新革命,新革命不如不革命,不革命不如反革命"[②];也有人说,革命 20 多年了,还不如资产阶级的民主人士,连个代表都当不上;还有人说,人家大米加猪肉,又住北京饭店,我们是青菜加小米,住小房

[①] 参见 1949 年 8 月 18 日新政协筹备会各单位首席代表座谈记录。
[②] 杨胜群、陈晋主编:《亲历者的记忆——协商建国》,生活·读书·新知三联书店 2009 年版。

子。对此,毛泽东、刘少奇、周恩来等反复进行政策解释,指出这种安排体现了政策的严肃性和灵活性的结合,邀请他们参加新政协,对于争取、教育他们的下属和分化瓦解敌人有不可替代的作用。毛泽东说:这些人必须合作,必须住北京饭店,必须敲锣打鼓欢迎,因为这样对中国人民有利。有些代表性人物,我们不能代表。人民政协会议一定要有各方面人物,不然就是开党代表会议了。

协商确定新政协人选是一项繁杂且具体的工作,难免会有遗憾。比如,少数民族的代表,实际共有28位,占4.23%,按整个比例来说少了一些。这是因为当时许多边疆少数民族地区尚未解放,遴选代表和交通都很困难。李维汉为此还专门找少数民族代表朱早观、杨静仁等商量。经过很大的努力,才在南京找到了一位藏族代表。尽管如此,还是出现个别的遗漏。例如,没有安排满族代表(在其他单位中有满族代表,如齐燕铭、罗常培等)。名单公布后,北平有些满族人因此哭了。毛泽东知道此事后曾说:"一个民族没有代表,整个少数民族为之不欢。"[①] 后来,在第二届全国政协时做了弥补。

在推荐曾经参加过民主运动的人选方面,也有一些不同意见。宋云彬回忆说,在推选救国会新政协代表过程中,"上海方面,王造时最热衷,曾召开会员大会,函电交驰,向衡老力争,非请衡老提出他的名字不可。庞荩青聆衡老报告名单毕,大发牢骚,谓本人代表北方救国会,竟不得提名,殊不公平云云"。"衡老举一故事……言下之意,盖谓名单必经统战部同意,而代表亦非运动争取得。然荩青面红耳赤,意殊不平,恐未能了解也。"[②] 最终,救国会的缔造者、当年的"七君子"之一王造时未能被推选为新政协代表。

有人因未曾当选政协代表失意,还有人当选了代表而请辞。在各单位首席代表研究名单时,张奚若曾转达梁思成的意见,希望取消他的代表资格。理由有二:身体不好且影响正式工作。周恩来专门解释请他参加政协的原因:一是专家;二是市政府提名;三是有历史意义,他是梁启超的儿子。可见,广泛的代表性是协商名单的重要原则。

代表名单的最终形成是经过各方面反复协商、吸纳各种意见的结果。

---

① 石光树编:《迎来曙光的盛会——新政治协商会议亲历记》,中国文史出版社1987年版,第17页。

② 海宁市档案局整理:《宋云彬日记》(上),中华书局2016年版,第195页。

最终，确定了 46 个单位，662 名代表。这 662 位代表，包括参加过革命战争、土地改革和敌后根据地斗争、国民党统治时期民主运动的，脱离反动派而起义的，保护国家器材有功的各个方面。正如费孝通所形容的："在会场上我看见很多人，有穿制服的，穿工装的，穿短衫的，穿旗袍的，穿西服的，穿长袍的，甚至还有一位戴瓜皮帽的。这些一看就知道是身份不同的人物，能够聚在一起开会，讨论建国大事。"[①] 他们将代表全国人民的意志，参加人民政协第一届全体会议，履行创建新中国的伟大使命。

[①] 杨胜群、陈晋主编：《亲历者的记忆——协商建国》，生活·读书·新知三联书店 2009 年版，第 5 页。

政治制度的伟大创造

人民政协是中国共产党领导各民主党派、无党派人士、人民团体和各族各界人士在政治制度上进行的伟大创造。人民政协第一届全体会议肩负着协商建立新中国的历史重任。这次会议的召开也标志着人民政协制度的确立。

"我们的政协组织法是创造的"

1948年中共中央"五一口号"发出了"迅速召开政治协商会议，讨论并实现召集人民代表大会，成立民主联合政府"的号召。随后，在香港的民主人士围绕新政协的性质、任务、参加单位等诸问题展开讨论，形成一波声势浩大的"新政协运动"。这些人大都经历过1946年召开的政治协商会议。那次会议被国民党破坏了，可都熟悉这个组织形式。不过大家一致认为即将召开的政治协商会议无论性质和任务，都赋予了新的内容。为区别旧政协，这次会议被称为"新政协"或"新的政治协商会议"。

郭沫若在1948年5月8日《华商报》组织的座谈中，曾对新、旧政协的区别有过一段发言，这使大家对新政协的认识一开场就有一定的高度。他指出："这个新政协，同旧的是大不相同的。它首先是成分不同。前年的政协，是国民党召开的，那时各党各派承认国民党是中国第一大党，承认草头将军□（原文如此——笔者注）当然领袖，三民主义为最高指导原则。今天不同了，首先独裁者就没有资格参加。南京反动政权就必须彻底清算，所以参加的成分是完全不同了。今天的新政协决不和反动派敷衍，在本质上说是更民主，更彻底为人民服务，以建立民主政治，参加的人就必须对人民有功劳，有真诚为人民服务的决心。旧的政协是清谈式的，讨论过就是了。虽得到五项协议，也是决而不行，并且被摧毁。新的政协不仅是议事机关，并且是执行机关，因为它肩负'实现召集人民代表大会'的任务，所以责任是很繁重的，它也可以说是个临时政府。"① 正因为新政协具有新的性质、地位和使命，周恩来认为它是新民主主义运动的一次总结。

新政协由哪些单位哪些人来筹备，如何组织筹备，这也是中共中央较早考虑并与民主人士不断沟通协商的重要问题。在东北协商新政协诸问题时，民主人士一致提议"组织条例，由中共起草，送各方审阅经同意后，筹备会集会时正式通过"。

在周恩来领导下，1948年底中央统战部就抓紧起草《新政治协商会议筹备会组织条例（草案）》。《条例》草案规定了新政治协商会议的组织原则。依此原则，新政协筹备会即由新政治协商会议原提议人中国共产党与赞成中共"五一口号"第五项的各民主党派、人民团体及无党派民主人士等23个单位组成。不过，从这个条例草案内容看，没有超出《关于召开新的政治协商会议诸问题的协议》的范畴。

1949年6月15日，新政协筹备会成立，并召开第一次全体会议。会议通过了中共起草的《新政治协商会议筹备会组织条例》，为新政协的筹备工作提供了重要依据。

新政协具有临时全国人民代表大会的性质，是全中国各民主阶级和国内各民族大联合的统一战线组织。但这个具有崭新意义的组织机构，由哪些单位哪些人组成，如何产生，如何运行，其性质和任务是什么呢？这些，一直是"五一口号"发布一年来各方热议的重大问题，亟须在筹备会上制定出一个可以遵循的正式规则。

新政协筹备会成立后，常委会下设的六个小组中，由谭平山任组长、周新民任副组长的第二小组，负责这个规则制定事宜，即起草新政治协商会议组织条例。

这个小组的成员有林伯渠、李德全、施复亮（孙起孟代）、符定一、王绍鏊、郭冠杰、史良（张曼筠代）、郭春涛（吴茂荪代）、蒋光鼐（秦元邦代）、雷荣珂、易礼容、张振铎、俞寰澄（邓云鹤代）、叶圣陶、沈

---

① 中共河北省委统战部编：《李家庄时期统一战线史料选编》（下卷），华文出版社2018年版，第606—607页。

兹九、李秀贞、陈震中（葛志成代）、天宝、戴子良。从组成人员看，民主人士占据多数。

第二小组成立后，共举行过四次全体会议。6月18日召开第一次会议，就本组工作交换意见后，推定谭平山、周新民、王绍鏊、叶圣陶、沈兹九5人起草讨论提纲。会议先传达了周恩来在组长联席会议上的意见：一是新政治协商会议在民主联合政府成立之后，其组织机构虽可简缩，但仍需存在。以便遇事协商，建议政府执行。二是新政治协商会议表决时，应注意人数，亦应注意单位。若只注意人数，少数服从多数，有的单位的意见难以表现出来。这已表明，毛泽东、周恩来等老一辈革命家在缔造新政协时已有远见卓识，对其前途及"遇事协商，建议政府执行"的任务有清晰的思谋。

6月28日，第二小组召开第二次会议，讨论了八个事项，分别是：新政协组织条例的原则、新政协的组织、新政协的职权、新政协与联合政府的关系及其运用、新政协开会中及闭会后的执行机构、新政协会议的表决方式、新政协的性质、新政协闭会后的代表资格。会议推举谭平山、周新民、叶圣陶、蒋光鼐（秦元邦代）、沈兹九、史良、郭春涛、林祖涵、易礼容等九人组织起草委员会。由周新民、史良起草初稿。

初稿完成后，多次征询各方面意见，并经8月18日第三次会议讨论，报请8月26日召开的新政协筹备会常委会第四次会议通过。谭平山在常委会讨论时报告说：过去称新政协组织条例，不过只是个章程而已。因为感到政协的重大意义，所以把组织条例改成组织法。"我们的政协组织法是创造的。因为现在还没有宪法，所以要写这样一个，把主义性质、国家体系都要写在内的。它的复杂性是需要的，事实上应当举出来。将来的条例好有所根据。"[①] 此后，该组又于9月15日召开第四次全体会议，通报有关情况并对文字进行了修改。在此次会议上，周新民副组长说，经过数次与各方面共同商讨，最初的《新政治协商会议组织条例》，确定为《中国人民政治协商会议组织法（草案）》。9月17日举行的筹备会第二次全体会议审议通过了这个草案。

9月21日，中国人民政治协商会议第一次全体会议召开。当天开幕后，即成立六个整理委员会，收集汇总代表们的重要意见建议。其中，谭

---

① 谭平山在1949年8月26日新政协筹备会常委会第四次会议上的发言。

平山担任政协组织法草案整理委员会召集人。9月23日晚，谭平山召集整理委员会会议，讨论收集到的12件46条意见。9月27日下午，人民政协第一届全体会议讨论和通过了《中国人民政治协商会议组织法》。

《中国人民政治协商会议组织法》共六章二十条，是人民政协作为一个组织成立和运行的根本依据。它规定了人民政协的性质、作用、职能、组织架构、工作方式等。正如林伯渠所说，起草一个新政协的组织法，"这个意义是很重大的"。这个法案凝聚了与会代表和社会各界协商的成果。

1949年9月27日下午，人民政协第一届全体会议讨论和通过《中国人民政治协商会议组织法》会议记录

政协组织法在总则里，开宗明义指出人民政协的性质是全中国人民民主统一战线的组织，这是其基本属性。人民政协坚持的立场为"实行新民主主义，反对帝国主义、封建主义及官僚资本主义"。但由于人民政协第一届全体会议代行人民代表大会职权，肩负建国的责任，所以它的任务也在组织法总则里规定为"建立及巩固由工人阶级领导的，以工农联盟为基础的，人民民主专政的，独立、民主、和平、统一及富强的中华人民共和国"。要完成这个任务，对内必须团结各民主党派、各人民团体，对外必须联合世界上以平等待我之民族及国家共同奋斗。

政协与人大、政府的关系

对于人民政协的统一战线属性，在新政协筹备过程中早已形成共识。但筹备会各小组讨论中，与会代表对一些问题仍存在质疑。全国人民代表

大会召开后,政协是何地位?政协完成建国使命后,如何发挥作用?政协与人大、政府的关系如何?这些问题是在制定《共同纲领》时必须说清楚的,在起草政协组织法、政府组织法中更是直接面对、不能回避的。

比如,政协组织法第七条"中国人民政协全体会议职权"第四款"在普选的全国人民代表大会召开以后,就有关国家建设事业的根本大计或重要措施,向中华人民共和国中央人民政府委员会提出决议案"。这个条款现在看来好似顺理成章,但当年制定法案时颇有一番争论。8月26日新政协筹备会第四次常委会讨论记录,展现了与会者对这一问题的关注。陈叔通提出:新政协是人民代表大会未开前的机构。究竟人民大会闭幕后,它还存在不存在?第四项(款)是规定在人民代表大会后的事。三年或六年后政治形态不同了。是不是三年或六年后的事情,预先要定出来?建议把第七条第四项(款)去掉。马叙伦也有同感。郭沫若表示:"这项很重要。这是个权限问题,将来是个依据。"周恩来附议说:"建议之权虽少,作用甚大。"黄炎培也认为:"全国人民大会结束后,统一战线还是有的。我们不要把门关上,第六条中说,三年开会一次。这就是说统一战线还是有的。由此而设想到第四项还是要。"

周恩来在此进一步解释了人民政协与全国人民代表大会的关系。他说:"统一战线的组织是长期的,所以要这个组织。人民代表大会将来可能配合些团体,但是主要的是区域。那时要进行直接的,无区别的,平等的普选。在人民民主国家是要统一战线,即使在社会主义里,仍是有与党外人士的统一战线。即是说,要合作,就要有各党派统一合作的组织。这个组织在今天叫中国人民政治协商会议。这就是统一战线的组织。所以说要长期存在。"周恩来特别指出:人民政协在全国人民代表大会普选后,"仍是个和政府协商的机构"。①

对于政协与政府的关系问题,林伯渠在6月23日第四小组起草政府法案提纲委员会第一次会议发言中已提出:人民代表会召开前,由新政协产生政府,那么政协是否是最高政权机关呢?即政协的性质如何,它在国家政权体系当中如何定位?他认为:政协非人民代表会,其性质与地位,与新民主国家的祖国阵线等相同。由它协定的东西,对政府有约束性,如像政府要按照共同纲领去施政一样,但最高政权机关不是政协,在目前是

---

① 参见1949年8月26日新政协筹备会常委会讨论记录。

人民政府委员会，将来是人民代表会。[①] 中共领导人关于人民政协的制度设计得到大家的赞同。从 70 多年的人民政协实践及其发挥的作用，可以见得当年共和国的缔造者们高超的政治智慧！

新政协有了新名称

政协筹备会之前，一直采用"新政治协商会议"的名称。在筹备会会议期间，许多代表认为，用一个"新"字区别旧政协，不够确切。周恩来也曾解释说，新政协是革命性的，已把国民党反动派排除在外。新政协虽然沿用了"政治协商会议"的名称，但它不发源于旧政协。它是一百年来中国民族民主革命特别是 30 年来新民主主义革命的伟大成果，是中国共产党统一战线的组织形式。就其性质、规模和参加成分来说，新政协具有全国人民代表大会性质；并且原来设想的百十人、一二百人的会议，由于解放区的增大和交通的便利，扩大到五六百人的规模，参加人员具有广泛的代表性。政治协商会议作为统一战线的组织形式，将长期存在。其名称也应是正式的、固定的。

当时，许多机关、团体都冠以"人民"两字。毛泽东曾在 1948 年"九月会议"上指出："我们是人民民主专政，各级政府都要加上'人民'二字，各种政权机关都要加上'人民'二字，如法院叫人民法院，军队叫人民解放军，以示和蒋介石政权不同。"人民包括工人、农民、城市小资产阶级、民族资产阶级和其他爱国分子，人民民主的特色鲜明，与政协的性质和组成颇能吻合。有代表提出，政协何不采用"人民"政协？这个意见被采纳了。在 1949 年 8 月 18 日第二小组开会时，提交会议讨论的文件名称是《中华人民共和国人民政治协商会议组织法（草案）》。这次会议通过讨论，决定将文件名称改为《中华人民共和国全国人民政治协商会议组织法（草案）》。

据胡乔木回忆说，在 8 月 22 日报给毛泽东的《共同纲领》初稿中有一个表述上的重大变化：将"新政治协商会议"改为"中国人民政治协商会议"。对于这一改变，谭平山在 8 月 26 日召开的新政协筹备会第四次常委会讨论政协组织法时报告说："过去用新政协的名字是针对旧政协的。

[①] 参见 1949 年 6 月 23 日新政协筹备会第四小组讨论记录。

但因形势的发展、基础扩大了，就改成人民政协。"周恩来也解释道：毛主席说过在全体会议闭幕后要有一个经常的组织。既然是统一战线，名称要固定一下。用中华人民共和国人民政治协商会议的名称太长了。把人民政治协商会议作了组织的名称，好像有点特殊。他举例说，印度有个国民大会，也是统一战线的名称。经与第二小组商量，"今天中国人民政治协商会议，也变为统一战线的名称"。

政协的名称由"新政治协商会议"改为"中国人民政治协商会议"具体在哪一天，目前尚不能确定。由上所述，应该在1949年8月中下旬。薄一波回忆说：1949年8月14日，我参加了中央政治局会议，会上决定：一、新政协正式定名为中国人民政治协商会议；二、国号定为中华人民共和国；三、9月10日正式开会（后因文件起草未完成，改为9月21日）。据可以查阅的文献记载，8月22日《新民主主义的共同纲领》草案初稿，最早开始使用"中国人民政治协商会议"的名称。

9月7日，周恩来在给政协代表做报告时进一步解释了"中国人民政治协商会议"的名称。他说，原来是叫作"政治协商会议"，经过起草新政治协商会议组织法小组的讨论，觉得在"新政协"与"旧政协"两个名称上的分别不够明确，也不大真实。后来发现在我们的一切组织和规章的名称中都有"人民"二字，而这个产生组织规章的机构，为什么不可以叫"人民"呢？于是便修改了。又因为"中华人民共和国全国人民政治协商会议"也显得太长一些，便把它简化了，定为"中国人民政治协商会议"。

9月17日，筹备会第二次全体会议决定将"新政治协商会议"正式定名为"中国人民政治协商会议"。9月18日，《人民日报》正式公布："即将召开的新的政治协商会议已经由该会议筹备会改名为中国人民政治协商会议，简称中国人民政协。"[①]此后，所有筹备会的文件均冠以"中国人民政治协商会议"的名称。

政协全体会议才具有代表全国人民的性质

政协组织法规定，人民政协有几个层次的组织机构：全体会议、全国委员会及其常委会、地方委员会。对于它们之间的关系，周恩来曾有一个

---

①《人民日报》1949年9月18日。

清楚的解释。他在1949年9月7日《关于人民政协的几个问题》报告中说："中国人民政治协商会议将在最近召开全体会议，全体会议闭幕后将设立全国委员会，领导实行全体会议的决议。另外，在全国中心城市、重要地区和省会，根据需要设立地方委员会。现在各地召开的各界代表会议，实际上就是地方的政治协商会议，也可以说就是中国人民政治协商会议的地方委员会。我们要通过这个组织来进行地方的统一战线工作。"[1]周恩来在筹备会常务委员会讨论中，说得也很明白：人民政协作为统一战线组织，其形式有全体会议、全国委员会和常务委员会。全国委员会会期长一些，常委会是经常协商的机构；由全体会议产生全国委员会，全国委员会再推选常务委员会。军管时期全国委员会、地方委员会是协商机构。军管结束后，各界代表会议全体会议起着人民代表大会的作用。普选后它起协商的作用。

根据政协组织法规定，政协全体会议每三年开会一次，但全国委员会认为有必要时，得提前或延期召集会议。全体会议职权的大小，因全国人民代表大会是否已召开而有所不同。在全国人民代表大会召开以前，它执行全国人民代表大会的职权，不仅有立法权（制定或修改中央人民政府组织法）和选举权（选举中央人民政府委员会），并有提出决议权；在全国人民代表大会召开以后，则仅有建议权了。这一表述与《共同纲领》和政府组织法是一致的。

尽管政协组织法规定全体会议三年召开一次，事实上，人民政协全体会议只召开了一次，就是人民政协第一届全体会议。它执行全国人民代表大会职权，通过《共同纲领》和政协组织法、政府组织法，选举产生中央人民政府委员会和全国政协委员会。人民政协第一届全体会议闭幕后，行使国家权力的机关移交给由它选举产生的中央人民政府委员会。直至普选的全国人民代表大会召开之前，法理上，人民政协全体会议仍代行人大职权。

人民政协全体会议闭幕后，由政协全体会议所选出的全国委员会，来保证实现全体会议及全国委员会的决议，包括协商并提出对中央人民政府的建议案，随时向政府提出意见，从实际上帮助政府；保证各党派在政权中的合作，展开地方的统一战线工作；使下届全体会议易于召集，使政协内部的团结得以加强。

---

[1] 中国人民政治协商会议全国委员会研究室、中共中央文献研究室第四编研部编：《老一代革命家论人民政协》，中央文献出版社1997年版，第53页。

对于人民政协全体会议和全国委员会的职权，几十年来，常常有些模糊认识，将其混为一谈。有些人笼统认为，第一届全国政协行使全国人民代表大会职权。实际上，两者之间有明显的区别。当年政协缔造者对此表述得非常清楚。周恩来在1949年9月7日的报告中指出：人民政协的"全国委员会，便是与中央人民政府协议的机构。一切大政方针，都先要经过全国委员会协议，然后建议政府施行"。随着以后形势的发展，可以全国普选，召开全国人民代表大会。"那时，中国人民政治协商会议全体会议，才不再代行全国人民代表大会的职权，但是它仍将以统一战线的组织形式而存在，国家大政方针，仍要经过人民政协进行协商。"[①]可见，如果人民政协全体会议这种形式一直延续，到普选后的全国人民代表大会成立，它还要回归统一战线组织形式的属性。

在9月18日新政治学研究会发起人会议上，周恩来对两者的关系界定得更加清晰。他说："人民的机关包括两个：代表会和政府，因此，人民代表大会现在还没有开，只是有政治协商会议，由政治协商会议代行职权。所以它的全体会议开完了它就不存在了，只成立全国委员会，但是全国委员会不能代行人民代表大会的职权，而是由它选举出的中央人民政府行使这个政府的职权，它是最高机关。"[②]

从上述分析可知，毛泽东在人民政协第一届全体会议开幕词中讲的"它具有代表全国人民的性质，它获得全国人民的信任和拥护。因此，中国人民政治协商会议宣布自己执行全国人民代表大会的职权"，以及周恩来在9月7日《关于人民政协的几个问题》讲话中所说的"在全国各地方未能实行普选以前，中国人民政治协商会议和它的地方委员会分别执行全国和地方的人民代表大会的职权"这些表述中的"中国人民政治协商会议"，显然指的是其"全体会议"。

"协商这两个字非常好"

1949年6月16日，新政协筹备会成立后的第二天，周恩来在新政

[①] 中国人民政治协商会议全国委员会研究室、中共中央文献研究室第四编研部编：《老一代革命家论人民政协》，中央文献出版社1997年2月版，第53页。

[②]《中国人民政治协商会议资料选集》（第一册），中国人民政治协商会议全国委员会秘书处1962年编印，第86页。

协筹备会第一次全体会议《关于新政治协商会议筹备会组织条例（草案）的解释报告》中，对此前围绕新政协筹备的沟通过程进行了详细的说明。针对有人对表决权提出不同意见，周恩来强调指出："凡是重大的议案不只是在会场提出，事先就应提出来或在各单位讨论。新民主的特点就在此。""凡是重大的议案提出来总是事先有协商的，协商这两个字非常好，就包括这个新民主的精神。""新民主还有一个特点，即除非是最原则的问题争论不会妥协外，凡是有极大可能采纳的问题，最终可以取得妥协。""原则性的问题必须坚持。所以这上面规定的组织问题、纲领问题、政府问题，可以允许少数人保留自己的意见，或不签字，或退出。"①

为了使大家在正式的政治协商会议开始前，对上面说的几个重要问题有一个深入理解，周恩来又在9月7日《关于人民政协的几个问题》报告中再次作了说明。他强调："新民主主义议事的特点之一，就是会前经过多方协商和酝酿，使大家都对要讨论决定的东西事先有个认识和了解，然后再拿到会议上去讨论决定，达成共同的协议。"②周恩来的这些话充分表明，协商是新民主的一种精神，通过协商达成共识也是新民主的重要实现形式。在中国共产党领导下多党合作、协商共事的精神，贯穿于新政协筹备和人民政协第一届全体会议召开的全过程。

为了做好各项准备工作，筹备会决定设立六个小组，分别承担相应任务。各小组各负其责，围绕新政协的准备工作开展密集的协商，如第二小组围绕拟订新政治协商会议组织条例草案，于6月18日、6月28日、8月18日、9月15日举行四次全体会议；围绕《共同纲领》起草工作，9月9日筹备会分20个小组讨论这个草案，9月14日再一次分11个小组进行讨论。政府组织法、政协组织法、国旗国歌国徽拟定等小组也都经过数轮协商讨论，才形成提交正式会议的方案。

在全体会议召开期间，重大议案提交通过之前都要进行反复讨论、充分协商。一是对共同纲领、国旗和国歌等重大问题，政协第一届全体会议不是按照参加单位进行分组，而是采取大会直接讨论或按专题分组讨论的方式。无论大会、小组会，讨论中的热烈、民主气氛给与会者留下了很深

---

① 中国人民政治协商会议全国委员会研究室、中共中央文献研究室第四编研部编：《老一代革命家论人民政协》，中央文献出版社1997年版，第17—18页。
② 中国人民政治协商会议全国委员会研究室、中共中央文献研究室第四编研部编：《老一代革命家论人民政协》，中央文献出版社1997年版，第45页。

的印象。资耀华代表曾感言:"台上发言,台下可以提问题,也可以补充几句,三言两语,自由发言。这不仅可以集思广益,也可以补充简报之不足。其中有两次大会印象更深,一次是周恩来同志主持,一次是刘少奇同志主持。台下代表争着举手要求发言,甚至发言中互相争议。当时我想,这样的大会真难掌握。可是我看主持人泰然自若,满面春风,而且到了关键处,只要主持人三言两语,就解决问题。尤其是总结发言时,真正显示出掌握会场的天才,把所有的发言和意见兼收并蓄,综合条理,加以分析,条条有着落,既使每个发言人心服口服,又使满堂皆大欢喜。最后,在热烈而长时间的鼓掌声中胜利散会。"[1]

二是会议讨论与填写意见相结合。在这次全体会议上,与会代表对国旗、国歌等遴选,意见分歧较大。9月23日,政协代表分11个组,对国旗、国都、纪年方案进行广泛讨论。同时,每位代表都填写了意见表。出席人数519人,填表人数496人。代表们在提出意见和填写表格中还要写出理由。比如,第二组讨论中,胡厥文、李烛尘认为"复字第32号"(正式国旗稿——笔者注)较好,理由为图案简明而用意深长。

三是中共中央领导人视情召开小型座谈会进行协商。比如,在第六小组全体会议讨论国旗设计方案时,虽然经过反复的讨论甄选,仍然不能取得共识。第六小组推荐的"复字第三号"和"复字第四号"赞成的人数比较多,但反对者的态度却非常坚决。毛泽东、周恩来于9月25日晚上在中南海丰泽园召开国旗、国歌座谈会。参加这次座谈会的既有中共党员,也有党外和文化界人士郭沫若、沈雁冰、黄炎培、陈嘉庚等。经过讨论,确定复字32号图案作为国旗方案。还比如,筹备会期间,会议确定"中华人民共和国"作为新中国的名称,但是否要加上"中华民国"这一简称在正式会议期间引发争议。9月26日中午,周恩来在东交民巷六国饭店举行宴会,邀请20多位政协代表参加。张元济、何香凝、周善培、符定一等与会者,多为70岁上下的老者。当天发言者18人,有16人主张不用简称。最后,大会主席团常委会决定去掉国号后面"中华民国"的简称。

由上可见,协商是人民政协与生俱来的特质。不仅人民政协的诞生是中国共产党领导各界人士协商的产物,新中国的成立也是通过政协凝聚广

---

[1] 石光树编:《迎来曙光的盛会——新政治协商会议亲历记》,中国文史出版社1987年版,第234—235页。

泛共识、汇集政治智慧的伟大成果。

政协第一届全国委员会产生

人民政协作为人民民主统一战线的组织，它的范围当然很广。既有以工人阶级为领导的四个阶级联盟的组织力量，又有若干爱国民主分子的代表人物，这对于人民民主统一战线的巩固和扩大是很有利的。

具体到政协的参加单位，都是由协商产生的。周恩来曾对这一问题有个说明：每一个单位总是一个团体，并经过协商才能参加。参加后就成为中国人民政治协商会议的单位。统一战线的构成，是集体的，不是个人的。单位的参加和退出都由全国委员会协商。

参加政协的单位名额及代表人选，究应由谁来定呢？政协组织法指出：第一届全国政协"由中国人民政协筹备会商定之"；以后各届政协则"由前一届人民政协全国委员会商定之"。关于政协决议的遵守，采取少数服从多数的民主原则。参加者如有不同意见，仍得保留至下届会议提出讨论，其对于重要决议根本不同意的，有申请退出政协的自由。对违反政协组织法、共同纲领或重要决议者，得视其情节严重的程度，由全国委员会分别予以处分。被处分者如有不服，仍得向下届全体会议提出申诉。谭平山强调，这是人民政协的纪律性和民主精神的体现。

政协第一届全国委员会就是根据政协组织法，由人民政协第一届全体会议协商并选举产生。在产生过程中，全国政协委员名单照顾到各单位，不过并不固定于每一单位一定有多少人或哪些人，适当的人选可以由其所属单位提出，也可由另一单位提出。候选名单也是事先由大会主席团与各单位协商，议定了各单位名额和候选名单草案之后，各单位又分别召开分组会讨论研究。这在宋云彬日记中有所记载：

> （1949年9月）28日上午召开紧急会议，"沈老报告中央政府委员及政协全国委员会委员名单协商情形。史良两个委员会内均无其名，大为不平；实则已内定任彼为司法部长，被选为委员与否，无关宏旨也。沈志远、千家驹等聆衡老报告，政协全国委员会预拟名单中有丁西林（即丁燮林）、竺可桢，大不谓然，

以为彼等平时不谈唯物辩证法,有何资格当选"。①

在讨论中,有部分党员代表想不通,说怪话,发牢骚。他们说:我们许多同志为革命出生入死,屡建战功,却没有当上政协委员,而那些原国民党起义将领,甚至有些还是被宣布为战争罪犯的人,却被邀请参加会议,并当选为政协代表,也跟我们坐在一起,商讨国家大事,这不成了"我们打天下,民主人士坐天下"吗?

对此,毛泽东、周恩来、刘少奇等中共中央主要领导人通过报告会、个别谈心、小组讨论等形式开展深入细致的思想工作。针对部分中共党员在新的历史时期仍对党的统战工作方针、政策、性质和任务认识不清,表现出来的一些不正确思想,9月25日下午,刘少奇在中南海机关礼堂给参加会议的中共党员代表和中央机关中共党员1000多人作了关于统一战线理论的专题报告。他强调"政协第一次会议,就是一次统战工作会议"。虽然政协委员中有一部分人过去确实是我们的敌人,但是,如果能把这些人团结起来,化敌为友,跟共产党紧密合作,对革命是非常有利的。他们可以发挥的作用是我们无法取代的。

通过各方协商讨论和耐心细致的工作,关于委员候选名单形成了共识。9月29日下午大会讨论通过了关于选举全国政协委员会的规定:人民政协第一届全国委员会委员名额,由本届全体会议主席团经协商规定,第一届全国委员会不设候补委员;候选名单经过参加本届全体会议各单位的协商,由主席团提交全体会议以整个名单付表决的方法来选举。

9月30日下午,在庄严而热烈的气氛中,大会首先进行了政协全国委员会委员的选举。中国人民政治协商会议第一届全国委员会候选人名单180人,此外留出18名空额,以便将来容纳新解放地区的适当代表人物。周恩来在作"协议选举"的说明时解释,如果大家对整个候选名单没有异议,则用整个名单付表决,而不用投票选举。大会执行主席刘少奇反复征询大家对候选名单的意见,大家鼓掌表示没有异议。然后,大会将整个候选名单付表决,全场一致举手通过。这时,刘少奇再次申明,有反对者可举手,有弃权者也可举手,结果均无人举手。于是宣布全体通过,会场内顿时掌声响起。全体代表一致通过了第一届全国政协委员会委员名单。

---

① 海宁市档案局整理:《宋云彬日记》(上),中华书局2016年版,第231页。

10月9日，政协第一届全国委员会在中南海勤政殿召开第一次会议，选举毛泽东为主席；周恩来、李济深、沈钧儒、郭沫若、陈叔通为副主席；李维汉为秘书长；选举产生28名常务委员。此后，政协全国委员会正式启航，在新中国的建设及改革中发挥积极作用。

人民当家做主的新政权成立了

一切革命的根本问题是国家政权问题。中国革命即将取得全国胜利之际，新中国的政权建设就提上议事日程。要建立一个全国性的新政权，对共产党人来说是一个崭新的课题。中共中央发布"五一口号"正式揭开了创建新中国的序幕。筹建新政权成为新政协的一项重要历史使命。新中国立国者经过协商讨论，创造了一套适合国情、基于革命实际的政治体制，建立了人民的政府。

由新政协径直产生中央政府

中共中央发布的"五一口号"，明确提出建立新中国的程序和步骤：第一步，先邀集各民主党派、人民团体、无党派民主人士的代表在解放区召开新政协会议，商讨如何召开人民代表大会；第二步，召开人民代表大会，选举产生中央政府。这与毛泽东在中共七大上发表《论联合政府》里的建国构想一脉相承。不过，"五一口号"内的联合政府，已是全新的内涵了。

然而，在对新政协的讨论过程中，中共中央经与各民主党派协商，作出了由新政协代行全国人民代表大会职能，直接产生中央人民政府的决定。这是建国程序的重大调整。促使中共和各民主党派协商作出这一调整，是众多因素合力推动的结果。

一是当时军事力量已经发生根本变化，这是决定调整的根本原因。1948年9月，人民解放军攻克济南，使华东和华北解放区连成一片。到了11月，辽沈战役胜利结束；淮海战役按计划发起。人民解放军不但在质量上已占有优势，而且在数量上也超过敌人。11月14日，毛泽东进一步对人民解放战争胜利的时间作出新的判断：原来预计，从1946年7月起，大约需要五年左右时间，便可能从根本上打倒国民党反动政府。现在看来，只需从现在起，再有一年左右的时间，就可能将国民党反动政府从根本上打倒了。1949年初，淮海战役、平津战役相继结束，全国解放战争的胜利已成定局。在这个关键时刻，如何迅速建立新政权，就成为中国共产党的当务之急。

二是应对国民党"和平攻势"的重要举措。蒋介石政府眼看自身统治难逃全面崩溃的厄运，便玩起"和平"阴谋。美国也企图在中国革命阵营内策动一些所谓"自由主义分子"组成"新第三方面势力"。在这种情况下，中国共产党只有迅速成立新的中央政府，联合所有的革命力量，将革命进行到底，才能彻底粉碎国民党的"和平"烟幕。

三是回应社会各界的共同期待。成立民主联合政府，建立一个独立、自由、民主、统一和富强的新中国是民主革命任务之所在，也是中国共产党和民主党派、社会各界不懈追求的目标。早在1948年春天，针对国民党要召开的"行宪国大"，沈钧儒、陈嘉庚等人纷纷呼吁中共早日组建新政权；胡愈之到达解放区，提出"还要两年时间，可能长了一点。国民党区域的人民大众已经等不及了"。中共中央委托东北局与在哈尔滨的民主人士进行第一次协商会谈新政协诸问题时，章伯钧、蔡廷锴主张新政协即等于临时人民代表会议，即可产生临时中央政府，现在对内对外均需要，待全国统一后，再成立正式的。可见，早日组建新政权是各界人士一而再、再而三的呼声。但战争时期，召开人民代表大会的条件显然不成熟。

四是苏共中央和斯大林的影响。1949年初，苏共中央政治局委员阿·伊·米高扬秘密访问西柏坡，从其与中共领导人的谈话中可以看出，苏共、斯大林都希望中共尽早成立中央人民政府。他们认为，这对形势发展有利。

尽管如此，关于建立新中国的程序调整不是一下子决定的，还有一个审慎的循序渐进过程。1948年10月，中共与民主人士协商《关于召开新的政治协商会议诸问题》时，专门提出：关于如何建立临时中央政府即民主联合政府问题，提议先行交换意见，以便提交新政协筹备会作初步讨论。讨论时，在东北的民主人士意见也不一致。比如，谭平山、王绍鏊主张新政协之后，限定时间召集临时人民代表会议，再产生临时中央政府；而章伯钧、蔡廷锴则主张新政协即等于临时人民代表会议，即可产生临时中央政府。中共中央在11月3日复电中提出"依据目前形势的发展，临时中央人民政府有很大可能不需经全国临时人民代表会议，即径由新政协会议产生"。这份回复是在新形势下作出的新判断，但仍未使用肯定的表述，只是"有很大可能"，并要求东北局将此意见"单独告沈、谭、王三老"，不宜扩散。正式达成的《关于召开新的政治协商会议诸问题的协议》关于如何建立临时中央政府即民主联合政府时提出，"即由新政协产生或由人民代表会议产生问题""先行交换意见，留待筹备会讨论解决"。这表明，对这一重大调整，各方仍在考虑斟酌之中。

根据战争形势的发展，尤其是针对美蒋上演的"和平"双簧戏，毛泽东在为新华社撰写的1949年新年献词《将革命进行到底》中，第一次公开发表新中国、新政权产生的新程序：召集"政治协商会议，宣告中华人民共和国的成立，并组成共和国的中央政府"。建国程序的这一重大调整，也提交到1月在西柏坡召开的中央政治局会议通过。3月，中共七届二中全会批准了由中国共产党发起，并协同各民主党派、人民团体及民主人士，召开没有反动分子参加的新政治协商会议及成立联合政府的建议。全会指出："召集政治协商会议和成立民主联合政府的一切条件，均已成熟。"这时，召开新政协、成立联合政府不仅是民主人士和各界代表的愿望，也成为中国共产党的政治意志和集体行动。

制定中央人民政府组织法

创建中央政府，是新政协承担的重要使命。新政协筹备会专门设立一个小组，即第四小组，负责起草中华人民民主共和国政府方案（后改为《中华人民共和国中央人民政府组织法》），擘画和制定与《共同纲领》相配套的新政权的法律依据。

第四小组组长是中共党内的饱学之士董必武，副组长为著名政治活动家黄炎培（离开北平期间由张奚若代）。这个组的代表有张文、沈钧儒、张东荪、胡厥文（阎宝航代）、林砺儒、林汉达、韩兆鹗、李章达（千家驹代）、王昆仑、李民欣、陈其尤、刘伯承（滕代远代）、丘金、石振明、俞寰澄（邓云鹤代）、张志让、谢雪红、张琴秋（离平时由沈兹九代）、聂维庆、汤桂芬（雷洁琼代）、朱德海、罗隆基。从名单看，可谓阵容强大，多是政法专家。

1949年6月18日，第四小组召开第一次全体会议，在广泛交换意见后，推举以张志让为召集人的 7 人起草委员会准备讨论提纲。起草委员会分别于 6 月 23 日、7 月 29 日、8 月 17 日召开了三次会议，并征询了钱端升、王之相、邓初民等法学专家的意见。

7 月 8 日，第二次小组全体会议讨论了提纲起草委员会提出的"政府组织法中的基本问题"，包括国家名称、国家属性、政府组织的基本原则民主集中制、最高政权机关的产生办法、人民政府委员会的组织、最高行政机构的名称、政务院与各部会间应否设立联络指导机关、政务院下面部会数目的多寡，以及人民革命军事委员会、人民监察委员会、人民法院、人民检察署的组织和隶属关系等十个方面的问题，并推举董必武、张奚若、阎宝航、王昆仑、张志让 5 人负责起草政府组织法的初步草案。

8 月 17 日，第四小组召开第三次全体会议，修正通过了《政府组织法初步草案》，提交新政治协商会议筹备会常委会审议。8 月 26 日，筹备会常委会指定董必武、黄炎培、马叙伦、张奚若、李立三对初步草案进行研究修改后，由 9 月 13 日召开的第五次常委会会议再作审议。

9 月 17 日，新政协筹备会第二次全体会议通过了《中华人民共和国中央人民政府组织法（草案）》，提交政协正式会议审议。

9 月 27 日，中国人民政治协商会议第一届全体会议讨论通过了《中华人民共和国中央人民政府组织法》，为新中国的政权建设奠定了坚实的基础。

构建适合国情的国家制度

国体和政体是马克思主义国家学说的基本问题，也是政权建设首先要考虑的问题。在新中国初建之时，由《共同纲领》明确表述国体和政体，并将其体现在政府组织法之中，这无疑是十分必要的。

国体即国家的根本性质，是国家政权的阶级属性。1940 年 1 月毛泽东在《新民主主义论》里就指出："这个国体问题，从前清末年起，闹了几十年还没有闹清楚。其实，它只是指的一个问题，就是社会各阶级在国家中的地位。资产阶级总是隐瞒这种阶级地位，而用'国民'的名词达到其一阶级专政的实际。这种隐瞒，对于革命的人民，毫无利益，应该为之清楚地指明。'国民'这个名词是可用的，但是国民不包括反革命分子，不包括汉奸。一切革命的阶级对于反革命汉奸们的专政，这就是我们现在所要的国家。"政体则是国家政权的组织形式和管理形式。毛泽东在同一篇文章中指出："至于还有所谓'政体'问题，那是指的政权构成的形式问题，指的一定的社会阶级取何种形式去组织那反对敌人保护自己的政权机关。没有适当形式的政权机关，就不能代表国家。"毛泽东提出中国可以采取的政权组织形式，即"全国人民代表大会、省人民代表大会、县人民代表大会、区人民代表大会直到乡人民代表大会的系统，并由各级代表大会选举政府"。[①] 毛泽东把这种制度概括为"民主集中制"。在毛泽东对人民政权的构想中，人民代表大会制度不同于西方国家的政体，它采用民主集中制的组织形式。后来，毛泽东的《论联合政府》报告进一步阐明新民主主义国家的政权性质、政权组织等国家政权建设问题。

解放战争期间，国共关系再度破裂，国内阶级关系发生了重大变化。毛泽东在1948年"九月会议"上，明确提出了要"建立无产阶级领导的以工农联盟为基础的人民民主专政"。在中共七届二中全会上，他再次强调，人民民主专政"要求我们认真地团结全体工人阶级、全体农民阶级和广大的革命知识分子，这些是这个专政的领导力量和基础力量"。同时，尽可能多地团结能够合作的城市小资产阶级和民族资产阶级的代表人物，他们的知识分子和政治派别，以孤立反革命势力。关于政体问题，毛泽东坚持一贯的思想，认为中央和地方各级政府，都应该采取民主集中制的人民代表会议制度。

为了进一步向全国人民公开阐明新中国的性质、各阶级在国家中的地位及其相互关系等，毛泽东在1949年6月30日纪念中国共产党成立28周年之际，撰写了《论人民民主专政》这篇文章，阐述了人民民主专政这一科学概念。毛泽东在文章中强调：总结我们的经验，集中到一点，就是工人阶级（经过共产党）领导的以工农联盟为基础的人民民主专政。这个专政必须和国际革命力量团结一致。

毛泽东关于新中国国体、政体的设计，为新政协及新政权的创建起到了重要的思想引领作用。1949年6月23日，张志让主持召开的政府组织法起草委员会第一次会议上，讨论最为集中的就是总纲，包括国体、政体以及政权机构等内容。董必武首先发言说，"国体，是国家中各阶级间的关系，以及国家最高政权机关的组织原则如何等，都是几个基本的问题，

---

① 《毛泽东选集》（第二卷），人民出版社1991年版，第676—677页。

大家可先就此谈一谈。"张东荪认为:"重要的在制度。制订制度,固然要参考苏联及新兴民主国家的制度,但最主要的还看如何才能适合我们的实际情况。"他说:"我们不妨创造一点,不要回避创造。"中国国情有自己的特殊性,张东荪的发言引起共鸣。张奚若也说,"请大家把总统制、内阁制的旧观念去掉,否则,会纠缠不清。我们一面要吸收苏联与各新民主国家的经验,另一面也要适合我们的实际情况。"代表们普遍认为要根据国情,将国家性质表达出来。但具体到如何表述,则有不同意见。总纲的第二条原来有"反帝国主义反封建主义反官僚资本主义是革命时期奋斗的目标"的表述。张奚若提出"国家成立后不久,这三种坏东西就要被消灭了,革命对象既不存在,把这几句话放在那里就不太好"。他建议表述为"国家制度,为无产阶级领导的、全国各民族各民主阶级联盟的人民民主专政"。林励儒附议这一意见。张东荪认为待人民代表大会成立时再修改也行。董必武重申了总纲的内涵:"我们认为在新政权建立后,反帝国主义还是重要任务之一。帝国主义在中国的侵略势力是被驱逐出去了,但帝国主义并未被打倒,它还想来侵略我们,反对封建主义也不能单从政治方面说,必须摧毁其经济基础,即全国实行土地分配后,才算消除了封建主义。但思想意识问题也还不能随之解决。反官僚资本主义比较容易些,但它与帝国主义联系上说也还需加强注意。"当天会议主席张志让归纳各方意见,将之概括为"中华人民民主共和国为无产阶级领导的各民族各反帝国主义反封建主义反官僚资本主义民主阶级联盟的新民主主义国家"。[①]经过此后数次讨论,国家属性表述为:"工人阶级领导,以工农联盟为基础的,团结各民主阶级和国内各民族的人民民主专政的国家。"

对于人民代表大会制度,以及民主集中制的组织形式,毛泽东曾有详细的阐述,大家原则上表示赞同。代表们讨论的多是具体问题,比如,将来人民代表大会如何组织、人民代表怎样产生、人民代表大会未产生之前最高政权机关如何产生等。政府组织法第二条最后表述为"中华人民共和国的政府,是基于民主集中原则的人民代表大会制的政府"。董必武在报告起草过程时解释说:政府组织的原则是民主集中制,它具体的表现是人民代表大会制的政府。即人民行使国家政权的机关为各级人民代表大会和各级人民政府。各级人民代表大会由人民用普选方法产生之。各级人民代

[①] 参见1949年6月23日新政协筹备会政府组织法起草委员会讨论记录。

表大会选举各级人民政府。各级人民代表大会闭会期间，各级人民政府为行使各级政权的机关。国家最高政权机关为全国人民代表大会。全国人民代表大会闭会期间，中央人民政府为行使国家政权的最高机关。

新政权的机构如何设置

在筹备会期间，中共中央与各民主党派各团体经过深入协商，"在普选的全国人民代表大会召开以前，由中国人民政治协商会议第一届全体会议，执行全国人民代表大会的职权，选举中华人民共和国中央人民政府委员会，并付之以行使国家权力的职权"这一提法已形成共识，并在共同纲领、政协组织法和政府组织法草案中得到采纳。第四小组在研究中央人民政府委员会职权时，比较集中在这个委员会是主席团制还是主席制、最高行政机关的名称和机构设置，以及它们之间的关系等若干问题。

关于最高行政机关的设置，1949年6月23日起草委员会会议讨论时提出了三个方案。第一种方案以当天会议主席张志让为代表。他提出：苏联政权机构的特点是主席团在行政机关之上。主席团除有狭义的立法权外，还有行政权。在苏维埃大会休会期间，主席团代行其职权。它又行使元首职权。苏联与新民主国家政府组织中，设有内阁总理。"我的提议不设内阁，另设一行政会议，它只是个会议而非机关。人民政府委员会正、副主席为其正、副主席。部长为主席之直接下属。行政会议决议有部长副署。""行

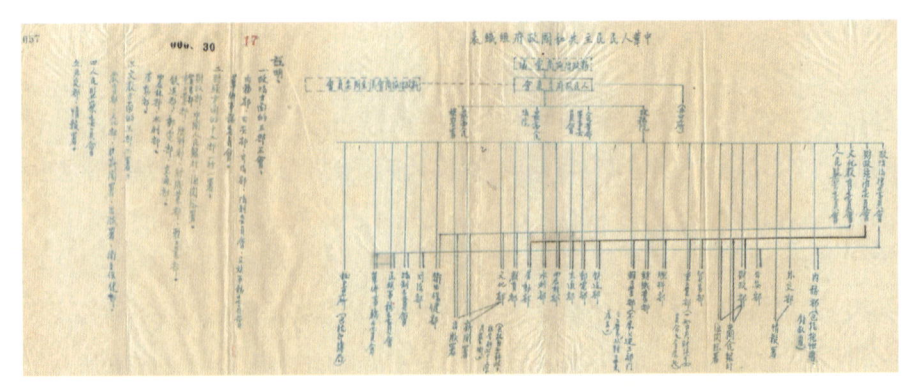

1949年8月5日，第四小组起草的《中华人民民主共和国政府组织大纲》（草案）

1949年9月22日，董必武在人民政协第一届全体会议上报告《中华人民共和国中央人民政府组织法》草拟经过及基本内容

政会议设秘书长，办理行政会议之行政事宜。另有四个行政委员会（政法、财经、文教、外交），军事委员会、监察委员会及各部。各行政委员会的任务为联系与指导各有关部门办事。法令由主席名义行之。"第二种方案是董必武提出的：苏联的主席团不同于英国国王或内阁。英国国王只是个样子，英国内阁是议会内阁，控制议会的；亦不同于美国总统在三权分立、互相牵制下，是行政元首。我们的政权组织大体与苏联相像，政府委员会（人民代表会召开前）是最高政权机关，国务院是最高行政机关。国务院办理经常行政事务。政府委员会主席或主席团就可以有时间照顾全局，决定大政方针。所以还是有国务院好。董必武不仅认为要设国务院，而且还要扩大它。他说，以往中国国务院太小了，十几个部管人的多于管事的。今后搞建设，要多设些部，如交通等。张志让又提出第三个方案：不要国务院，让四个委员会直属主席团。代表们围绕这三个方案众说纷纭。张奚若赞成叫"国务院"，反对叫"行政委员会"。他认为后者易与行政院混，大家讨厌。他提出：政府委员会决定大政方针，事情交给国务院去办。国务院是承上启下的，叫行政委员会，大中小各种委员会使人搅混不清。至于政府委员会，他认为若再设个主席团，即多一层，政治上一原则即要

灵活，要灵活层次不能太多，只设主席、副主席就行了。滕代远代表则赞成"要国务院好"，使元首考虑大政方针，国务院贯彻落实、上通下达。后来讨论中，又有人提出用"政务院"的名称……①

这些基本问题，经过筹备会和人民政协第一届全体会议期间的进一步讨论，逐一体现在《中华人民共和国中央人民政府组织法》。董必武9月22日在报告这个文件形成过程中，对"中央人民政府委员会"相关内容作了专门说明。比如，中央人民政府委员会设主席、副主席而不设主席团，也不设常务委员会。苏联实行联邦制，有16个共和国，每一共和国在中央有一位副主席，所以自然组成了主席团。我们没有这个事实，也就不必仿行此制。至于日常事务，由中央人民政府委员会互选秘书长领导办公厅人员经常处理。还比如，政务院总理的名称，第四小组讨论时认为称院长易与法院院长、科学院院长混淆，并且不赞成我们的行政首长与国民党的行政院长用同一名称，所以采用了政务院总理的名称。董必武最后解释政务院的组织问题时说，按照政府组织法，政务院由中央人民政府委员会任命总理一人，副总理若干人，秘书长一人，政务委员若干人组成之。政务委员得兼任各部的部长及各委员会的主任委员。政务院总理主持政务院全院事宜，政务院副总理及秘书长协助总理执行职务。政务院设政治法律委员会、财政经济委员会、文化教育委员会、人民监察委员会及三十个部、会、院、署、行。上述四个委员会分别负责指导与其工作有关的部、会、院、署、行。② 由此可见，新中国新政权的组织建构，综合了若干次会议的讨论成果，是集体智慧的结晶，充分体现了民主协商的品质。

宣告中央人民政府成立

根据《中华人民共和国中央人民政府组织法》，1949年9月30日下午，人民政协第一届全体会议最后一次大会将选举产生中华人民共和国中央人民政府主席、副主席和委员。

这次选举切实贯彻中共七届二中全会关于"我党同党外民主人士长期合作的政策，必须在全党思想上和工作上确定下来"的指导思想。毛泽东

---

① 参见1949年6月23日新政协筹备会政府组织法起草委员会讨论记录。

② 政协全国委员会办公厅编：《开国盛典——中华人民共和国诞生重要文献资料汇编》（上编），中国文史出版社2009年版，第313—314页。

提出的"使他们在工作岗位上有职有权"具体落实在中央人民政府委员会的候选名单上。这个名单是主席团和参加本届会议的各单位经过慎重协商后提出来的。在名单中考虑到一部分人因工作未能参加人民政协第一届全体会议等实际情形，包括了会议代表以外的人。中央人民政府委员会，连正副主席在内，只有63人，不能每个单位都有，也不能都是政协代表。

中央人民政府委员会是人民政协全体会议闭会期间的最高权力机关。开国之际，能够当选此委员政治意义重大、历史使命光荣，因此中共中央高度重视候选名单遴选问题，反复与各党派各团体协商，并提交政协代表深入讨论。

毛泽东是中国共产党的领袖，是中国人民革命事业的卓越领导者。他作为中央人民政府主席候选人，众望所归。在六位副主席候选名单中，对朱德、刘少奇、宋庆龄，代表们也没有异议，但有人对李济深、张澜、高岗有意见。

毛泽东、周恩来、刘少奇等中共中央主要领导人利用各种形式给中共党员代表做思想工作。周恩来说，革命不革命，也是有变化的。过去不革命的人现在革命了，是进步；过去革命的人现在不准别人革命，是落后。不能总是计较别人的错误呀！周恩来解释说，李济深虽然参加了1927年的国民党"清党"，但他后来与蒋介石决裂，在抗日战争及解放战争中对革命做过很大贡献。张澜在辛亥革命时就参加四川保路运动，并在担任四川省"安抚委员会"委员长时，暗中掩护革命。他儿子张崿1926年就参加了共产党。毛泽东曾评价张澜"老成谋国"。关于高岗作为副主席人选，中共中央作了说明：中国共产党永远不会忘记北方的陕甘宁边区。这是红军长征的落脚地，也是解放全中国的出发地。刘志丹、谢子长牺牲了，高岗就是陕甘宁边区的代表。

通过各方协商讨论，关于候选名单形成了共识。9月29日下午，大会讨论通过选举规定。根据规定，中央人民政府主席、副主席和委员的候选名单，经参加本届全体会议各单位协商，由主席团提交全体会议以无记名联记的方法选举。任何代表对候选名单有表示赞成或反对的权利。

9月30日下午，中国人民政治协商会议全国委员会委员选举后，大会接着进行中央人民政府委员会选举。此次会议代表总额662名，有选举权的正式代表共585人。当日出席大会的代表638人，缺席24人；其中正式代表563人，缺席22人（其中2人空额，14人列名缺席，6人请假）。

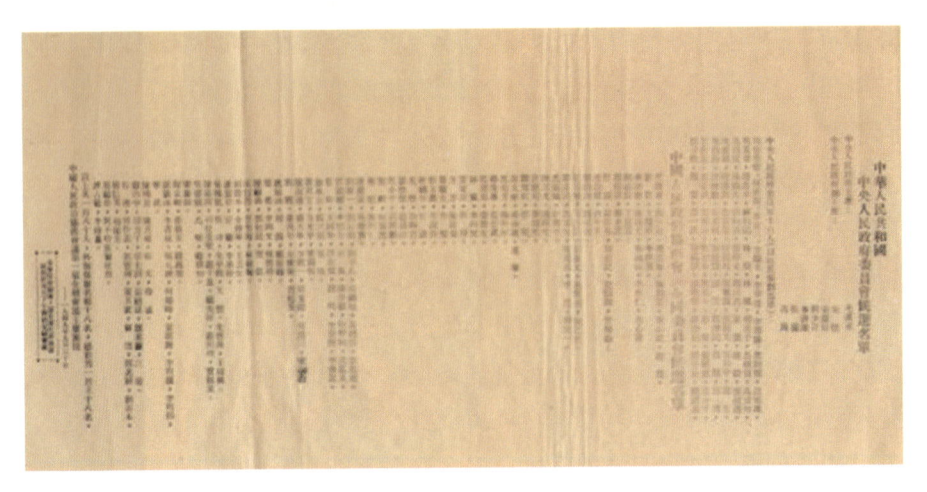

中央人民政府委员会候选名单

按规定，各单位正式代表缺席时，由本单位候补代表递补。但缺席正式代表中有特邀人士6人，因特邀人士无候补代表，无法递补；有一个单位正式代表1人缺席，仅有候补代表1人也缺席，无法递补；国外华侨正式代表3人缺席，候补代表2人中1人缺席，有2人无法递补。加起来有9个名额无法递补，因此实际参加投票的代表人数为576人，符合选举要求。

主席台旁摆放着9个饰有政协会徽的红色票箱。周恩来对选举办法作了扼要的说明。刘少奇宣布："到会有选举权的代表共576人。"之后，中华人民共和国开国史上最庄严的选举仪式正式开始。

投票前由大会执行主席刘少奇查验票箱是否加锁，监票人检视票柜。然后，执行主席宣布投票开始。每位代表都投下自己神圣的一票。在投票人分批投票入箱后，执行主席当众开启票箱，核对票数无误后，将选票交给监票人。监票人分20组，每组3人，同时开票登记票数。

当日晚上7:30，执行主席刘少奇宣布选举结果。他郑重地说：中央人民政府主席，毛泽东，575票。全场代表一致起立，热烈鼓掌。

大会选举朱德、刘少奇、宋庆龄（特邀）、李济深（民革）、张澜（民盟）、高岗为副主席。选举陈毅、贺龙、李立三、林伯渠、叶剑英、何香凝（民革）、林彪、彭德怀、刘伯承、吴玉章、徐向前、彭真、薄一波、聂荣臻、周恩来、董必武、赛福鼎·艾则孜、饶漱石、陈嘉庚（无党派）、罗荣桓、邓子恢、乌兰夫、徐特立、蔡畅、刘格平、马寅初（无党派）、陈云、康生、林枫、马叙伦（民进）、郭沫若（无党派）、张云逸、邓小平、高崇民（民盟）、沈钧儒（民盟）、沈雁冰（无党派）、陈叔通（无党派）、司徒美堂（致公党）、李锡九（民革）、黄炎培（民建）、蔡廷锴（民促）、习仲勋、彭泽民（农工党）、张治中（民革）、傅作义（无党派）、李烛尘（民建）、李章达（救国会）、章伯钧（农工党）、程潜（民革）、张奚若（无党派）、陈铭枢（民联）、谭平山（民联）、张难先（无党派）、柳亚子（民革）、张东荪（民盟）、龙云（民革）56人为中央人民政府委员。

当日，政协第一届全体会议通过《中国人民政治协商会议第一届全体会议宣言》，庄严宣告："全国同胞们，中华人民共和国现已宣告成立，中国人民业已有了自己的中央政府。"

中国人民政治协商会议第一届全体会议闭幕的第二天，即1949年10月1日下午2点，中央人民政府委员会召开首次会议，正副主席和委员宣布就职，并任命周恩来为中央人民政府政务院总理。3点，出席人民政协第一届全体会议的代表在天安门参加开国大典。首都30万人聚集天安门广场举行庆祝中华人民共和国中央人民政府成立典礼。中央人民政府主席毛泽东庄严宣布："中华人民共和国中央人民政府今天成立了。"从此，一个国家统一、民族独立、人民当家作主的新中国，以崭新的形象屹立在世界东方。

10月19日，中央人民政府委员会第三次会议任命董必武、陈云、

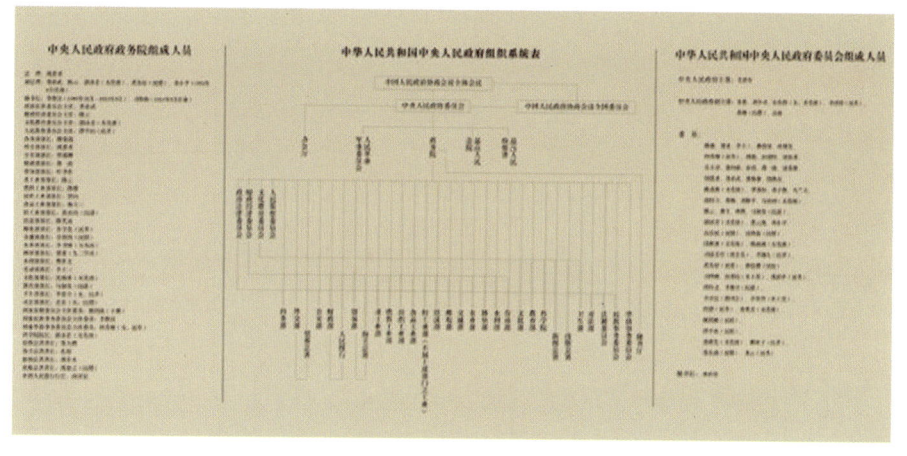

中央人民政府组织系统表及中央人民政府委员会组成人员、政务院组成人员名单

郭沫若、黄炎培为副总理，谭平山等15人为政务院政务委员，李维汉为政务院秘书长。10月21日中央人民政府政务院正式成立。

　　新中国的政权组织，践行了中国共产党召集政治协商会议、成立民主联合政府的初心，体现了让民主人士"有职有权"的政策，构建了中国共产党领导下多党合作的基本格局。正如当时人民日报社论所指出的，"这个中央人民政府的全部人选是事先经过充分协商的，因而也是最恰当的，它集中了各民主党派，各人民团体，各少数民族，国外华侨及其他爱国民主分子的领导人物，是体现了工人阶级领导的、以工农联盟为基础的、团结各民主阶级的统一战线的联合政府的性质"。

新中国国号的诞生

1949年10月1日，毛泽东主席在天安门城楼上庄严宣告：中华人民共和国中央人民政府成立了。新中国以崭新的姿态，屹立在世界的东方。"中华人民共和国"这一名称，成为新中国的国号，响彻海内外。

中国共产党的建国追求

中国共产党一经成立，就为建立一个崭新的国家而奋斗。1922年7月中共二大时，面对军阀割据混战局面，中共提出：首先推翻一切军阀，由人民统一中国本部，建立一个真正民主共和国；同时依经济不同的原则，促成蒙古、西藏、回疆三自治邦，再联合成为中华联邦共和国。[1] 到了1931年，随着革命形势的发展，中共在江西瑞金成立"中华苏维埃共和国"。这是政权建设的最早雏形。

抗日战争期间，民族矛盾凸显。1935年12月，瓦窑堡会议指出："苏维埃工农共和国及其中央政府宣告：把自己改变为苏维埃人民共和国。"这是中共在新的形势和任务下做出的一种调整。1936年8月，为适应全民族抗战的需要，中国共产党在《致中国国民党书》中，将"苏维埃人民共和国"改为"民主共和国"，表示"我们赞助建立全中国统一的民主共和国"。

1940年，毛泽东发表《新民主主义论》，回答了新民主主义革命要建立什么样的国家问题。毛泽东强调："现在所要建立的中华民主共和国，

---

[1] 中共中央文献研究室编：《建党以来重要文献选编（1921—1949）》（第一册），中央文献出版社2011年版，第130页。

只能是在无产阶级领导下的一切反帝反封建的人们联合专政的民主共和国,这就是新民主主义的共和国。"由此可见,"民主"与"共和"已成为中国共产党建国的重要价值取向。

当历史的车轮到了1948年的时候,国内形势发生了重大变化。人民解放战争取得重大胜利,建立一个新国家指日可待。毛泽东在1月18日为中共中央起草的党内指示《关于目前党的政策中的几个重要问题》、2月15日的《中共中央关于土地改革中各社会阶级的划分及其待遇的规定(草案)》文件中,把这个新型国家叫作"中华人民共和国"。这是迄今所能见到的中共中央文件中最早使用这一名称的地方。他也许没有料到,这个称谓果真成了一年后新中国的国名。

这年4月底,中共中央审时度势颁布"五一口号",得到各民主党派和人民团体的积极响应。毛泽东在8月1日给各民主党派复电中,提出要"建立独立、自由、富强和统一的中华人民民主共和国"。此后,在新政协筹备的一段时间内,一直沿用"中华人民民主共和国"这个名称。

黄炎培、张志让的条陈

1949年6月15日,新政协筹备会开幕。毛泽东在新政协筹备会第一次全体会议上,高呼"中华人民民主共和国万岁"!

国家称号关乎国体。出席新政协筹备会的一些代表对"中华人民民主共和国"这个名称提出了不同意见。黄炎培、张志让专门给新政协筹备会写了一个《提议国名定为"中华人民民主国"简称"中华民国"或"中华民主国"》的条陈。条陈提出,我国国名似可将原拟"中华人民民主共和国"改为"中华人民民主国",简称"中华民国"或"中华民主国"。将来进入社会主义阶段时,即可改称"中华社会主义民主国"。他们提出了四个理由。其一,"民主""共和"两字并无兼列必要:按我国现代所用"共和国"一名词,似纯系翻译西文Republic(列坡勃立克)一字,与"共和"两字在我国经典上之原意并无关系。西文"列坡勃立克"一字当初并非不可译为"民主国"。盖西文"德谟克拉西"(Democracy)与"列坡勃立克"(Republic)两字含义原无根本区别,不过前者系指民主的政治体制,而后者系指民主的国家,而在西文中向未有以"德谟克拉西"为字根而用以指国家之字,而"列坡勃立克"即所谓"共和国",

则系一现存名词。其二，罗马尼亚、捷克、苏联等国家的国名，其中的"共和"皆可译为"民主"，可见"民主""共和"并无兼列必要。其三，"中华人民民主共和国"名称过长，"共和"既无必要，如上所述，自以节省为便。其四，至于简称"中华民国"，虽名称较旧，"中华民主国"名称较新，然"中华民国"四字最为简短方便，恐终不能废弃，正与"苏联"二字之有必要同。

黄炎培、张志让的意见引起筹备会常务委员会的重视。秘书长李维汉6月19日批示"抄送主任、副主任委员与各组长"。

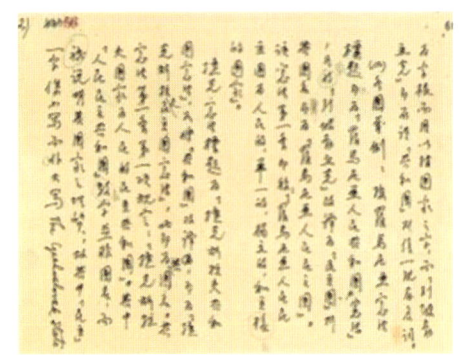

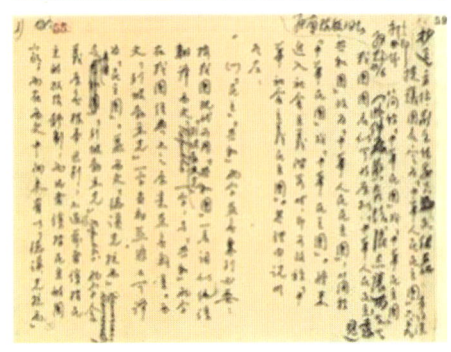

黄炎培、张志让的部分建议

张奚若为新中国起名

新政协筹备会常务委员会第四小组负责起草政府组织法草案。1949年6月23日，起草提纲委员会召开第一次会议。董必武开场提出讨论的要点，首先就是"对国家名称，有不同意见"。在发言中，张东荪认为，国家名称与制度比起来，制度更重要。林励儒提出，国家名称无论是用哪一个，皆简称中华民国，故有把国家性质表明的必要。张奚若说："有几位老先生称中华人民民主共和国名字太长，说用中华人民共和国之名。我看叫中华人民共和国比叫中华人民民主国好。有人民二字就可不要民主二字。焉有人民而不民主哉？且民主一词Democracy来自希腊字，与人民同义。"他认为这个名称虽长，解释起来容易明白。"是共和而非专制，民主而非君主，人民而非布尔乔亚的国家。"[①]

为慎重起见，此次会议将"中华人民民主共和国、中华人民共和国、

---

① 参见1949年6月23日第四小组起草提纲委员会第一次会议讨论记录。

中华人民民主国（皆简称中华民国）"，并列提出来，供代表们讨论。

在第四小组连续召开的几次全体会议上，都有代表对国家名称讨论发言。8月17日，第四小组第三次全体会议修正通过了《政府组织法初步草案》，提交新政治协商会议筹备会常委会审议。从这次会议的档案资料上可知，"新政治协商会议"已改名"中华人民共和国全国人民政治协商会议（后改为中国人民政治协商会议——笔者注）"，国家名称已改为"中华人民共和国"。

9月7日，周恩来向政协代表及各方面有关人士作《关于人民政协的几个问题》报告。关于国名问题，他解释说：在中央政府组织法草案上去掉中华人民民主共和国的"民主"二字，去掉的原因是感觉到"民主"与"共和"有共同的意义，无须重复，作为国家还是用"共和"二字比较好。周恩来进一步说明：辛亥革命后，中国的国名是"中华民国"，有共和的意思，但并不完全，可以作双关的解释，而且令人费解。现在我们应该把旧民主主义和新民主主义区别开来。因为在辛亥革命时，十月革命尚未成功，那时只能是旧民主主义的。在那以后由不完备的旧民主主义进步到完备的新民主主义。今天，为了使国家的名称合乎国家的本质，所以我们的国名应该是"中华人民共和国"。

9月17日，新政协筹备会第二次全体会议原则通过政协组织法草案、

第四小组商讨中央人民政府组织法起草事宜

政府组织法草案和《共同纲领》草案，提交中国人民政治协商会议第一届全体会议讨论。在提交全体会议的文件里，新的国名使用"中华人民共和国"。

在9月22日人民政协第一届全体会议上，董必武就政府组织法草拟过程作出说明。关于总纲的第一个问题是国家名称。他说：本来过去许多人写文章或演讲都用中华人民民主共和国。黄炎培、张志让两先生曾经写过一个节略，主张用中华人民民主国。张奚若以为不如用中华人民共和国。我们现在采用了这个名称。因为共和国说明了我们的国体，"人民"二字在今天新民主主义的中国是指工、农、小资产阶级和民族资产阶级，这"已经把人民民主专政的意思表达出来，不必再把'民主'二字重复一次了"。

要不要"中华民国"简称

对国号争议最大的是简称问题。正如黄炎培条陈中所指的，人们已经习惯了"中华民国"这个称谓。在政协讨论时，一些代表提出，应该将简称写入《共同纲领》。这是个习惯称谓，写进纲领可以照顾到统一战线中的各个组织。但更多代表认为，"中华民国"代表旧中国的统治，新中国应是新民主主义的，反对将"中华民国"简称写入《共同纲领》。雷洁琼、张奚若等建议统一将"中华民国"改为"中华人民共和国"。还有代表提出，既不要写"中华民国"，也不要写"中国"，"中国"只是习惯用法。鉴于不能形成统一意见，只有提交人民政协正式会议讨论。

新政协筹备会已确定"中华人民共和国"作为新中国的名称。然而，在提交人民政协第一届全体会议的文件中，共同纲领和政府组织法中的国号即"中华人民共和国"之后，都带着一个括号，里面写着"简称中华民国"六个字。是否应去掉原稿中的"简称中华民国"呢？

人民政协第一届全体会议召开后，尽管会务繁重，周恩来还是于1949年9月26日上午11时半，在东交民巷六国饭店举行宴会，邀请20多位政协代表参加。他们大多是70岁上下的老者，有张元济、何香凝、周善培、符定一、马寅初、徐特立、吴玉章、张澜、黄炎培、简玉阶、陈叔通、沈钧儒、陈嘉庚、司徒美堂、林伯渠、张难先、郭沫若、沈雁冰。

宴会之前，周恩来先讲了开场白。他说：今天请来赴宴的，都是辛亥革命时期的长辈……我国有句老话，叫作"请教长者"，今天的会就是如此。在讨论文件时，各位看见国号"中华人民共和国"之下，有一个简称中华民国的括号。这个简称，有两种不同意见，有的说好，有的说不必要了。常委会特叫我来请教老前辈，看看有什么高见。老前辈对"中华民国"这四个字，也许还有点旧感情。

黄炎培首先发言说：我国老百姓教育很落后，感情上习惯用中华民国。一旦改掉，会引起不必要的反感，留个简称，三年之后再去掉，并无不可。

辛亥革命老人、72岁的廖仲恺夫人何香凝接着说：中华民国是孙中山先生革命的一个结果，是用许多烈士鲜血换来的。关于改国号问题，我个人认为，如果能照旧用它，也是好的；大家不赞成，我就不坚持我的意见。

随后发言的周善培，是位前清进士，在辛亥革命后隐居38年之久。他态度坚决地反对用简称，说：我反对仍要简称，什么中华民国，这是一个群众对它毫无好感的名称。20年来更是被蒋介石弄得不堪言状了。我主张就用中华人民共和国，表示此次人民革命和辛亥革命的性质各不相同。

81岁高龄的美洲侨领司徒美堂听不懂北方话，由秘书司徒丙鹤陪同参加新政协。这次，也由司徒丙鹤把别人的发言译给他听。听到此，司徒美堂猛地站起来，要求发言。宴会厅里静下来了，只听他说：我也是参加辛亥革命的人，我尊敬孙中山先生，但对于中华民国四个字，则绝无好感。理由是，那是中华"官"国，与"民"无涉。22年来更被蒋介石与CC派弄得天怒人怨，真是痛心疾首。接着，他又激动地说：我们试问，共产党所领导的这次革命是不是跟辛亥革命不同？如果大家认为不同，那么我们的国号应叫中华人民共和国，抛掉中华民国的烂招牌。国号是一个极其庄严的东西，一改就得改好，为什么要三年之后才改？语云："名不正则言不顺，言不顺则令不行。"仍然叫作中华民国，何以昭告天下百姓？我们好像偷偷摸摸似的。革命胜利了，连国号也不敢改？我坚决反对什么简称，坚决主张光明正大地用中华人民共和国。司徒美堂的这番话，慷慨激昂，掷地有声。言毕，大厅里顿时响起一阵热烈的掌声。

马寅初立即表示赞同，并说：括号中的简称不伦不类，不像话，应该去掉！

张澜、陈叔通也表示反对用简称。

这时，法律专家沈钧儒又从法律角度作了阐释：如果有些群众还要写

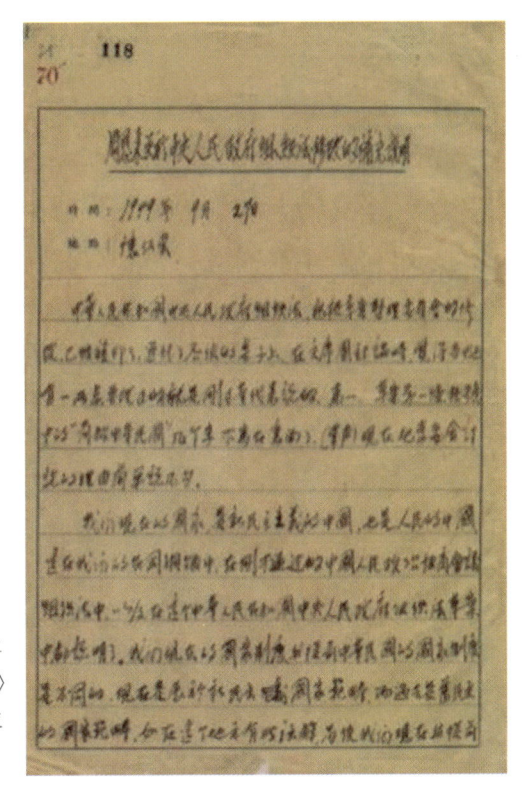

1949年9月27日,周恩来在《关于〈中央人民政府组织法〉修改的补充说明》中,解释去掉"简称中华民国"的理由

中华民国,那是他们的一时之便,我们也不必明令禁止。至于堂堂的立国文件里加上简称中华民国的括号,这的确是法律上的一个大漏洞。不合法律观点,也万万不应如此。遍观世界各国国号,只有字母上的缩写,而没有载之于立国文件上的其他简称。将来在行文上,用国家名义与别国订约时,也有不便。所以我也主张不用那个"简称中华民国"。

陈嘉庚发言说:我也不同意用括号里的简称。大家对中华民国决无好感,落后的人可能一时不会习惯,但过些时候就会好的。他的厦门话,旁人听不懂,由秘书庄明理翻译成普通话。

当天发言者18人,有16人主张不用简称。

最后,周恩来表示,要把大家发表的意见综合报给大会主席团常委会参考,并由主席团常委会作出最后决定。①

---

① 杨胜群、陈晋主编:《亲历者的记忆:协商建国》,生活·读书·新知三联书店2009年版,第329—330页;郝在今:《协商民主——中国特色政治协商制度开创纪实》,金城出版社2014年版,第284—286页。

1949年9月27日下午,中国人民政协第一届全体会议决定去掉国号后面"中华民国"的简称。自此,新中国有了自己正式的名字:中华人民共和国。

新中国国旗国歌的诞生

国旗、国歌、国徽是国家的象征。拟制国旗、国歌、国徽是新政协筹备工作中一项重要任务。在广泛征集、深入协商中,新政协筹备会切实尊重人民意愿,彰显民主精神。国旗国歌率先在人民政协第一届全体会议上获得通过。在开国大典上,五星红旗高高飘扬,《义勇军进行曲》高亢嘹亮!

征集国旗国歌国徽启事

1949年6月16日,在新政协筹备会常务委员会第一次会议上,"拟定中华人民民主共和国国旗、国徽及国歌之方案"被列入重要筹备内容。会议决定由第六小组承担拟定国旗、国歌、国徽、国都、纪年方案的任务。马叙伦担任组长,叶剑英为副组长。由于叶剑英还担任北平市军事管制委员会主任,事务繁忙,后增加沈雁冰为副组长,主持日常工作。成员有张奚若、田汉、马寅初、郑振铎、郭沫若、翦伯赞、钱三强、蔡畅、李立三、张澜(刘王立明代)、陈嘉庚、欧阳予倩、廖承志。

7月4日下午,叶剑英在中南海勤政殿第一会议室主持召开第六小组第一次会议。会议推选翦伯赞、蔡畅、李立三、叶剑英、田汉、郑振铎、廖承志、张奚若八人组成国旗国徽图案初选委员会,叶剑英为召集人;推选田汉、沈雁冰、钱三强、欧阳予倩、郭沫若五人组成国歌词谱初选委员会,郭沫若为召集人。会议决定由郭沫若、沈雁冰、郑振铎起草国旗、国徽图案及国歌词谱征求启事,由小组会修正后提交新政协筹备会常委会通过。征求启事经周恩来修改后,又向毛泽东、朱德、李济深、张澜、林伯渠等新政协筹备会常委广泛征求了意见。

7月14日至8月15日,《人民日报》等多家报刊以显著位置刊登征求启事。国内其他各报、香港及海外各华侨报纸纷纷转载。征求启事得到社会各界的热烈响应。投稿者有工、农、商、学、兵各个阶层以及一些学者、艺术家和高级领导干部。至8月20日,收到国旗稿件1920件、图案2992幅(朱德等人提交了自己设计的图案,郭沫若8月24日在第三次小组会议上提交了设计图案),国徽稿件112件、图案900幅,国歌632件,歌词、歌谱694首,意见书24封。

审慎的遴选

1949年8月5日下午,马叙伦在北京饭店六楼大厅主持召开第六小组第二次全体会议。大家对已收到的稿件进行审看,认为国旗国徽投稿中大部分是意见式的略图,多以星斧镰之各种画法所组成的图案。会议决定聘请徐悲鸿、梁思成、艾青三位专家为国旗国徽图案初选委员会顾问;聘请马思聪、贺绿汀、吕骥、姚锦新四位音乐家为国歌词谱初选委员会顾问。

8月18—20日是第六小组确定的选稿日期。第六小组在北京饭店413号会客室设立了临时选阅室。所有应征的设计稿集中陈列于此。8月22日上午10时,马叙伦在临时选阅室主持召开国旗国徽初选委员会第一次会议,初选出国旗16幅、国徽4幅提交第六小组再度审议。讨论时,梁思成提出将来国旗颜色要规定"号数"的问题,因为艺术家把颜色分成几百种号数。翦伯赞建议由国家制成国旗的红布,就叫"国旗红"。这应该是"国旗红"的首次使用。

在收到的稿件中,有一份8月11日收文编号为1232、在全国应征稿件编号为1305的来稿。作者是上海"现代经济通讯社"的曾联松。遗憾的是,他设计的五星红旗图案当时并未引起注意。

曾联松设计的国旗应征图案

8月23日，国歌词谱初选委员会召开第一次会议，对应征作品进行初选、评审，还搬来钢琴试弹试唱，最终选出几件作品提交第六小组审议。

8月24日上午，马叙伦在北京饭店六楼大厅主持召开第六小组第三次全体会议。国旗方面，将进入复选的17幅图案（似临时增加1幅——笔者注）进行编号。梁思成等代表反对一些在左上方留白四分之一的图案，"同美国和国民党的旗子太相近了"。大家一致认为"初选第十一号"较好，红白二色分配适当，制作容易，红星在角上方，旗不飘开亦能看见，样式亦与其他国家无雷同，配色美观，在意义象征上也适合征求条例。白色象征光明，红色象征革命政权，红星代表共产党的领导。为慎重起见，会议决定将复选中选的方案提请常委会讨论审核（后来常委会没有讨论，只是传阅了一下——笔者注）。

初选十一号国旗图案

国歌方面，歌词复选提出13件，复印后提供给常委会参考。为便于提意见，作者名字一律不公布，而是用第六小组的登记号代替。进入复选的国歌方案中没有《义勇军进行曲》。因复选提出的歌词尚未臻于尽善，仍由文艺专家继续拟制。

国徽由于收到的作品太少，没有可采用的。马叙伦认为："国徽问题只能提出参考，不能决定"，决定另请专家拟制。

8月26日，筹备会常委会第四次全体会议在中南海勤政殿召开。周恩来对马叙伦提出表扬："第六小组马老的成绩很大，国旗收了1000多件。"马叙伦说："国旗，已相当完成了。"即指初选十一号而言。"国歌虽收到几百件，可取的也很多，但是只能作为普通的革命歌子，作为国歌是不够的，现在选出了13份送给大家看，请常委会决定。""国徽在请专家画，半个月才能搞成，画好了再给大家看。"

但是，对国旗"初选十一号"方案也有人提出反对。陈嘉庚明确提出三条反对意见：一是该形式与印尼的相似，只印尼旗没有星，我们增加一星；二是上头白，在太阳底下看不见；三是没有表示工农联盟之义。他认为征求国旗启事，要体现工农为基础之含义，而有斧头、镰刀或其他表示工农之图案却一律不采用，这是有悖民意的。郭沫若解释说，第六小组不采用斧头、镰刀是怕与苏联国旗相似。陈嘉庚表示如若有此原因，那么就在报上说明，再征求一次，此次新政协不决定国旗，等以后再决定。陈嘉庚的意见报送给了周恩来。

9月14日上午，马叙伦在北京饭店东餐厅主持召开第六小组第四次全体会议。讨论的重点是国旗。马叙伦说：我们把上次全体会议选出的国旗图案送给毛主席与中共中央看了看，研究结果，初采用国旗图案十一号修改图案，后觉得初十七号图案好……并且毛主席说，国旗上不一定要表明工农联盟，国徽上可以表明。陈嘉庚继续对初选十一号方案提出反对意见。会议经投票，11号图案（4票）、17号图案（7票）。这两个方案，连同国徽图案两张，提交常委会参考。会议决定把来稿中较好的图案印成小册子，分送给全体代表分组讨论，并把所有应征稿件在中山公园陈列展出。马叙伦强调说：国歌在正式大会赶不出，也可以晚一点。国旗必须在正式大会上讨论通过……国徽希望能在会上搞出来。

20世纪30年代，电影《风云儿女》海报

人民政协第一届全体会议召开在即，第六小组全体成员深感责任重大，又召开了若干次的座谈会，反复讨论、审阅。在最后几次讨论会中，先后由刘良模、梁思成、张奚若等提议，以《义勇军进行曲》作为国歌，在应征来稿中，也有人提此建议。《义勇军进行曲》由田汉作词，聂耳作曲，创作于1935年，是电影《风云儿女》的主题歌。它诞生于中华民族危亡的历史关头，不仅是鼓舞中国人民争取民族独立的号角，也为国际社会所认同，成为"二战"期间国际反法西斯阵营的战歌之一。

9月17日，新政协筹备会第二次全体会议决定将国旗、国徽、国歌的制定工作移交人民政协第一届全体会议，并由第六小组向大会主席团提出报告。

全体代表再讨论

1949年9月21日，毛泽东在人民政协第一届全体会议开幕词里，宣布会议的任务之一是"制定中华人民共和国的国旗和国徽，决定中华人民共和国国都的所在地以及采取和世界大多数国家一样的年号"。

在会上，马叙伦向大会报告了第六小组的初步意见："国旗的应征稿件可分为四类，有镰锤交叉加五角星的，嘉禾齿轮加五角星的或不加五角星的，两三种颜色的横竖条加镰锤、嘉禾、齿轮或五角星的，这三类及其变体都不足取，第四是旗面三分之二为红色，三分之一为白、蓝、黄各色，而加以红色或黄色五角星者及变体，长处是简洁，这一个形式，较其他各式似乎更好些（如复字第一号，即初选十七号修正图之一）。国歌必须再行有计划地征集一次，将选取者，制曲试演，向群众中广求反应后，再行提请决定，非最近时间内可以完成。国徽图案的投稿大多数不合体制，可供参考采择者仅四五式。"从这个报告可见，当时仅国旗有初选方案。

9月21日，一届政协全体会议主席团第一次会议通过设立6个审查委员会名单，其中一个是国旗国徽国都纪年方案审查委员会，共55人，马叙伦为召集人。第六小组的工作也在继续。他们从应征国旗稿件中选出38幅编成《国旗图案参考资料》，供全体代表讨论。编号从复字第1号开始编排。曾联松设计的图案编号为复字第32号，稍作修改，去掉了原设计图案中的镰刀斧头。据第六小组秘书彭光涵说："经第六小组讨论删去。我还在原稿上写上了'去镰刀斧头'五个字。图案其余部分未做修改。"[①]

9月22日，马叙伦在北京饭店东餐厅主持召开第六小组第五次全体会

[①] 石光树编：《迎来曙光的盛会——新政治协商会议亲历记》，中国文史出版社1987年版，第259页。

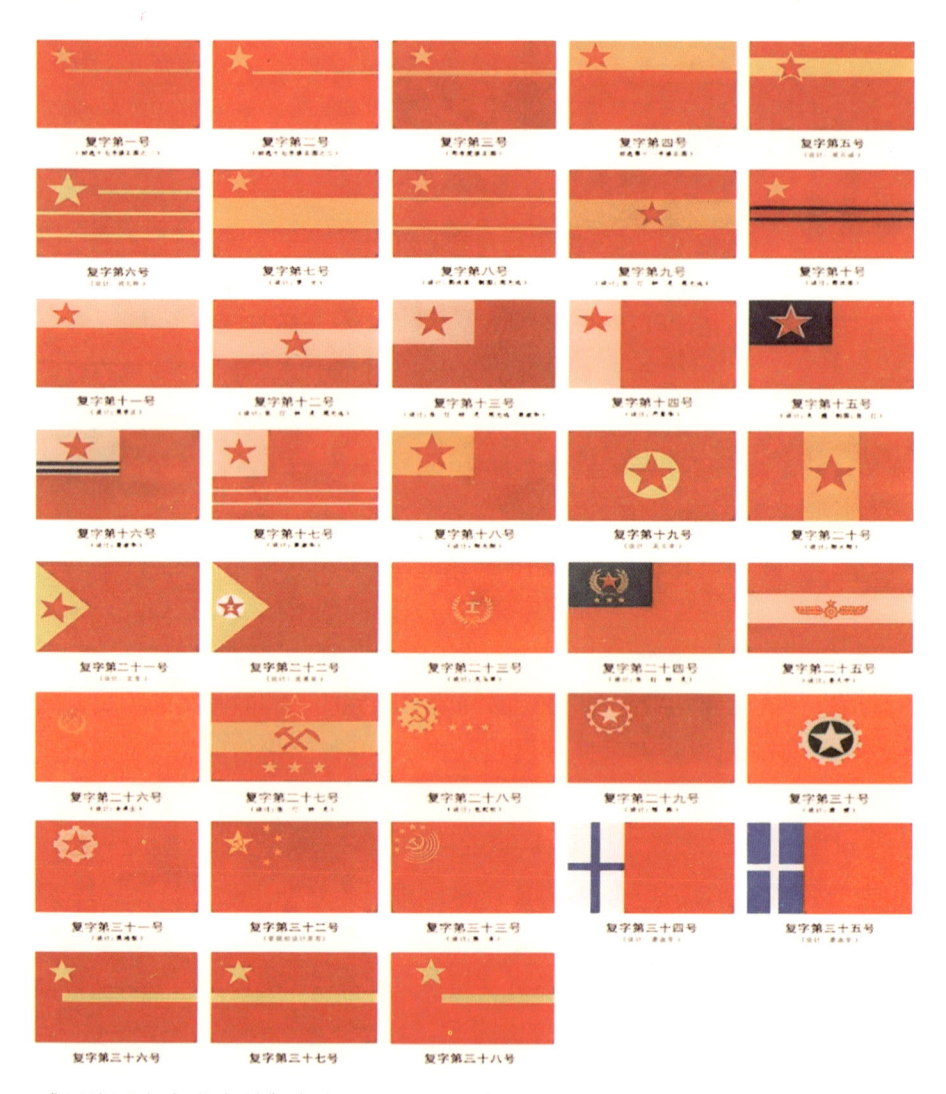

《国旗图案参考资料》复字 1—38 号图案

议。这次会议通报了一个事项：纪年和国都地点经全体会议主席团指定，由第六小组负责研究。会议决议：国都建于北平，北平改北京；纪年采用公历；国旗采用复字第三号（即初选十七号图，根据郑考度之图案修正后制成）或复字第四号（即初选十一号修正图）。

9月23日上午，政协全体会议举行《关于国旗国都纪年的意见》分组讨论会，共分11个小组，应到647人，实到466人。代表们讨论非常热烈。国都、纪年意见较为一致，国旗分歧明显。代表们较为集中地讨论了复字第三、四号，但是也对其他的图案提出了意见。由于受第六小组所发意见的影响，使得代表们意见没有充分表达。宋云彬代表在日记里详细记载了当天讨论的情况：第六小组推荐"复字第三号""复字第四号"，"余对此两幅图案均不满意，发表意见，大致谓我们的国旗应该是红的（红色象征革命），此为先决条件，第四号图案三分之一为黄色，与此条件不合，第三号图案将一面旗割裂为二，尤为不合，与其就第三面第四面两幅图案选定，不如选'复字第一号'。按复字第一号之图案与第三号相近，但一条横线较细，并不通到底。发言者甚多，以赞成采用第一号图案者为多数。讨论不采表决形式，由各人自填写意见表一份，汇送第六

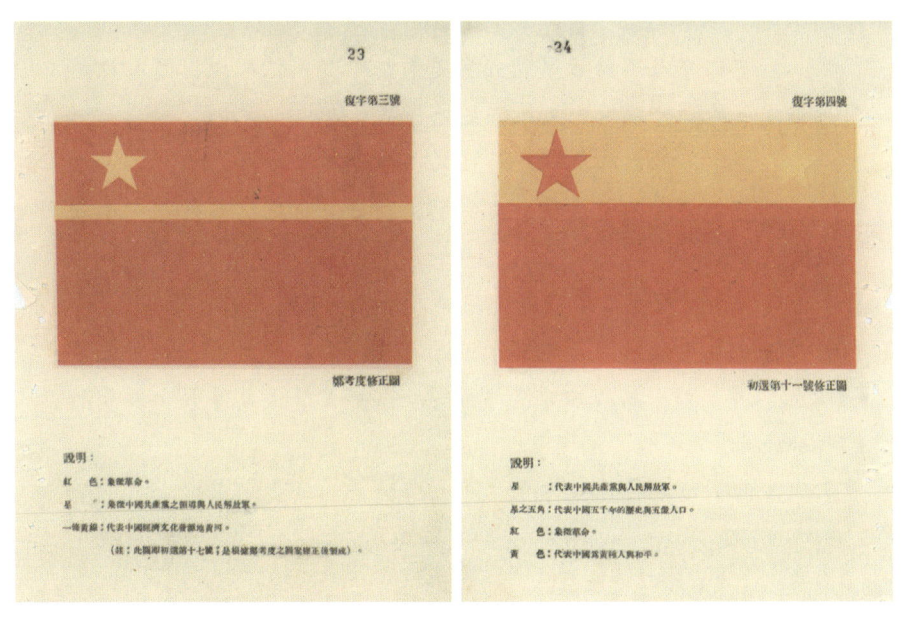

《国旗图案参考资料》复字第三、四号图案

小组参考。"[1]他认为第六小组推荐复字第三号及第四号之图案，有先予人一种暗示的感觉。

当晚七点，国旗国徽国歌国都纪年方案组（第六小组）在勤政殿第二会议室举行第六次全体会议，对讨论结果进行总结。

9月24日，第六小组提交一个讨论报告。从报告看，关于国旗的讨论最为激烈，争议也最大。关于国旗，讨论的综合意见是：

（一）各分组征求意见的结果统计，赞同复字第三号者最多有185人，其次为复字第四号129人，复字第一号112人，复字第二号77人。总之，大多数的代表都同意红旗角上有一星及一黄条的类型，认为较好者共342人，惟对于星的颜色、黄条的粗细、位置、长短及象征的说明略有不同意见。

1. 大部分代表不赞同参考资料说明中"黄色象征中国为黄种人与和平"。因以皮肤颜色来分人类是不科学的。同时，最近两世纪来，帝国主义者特别以此来表示其种族的优越感，并且国际上皆以白色象征和平，故此说明应加以修改。

2. 黄条象征中国经济文化发源地之黄河。亦有部分人不同意，因黄河只是汉族的发祥地，并且黄河又为中国的忧患，所以此说明不妥。

3. 有部分人不同意星的五角是象征中国五亿人口，因人口是逐渐发展的，可以用此来象征星光普照大地。

4. 红色不但象征革命，而且象征劳动。

5. 有部分人不赞成黄条贯穿的，因好像是把红颜色——革命给分开了。

（二）有人主张不应避免用镰刀斧头，否则工农即无法表明。

（三）主张采用复字第十五号有张治中、邵力子、陈劭先等18人，并且严景耀说燕京大学的学生多数是赞成复字第十五号图样的。

（四）主张采用复字第三十二号的有胡厥文、李烛尘、雷荣珂等15人，但四个小星可略向下移动些。

---

[1] 海宁市档案局（馆）整理：《宋云彬日记》（上），中华书局2016年版，第226页。

（五）洪深提议国旗选用第二十八号，惟须增加一颗星，其理由有12大条。

　　（六）罗隆基提议，红旗中有一白色五角星以象征和平。

　　对于国旗图案本组根据二十三日之分组讨论时各代表所提出之意见，又制成修正图案四幅。

　　在报告中，第六小组给出的建议是"今天我们与艾青同志商量，觉得还是复字第四号为好"，并将意见上报给主席团。在报告附件中，有四幅综合了代表和专家意见新修改的国旗图案，其中三幅采纳了四颗小星环绕大星的构思。

　　彭光涵回忆说，在国旗设计方案的选择上，虽然经过反复的讨论甄选，仍然分歧较大。第六小组推荐的"复字第三号"和"复字第四号"尽管赞成的人数比较多，但反对者的态度却非常坚决。他们主要认为这类图案有"分裂"之感，特别是当时南方还有一部分地区没有解放，有南北分家之嫌。吴藻溪还专门给周恩来写信，反对第六小组的建议。

　　鉴于反对声音颇大，简洁、大方的"复字32号"又引起关注。

丰泽园一锤定音

　　开国典礼在即，但国旗、国徽、国歌等一些重大事项尚议而未决。1949年9月25日晚上，毛泽东、周恩来在中南海丰泽园召开国旗国徽国歌国都纪年协商座谈会。

　　参加这次座谈会的名单均是经过毛泽东和周恩来亲自商定的。毛泽东还特意删去了几位中共党员的名字，而添加上几位党外和文化界人士。郭沫若、沈雁冰、黄炎培、陈嘉庚、张奚若、马叙伦、田汉、徐悲鸿、李立三、洪深、艾青、马寅初、梁思成、马思聪、吕骥、贺绿汀出席了座谈会。

　　当天晚上8时，座谈会开始。毛泽东先拿着事先准备的大幅"复字32号"五星红旗图案，开宗明义地说：过去我们脑子老想在国旗上画上中国特点，因此画上一条，以代表黄河。其实许多国家国旗也不一定有什么该国家特点。苏联之斧头镰刀也不一定代表苏联特征，哪一国也有同样之斧头镰刀。英美之国旗也没有什么该国特点。因此，我们这个图案表现我

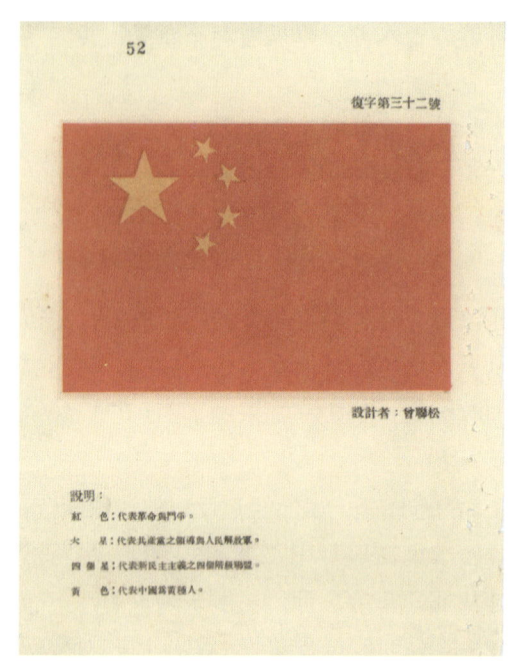

《国旗图案参考资料》复字第三十二号

们革命人民大团结。现在要大团结,将来也要大团结。现在也好,将来也好,又是团结又是革命。毛泽东赋予了这幅五星红旗图案崭新的含义,得到大家一致赞同。

陈嘉庚说:"我从东北回来就很关心国旗的问题,我完全赞同毛主席所讲的第32图案。"

梁思成说:"我觉得第32图很好,而且与军旗也不相差很大。多星代表人民大团结,红代表革命,表示革命人民大团结。"

经过讨论,确定复字32号图案作为国旗方案。

当天晚上,根据马叙伦的提议,座谈会又讨论了国徽、国歌、国都等问题。

关于国徽,鉴于大家对提交的国徽图案均不满意,毛泽东说:国旗决定,国徽是否可慢一点决定。等将来交给政府去决定。

关于国都,大家都赞成建都北平。至于名称,黄炎培提议不改为好。毛泽东说,"还是改一个字好",遂改名北京。

关于纪年,大家一致同意采用世界公元纪年。

关于国歌，大家讨论也非常热烈。会议留下了这样一段记录：

马叙伦：我们政府就要成立，而国歌根据目前情况一下子制作不出来，是否我们可暂时用《义勇军进行曲》，暂代国歌。

×××（记录如此——笔者注）：曲子是很好，但词中有"中华民族到了最后关头"（应为"中华民族到了最危险的时候"——笔者注）不妥。最好词修改一下。

张奚若、梁思成：我觉得该曲是历史性的产物，为保持她的完整性，我主张曲词都不修改。

徐悲鸿：该进行曲只能暂代国歌。

郭沫若：我赞成暂用她当国歌。因为她不但中国人民会唱而且外国人民也会唱，但歌词修改一下好些。

黄炎培：我觉得词不改好些。

田汉：我觉得该曲是好的，但歌词在过去它有历史意义，现在应让位给新的歌词。这词并不是聂耳写的，我们因写完了一段词就被捕，因此就用聂耳名义发表。

周恩来：要么就用旧的歌词，这样才能鼓动情感，修改后唱起来就不会有那种情感。

毛泽东：改还是要改，但旧的还是要。

座谈会在与会者高唱的《义勇军进行曲》歌声中结束。

9月26日下午，国旗国徽国歌国都纪年审查委员会召开第一次会议，与会人员一致同意：国旗拟采用复字第32号图，并改正其说明：红色象征革命，星象征中国人民革命大团结；根据国徽图案参考资料，邀请专家另行拟制；在未制定正式国歌以前，拟暂以《义勇军进行曲》代之；国都拟定于北平，并改名为北京；纪年采用公历；将会议内容报告给政协全体会议主席团。

9月27日下午3时，马叙伦代表国旗国徽国歌国都纪年审查委员会向中国人民政治协商会议第一届全体会议做了报告。会议上，周恩来主持通过了关于国歌、国旗的决议：

在中华人民共和国的国歌未正式确定前，以《义勇军进行曲》

1949年9月29日《人民日报》刊登的国歌曲谱

会议通过的五星红旗

为国歌。赞成的请举手。——请放下。不赞成的请举手。怀疑弃权的请举手。——有一位弃权。我们现在以绝大多数通过以《义勇军进行曲》为我们现在的国歌。

中华人民共和国的国旗为五星红旗，象征中国革命人民大团结。赞成的请举手。——请放下。不赞成的请举手。怀疑弃权的请举手。——弃权的有两位。绝大多数通过以五星红旗为我们的国旗。

9月30日下午，人民政协第一届全体会议主席台上，展开着一幅巨大的五星红旗。至此，这次会议完成各项议程，在《义勇军进行曲》中闭幕。[①]

[①] 本章资料参见中央档案馆编：《中华人民共和国国旗国徽国歌档案》，中国文史出版社2014年版。

新中国国徽终于确定

在1949年新政协筹备会期间，征集的国旗国徽国歌来稿中，国徽图案较少，且不尽如人意。根据毛泽东的意见，国徽拟制工作在人民政协第一届全体会议之后再行决定。新中国成立后，经过全国政协的进一步协商讨论，提交中央人民政府委员会通过的国徽，终于在1950年国庆节悬挂在天安门城楼上。

国徽设计竞赛

在新政协筹备会期间，国旗国徽国歌启事发出后，应征来稿中，国徽图案较少（设计稿112件，图案900件）。1949年9月25日毛泽东、周恩来召开国旗国徽国歌纪年国都协商座谈会时，只有张仃、钟灵设计的5幅国徽图案，被编印成参考资料，供大家讨论。

张仃是专业美术设计家，1938年赴延安，在鲁迅艺术学院美术系任教。1949年初，他受邀参与中南海怀仁堂、勤政殿的改造，担任政协会议美术设计（包括政协会徽、人民政协一届全体会议邮票设计）、开国大典的美术设计（包括纪念邮票设计）工作。张仃、钟灵等人根据政协会徽设计了国徽，图案以标有红色中国版图的地球、五角星为主体，并配以齿轮、嘉禾、红绶。图案色彩鲜艳，象征含义丰富，已经超出了国徽征求启事上的要求。

在讨论时，洪深、贺绿汀、郭沫若、梁思成、徐悲鸿等先后发表意见，分歧很大。洪深认为"中国版图画红色，而把其他国家画黄色，特别是苏联给画成黄色是非常不好"。贺绿汀建议最好与国旗一致，"画四颗星"。郭沫若提出"光芒来源不清，最好在地球上头画一太阳"。梁思成也觉得"毛病很多"。鉴于此，毛主席说：国旗决定，国徽是否可慢一点决定，

张仃、钟灵等人设计的五幅图案编入《国徽图案参考资料》

等将来交给政府去决定。……原小组还继续存在,再去设计。

新中国成立后,由原第六小组成员继续承担拟制任务。邀请清华大学营建系(主要成员有梁思成、林徽因、莫宗江、汪国瑜、朱畅中、胡允敬、张昌龄、李宗津、高庄、罗哲文等)和中央美术学院(主要成员有张仃、张光宇、周令钊、钟灵等)分别进行国徽的设计工作。

为了赶在1950年国庆节挂上新国徽,两个设计组的专家学者们对各种构思和设想认真推敲,反复研究,分别拟制了新的国徽方案。

林徽因、莫宗江合作的国徽图案在最初应征中,因突出民族特色而得到中央有关领导同志的肯定,曾被要求修正后参加复选,但最终没有收在《国徽图案参考资料》中。这次设计,他们邀请清华大学教授邓以蛰、王逊、高庄及梁思成一同研究讨论。经过努力,林徽因这个组设计了一个新图案。

他们提交的《拟制国徽图案说明》中说:拟制国徽图案以一个璧(或瑗)为主体;以国名、五星、齿轮、嘉禾为主要题材;以红绶穿瑗的结衬托而成图案的整体。清华大学的这个图案里借鉴了中国传统文化因子,同

林徽因等人拟制的国徽图案

张仃等人设计的国徽方案

时配之象征新民主主义政权的主题。比如，璧是我国古代最隆重的礼器。大孔璧也可以说是一个瑗，象征统一。璧或瑗都是玉制的，玉性温和，象征和平。大小五颗金星是采用国旗上的五星，金色齿轮代表工，金色嘉禾代表农。红绶穿过小瑗的孔成一个结，象征革命人民的大团结。

受开国大典的启发，张仃等人设计了一个以天安门为主体的国徽图案，替代原来的以地球为主体的图案。不过，出于艺术表现上的考虑，天安门被处理成斜透视。关于天安门的构想，张仃是这样解释的：天安门广场既是"五四"运动的策源地，"五四"运动标志着新民主主义革命的开始；天安门还是刚刚举行过开国大典的地方，中华人民共和国的成立标志着新民主主义革命的胜利。这两个重大历史事件都同天安门有关，所以就把天安门设计进了国徽。

1950年6月1日，马叙伦向全国政协常委会提交报告："现在国旗国徽国歌国都纪元方案审查委员会又据专家参考原来选出比较可供选择的五种国徽图案，另外拟制了两种：其中一种仍然取法原来五种的造意而于形式上略加变更，另外一种则造意略有不同，着重于中国民族形式的表现。现在将这两种新拟的图案连同原有的五种一并送请审核……"

梁思成受命修改图案

6月10日下午，全国政协一届常委会第八次会议在中南海召开，决定国徽修正案经"国徽小组讨论并由梁思成设计修改"。

第二天，马叙伦在全国政协主持召开国徽组会议，沈雁冰、张奚若、张仃、梁思成、张光彦（记录如此，疑为张光宇——笔者注）出席。马叙伦首先发言说：全国政协常委会议决，采取国徽为天安门图案。国徽中的天安门图案，正是中央美院张仃等人所一直坚持的。对此，梁思成提出"国徽并非是一张图画，亦不是画一个万里长城、天安门等图式便算完事。其主要的是表示民族传统精神"。在图案处理上，他认为"好像一个商标，颜色太热闹、庸俗，没有庄严的色彩"。张奚若倒不反对用天安门，因为"它代表五四革命运动的意义，代表中华人民共和国诞生地"，但他认为图案中的"天安门"是唐朝式的，颜色上也要调和，"不使它过于太浓太俗"。沈雁冰说："我对采取天安门的图形表示同意，因为它是代表中

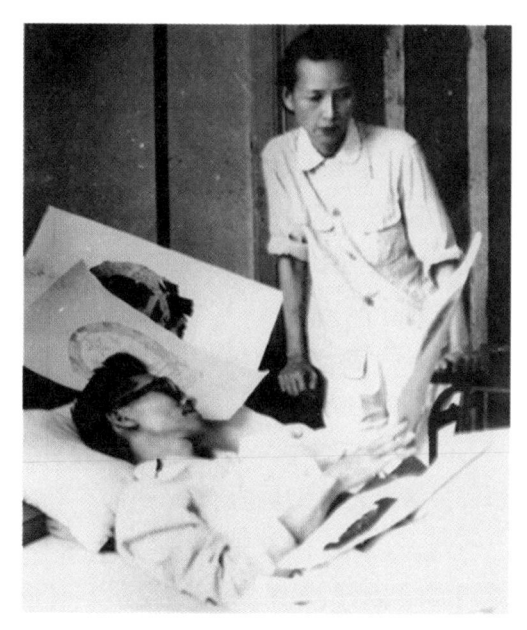

梁思成在病床上和林徽因研究国徽方案

清华大学营建系绘制的有天安门元素的国徽图案

国五四运动与新中国诞生之地,以及每次大会都在那里召集的。最好里边不要写'中华人民共和国'几个字,看起来有点太俗了。"

当天晚上,周恩来亲自约请梁思成,做了细致的说服工作,让他在清华大学组织教师,按政协常委会提出的要求进行修改,并提出国徽图案中一定要有天安门图像。

6月12日,梁思成、林徽因在家中召集清华大学营建系教师莫宗江、李宗津、汪国瑜、胡允敬、张昌龄和朱畅中开会。梁思成传达周恩来的要求:国徽图案内容除增加天安门外,还要增加稻穗。梁思成和林徽因不顾病弱之躯,与清华大学国徽设计小组成员一起投入国徽设计之中。

罗哲文是参与国徽设计的清华大学营建系的一员。他说,在设计国徽方案的整个过程中,营建系老师们的热情都很高,但要数林徽因付出的心血最大。当时她身体不好,患有肺病,可是她却全身心地投入国徽设计工作。那个以玉璧(瑗)为主体的方案,就倾注了她的许多智慧。这个方案虽然被否定了,但林徽因关于国徽要有象征意义,要有民族特色,要程式化、图案化的设计理念,被营建系的教师们接受了。

6月13日下午,全国政协一届常委会召开第九次会议。由于国徽"图样尚未最终确定,决定后天将两种不同图样均带到会上最后取决"。

两天后的6月15日晚,马叙伦主持召开国徽组会议。会上,梁思成提出他们设计的新图案,并报告说:"周总理提示我,要以天安门为主体设计国徽的式样，我即邀请清华营建系的几位同人，共同讨论研究。我们认为国徽悬挂的地方是驻国外的大使馆和中央人民政府的重要地方，所以他必须庄严稳重。"他提出：国徽不能像风景画；国徽不能像商标；国徽必须庄严。

张仃也重新修改了设计，并写了《国徽应征图案说明书》：红色齿轮，金色嘉禾，象征工农联盟。齿轮上方，置五角金星，象征工人阶级政党——中国共产党——的领导。齿轮嘉禾下方结以红带，象征全国人民大团结，国家富强康乐。天安门——富有革命历史意义的代表性建筑物，是我五千年文化、伟大、坚强、英雄祖国的象征。

同时，张仃附上一份《设计人意见书》，针对梁思成的评价，就主题处理、写实手法、承继美术历史传统、色彩运用问题提出自己的意见：

关于主题处理问题。梁先生认为，天安门为一建筑物，不宜作为国徽中构成物，图式化有困难，宜画成一张风景画片，要变成次要装饰。设计人认为：齿轮、嘉禾、天安门，均为图案主要构成部分，尤宜以天安门为主体，即使画成风景画亦无妨（世界各国国徽中画地理特征的风景画是很多的），不能因形式而害主题。

关于写实手法问题。梁先生认为：国徽造型最好更富图式化、装饰风，写实易于庸俗。设计人认为：自然形态的事物，必须经过加工，才能变成

张仃修改后的国徽方案

艺术品，但加工过分或不适当，不但没有强调自然事物的本质，反而改变了它的面貌，譬如群众要求的嘉禾式样是非常现实的，又非常富于理想的，金光闪闪，颗粒累累。倘仅从形式上追求，无论出自汉砖也好，魏造像也好，不能满足广大人民美感上的要求的，写实是通俗的，但并不是庸俗的。

关于承继美术历史传统问题。梁先生认为：国徽图案应继承美术上历史传统，多采用民族形式。设计人认为：梁先生精神是好的，但继承美术上历史传统，应该是有批判的，我们应该承继能服务人民的部分，批判反人民的部分——这是原则，更重要的：不是一味模仿古人，无原则歌颂古人，而是"推陈出新"。梁先生认为：国徽中彩带仿六朝石刻为高古，唐带就火气重了。设计人认为：六朝的、唐的石刻造型都可取法，看用于什么场合，有些六朝石刻佛像彩带，表现静止，确是精构，倘用在国徽中，就显得太静止了，而唐之吴带是运动的，所谓"吴带当风"，国徽彩带采用这样精神，正适应革命人民奔放感情的要求。

关于色彩运用问题。北京朱墙、黄瓦、青天，为世界都城中独有之风貌，庄严华丽，故草案中色彩，主要采朱、金（同黄）、青三色，此亦为中国民族色彩，但一般知识分子因受资本主义教育，或受近世文人画影响，多厌此对比强烈色彩，认为"不雅"（尤其厌群青色，但不可改为西洋普蓝，及孔雀蓝，否则中国气味全失，且与朱金不和）。实则文人画未发展之前，国画一向重金、朱，敦煌唐画，再早汉画，均是如此。更重要的是广大人民，至今仍热爱此丰富强烈的色彩，其次非有强烈色彩，不适合装饰于中国建筑上，倘一味强调"调和"，适应书斋趣味，一经高悬，则黯然无光，因之不能使国徽产生壮丽堂皇印象。

国徽组对这两个图案进行讨论。田汉说："梁先生最要避免的是国徽成为风景画，但也不必太避免。我认为最要考虑的是人民的情绪，哪一种适合人民的情绪，人民就最爱他，他就是最好的。张仃先生设计的与梁先生设计的颇有出入，他们两方面意见的不同，非常重要。梁先生的离我们远些，张先生的离我们近些。所以，我认为他们两位的意见需要统一起来。"

会议最后决定："请梁先生再整理绘制。"

清华大学图案获得通过

6月14日至23日，全国政协一届二次会议在京召开。其中一个议题

新中国国徽终于确定

清华大学修改后的国徽方案（1950年6月17日）

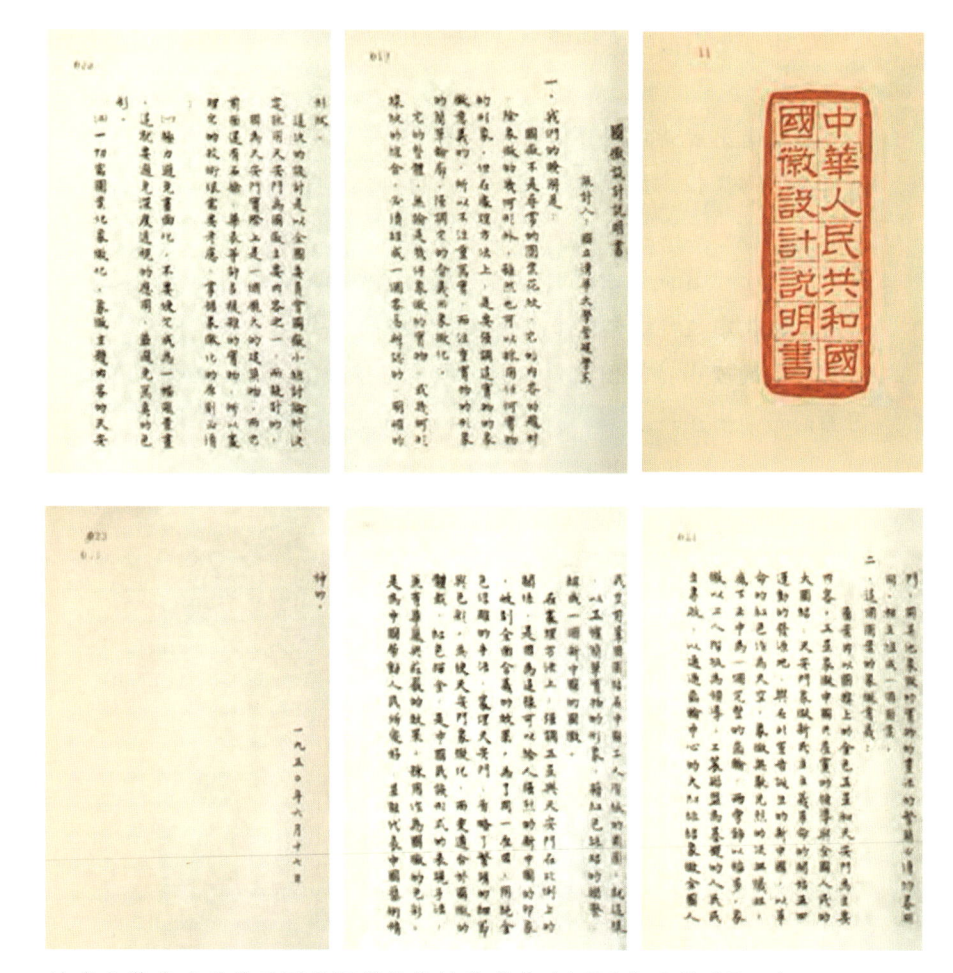

清华大学营建系关于国徽图样的设计说明书（1950年6月17日）

是通过中华人民共和国国徽方案。会议已经开幕了，国徽图样尚未最终确定。时间急、任务重，梁思成带领清华大学营建系设计组，根据评委的意见反复讨论、不断修改，于6月17日再次提交一稿国徽图案及设计书。这次设计符合征求条例"国徽需庄严而富丽"的规定，由红、金两色组成；符合"中国特征"规定，以国旗和天安门为主要内容，国旗代表革命和工人阶级领导的政权的意义，天安门则象征五四运动的发源地和在此宣告诞生的新中国；以齿轮和麦稻穗象征工农，麦稻还寓意地广物博，以绶带系结齿轮和麦稻象征工农联盟。整个图案，大红的底色上，五颗金色的五角星，仿佛一面巨大的国旗悬挂在天幕上；在天安门正面图的衬托下，五星红旗显得更加壮观、庄严、辉煌！

国徽审查小组就梁思成与张仃的方案进行讨论、比较。沈雁冰主持起草的《国徽审查小组报告》记述了讨论情况：

> 赞成梁思成新作图样（金朱两色、天安门、五星）者，计有：张奚若、郑振铎、廖承志、蔡畅、邵力子、陈嘉庚、李四光（李未到，然昨天已表示赞成此图之原始草样）。
>
> 邵力子于赞成该图样时，提一意见，主张把梁的原始草样之一与此次改定之样综合起来，使此改定样的天安门更像真些。
>
> 赞成的理由：梁图庄严，艺术结构完整而统一（邵力子说张图美丽而梁图庄严）。

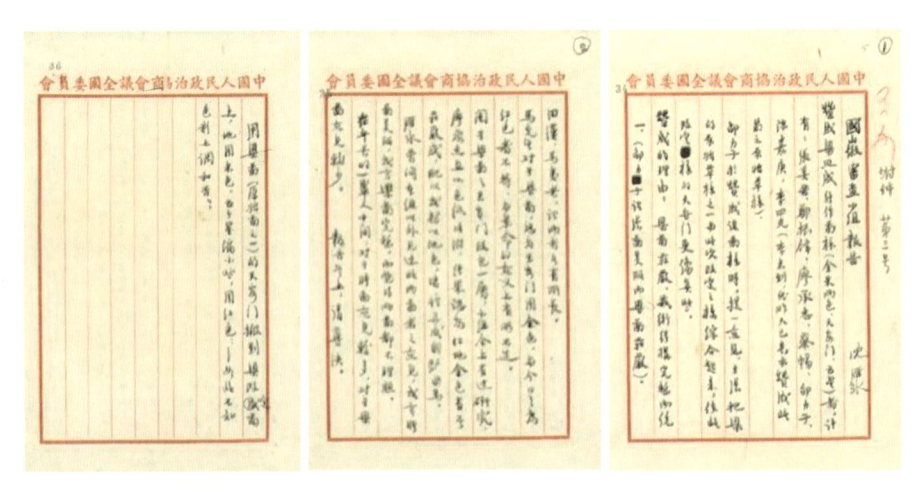

沈雁冰关于国徽审查小组的报告

1950年6月20日,周恩来审定国徽图案

清华大学修改后的国徽方案

田汉、马夷老，说两者各有所长。

……

雁冰曾询在组以外见过此两图者之意见，或言张图美丽，或言梁图完整，而觉得两图都不理想。

在年长的一辈人中间，对于张图意见较多，对于梁图意见较少。

6月20日，在中南海怀仁堂会议厅的白墙前，竖立着清华和中央美院两个团队设计的国徽方案。中央美院的方案中，中心部分的天安门是侧面透视图，红墙绿瓦，前面是金水桥，上面是蓝天，显得五彩纷呈；清华大学的方案中，中心部分的天安门是正视立面图，五星红旗点缀在天空上，周围是齿轮、谷穗和绶带，整个图案以金红两色相间，显得庄严、辉煌。

在展示现场，周恩来认真听取了各位评委的意见。他认为清华的设计方案综合了各种图案的优点，并提出：稻穗要画得向上挺拔一些。

同日，沈雁冰主持召开国徽审查小组会议。会上主要讨论了两个问题：一是确定送审的国徽图样；二是国旗、国歌、国徽应征者的奖励。

在讨论国徽图样时，郑振铎、张奚若、沈雁冰认为，第二图（梁思成图案）在艺术上非常成熟，结构完整而统一，门洞显明，较第六图（张仃图案）庄严。

周恩来说，图下面带子联结在一起，象征着工农团结。

周恩来、马叙伦的意见是：印制时用金色和红色，若用黄色和红色则不够美观。金色和红色表现了中国特点。第六图红红绿绿，虽然明朗，但不够庄严。

张奚若、郑振铎提出：天安门旁的一排小栏杆可以不要，因这样显着太琐碎，不够大方，稻子也显得不整齐。

最后，周恩来提议写一个解释书，将第二图拿到会场，使大家脑子内有了印象，然后印发图样，以便于表决时看得更清楚一些。

国徽审查小组最终通过了清华大学营建系梁思成等人设计的国徽图案。

6月21日，马叙伦在全国政协一届二次会议上作《国徽审查组报告》。

毛泽东主持讨论国徽图案

毛泽东亲自主持 6 月 23 日的会议。全国政协一届二次会议通过决议，同意国徽审查委员会的报告和所拟定的国徽图案，并提请中央人民政府委员会核准公布。

6 月 28 日，中央人民政府委员会第八次会议通过了全国政协一届二次会议提出的《中华人民共和国国徽图案及对设计图案的说明》。

"主席：你是一个伟大的政治家"

国徽作为新中国的象征，将要悬挂在国家机构的重要场所。国徽设计只是第一步，还要做相应的定型、制作等工作。国徽定型设计交给清华大学营建系。梁思成推荐了该系高庄教授。在国徽设计过程中，高庄支持梁思成提出的"国徽代表国家，是政权的象征，不是商标"等观点，但在定型时，高庄却认为这幅国徽图案审美上是"自由主义"的象征，并因此与梁思成产生激烈的争论，乃至"工作中的斗争"。

为了赋予国徽更高的民族气魄和时代精神，坚持政治性、艺术性、自然性和历史性的统一，高庄觉得有必要对平面图稿进行改动。鉴于国徽的图案是经毛泽东审阅、中央人民政府委员会通过的定稿，若再修改就从学术争论上升到政治范畴。高庄顶着巨大的压力，专门上书毛泽东，坦诚提出自己的意见："主席：你是一个伟大的政治家，但不是一个艺术家……"[①] 据高庄的儿子高康回忆，当时看过这封信的许多人，每忆此事都无法忘记那令人触目惊心的开头。钟灵看后还曾劝高庄"有点过火吧"。但高庄以强烈的使命感不为所动，递交了此信。毛泽东接受了高庄的意见。不久，中央派彭真、康克清到高庄家听取情况说明，并转达毛泽东同意进一步提高的指示。

从7月初到8月中旬，高庄经过一个半月的辛勤劳动，终于完成了国徽模型的设计塑造工作。

8月18日，沈雁冰在政务院会议室主持召开国徽使用、国旗悬挂、国歌奏唱办法及审查国徽图案座谈会。高庄就国徽模型塑造作了说明："耽

高庄关于国徽模型塑造的说明（落款时间应为一九五〇年）

---

① 高康：《回忆我的父亲高庄教授》，《人物春秋》2000年第6期。

新中国国徽终于确定

经中央人民政府主席毛泽东批准的国徽模型

中华人民共和国国徽

221

误时间是由于我的一种愿望。这种愿望就是想使我们的国徽：更庄严、更明朗、更健康、更坚强、更程式化、更统一、更有理性、更有组织、更有规律、更符合于应用的条件；并赋以更高的民族气魄和时代精神，以冀我们的国徽的艺术性提高到国际水平，和千万年久远的将来。"其修改部分及理由为：绸带的修改——新图较旧图更有力，更规律化；稻粒的修改——仍有丰富感，但不零乱琐碎；将非正图改为正图——易于仿制。

经过讨论，会议通过了高庄塑造的国徽浮雕图案。

9月20日，中央人民政府主席毛泽东发布《中央人民政府命令》："中国人民政治协商会议第一届全国委员会第二次会议所提出的中华人民共和国国徽图案及对该图案的说明，业经中央人民政府委员会第八次会议通过，特公布之。"同时公布了国徽及图案说明："国徽的内容为国旗、天安门、齿轮和麦稻穗，象征中国人民自'五四'运动以来的新民主主义革命斗争和工人阶级领导的以工农联盟为基础的人民民主专政的新中国的诞生。"

当天，《人民日报》发表社论《尊敬国徽　爱护国徽》：国徽鲜明地表现了我们国家的性质——工人阶级领导的以工农联盟为基础的人民民主国家。……我们的国徽就是这样的新民主主义革命斗争的胜利与新中国诞生的象征。

定型后，张仃带领"美术供应社"的人员赶制了第一枚木雕国徽，于1950年国庆前夕安装在天安门城楼上。1951年5月1日，沈阳第一机床厂精心制作的金属国徽（铜铝合金）取代了木雕国徽，悬挂在天安门城楼上。

国徽的设计是集体智慧的结晶，更是人民意志的体现。任务完成后，政务院向梁思成、林徽因、高庄、张仃等8位主要参加设计制作的人员颁发一份奖励：每人800斤小米。这在当时是一笔不小的数目，但是他们没有一个人领取，将之捐给抗美援朝前线了。[①]

[①] 此章内容参见中央档案馆编：《中华人民共和国国旗国徽国歌档案》，中国文史出版社2014年版。

新中国成立之初的政协协商

根据共同纲领和政府组织法、政协组织法的规定，在全国人民代表大会普选之前，人民政协全体会议执行人大职权；选举出中央人民政府委员会后，付之以行使国家权力之权。人民政协的全国委员会便是与中央人民政府协议事情的机构。一切大政方针，都先要经过全国委员会的协议，然后建议政府施行。新中国成立之初，全国政协开展的协商，无论对新政权的巩固抑或政协事业的创建，都具有重要的历史价值和现实意义。

政协协商什么

《中国人民政治协商会议组织法》第十三条规定：中国人民政协全体会议闭幕后，设立全国委员会。其职权如下：保证实行中国人民政协全体会议及全国委员会的决议；协商并提出对中华人民共和国中央人民政府的建议案；协助政府动员人民参加人民民主革命及国家建设的工作；协商并提出参加中国人民政协的各单位在全国人民代表大会代表选举中的联合候选名单；协商并决定下届中国人民政协全体会议的参加单位、名额及代表人选，并召集之；指导地方民主统一战线的工作；协商并处理其他有关中国人民政协内部合作的事宜。可见，协商几乎是政协开展工作的主基调，内容广泛。正如董必武所说的，人民政协的职权"可说是极大而且特殊"。[①]

国家的一切大政方针，先要经过政协全国委员会协议，然后建议政府

[①] 中国人民政治协商会议全国委员会研究室、中共中央文献研究室第四编研部编：《老一代革命家论人民政协》，中央文献出版社1997年版，第28页。

施行,这在新中国成立初期是一种重要的制度安排。对此,毛泽东指出,"实际上,我们在这种会议上所做的决定,中央人民政府是当然会采纳并见之实行的,是应当采纳并见之实行的"。①

新中国初建时百废待举。全国尚未完全解放,各种反动残余势力仍未清除,长期战争的创伤需要医治,国民经济亟待恢复,新的社会秩序有待建立。这些都是关乎人民政权巩固的重大问题。协助中共中央和人民政府完成这些任务,政协责无旁贷。周恩来在《关于人民政协的几个问题》的报告中对人民政协的工作作出明确要求:首先要彻底推翻国民党的反动统治,将革命战争进行到底,要取消帝国主义在华的特权,要肃清反动派的残余力量;要有步骤地进行土地改革;要保护四个阶级的经济利益及其私有财产;要从事政治、经济、文化、教育的建设;要联合以苏联为首的国际和平进步力量。这些任务都要我们中国人民政治协商会议负担起来,从团结中建立新民主主义的新中国。②

对全国委员会的这些任务,周恩来在全国政协一届一次会议上将之分为两类:一类是政策性工作,包括三个方面:其一,政府在推行政务当中发现有重大问题、重要措施,需要经过各党派、各团体协商的,由政府的各部门或中央人民政府委员会提出意见,交到全国委员会常务委员会来协议,同意后再交给政府,制成条文,由中央人民政府委员会形成法律、法令、决议、命令;其二,全国委员会本身,每个委员提议,或常务委员会觉得某种重要措施、重要问题需要成为决议送给政府采纳实行,可以由全国委员会常务委员会制成决议,提交政府;其三,人民内部,或各人民团体、各党派的下属组织,他们觉得有些问题,可提交全国委员会的常务委员会协议形成决议,交到政府采纳实行。另一类是组织性工作,也包括三个方面:各党派各团体和地方委员会自身工作;各党派团体合并及互相间的关系;政协全国委员会和地方委员会上下级间的关系。③

上述两类工作成了政协全国委员会及其常委会开展协商的主要内容。比如,1950年上半年,全国政协及其常委会协商讨论了1950年度全国财

---

①中国人民政治协商会议全国委员会研究室、中共中央文献研究室第四编研部编:《老一代革命家论人民政协》,中央文献出版社1997年版,第113—114页。
②《中国人民政治协商会议资料选集》(第一册),中国人民政治协商会议全国委员会秘书处1962年8月编印,第66页。
③马永顺:《周恩来与人民政协》,中国文史出版社2004年版,第82—84页。

政收支概算、中苏友好同盟互助条约、号召全国人民保卫世界和平签名运动的办法、《土地改革法草案》、《婚姻法》、关于国徽修正案等，这些都属于第一类政策性的内容。陈叔通当年6月在全国政协一届二次会议所做的常委会工作报告中专门强调说：中央人民政府委员会历次会议的重要议案，都经过常务委员会与有关负责方面的协商；中华人民共和国婚姻法等，更经过慎重的协商。此外，1950年还协商讨论了一届全国政协领导名单、省市县各界人民代表会议组织通则草案、中国人民政治协商会议关于地方委员会的决定草案等。这些则属于第二类组织性的内容。

政协如何协商

围绕党和国家的大政方针开展协商，是全国政协的重要任务。但采取何种模式，如何协商，需要刚刚成立的政协组织开创、探索。

建立会议制度。在1951年5月4日政务院召开的全国秘书长会议和政协全国委员会召开的全国秘书长会议中，周恩来指出：政府委员会、协商委员会、各界人民代表会议，必须经常地定期召开。凡是重大问题都要付诸讨论，共同负责。他强调，会议制度是不可缺少的民主政治生活。各级人代会所选出的协商委员会、各县人代会所选出的常务委员会，是各民主党派、各人民团体、各界人民协商的机关。凡重大问题必须经过协商，直到相当成熟，才能提交政府通过执行。他称这种机制为"中国新民主主义政权的一个创造"。[①]

政协全国委员会会议、常务委员会会议是全国政协开展协商的主要载体。按照最初的设计，人民政协组织分三个层次：全体会议，全国委员会、常务委员会。全体会议代行人大职权，不会经常召开，三年后视情而定；全国委员会会期长一些，常务委员会是经常性的协商机构。

在一届政协期间，全国委员会召开了四次会议，其中心议题分别是协商选举全国政协领导，土地改革问题，增产节约、继续加强抗美援朝问题，继续加强抗美援朝运动、开始一五计划，准备动员全国人民参加全国人大选举工作。这几个方面无一不是关系国计民生的重大问题。

一届政协召开了64次常委会会议，协商讨论土地改革、国民经济恢复、

[①] 马永顺：《周恩来与人民政协》，中国文史出版社2004年版，第107页。

抗美援朝运动、过渡时期总路线、制订"一五"建设计划、宪法草案、筹备和召开各级人民代表大会、国际问题、法律及规章制度制定等政策性内容 40 余项；协商讨论统一战线内部关系、政协自身建设、有关名单等组织类内容 20 多项。

中共中央高度重视政协会议这种形式，将之作为发布主张、协商重大问题及听取意见、集思广益的重要场所。土地改革、抗美援朝、召开全国人民代表大会、制定宪法等重大决策，都是经中共中央提议，由毛泽东、周恩来、刘少奇、邓小平等到政协会议上作报告说明，再由政协经过协商讨论，向中央人民政府委员会建议，由中央人民政府（中央人民政府委员会和政务院）形成决策、制定政策。

中国共产党中央委员会主席毛泽东同时任第一届全国政协主席。他在领导全党全国各族人民开展全面建设的繁忙工作中，数十次主持政协常委会会议，听取委员和社会各界代表对重大决策的意见。比如，他主持第 2 次会议，讨论 1950 年全国收支预算和概算书、发行人民胜利折实公债；主持第 3、4 次会议，讨论婚姻法草案；主持第 10 次会议，讨论土地改革法草案；主持第 18 次会议，讨论抗美援朝问题；主持第 20 次会议，听取和讨论抗美援朝和 1951 年财政总方针的问题；主持第 57 次会议，听取并

1950 年 6 月 23 日，全国政协一届二次会议原则通过《中华人民共和国土地改革法》（草案）。图为主席台（左起：郭沫若、周恩来、毛泽东、李济深、沈钧儒、陈叔通）

周恩来在一届全国政协二次会议上作政治报告

座谈周恩来出席日内瓦会议和其他国际报告等。

新中国成立后，周恩来同时担任政务院总理兼外交部部长和全国政协副主席。他从政府工作角度，非常重视发挥人民政协的"协商机关"作用，处理好人民政协和政府的关系。在他主持的政务院会议上，经常提醒政府部门的同志，在制定政治、经济、文化、教育等方面法律法规和重要政策性文件时，提交政务院或中央人民政府委员会讨论前，要提交政协听取意见。在会议讨论某一政策时，他往往先问是否经过了政协讨论？若没有征求意见，他便指示征求过政协意见再上会。一届全国政协召开了60多次常委会会议，周恩来主持或参加了一半以上。他在会议上常常先报告一下国际国内形势，并就会议议题作出说明。他的报告循循善诱，解疑释惑。比如，1952年12月24日全国政协一届常委会第43次会议讨论关于召开全国人民代表大会及地方各级人民代表大会问题。鉴于这一内容具有极强的政治性政策性，周恩来用了很大篇幅介绍新中国成立三年来的国际国内形势，尤其是经济社会建设成就及抗美援朝谈判情况等，进而说明"国家制度正规化"的必要性及通过普选"召开各级人民代表大会"的可行性。

刘少奇担任第一届全国政协常委。他以常委身份主持了3次常委会会议，分别讨论农民协会组织通则草案、政务院关于划分农村阶级成分的决定草案、各民主党派关于抗美援朝联合宣言草稿等。他还专门在常委会上报告土地改革法草案等内容。

邓小平、陈云等中央领导，也多次就中共中央和政府的相关决策在政协会议上作报告，征求委员意见。

建立工作组。为了有效推动协商，政协全国委员会在创建伊始，根据《中国人民政治协商会议全国委员会工作条例》，建立八个工作组，分别是：政治法律组、财政经济组、文化教育组、外交组、国防组、民族事务组、华侨事务组、宗教事务组。这八个组的主要职责是研讨和审议相关工作，形成报告或提案。参加工作组的委员大多是相关领域的专家、学者。

周恩来高度重视发挥工作组的作用。他在1950年3月16日主持政务院党组干事会会议时专门强调，要加强与政协全国委员会各小组的工作，增强政府同政协全委会中各方面党外人士的联系。全国政协一届一次会议后，除国防组（组长生病，只有三个委员在京，无法开会）外，其他各组在半年多时间内逐步地建立起来，并开展工作。从1950年上半年各工作组工作情况可窥见协商全貌：政治法律组研究讨论了地方各界人民代表会议组织通则草案，社会团体登记暂行办法草案，中国工会法草案，中央劳动部关于在私营企业中设立劳资协商会议的指示草案，省、市劳动局暂行组织通则草案，市劳动介绍所组织通则草案，新解放区农业税条例草案，夏季征粮办法草案等；财政经济组研究讨论了公债发行，公债宣传，私人及华侨投资，新解放区农业税条例草案，夏季征粮办法草案等；文化教育组研究讨论了政务院关于开展职工业余教育的指示草案，政务院文教委员会一九五〇年工作计划；外交组研究讨论了中苏经济合作协定；民族事务组研究讨论了兄弟民族情况及民族政策和民族工作的方针；华侨事务组研究讨论了护侨政策；宗教事务组研究讨论了基督教会工作的改革方针。这些研究和讨论，或由小组发动，或由政务院及有关部委会委托，而以后者占多数。政务院及有关部门提供材料并派员出席、报告情况。各小组的这些工作，对协助政府恢复经济、巩固新生政权提供了有益帮助。

建立工作联席制度。万事开头难。新中国初建，政治、经济、文化、社会各个方面，以及统一战线和政协内部关系的处理等，有许多事务工作需要开展经常性的协商。为此，全国政协于1950年3月中旬进一步建立了由秘书长、各组组长、副秘书长及正副秘书处长组成的每周一次的联席工作会议制度。

一届期间，全国政协共组织了125次工作会议。这种带有联席性工作会议的任务，主要是推动政协组织内日常工作，并对参加人民政协的某一单位或几个单位所提出的有关统一战线工作的问题，进行初步协商。协商时，邀请有关单位派代表出席，协商结果报请主席指示处理。关于各民主党派地方组织编制的决定、双周座谈会和学习座谈会的决定、组织民主人士到工厂农村参观计划、讨论各工作组报告和建议等，都是通过这种形式协商的。此外，工作会议还组织了各民主党派总部分别与中共各地统战工作人员的座谈会，研究各民主党派地方组织的工作。

举行座谈会。在新政协筹建过程中，座谈会是中共中央领导人与各民主党派、民主人士交流思想、交换意见的重要渠道。新中国成立后，人民政协创造性地运用这种形式，使之成为政协委员学习理论、了解时事、研讨问题的重要平台，为提高协商质量创造了条件。有的座谈会直接促成对重大问题和决策的协商。

一是双周座谈会。民主革命时期，在重庆、香港，中共与民主党派以及民主党派之间，常常举行双周座谈会，围绕某一方面内容，交流思想，商讨决议。特别是在香港新政协运动期间，双周座谈会对于扩大"五一口号"的影响，增进各界人士对新政协的共识，发挥了积极作用。这一形式由于主题多样、时间灵活、效果较好，给民主人士留下深刻

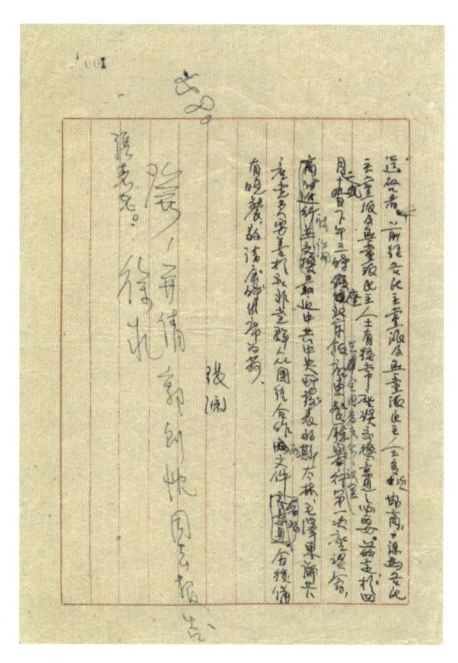

张澜起草的第一次双周座谈会通知

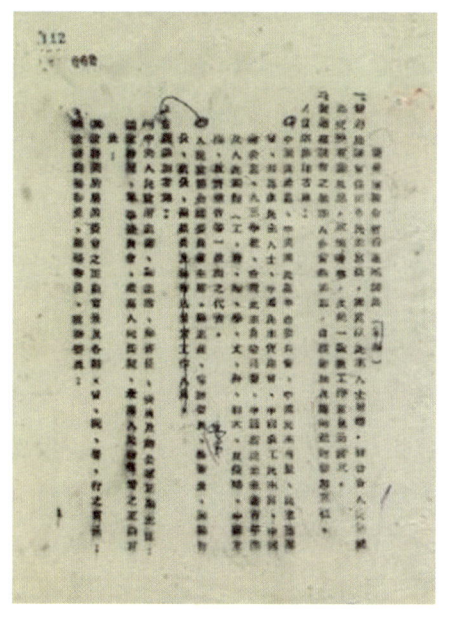

全国政协秘书处《双周座谈会暂行组织办法》

229

印象。

新中国成立后,由民革、民盟和民建发起,经参加人民政协的各民主党派、无党派民主人士和各人民团体同意,以全国政协的名义于1950年3月再度组织双周座谈会。双周座谈会的出发点,是便于各民主党派、无党派民主人士和各人民团体负责人就有关政治思想、具体政策、国内外时事及统一战线工作等问题交换意见。

9月21日,全国政协通过了《双周座谈会暂行组织办法》。根据这个办法规定,座谈会参加者有当然参加、自愿参加和临时参加三种成员。当然参加者为中共和各民主党派、各人民团体的代表;自愿参加者为政协全国委员会、中央人民政府委员会、政务院等相关机构的领导;临时邀请来京的各大行政区和各省市人民政府领导及地方协商委员会负责人参加。双周座谈会主席依参加政协的主要党派次序轮值,题目由前一次座谈会决定。

一届政协期间,共召开双周座谈会55次。主要议题有:听取中共中央有关领导和专家作时事政治报告,研讨当前中心工作及统一战线内部关系等重大问题。比如,第4次讨论朝鲜战争问题,乔冠华就当前国际形势作报告;第5次讨论目前国际形势问题,宦乡就国际形势作报告;第7次继续座谈统一战线关系问题,李维汉在会上作发言;第17次,黄炎培作关于访察苏南土改工作的报告,李俊龙作关于参加湖南土改情况的报告;第36次,郭沫若、刘宁一作关于亚洲暨太平洋区域和平会议筹备经过的报告,并进行座谈,林伯渠在会上作发言。

中共中央对政协双周座谈会上提出的意见,如果不能采纳的话,也及时做好解释工作。比如,朝鲜战争爆发后,全国政协和民主党派非常关心,几次举行双周座谈会,听取报告,进行讨论,提出关于和平解决朝鲜问题的报告。据《周恩来年谱》记载,1951年7月10日,周恩来深夜还在审改伍修权提交的各民主党派、无党派人士双周座谈会上关于和平解决朝鲜问题的报告稿,并在稿中增写:我们进行停战谈判的条件,"应先从结束朝鲜战争并保证能实现朝鲜境内的停火与休战入手。如果敌人的停战谈判是骗局或敌人尚不肯接受我们所提的合理条件,那么敌人的欺骗就会被揭穿,战争就会继续,我们仍将给敌人以更严重的打击和教训,而全世界爱好和平的人民将会更多地站在我们方面,美帝国主义将会更加处于狼狈的地位。这种可能是很大的。如果朝鲜战争真结束了,那么我们便可进一步提出有关各方举行和平解决远东问题的谈判,当然这将是一个长期的斗争,

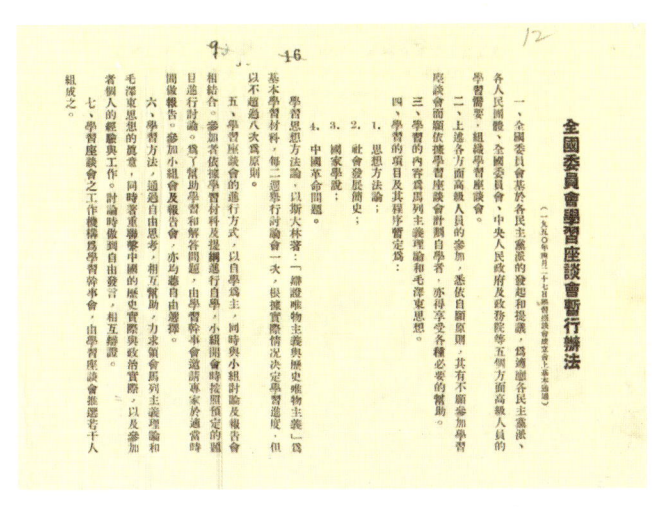

1950年4月27日，全国政协通过《全国委员会学习座谈会暂行办法》

但和平的主动权将更加掌握在我们手中"。① 他用此形式，对委员意见作出回应和解释。

从一届政协双周座谈会的情况看，通过听取各类报告，对政协委员及各方面人士了解国家形势、知情明政，具有重要帮助。同时，在座谈会上开展的协商讨论，对中央政府决策提供了重要参考。

二是学习座谈会。新中国刚刚建立，在除旧布新的同时，许多从旧时代走过来的民主人士和各界政协委员，对共产党的政策、新政权的建设都有一个适应、接受、融合的过程。从一定意义上讲，厚植共同的政治思想基础，是政协委员学习提高、协商国是、发挥作用的重要前提。为此，一届全国政协根据各民主党派的提议，为适应各民主党派、各人民团体、政协全国委员会、中央人民政府及政务院等五个方面高级人员的学习需要，创立了一种新的组织形式——学习座谈会。

1950年4月27日，学习座谈会正式成立。会上，周恩来作了关于学习问题的讲话，通过了《政协全国委员会学习座谈会暂行办法》。

顾名思义，学习座谈会以学习为主，内容非常广泛，有思想方法论、社会发展简史、国家学说和中国革命问题等基本理论，还有涉及当时国家

---

① 中共中央文献研究室编：《周恩来年谱（1949—1976）》（上卷），中央文献出版社2020年版，第152—153页。

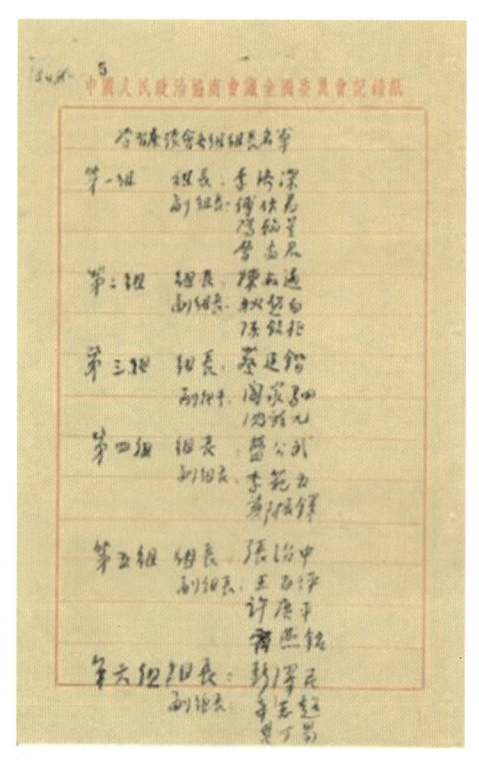

1950年学习座谈会组长名单

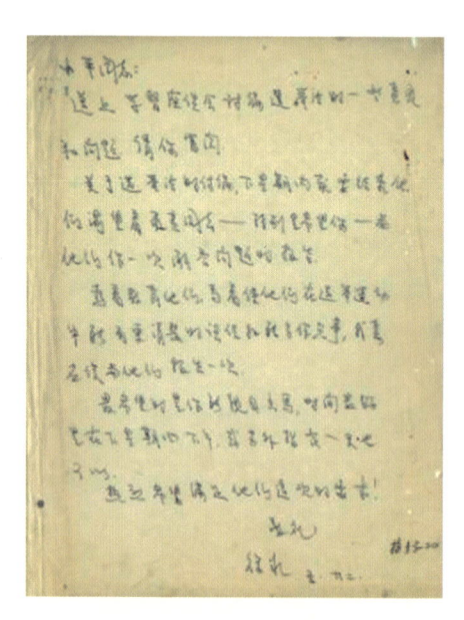

徐冰关于学习座谈会讨论选举法的一些意见给邓小平的函

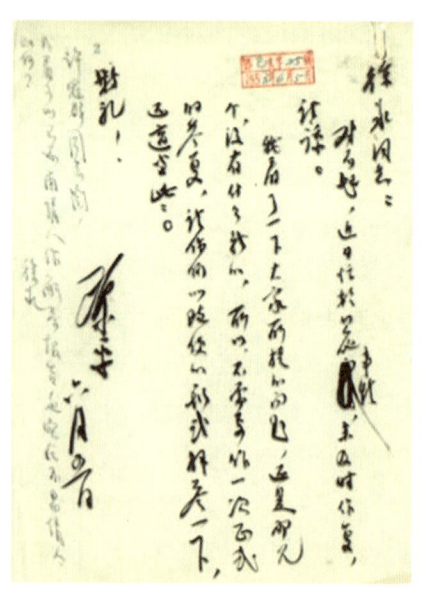

邓小平给徐冰的复信

政治领域和经济领域的重大现实问题。

学习方式以自学为主，同时与小组讨论和辅导报告相结合。应邀到学习座谈会作报告的有周恩来、刘少奇、彭真等党和国家领导人，还有不少著名的专家学者。比如，1950年5月10日，艾思奇作关于怎样学习辩证唯物主义的报告；7月12日，廖鲁言作关于土地改革问题的报告；1954年1月28日，胡绳作关于学习国家在过渡时期总路线中的若干问题的报告；3月11日，薛暮桥作关于社会主义工业化问题的报告；5月29日，程子华作关于手工业社会主义改造问题的报告；7月10日，郑新如作关于对公私商业的社会主义改造问题的报告等。这些报告对委员们了解时事无疑是及时的、必要的。

学习座谈会提倡理论联系实际，自由思考。对现实问题的讨论往往各抒己见，气氛热烈。比较重要的意见由全国政协收集并反映。比如，1953年1月28日全国政协举行报告会。邓小平受中央选举法起草委员会主席周恩来委托，在会上作《关于中华人民共和国全国人民代表大会及地方各级人民代表大会选举法（草案）》的说明报告。全国人大代表及地方人大代表的选举意义重大，政策性强。政协委员在学习座谈会讨论时有一些疑问，希望中央人民政府给予解答。时任全国政协副秘书长徐冰就大会提出的一些意见给邓小平致函，并得到答复。可见，这种形式直接、即时、灵活，体现了在协商过程中寻求共识的愿望。

三是协商座谈会。新中国初始，中共中央每逢出台或研究重大决策、重要问题之前，都要在全国政协进行讨论协商，这已成为惯例。在涉及面广、影响深远的政策决策提交政协会议讨论之前或期间，毛泽东、周恩来等中共领导人还要召开座谈会，征求具有代表性的政协委员意见。比如，1953年1月11日，全国政协一届常委会第44次会议前一天，毛泽东、周恩来在中南海召开有18位党外民主人士参加的座谈会，讨论协商召开全国人民代表大会及地方各级人民代表大会问题；9月7日，常委会第49次扩大会议前一天，毛泽东、周恩来专门召集出席会议的民主党派和工商界代表座谈，专题讨论过渡时期总路线和经济建设问题。

影响人民政协事业发展的一次协商座谈会发生在1954年12月19日。当时，由于全国人民代表大会已经召开，政协是否还有必要存在？如果政协继续存在，其性质和地位如何？对这些问题社会各界关注，政协委员关心。全国政协二届一次会议开幕前两天，毛泽东召集座谈会，就政协性质和任务发表重要谈话。据《毛泽东年谱》记载，毛泽东说：召开全国人民代表大会以后，有些人认为政协的作用不大了，政协是否还需要成了问题。现在证明是需要的，通过政协能够容纳许多人来商量事情。政协的性质有别于国家权力机关——全国人民代表大会，它也不是国家的行政机关。他重申，政协是全国各民族、各民主阶级、各民主党派、各人民团体、国外华侨和其他爱国民主人士的统一战线组织，是党派性的。政协的任务是什么呢？（一）协商国际问题。像过去的抗美援朝，现在的美国占领台湾问题，包括将来如发生外国侵略等，都需要商量。这类事大概每年都会有。这些事国务院要办，外交部和国防部要办，但有些问题，我们需要先商量商量，取得一致方针。有些人大常委会不好做，国务院做不完，要由政协来做。（二）商量候选人名单。对全国人民代表大会代表和地方同级人民代表大会代表的候选人名单以及政协各级委员会组成人员的人选进行协商，它有这种权利。全国人民代表大会的代表是人民选举的，但各党派、团体要先进行协商。（三）提意见。当前主要是对社会主义改造的问题提意见。资本主义工商业、农业和手工业都要改造，这就发生各方面的关系问题。社会主义改造是很纷繁的，各种工作就要协商。总之，国家各方面的关系都要协商。（四）协调各民族、各党派、各人民团体和社会民主人士领导人员之间的关系。（五）学习马列主义。毛泽东最后说：我们的国家制度是人民民主专政，民主是商量办事，不是独裁，但集中是必要的。[①] 出席这次会议的除刘少奇、周恩来等中共中央领导人外，还有宋庆龄、李济深、张澜、沈钧儒、黄炎培、郭沫若、陈叔通、李烛尘、盛丕华、马叙伦、章伯钧、许德珩、陈其尤、李纯青、沈雁冰、李四光、李德全、达赖喇嘛、班禅额尔德尼、包尔汉、吴耀宗、程潜、张治中、傅作义、许广平等各党派、各界别代表人士。这次会议再次强调了人民政协的协商功能，不但为人民政协的存在和发展奠定了基础，还为即将召开的二届一次会议作了思想准备。

政协协商了哪些议题

纵观一届政协的协商，包括土地改革等民主改革、年度财政预算、发行折实公债、税收等经济问题，宪法以及土地改革法、婚姻法、《各界人

[①] 中共中央文献研究室编：《毛泽东年谱（1949—1976）》（第二卷），中央文献出版社2013年版，第325—326页。

民代表会议通则》、《农民协会组织通则》、《中华人民共和国劳动保险条例》等法律法规，抗美援朝、与苏联签订条约等国际事务，维护祖国领土完整、侨民等问题，政府人事任免等，几乎涵盖了新中国初期各个方面重大事务。关于宪法、国徽的协商将在专章叙述。现选取几个当年的协商案例，展示人民政协开展协商的重大成果。

协商开展土地改革

新中国成立初期，面临一系列社会改革任务，其中一项就是土地改革。1950 年 4 月 12 日，周恩来在全国统战工作会议上指出，全国解放战争已接近最后胜利，我们今后所面临的"更大的任务，就是消灭国内的封建敌人——封建土地所有制，就是说要实行土地改革，分配土地"[①]。土地改

刘少奇（上图）、彭真（下图）在讨论土改问题的小组会上发言

[①] 中共中央文献研究室编：《周恩来年谱（1949—1976）》（上卷），中央文献出版社 2020 年版，第 30 页。

革实质上是各阶层利益的深层次调整。这将是涉及几亿人口的一件大事，是一个伟大的工程，将会有一场激烈的斗争。这项改革运动尽管发生在农村，但不同程度地影响到民族资产阶级、小资产阶级。有的民主党派成员本人及其家人、亲戚，就是工商业者兼地主或地主兼工商业者。对此，民主党派中的一些人存在各种认识。

在广大新解放区进行土地改革，势必触动民族资产阶级和一些民主党派成员的利益。他们与中国共产党之间的矛盾和斗争围绕着土改问题集中表现出来。据李维汉回忆，主要反映在1950年6月召开的全国政协一届二次会议上。

6月14日至23日，全国政协一届二次会议召开，中心议题是土地改革问题。毛泽东在开幕会上倡导畅所欲言："凡有意见都可发表，凡有提案都可付审议，只要能行者都采纳。"[①] 刘少奇代表中共中央在大会上做了《关于土地改革问题》的报告，系统地说明了土改的必要性和各项方针政策。他指出，封建土地占有制度的存在，使占农村人口90%的贫农、雇农、中农惨遭地主的剥削，这是中华民族被侵略和压迫的根源。如果不进行土改，胜利就不能巩固，农村生产力就得不到解放。会议上，中共中央提交了《中华人民共和国土地改革法》草案。这个草案已经中共七届三中全会通过，再经政协会议讨论通过后，由中央人民政府批准实施。

6月15、16、17日上午，会议进行分组讨论，随后开展大会发言。刘少奇的报告和《土地改革法》草案得到了大部分民主人士的赞同。但是，在讨论过程中，一些从地主阶层分化出来的开明绅士和起义将领对土改持怀疑、甚至反对情绪，有人幻想"和平土改"，主张"只要政府颁布法令，分配土地，不要发动群众斗争"；还有一些人否认土改的必要性，认为"地主养活农民""地主和佃农相依为命，谁也离不开谁""地主的好处不可一笔抹杀"等；还有人指责土改"斗争过火"，国家干部"上层好、中层少、下层糟"，并散布"江南无封建"的言论。

针对这些观点，中共中央负责人分别邀请各民主党派、无党派人士和一些从地主阶级分化出来的爱国民主分子的代表人物，进行协商座谈，沟通思想，交换意见，开展批评和自我批评。他们在大会上、在小组会上，

[①] 中共中央文献研究室编：《毛泽东年谱（1949—1976）》（第一卷），中央文献出版社2013年版，第156页。

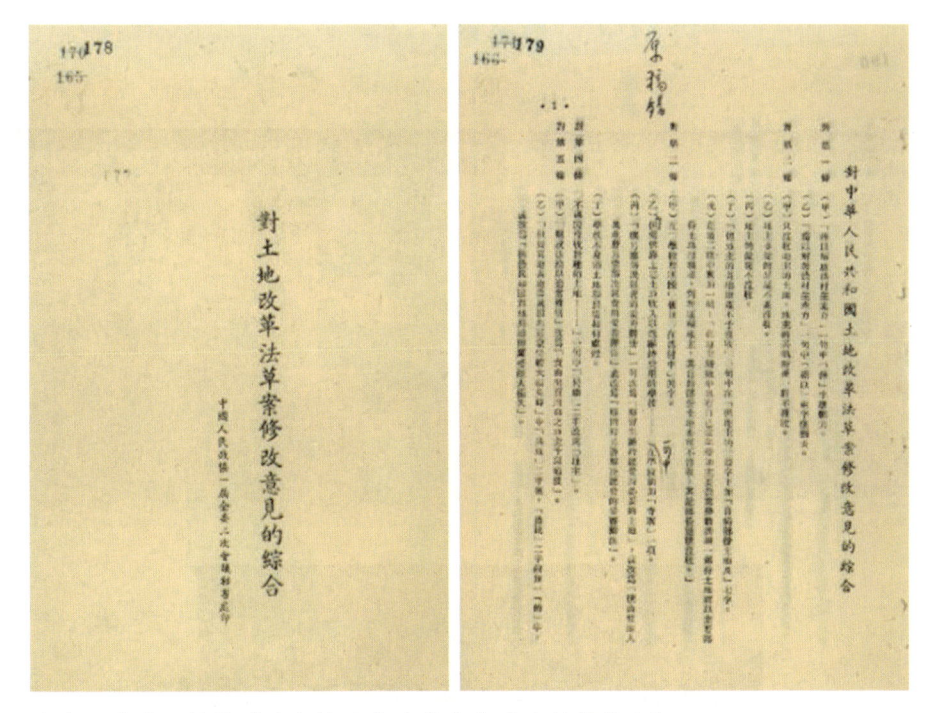

大会秘书处汇编的《对土地改革法草案修改意见的综合》

摆事实、讲道理，驳斥各种怀疑和反对土地改革的错误言论。许多委员最后在共同纲领基础上增进了共识。

这次会议邀请了刘文辉、邓锡侯等有不同意见的代表列席会议。与会的政协委员和列席人员积极参与讨论，有的还提出书面意见和建议。讨论最为热烈的是土改法草案。经过协商讨论，会议秘书处整理了《对土地改革法草案修改意见的综合》，共梳理出 80 多条修改意见。比如，关于"富农不动"问题。马寅初委员提出，"富农不动"政策行之于江南三角地带是正确的。这个情况复杂，团结富农，可以免去不少纠纷；但行之于福建就有问题了。福建尤其是闽南无大地主，若不动富农，贫农就无地可得。李任仁委员也认为，对富农的土地出租部分，各地情形不同，不如规定由省级政府酌情计划。关于华侨土地问题。蚁美厚委员提出了一个应特别注意的问题：一些华侨早年赤贫，迫而渡洋谋生，用血汗得来的本分资财购买田产用于养老。所占田产不多，与富农相似，不动合适。著名华侨代表司徒美堂提出几点建议：对于"华侨土地"，要采取较为缓和的态度，但

全国政协组织的部分土改工作团、参观团

对"华侨土地"的定义一定要明确，在划分何者为华侨土地，何者不是华侨土地，技术上需要精细；一般华侨和在海外与蒋匪搅在一起的华侨，应采取不同的办法。关于土地和人力配合问题。郭棣活委员认为，各地人口分布疏密不一，建议把过剩人力去开发未尽的地利。

民主党派和委员还就如何深入开展土改问题进行协商建言。6月15日，在土地改革小组第五小组会议上，沈钧儒、李济深、陈叔通和黄炎培四人联名提出《请先就各大行政区，各择若干县或乡实行土地改革》提案。他们指出，如果土地改革一开始就在全国范围内推行，"无论干部数量和工作经验均恐不够，请先于少数地区实行，然后逐步推广。"土改过程中，很好地贯彻了这一建议。

中共中央高度重视与会人员的意见。会议期间，毛泽东还不断修改土改法草案。6月21日，他在修改草案时，尽可能吸纳了委员们的意见建议，对保留富农的政策作出完整表述。

民革李济深、民盟张澜、民建黄炎培、民进马叙伦、农工党章伯钧等党派代表在大会上发言，批驳了帝国主义和国民党残余挑拨离间的阴谋，表示支持和拥护土地改革法。在6月21日第5次大会上，马叙伦发言说，我们革命的三个敌人，中心是封建主义。土改是刨封建主义的根子，使帝国主义和官僚资本主义失去依靠，这是我们革命政权决不放松的一件大事。包尔汉说，土改问题不仅是解放农民的基本问题，也是解放民族的基本因素之一。有些起义将领，如卢汉、刘文辉等也改变了此前的疑虑，表示将献出土地分给农民，为实现土改而斗争，不仅做到军事上"起义"，也要做到阶级上"起义"。6月23日，政协一届二次会议通过了土地改革法草案。毛泽东在会上致闭幕词，号召各阶层人士积极支持土地改革，"过好土改关，做一个完全的革命派"。

思想上的疙瘩解开了，就会迸发巨大热情。在这次会议上，农工党章伯钧、黄琪翔、郭冠杰提交了《建议民主党派参加土改工作案》。章伯钧提议，"各民主党派和民主人士，在这次大会通过土地改革法以后，就应该迅速地进行关于土地改革问题的学习和宣传，并且要实际的参加土地改革的工作。我们认为民主党派参加土改，不仅对土改是有利的，即对民主党派自身的改造提高，亦具有积极的作用"。《建议案》得到中共中央的认可并在此次政协会议上通过。会议之后，各民主党派都发布号召，动员它们的成员积极支持和参加土改。全国政协也组织委员工作团，为完成这一伟大历史任务作出贡献。

土地改革非常复杂，牵涉面广。全国政协在 6 月 13 日至 10 月 12 日期间，召开了 8 次常委会会议，协商讨论土改及与其相关的农村阶级成分划分、农业税、农村债务纠纷等问题，相继讨论通过了《农民协会组织通则（草案）》《政务院关于划分农村阶级成分的决定（草案）》等。6 月 27 日至 7 月 4 日，全国政协还组织在京的委员、中央人民政府委员会委员和省、市各界人民代表会议协商委员会的代表 200 余人，分组讨论与土地改革有关的农村划分阶级成分、农民协会等问题。

从 1950 年冬起，全国土改有序分批进行。经过三年的努力，到 1953 年春，全国除了一部分少数民族地区外，基本上完成了土改任务。全国政协围绕土地改革开展的协商活动，为民主党派和利益相关的政协委员减除疑虑、统一思想，发挥了重要作用，这也为土地改革的顺利进行扫清了思想障碍。围绕土改问题进行的党内党外各个层面的协商，薄一波称之为"民主决策的一个范例"。

协商推动国民经济恢复和发展

1949 年刚从半殖民地半封建社会解放出来的新中国，满目疮痍、百业萧条，整个经济基本处于崩溃的边缘。没有完整的工业体系，基本上是手工作业，工业产品极少；农业是人工耕作、靠天吃饭；市场上商品严重匮乏，物价暴涨，民不聊生。几十年后胡乔木形容当时的情景：不仅市民久不知肉味，连蔬菜也早见不到了。美国国务院白皮书宣称：中国共产党人照样解决不了中国人吃饭问题，只有求助于美国面粉。如果不能迅速恢复国民经济，新中国的各项建设就无从谈起。在一定意义上，能否平抑物价、恢复国民经济也是对新政权的一次极大考验。

为促进国家财政经济状况根本好转，全国政协协商讨论了中央人民政府委员会关于稳定物价、对财经工作实行国家统一管理和统一领导、发行人民胜利折实公债、调整工商业、调整税收等关系国计民生的重大决策。

1949 年 11 月，陈云向政务院第六次会议报告了物价情况。全国物价上涨得厉害，上海物价比 7 月份平均涨了两倍，有些物价竟涨了五六倍。这次物价风影响到西北地区。原因主要是财政赤字太大、钞票发行太多，军队去前方打仗要先支付一批款；新解放区收不上税，银粮都要补贴；经济建设要投资。他提出当前的方针：保证军政费用必需的开支，力求金融波动的次数减少。采取的办法有：多生产，少开支；多收少借，组织管制，即多收公粮，增加税收，多借内债，拟发行折实公债，并加速对市场管制。这次会议后，周恩来建议由全国政协财经组研究物价问题，并向常委会提出报告，协商讨论后再作决定。

11月21日、12月8日，全国政协财经组分别举行会议，讨论物价和发行公债问题。11月29、30日，常委会举行第二次会议，讨论1950年全国收支预算概算书和关于发行人民胜利折实公债的决定（草案）。毛泽东亲自主持11月29日的会议。他分析了全国收入支出的大概状况，总的原则是组织生产，尽量满足军政费用。发行公债是为了收回通货，平抑物价。毛泽东认为，这次公债并非仅仅为恢复经济，应为支援人民解放战争，迅速统一全国，安定民生，走上恢复和发展的轨道，可组织人研究一下折实、利息分期问题。参与制定这两个文件的薄一波详细介绍了有关情况。周恩来主持11月30日的会议，进一步对公债的性质和折实标准作出说明。委员们纷纷发表意见。何香凝提议，可让战犯拿出钱，减轻其罪行，或者以购买公债赎罪；章乃器建议分析并阻断物价波动的周期；邵力子提出考虑兑换一些相对独立的台币，以备解放台湾之用；王昆仑等人都表示同意通过这项草案。

会后，周恩来、陈云与黄炎培、马寅初、师复亮、章乃器等进一步修正"概算（草案）"。草案修改之后，又提交中央人民政府委员会于12月2日召开的第四次会议进行讨论。黄炎培、章伯钧、李济深等民主党派成员在会上作了发言，一致赞同中共提出的这个概算草案，并且同意发行公债。章伯钧指出，这两个法案，"是事先经过反复讨论的。经过（政协）全国委员会常务委员会和中央政府委员会，以及各部各地区负责首长，于会前迭次交换意见，斟酌实际，而后做成草案，交付正式会议而获得一致通过的"。他认为，像这样讨论国家大计，像这样民主的作风、共同负责的态度，不仅是过去国民党政府不能设想的，就是所谓资产阶级的议会，也不能具有"这样的风格"。①

政务院发行1950年第一期人民胜利折实公债后，又发布了《关于统一国家财政经济工作的决定》，进一步节约支出、整顿收入，统一财政收

---

① 《拥护财政收支概算！拥护胜利折实公债！》，载《新华月报》1950年第1卷第3期。

全国政协一届二次会议期间,财经小组讨论会场

支的管理。在中共的领导下,在民主党派等各方面的共同努力下,1949年底,物价趋于稳定,财政状况逐渐好转,集中统一的财经管理新体制也逐渐形成。毛泽东对此给出了"不下于淮海战役"的高度评价。但是经济好转背后同样也存在越来越严重的问题。紧缩银根后,1950年春夏之交,全国经济生活中出现了市场萧条,私营工商业经济困难,部分工商业户关门、歇业,造成新的失业现象。很快,不满和失望情绪在蔓延。这已不仅是经济问题,也是严重的社会问题。

3月30日、4月19日、5月30日,全国政协财经组连续召开会议,讨论如何发动私人资本和华侨投资生产问题及征粮问题,动员委员为国民经济根本好转征集提案、意见。4月10日,常委会听取并讨论陈云所作的财政状况和粮食状况的报告。

在同年召开的全国政协一届二次会议上,中心议题是土地改革问题,这也是为恢复和实现国家经济好转的重要举措。在6月15日的会议上,陈云作了关于经济形势、调整工商业和调整税收诸问题的报告,分析了出现困难的原因,以及要采取的方针、措施。与会人员分组讨论这些报告。辛亥老人熊克武发言说:中山先生亦曾提倡过"节制资本",但只是口号。经陈云同志提出调整工商业,照顾私营企业的许多具体办法,切合实际。由这样的公私兼顾,使五种经济互相辅翼调协,国家经济便可繁荣,日趋工业化。爱国实业家刘鸿生说，在调整工商业中，改善公私关系是件很重要的事。过去部分公营事业，存在业务本位的观点，未能正确掌握领导，而部分私营事业，对于公营事业存在片面的依靠和盲目的恐慌，都应该加以改善。他还对改善劳资关系提出建议，"劳资关系对经济建设太重要了"。

可以说，讨论、研究和协商国民经济恢复，是一届全国政协的经常性工作。特别是1950年朝鲜战争爆发后，随着军事开支的增加，进一步加重了国民经济恢复的困难。为推动建立有序的经济秩序，在一届三次、四次会议及其他会议上都安排了讨论经济工作的内容。中央人民政府出台的一些重要法规，比如"农村债务纠纷处理办法"、"劳动保险条例"及其实施细则、"合作社法"、"惩治贪污条例"、"私营企业暂行条例"，都提交政协进行讨论，之后再颁布实施。1951年10月，常委会第30次会议决定成立全国工商业联合会，团结工商业界人士开展经济建设。

到了1952年，国民经济恢复的任务超额完成。毛泽东在8月4日召开的全国政协常委会第38次会议上发表讲话。他指出：我们国家有前途，有希望。过去我们想，国家经济是否三年可以恢复。经过两年半的奋斗，现在国民经济已经恢复，而且已经开始有计划地建设了。

协商国际问题和抗美援朝运动

争取一个和平的国际环境，是新中国开展全面建设的重要基础。全国政协囊括了社会各界代表人物，人才荟萃。这些委员中不乏远见卓识之人，如宋庆龄、李济深、郭沫若等在国际舞台上极具社会影响力。围绕国际问题、外交事务进行协商，是人民政协的一项重要使命。

第一届全国政协的协商主要集中在推动保卫世界和平、抗美援朝运动及与其他国家开展友好交往等方面。早在新中国成立之前，有些民主人士曾就中共外交策略提出意见建议。张治中在与周恩来谈话中，主张新中国要和世界各国发展贸易往来。尤其要和工业发达的国家做生意，不能闭关自守。新中国成立后，在与社会主义国家建交、签订条约等问题上，中共中央主动听取民主人士意见。1949年12月，毛泽东在第一次访苏前，专门邀请张澜、李济深、郭沫若、黄炎培、沈钧儒等12位民主人士座谈，听取有关两国的重要政治、经济问题的意见。1950年1月5日，中共中央召开座谈会，邀请全国政协常委、中央人民政府委员会成员，进一步就中国同苏联签订新的友好条约和贷款、通商、民航合作等协议进行协商。

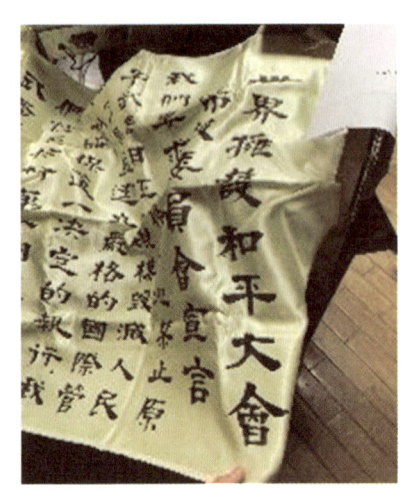

世界维护和平大会常设委员会宣言及签名绸

1950年6月，全国政协接受中国人民保卫世界和平委员会的建议，制定号召全国人民展开世界和平签名运动的办法，发起了保卫世界和平签名运动。截至11月，我国在和平宣言上签名的共达2.3亿多人。

协商国际问题，成为第一届全国政协常委会会议的主要议题。在64次常委会会议中，有15次涉及国际问题。比如，1951年10月30日，第32次会议讨论《关于支持五大国缔造和平公约的要求的决议（草案）》；1952年10月3日，第41次会议听取并座谈周恩来关于中苏商谈经过的报告；1953年9月11日，第49次会议听取并讨论李富春关于中苏两国政府商谈苏联对中国援建问题的报告；1954年7月8日，第57次会议听取并讨论周恩来关于出席日内瓦会议及访问印度、缅甸和举行中越会议等问题的报告。

听取国际形势的报告，并座谈讨论，也是双周座谈会的主要内容。在一届政协的55次双周座谈会中，有22次与国际问题有关。比如1951年8月23日章汉夫做关于美帝国主义单独对日本媾和问题的报告，并进行讨论。

1950年至1954年间，全国政协同苏联、朝鲜、越南、印度、缅甸、保加利亚、蒙古等国的相关机构开展友好交往，积极推动建立国家之间的关系，促进不同制度国家的和平共处，为团结一切可以团结的力量、缓和国际紧张局势做出了努力。

中国人民是热爱和平的，但为了保卫和平，从来也永远不害怕反抗侵略战争。正在全国人民努力恢复国民经济之际，1950年6月，朝鲜战争爆发。9月15日，美军在仁川登陆并占领汉城，越过了三八线，严重威胁新中国的安全。

对新生政权来说，出兵抗美援朝是一项艰难的抉择。在中共党内有不同的意见分歧。在民主党派、政协委员中也有不同的认识。7月13日，全国政协召开第4次双周座谈会，讨论朝鲜战争问题；8月10日，第5次

1951年7月24日，全国政协举行宴会，欢迎越南人民访华代表团。图为李济深（左一）、郭沫若（右一）与越南人民访华代表团团长黄国越谈话

双周座谈会讨论朝鲜战争发生后的形势。在座谈讨论中，有人建议以武力保家卫国，但也有一部分人暴露出崇美、恐美、亲美思想，过高估计美国的力量，担心"引火烧身"，把战争扩大到中国来。极少数人害怕"原子弹"，主张"隔岸观火"。黄炎培深感出兵之事影响甚大。他认为十几年的抗战、内战，国家的元气还没有恢复，而人们中间抗美反美的情绪没有过去抗日的时候高涨，国民党残余还没有完全清除，这个时候不宜出兵。他经过与民主党派一些成员商谈后，写信给毛泽东、周恩来，建议"置之不理"。这种思想具有一定的代表性。

为了统一思想，中共中央在没有宣布出兵之前，就与民主党派代表人物进行座谈，做耐心细致的解释工作。在做出抗美援朝、保家卫国战略决策之后，再组织与民主人士座谈。10月21日、23日，周恩来邀请郭沫若、马叙伦、章伯钧、王昆仑座谈抗美援朝问题，听取意见。李维汉回忆说，"分别约他们座谈三次"，有的一开始就很坚决，同意出兵；有的刚开始存在疑虑，但经过座谈，很快取得了一致。黄炎培等人对抗美援朝的重要性、必要性有了新的认识后，在民建中央召开的常委会上进行了自我批评。他提议以"志愿军"的名义出兵朝鲜，被中共中央采纳。中共与各民主党派还商议起草共同宣言，支持抗美援朝。

10月24日，全国政协一届常委会召开第18次会议，讨论抗美援朝问题。周恩来在会上作了《抗美援朝，保卫和平》的报告，指出：中朝是唇齿之邦，唇亡则齿寒。他进一步阐述了抗美援朝的重要意义，以及可能产生的结果。会议一致赞同组织志愿军援助朝鲜人民。11月2日，全国政

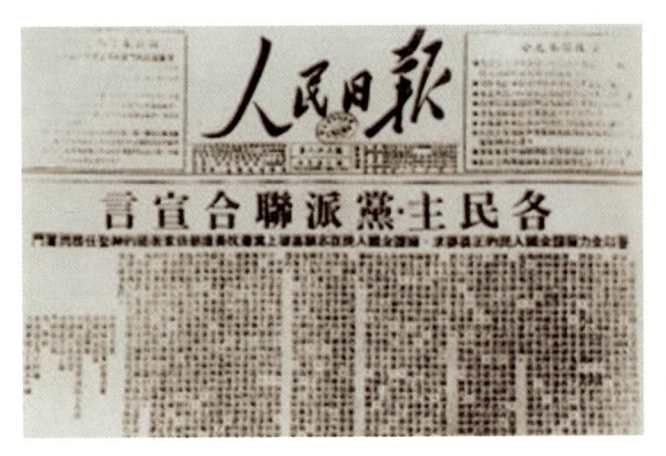

1950年11月4日,《人民日报》刊登《各民主党派联合宣言》

协第11次双周座谈会讨论国际形势;同日,常委会举行第19次会议,听取罗隆基关于起草各民主党派联合宣言经过的报告。11月4日,中国共产党与民革、民盟等民主党派及无党派民主人士发表联合宣言,表示"誓以全力拥护全国人民的正义要求,拥护全国人民在志愿基础上为抗美援朝保家卫国的神圣任务而奋斗"。11月9日,全国政协召开第11次工作会议,研究讨论抗美援朝的宣传问题。全国政协给各省市协商委员会发出通知,要求他们积极参与和推动抗美援朝保家卫国运动。

围绕抗美援朝,全国政协多次召开会议,举行活动。1951年10月23日至11月1日,全国政协一届三次会议召开,中心议题是增产节约,继续加强抗美援朝运动。会议通过了《关于抗美援朝工作的决议》,提出继续加强支援朝鲜前线,深入抗美援朝的爱国主义教育,开展增产节约运动等七项工作。会上,根据郭沫若、陈叔通、彭真的提议,决定制发抗美援朝纪念章。1953年2月4日至7日,一届四次会议召开。中心议题之一仍是继续加强抗美援朝运动。全国政协还多次召开双周座谈会,听取周恩来、乔冠华、彭真、杨刚等关于国际形势与朝鲜战争局势的报告,讨论抗美援朝与财政工作问题、抗美援朝谈判及战俘问题等,配合做好抗美援朝工作。

1951年3月和1952年9月,全国政协会同抗美援朝总会先后三次派出以廖承志等人为团长的中国人民赴朝慰问团,赴朝鲜前线。

1953年7月,朝鲜战争结束。抗美援朝运动使新中国以崭新的姿态屹立在世界舞台上,被称为"东亚病夫"的中国一去不复返了。人民政协开展的一系列协商活动,为推动抗美援朝运动凝聚了智慧和力量。

协商讨论过渡时期总路线

1952年底,土地改革基本完成,恢复国民经济的任务顺利实现,朝鲜战争即将结束。我国已具备了有计划进行大规模经济建设的条件。

1953年,中共中央提出党在过渡时期总路线,即:"从中华人民共和国成立,到社会主义改造基本完成,这是一个过渡时期,党在这个过渡时期的总路线和总任务,是要在一个相当长的时期内,逐步实现国家的社会主义工业化,并逐步实现国家对农业、对手工业和对资本主义工商业的社会主义改造。"

生产资料所有制变革,是一场极其深刻的社会主义革命。当时,农业和手工业的社会主义改造通过合作社的方式逐步实现。如何实现资本主义工商业向社会主义的过渡,成为中共中央高度重视的问题。

过渡时期总路线提出后,在资产阶级内部引起各种疑虑,甚至抵触。一些工商业者,对社会主义革命的深入和发展感到震惊和不安。有些人宁愿拿出一个企业抵债,也不愿实行公私合营。

为了统一思想,9月7日毛泽东同民主党派和工商界部分代表谈话,向他们解释中国共产党对资本主义工商业实行社会主义改造的方针、政策。根据毛泽东的建议,9月8日至11日,全国政协一届常委会举行第49次扩大会议,邀请部分工商界代表人物参加。周恩来在会上作关于过渡时期总路线的报告,阐述了提出总路线的历史必然性。针对工商界对社会主义改造的疑虑,周恩来系统解释了我国社会主义改造的方针和步骤。他指出:国家资本主义并没有取消资本主义所有制。工商业者只要遵守国家政策法令,不投机不垄断,以企业产品用于满足人民的需要,他们的任务就是光荣的。9日,陈云作财政经济工作的报告;10日,李富春作了关于与苏联政府商谈苏联对我国经济建设援助问题的报告。会议用了三天时间,分组讨论三个报告。

9月11日,周恩来作了总结讲话,论述了社会主义改造和资本主义问题、资本主义工商业的前途问题和国家建设问题。他还就常委们关于对私营工商业的行政领导、公私合营和加工订货的工厂企业中领导生产的组织形式等问题予以回应。

这些谈话和会议大大减少了资产阶级上层代表人物的顾虑。盛丕华对"资本家现在有利润可得、将来有工作可做"表示满意；黄炎培形容社会主义改造方针是"同登彼岸、花团锦簇"，表示拥护过渡时期总路线和国家资本主义的方针。这些工商界进步人士的明确态度，对推动资本主义工商业的社会主义改造产生了积极影响。

1953年9月23日，全国政协发布《庆祝中华人民共和国成立四周年的口号》，提出全国人民一致努力，"为在一个相当长时期内逐步实现国家的社会主义工业化，逐步实现国家对农业、对手工业和对私营工商业的社会主义改造而奋斗！"10月30日、11月13日、11月27日，全国政协相继召开双周座谈会，分别由彭泽民、许德珩、李济深主持，进一步学习讨论过渡时期总路线问题。在会上，各民主党派代表汇报关于过渡时期总路线的学习计划及学习情况。同年11月6日、20日，全国政协召开工作会议，专题研究过渡时期总路线的学习问题，提出学习的步骤、方法，并决定暂以双周座谈会为临时指导机构。

为给政协委员知情明政创造条件，1954年1月28日、3月11日、5月29日、7月10日，全国政协连续举行学习座谈会，分别邀请胡绳、薛暮桥、程子华、廖鲁言、孙起孟、郑新如作报告，围绕国家在过渡时期总路线中的若干问题、社会主义工业化问题、手工业社会主义改造问题、农业社会主义改造问题、公私合营问题、对私营商业的社会主义改造问题，进一步阐释中国共产党过渡时期总路线的相关政策和具体措施。

通过这些学习和座谈，各民主党派成员和政协委员受到了教育，提高了认识，不同程度地接受了总路线和国家资本主义的方针。许多人感到"社会主义大势所趋，不走也得走"。他们在工商界现身说法，带头宣传贯彻中国共产党提出的过渡时期的总路线，成为协助推进资本主义工商业社会主义改造的一支重要力量。

协商筹备全国人民代表大会

在新中国成立之初，由于人民解放战争没有结束，各种基本的政治社会改革工作还没有在全国范围内进行，经济也需要一个恢复时期，人民代表大会制度尚不具备立即实行的条件。

《共同纲领》规定，在全国人民代表大会召开之前，由人民政协的全体会议执行全国人民代表大会的职权，选举中央人民政府委员会，并付之以行使国家权力的职权；在地方人民代表大会召开之前，则由地方各界人民代表会议代行人民代表大会的职权。到了1952年底，我国即将进入大规模的经济社会建设的新时期。为着适应这一新时期的国家任务，就必须根据《共同纲领》的规定，定期召开全国人民代表大会和地方各级人民代表大会，以进一步巩固人民民主，充分发挥人民群众参加国家建设事业的积极性。

1952年12月24日，李济深主持召开全国政协一届常委会第43次扩大会议。周恩来受中共中央委托在会上作报告。他指出：为了适应新时期大规模的经济建设、国防建设和文教建设的需要，中国共产党提议由政协向中央人民政府建议，于1953年召开全国人民代表大会和地方各级人民代表大会，并开始进行起草选举法和宪法草案的准备工作。会议就此听取意见，协商讨论。

在会上，李济深、马叙伦、许德珩、彭泽民、章乃器、赖若愚、章蕴先后发言，大家一致认为，在三年来取得成绩的基础上，在开始大规模建设的同时，召开全国人民代表大会、制定宪法是正确的、合适的，符合全国人民的要求。

1953年1月12日，陈叔通主持召开全国政协一届常委会第44次扩大会议。周恩来对召开全国人民代表大会及地方各级人民代表大会问题作了说明，重点介绍了选举工作、乡村户口调查，以及人大召开后政协的职能等。会议讨论并同意中央人民政府委员会《关于召开全国人民代表大会及地方各级人民代表大会的决议（草案）》；决定召开全国政协一届四次会议，研究讨论关于召开全国人民代表大会及地方各级人民代表大会等问题。

1月13日，中央人民政府委员会召开第20次会议，讨论全国政协提出的《关于召开全国人民代表大会及地方各级人民代表大会的决议（草案）》。周恩来对这个文件作出说明。李济深、章伯钧、黄炎培、张治中、傅作义、陈叔通、马叙伦、彭泽民等发言后，毛泽东作了总结讲话，阐明关于召开全国人民代表大会问题的几点意见。会议通过了关于召开全国人民代表大会及地方各级人民代表大会的决议。《决议》指出，将于1953年召开由人民普选方法产生的乡、县、省（市）各级人民代表大会，在此基础上召开全国人民代表大会，在大会上制定宪法。

1月28日，受中共中央选举法起草委员会主席周恩来的委托，邓小平在全国政协会议上作《关于中华人民共和国全国人民代表大会及地方各级人民代表大会选举法（草案）》的说明报告。邓小平指出：中国的情况极端复杂，要照顾到每一个情况是很困难的。因此，确定的这个选举法不可能过于具体，只能写得概括一点。同一天，邓小平在全国政协党组会议上，就人民代表大会召开以后，政协职权和性质问题发表讲话。他指出，过去政协会议代行全国人民代表大会职权，现在中央人民政府委员会已决定召开全国人民代表大会，政协当不能再代行其职权。政协的组织仍然需要，但性质上有所改变，是一个统一战线的组织，包括各党派、各人民团体、少数民族、海外华侨等。人代会后，政协有建议权。政协常委会政治分量不够，人数也少，这次会议上要增选一批。人民代表大会的召开并非宣告统战政策的结束，而是要加强，要联系更多的群众。[1]

召开全国人民代表大会和地方各级人民代表大会是国家政治生活的重大事项。在2月4日至7日召开的一届四次会议上，全国政协把继续加强抗美援朝斗争和开展增产节约运动，以及动员全国人民准备和参加全国人民代表大会和地方各级人民代表大会的选举，作为三大任务。

由于1953年春秋自然灾害的影响，基层选举工作不得不推迟。中央人民政府委员会也作出了推迟召开全国人民代表大会和地方各级人民代表大会的决议。

7月5日，全国政协一届常委会第56次扩大会议听取李维汉所作的《全国人民代表大会代表由中央提名的候选人名单》的说明。会议根据人民政协组织法"协商并提出参加中国人民政协的各单位在全国人民代表大会代表选举中的联合候选名单"的规定，对中央提名的候选人名单进行最后的协商讨论，并通过了毛泽东、宋庆龄、李济深、张澜、何香凝、陈嘉庚等501人的全国人民代表大会代表候选人名单。

经过充分的准备，从1954年3月开始，全国进行了各级人民代表大会代表的选举，并相继召开了地方各级人民代表大会。9月，第一届全国人民代表大会第一次会议在北京召开。至此，代行全国人民代表大会职权的中国人民政治协商会议第一届全体会议，圆满完成了自己的历史使命。

---

[1] 中共中央文献研究室编：《邓小平年谱（1904—1974）》（中卷），中央文献出版社2009年版，第1094页。

协商是人民政协与生俱来的特质

新中国成立之初，全国政协刚刚组建，就担当起协商国是、协助党和政府巩固新生政权、建设新中国的光荣任务。可以说，从政协创建起，协商就成为人民政协工作的主旋律，伴随着人民政协事业的发展。第一届全国政协的协商理念、机制和实践，为人民政协发挥专门协商机构作用，积累了宝贵经验和重要启示。

一是要坚持政协的性质。人民政协是中国人民民主统一战线的组织，这在《共同纲领》和政协组织法中均作了规定。在全国人民代表大会产生之前，人民政协全体会议代行人大职权，这并不是说政协就是权力机关。它仍是建议、参谋、协商机关。中国共产党和人民政府的重大问题、重要决策，需要各党派、各团体协商的，就交给政协协议。如果政协认为不需要制成协议，就此作罢；若认为需要，就通过协商集中意见制成协议，交给政府颁布和实施。提交到政协会议上的议案，即便事先经过反复的协商，在会议作出正式表决时，也应该允许有不同的意见。对此，周恩来在1954年12月政协一届常委会第62次会议讨论"五反"运动中关于工商户分类处理问题时强调：我们要吸收不同意见的人在一起，要善于和这些人一起协商，团结他们。这样，政治协商会议才能前进，才能有利于国家建设。[①]

二是紧扣党和国家中心工作及社会关注的热点开展协商。针对中国共产党和国家方针政策及重大社会改革任务，开展座谈讨论，提出意见建议，是人民政协性质的重要体现。在新中国成立初期，全国人民代表大会尚未成立，人民政协肩负协助中国共产党和中央人民政府医治战争创伤、巩固新生人民政权的重要任务。政协协商的重大议题，无论是土地改革、抗美援朝运动、贯彻落实过渡时期总路线、全国人民代表大会的筹备，还是制定宪法和重要法律法规，建立新的社会秩序和经济秩序，莫不是重大国是问题。全国人大成立后，毛泽东、周恩来反复强调人民政协继续存在的必要性，进一步明确了协商国际问题、协商名单、协商调整各种关系等五大任务。这些，为人民政协继续在国家政治生活中发挥作用提供了重要依据。

[①] 中共中央文献研究室编：《周恩来年谱（1949—1976）》（上卷），中央文献出版社2020年版，第418页。

三是切实提高协商实效。人民政协创建伊始，协商体现于中国共产党和政府决策及实施的整个过程之中。按照周恩来的指示，"一切大政方针，都先要经过全国委员会协议，然后建议政府施行"。在政协开展的协商不是走过场搞形式，涉及重大国家事务会反复进行。土地改革问题就是这样：土改法草案先在政协开展协商讨论征求意见，然后到中央人民政府批准实施；实施过程中，政协组织参观团、工作组深入一线体验、考察，委员再回到政协会议上报告体会、提出建议，可以说政协协商贯穿了土改运动的始终。在开展具体问题协商时，政协往往围绕一个主题，密集召开各种形式的学习活动，听取有关负责人说明政策制定情况、报告时事政治。这些政治理论和时事政策的学习，一方面厚植共同的思想政治基础，有利于广大政协委员深化对土改、抗美援朝、资本主义工商业改造等问题的认识，帮助他们站在人民和国家利益高度，以国家主人身份参与协商；另一方面，有利于知情明政，帮助他们解疑释惑，扫清思想障碍，提升协商能力。

四是建立良好的协商氛围。人民政协成立之初，就创建了人民政协全体会议、政协全国委员会会议、常委会会议、联席工作会议、双周座谈会、学习座谈会等多种形式，并运用政协建议案、委员提案、意见反映、实地参观等多种渠道，为民主人士和委员多层面协商国是提供了载体和场所。在一届政协期间，召开了4次全国政协会议、64次常务委员会会议、125次工作会议、55次双周座谈会、30多次学习座谈会，各工作组的会议更是频繁不断。人民政协的全体会议尽管在一届政协期间没有举行过，但理论上说，这是最具权威性、最重要的协商平台。但是，由于当时政协委员来自不同的阶级、阶层。对中共中央的某项决策，在认识上不尽一致或者有重大分歧，这是再正常不过的事情。特别是新政权刚刚成立，呈现在面前需要解决的，都是没有经验可以借鉴的新情况新问题。政协协商的出发点和落脚点在于：一方面，纾解情绪，调整关系，增进团结，壮大和巩固统一战线，凝聚力量；另一方面，发挥人才荟萃、代表性强的优势，为中国共产党和政府决策提出有价值的意见和建议。正因为此，协商主体的意愿和态度，至关重要。执政的中国共产党无疑起到了示范作用。中共中央领导人高度重视政协协商，在沟通交流过程中表现出坦荡胸襟、真诚愿望和虚心态度；大多民主人士和政协委员出于高度的责任感和使命感，建真言、建诤言，这都为建立良性的协商氛围提供了重要基础。

新中国成立初期的政协协商，丰富了中国特色社会主义协商民主的内容。主体平等、内容广泛、形式多样、过程充分、效果良好，这些为人民政协的协商实践开了好局。但是，实现和推动政协协商需要具备相应的政治、经济、文化、社会条件。由于受时代、个人认识等众多因素的制约，当年的政协协商探索不可避免存在一些不足。一是中共中央和人民政府各部门在政协与民主党派和各界代表的协商比较直接、频繁，但中央部门与基层协商机构之间的沟通机会少，全国政协对地方政协联系和指导也不够。在政协一届二次会议上，陈叔通代表常委会所作的工作报告中指出，我们工作中的最大缺点，在于全国委员会同地方协商机关的联系，至今没有正式建立起来。二是民主人士和重要代表人物参与政治的热情比较高，但相应的协商配套制度没有完善，留下一些隐患。1953年9月8日至11日，全国政协召开常委会扩大会议，梁漱溟应邀参加关于过渡时期总路线的讨论。其间，他的发言引发争论，受到批判。据他本人回忆，"以后在政协，在科学院，都开过会，但我都没有机会充分讲自己的意见，主要还是听大家批判我"。①

附表1　一届全国政协主要会议协商情况一览表

时间	会议名称	议题	主持人	出席人员	列席人员
1949.10.9	一届一次会议	选举一届全国政协领导之前，周恩来报告候选名单的协商经过	林伯渠	委员	
1949.10.18	常委会第1次会议	审议全国政协工作条例	周恩来	常委	
1949.11.29—30	常委会第2次会议	讨论1950年全国收支预算、概算书，关于发行人民胜利折实公债的决定草案等	毛泽东 周恩来	常委	中央人民政府委员、政务委员

---

① 汪东林著：《我对于生活如此认真：梁漱溟问答录》，当代中国出版社2013年版，第119页。

续表

时间	会议名称	议题	主持人	出席人员	列席人员
1950.4.10	常委会第3次会议	讨论《中华人民共和国婚姻法（草案）》	毛泽东	常委	中央人民政府委员、政务委员
1950.4.12	常委会第4次会议	继续讨论婚姻法草案	毛泽东	常委	
1950.5.20	常委会第5次会议	讨论召开一届二次会议的准备工作	毛泽东	常委	
1950.5.25	常委会第6次会议	讨论邀请列席政协一届二次会议人员名单及其他准备工作	周恩来	常委	
1950.6.1	常委会第7次会议	讨论政协常委会工作报告、关于地方委员会的决定（草案）、关于国徽问题的报告	周恩来	常委	
1950.6.10	常委会第8次会议	讨论并修正通过《中国人民政治协商会议全国委员会号召全国人民保卫世界和平签名运动的办法（草案）》；通过一届二次会议日程草案及国徽修正案的建议等	周恩来	常委	

续表

时间	会议名称	议题	主持人	出席人员	列席人员
1950.6.13	常委会第9次会议	讨论《中华人民共和国土地改革法（草案）》和政协常务委员会工作报告（稿）	周恩来	常委	
1950.6.21	常委会第10次会议	继续讨论土地改革法草案，讨论对提案和建议的处理原则等	毛泽东	常委	
1950.6.14—23	一届二次会议	中心议题是土地改革问题；讨论通过国徽图案；通过号召全国人民开展保卫世界和平签名运动的办法等	毛泽东致开幕词、闭幕词	委员	中央人民政府委员、地方协商委员会代表等
1950.7.13	常委会第11次会议	讨论《农民协会组织通则（草案）》	刘少奇	常委	中央人民政府委员、政务委员
1950.7.27	常委会第12次会议	讨论《政务院关于划分农村阶级成分的决定（草案）》	刘少奇	常委	中央人民政府委员、政务委员
1950.7.31	常委会第13次会议	继续讨论《政务院关于划分农村阶级成分的决定（草案）》	李济深	常委	中央人民政府委员、政务委员

续表

时间	会议名称	议题	主持人	出席人员	列席人员
1950.8.22	常委会第14次会议	讨论《新解放区农业税暂行条例（草案）》	周恩来	常委	中央人民政府委员、政务委员
1950.8.28	常委会第15次会议	继续讨论《新解放区农业税暂行条例（草案）》	周恩来	常委	
1950.10.12	常委会第16次会议	讨论《农村债务纠纷处理办法（草案）》	陈叔通	常委	
1950.10.19	常委会第17次会议	讨论《中华人民共和国劳动保险条例（草案）》	李济深	常委	
1950.10.24	常委会第18次会议	讨论抗美援朝问题，一致赞同组织志愿军援助朝鲜人民	毛泽东	常委	
1950.11.2	常委会第19次会议	讨论各民主党派关于抗美援朝的联合宣言草稿	刘少奇	常委	
1950.12.21—22	常委会第20次会议	听取并讨论周恩来所作的关于抗美援朝问题的报告和陈云关于1951年财政总方针问题的报告	毛泽东	常委	在京委员、中央人民政府委员、政务委员

续表

时间	会议名称	议题	主持人	出席人员	列席人员
1950.12.23—24	常委会第21次会议	分组讨论薄一波所作的《中华人民共和国合作社法（草案）》报告和薛暮桥所作的《中华人民共和国私营企业暂行条例（草案）》的报告	周恩来	常委	在京委员、中央人民政府委员、政务委员
1950.12.26	常委会第22次会议	分组讨论上述两个草案的综合报告	周恩来	常委	在京委员、中央人民政府委员、政务委员
1951.4.16	常委会第23次会议	审查向全国省、市协商委员会秘书长会议提出的关于各地协商委员会工作意见、各级协商委员会相互关系的建议、各地协商委员会机构编制的建议等文件	周恩来	常委	
1951.6.5	常委会第24次会议	讨论清理机关工作人员问题	李济深	常委	中央人民政府委员、政务委员
1951.7.19	常委会第25次会议	讨论通过《关于各省、市各界人民代表会议协商委员会工作的意见》《关于保护国家机密的规定》等文件	周恩来	常委	中央人民政府委员、政务委员

续表

时间	会议名称	议题	主持人	出席人员	列席人员
1951.8.30	常委会第26次会议	讨论《中华人民共和国人民法院暂行组织条例（草案）》《中央人民政府最高人民检察署暂行组织条例（草案）》等	周恩来	常委	中央人民政府委员、最高人民法院和最高人民检察署负责人
1951.9.22	常委会第27次会议	讨论召开政协一届三次会议时间和列席范围等问题；讨论中央人民政府各部门和各民主党派、各人民团体等参加土改运动问题	周恩来	常委	中央人民政府委员
1951.10.4	常委会第28次会议	讨论政协一届三次会议议程、列席人员名单等	周恩来	常委	
1951.10.17	常委会第29次会议	讨论通过提交政协一届三次会议的会务报告、议事规则等	陈叔通	常委	
1951.10.22	常委会第30次会议	确定政协一届三次会议的中心议题为：增产节约，继续加强抗美援朝运动，决定筹备成立全国工商业联合会；讨论通过政协一届三次会议的会务工作	周恩来	常委	

续表

时间	会议名称	议题	主持人	出席人员	列席人员
1951.10.28	常委会第31次会议	协商决定增补达赖喇嘛·丹增嘉措、班禅额尔德尼·确吉坚赞等18人为一届全国政协委员；规定全国政协委员会的会议为一年召开一次	周恩来	常委	
1951.10.30	常委会第32次会议	同意政协一届三次会议提案审查委员会关于提案审查情况的报告草案；修正通过《关于同意中央人民政府各项工作报告的决议（草案）》《关于支持五大国缔结和平公约的要求的决议（草案）》等	周恩来	常委	
1951.10.23—11.1	一届三次会议	中心议题：增产节约，继续加强抗美援朝运动		委员	中央人民政府委员、中央人民政府各部门负责人等
1951.12.27	常委会第33次会议	讨论关于思想改造的学习运动方案、全国政协的工作机构和制度建设、全国工商联筹备处章程	陈叔通	常委	

续表

时间	会议名称	议题	主持人	出席人员	列席人员
1952.1.5	常委会第34次会议	听取并讨论通过全国工商联筹备情况报告和相关条例；修正通过展开各界人士思想改造的学习运动的决定	周恩来	常委	
1952.1.22	常委会第35次会议	听取并讨论彭真所作的惩治贪污条例的报告和薄一波所作的处理浪费的报告；讨论《中华人民共和国惩治贪污条例（修正草案）》	周恩来	常委	在京委员、中央人民政府委员、政务委员等
1952.3.6	常委会第36次会议	听取并座谈李富春关于处理"三反"运动中贪污、浪费问题的意见的报告	周恩来	常委	同上
1952.4.26	常委会第37次会议	讨论通过《中国人民政治协商会议全国委员会庆祝1952年五一国际劳动节的口号》，听取陈叔通关于工商联筹备会地方代表分配名额的报告	李济深	常委	
1952.8.4	常委会第38次会议	毛泽东发表《团结起来，划清敌我界限》的讲话，听取并座谈周恩来关于外交、人事、预算问题的报告	毛泽东	常委	在京委员、中央人民政府委员、政务委员等

续表

时间	会议名称	议题	主持人	出席人员	列席人员
1952.9.20	常委会第39次会议	讨论《中华人民共和国惩治毒犯条例（草案）》	沈钧儒	常委	在京委员、中央人民政府委员等
1952.9.23	常委会第40次会议	讨论并通过《中国人民政治协商会议全国委员会庆祝中华人民共和国成立三周年的口号》	李济深	常委	在京委员、中央人民政府委员、政务委员
1952.10.3	常委会第41次会议	听取并座谈周恩来关于中苏商谈经过的报告	周恩来	常委	在京委员、中央人民政府委员等
1952.10.27	常委会第42次会议	听取钱俊瑞关于"中苏友好月"的报告	陈叔通	常委	同上
1952.12.24	常委会第43次会议	讨论关于筹备和召开各级人民代表大会问题，听取周恩来代表中国共产党所作的关于1953年召开全国人民代表大会及地方各级人民代表大会的提议的说明。会议决定由全国政协向中央人民政府委员会建议，筹备召开全国人民代表大会及地方各级人民代表大会	李济深	常委	在京委员、中央人民政府委员、政务委员、各部委负责人、高法高检负责人

续表

时间	会议名称	议题	主持人	出席人员	列席人员
1953.1.12	常委会第44次会议	听取周恩来关于召开全国人民代表大会及地方各级人民代表大会的说明；讨论并同意中央人民政府委员会《关于召开全国人民代表大会及地方各级人民代表大会的决议（草案）》，决定召开全国政协一届四次会议	陈叔通	常委	在京委员、中央人民政府委员、政务委员
1953.1.30	常委会第45次会议	通过常务委员会关于会务的报告等	周恩来	常委	
1953.2.6	常委会第46次会议	通过关于政治报告的决议（草案）和常务委员会关于会务的报告等	毛泽东	常委	
1953.2.4—7	一届四次会议	中心议题是贯彻1953年三大任务：继续加强抗美援朝运动、开始国家建设第一个五年计划以及动员全国人民准备和参加全国人民代表大会和地方各级人民代表大会的选举		委员	

续表

时间	会议名称	议题	主持人	出席人员	列席人员
1953.2.9	常委会第47次会议	听取薄一波关于1953年国家预算的报告，毛泽东就此发表讲话	毛泽东	常委	中央人民政府委员、政务委员和各大区负责人
1953.4.20	常委会第48次会议	听取邢西萍关于各民主党派、人民团体宣传部长会议讨论全国政协庆祝五一国际劳动节口号的报告，通过了这个口号	李济深	常委	在京委员、中央人民政府委员、政务委员
1953.9.8—11	常委会第49次会议	听取并分组讨论周恩来所作的关于过渡时期总路线和第一个五年建设计划的基本任务的报告、陈云所作的关于财政经济工作问题的报告、李富春所作的关于与苏联政府商谈苏联对中国经济建设援助问题的报告	周恩来 陈叔通	常委	在京委员、中央人民政府委员、政务委员及各大城市工商联负责人
1953.9.23	常委会第50次会议	通过《中国人民政治协商会议全国委员会庆祝中华人民共和国成立四周年口号》	陈叔通	常委	

续表

时间	会议名称	议题	主持人	出席人员	列席人员
1953.11.30	常委会第51次会议	吸取邓小平所作的关于发行1954年国家经济建设公债问题的报告，同意《1954年国家经济建设公债条例（草案）》及政务院发行公债的指示	周恩来	常委	在京委员、中央人民政府委员、政务委员等
1954.2.5	常委会第52次会议	与中国人民抗美援朝总会常务委员会联合组织，听取廖承志所作的关于组织慰问团慰问中国人民志愿军计划的报告；会议通过决议：组成5000多人的慰问团，董必武任团长	陈叔通	常委	
1954.3.16	常委会第53次会议	研究组织讨论宪法草案的准备工作，修正通过分组座谈宪法问题的名单（草案）	陈叔通	常委	

续表

时间	会议名称	议题	主持人	出席人员	列席人员
1954.4.24	常委会第54次会议	通过庆祝1954年五一国际劳动节口号，通过《关于人民代表大会制实行后，对地方协商机关暂时保留的建议》，通过林伯渠提出的撤销为学习运动设立的学习委员会的建议	陈叔通	常委	
1954.6.10	常委会第55次会议	吸取邓小平所作的1954年国家预算草案的报告和关于撤销大区一级行政机构的说明	陈叔通	常委	中央人民政府委员、政务委员及大区主席、副主席
1954.7.5	常委会第56次会议	听取李维汉所作的《全国人民代表大会代表由中央提名的候选人名单》的说明，并通过这个名单等	陈叔通	常委	中央人民政府委员
1954.7.8	常委会第57次会议	听取并座谈周恩来关于出席日内瓦会议以及访问印度、缅甸和举行中越会议等项问题的报告	毛泽东	常委	在京委员、中央人民政府委员、政务委员等

续表

时间	会议名称	议题	主持人	出席人员	列席人员
1954.8.20—22	常委会第58次会议	听取并讨论周恩来关于目前国际局势、外交政策和解放台湾问题的讲话，通过各民主党派人民团体解放台湾联合宣言	陈叔通 李济深 郭沫若 周恩来		在京委员、中央人民政府委员、政务委员等
1954.8.23	常委会第59次会议	讨论《公私合营工业企业暂行条例（草案）》		常委	在京委员、中央人民政府委员、政务委员等
1954.9.25	常委会第60次会议	讨论庆祝中华人民共和国成立五周年口号	李济深	常委	
1954.10.28	常委会第61次会议	听取周恩来关于我国政府与印度政府会谈情况的报告，以及代表中共中央就召开政协二届一次会议准备工作提出的会议组织形式、不再制定共同纲领等建议；会议决议，上述中共中央的建议先由各民主党派内部酝酿讨论，然后在全国政协工作会议进行协商，提出方案	周恩来	常委	在京委员、全国人大常委会委员，国务院副总理、部长，国防委员会委员

续表

时间	会议名称	议题	主持人	出席人员	列席人员
1954.12.4	常委会第62次会议	听取周恩来关于政协二届一次会议筹备情况的报告，以及对中国人民政治协商会议章程的说明等，协商通过第二届全国政协委员名单	周恩来	常委	在京委员，各民主党派中央组织部长，各人民团体主席
1954.12.15	常委会第63次会议	听取周恩来关于政协二届一次会议议程草案的说明，并同意此议程草案；同意陈叔通作常委会工作报告、章伯钧作章程说明、周恩来作政治报告	周恩来	常委	各民主党派中央组织部长，各人民团体主席
1954.12.21	常委会第64次会议	讨论通过一届政协全国委员会的工作报告，以及政协二届一次会议会务筹备工作	李济深	常委	

附表2　一届全国政协双周座谈会一览表

次数	时间	主持人	议题
第一次	1950年4月20日	张　澜	讨论最近中共中央发表的斯大林、毛泽东论共产党要善于和非党群众团体合作的两个文件
第二次	1950年5月11日	林伯渠	李维汉报告统一战线工作会议情况，并进行座谈
第三次	1950年6月8日		讨论《光明日报的性质和任务》
第四次	1950年7月13日	黄炎培	讨论朝鲜战争问题；乔冠华就当前国际形势作报告
第五次	1950年8月10日	许广平	讨论目前国际形势问题；宦乡就国际形势问题作报告
第六次	1950年8月24日	章伯钧	座谈批评与自我批评问题
第七次	1950年9月7日	许德珩	继续座谈批评与自我批评问题；李维汉在会上作发言
第八次	1950年9月21日	陈叔通	讨论通过《双周座谈会暂行组织办法》
第九次	1950年10月5日	陈叔通	座谈统一战线关系问题；李维汉在会上作发言
第十次	1950年10月19日	李维汉	继续座谈统一战线关系问题；李维汉在会上作发言
第十一次	1950年11月2日	李济深	座谈当前国际形势问题；徐特立在会上作发言

续表

次数	时间	主持人	议题
第十二次	1950年11月16日	沈钧儒	座谈当前国际形势问题；李维汉在会上作发言
第十三次	1950年12月14日	黄炎培	继续座谈当前国际形势问题；宦乡就朝鲜战争问题作报告
第十四次	1950年12月28日	陈叔通	李涛就朝鲜战况做报告
第十五次	1951年1月11日	马叙伦	伍修权、乔冠华作出席联合国大会情况的报告；陈其瑗做关于归国难侨的处理情况的报告
第十六次	1951年1月25日	章伯钧	各民主党派负责人汇报该党派中央会议的情况；林伯渠作总结发言
第十七次	1951年2月22日	许德珩	黄炎培作关于访察苏南土改工作的报告；李俊龙作关于参加湖南土改情况的报告
第十八次	1951年3月8日	高崇民	李俊龙作关于参加湖南土改情况的报告；张志和作关于参加河南土改情况的报告
第十九次	1951年3月22日	林伯渠	刘格平、费孝通、夏康农作关于西南少数民族情况的报告；林伯渠在会上讲话
第二十次	1951年4月5日	李济深	张云川作关于华东土改情况的报告；章乃器作关于武汉财经状况的报告
第二十一次	1951年4月19日	章伯钧	乔冠华作关于朝鲜战争局势问题的报告，并进行座谈
第二十二次（扩大）	1951年5月10日 中山公园中山堂	黄炎培	彭真作关于抗美援朝情况的报告

续表

次数	时间	主持人	议题
第二十三次	1951年6月14日	陈叔通	罗瑞卿作关于镇压反革命情况的报告，并进行讨论
第二十四次	1951年6月21日	马叙伦	继续座谈镇压反革命问题；李维汉在会上作发言
第二十五次	1951年7月12日	章伯钧	伍修权作关于朝鲜停战问题的报告，并进行讨论
第二十六次	1951年8月23日	许德珩	章汉夫做关于美帝国主义单独对日本媾和问题的报告，并进行讨论
第二十七次	1951年9月13日	蒋南翔	章乃器、胡愈之作关于西南土改团工作情况报告
第二十八次	1951年9月27日	李济深	陆志韦、梁漱溟、钱端升作关于西南土改情况的报告
第二十九次	1951年11月22日	沈钧儒	胡乔木就如何学习毛泽东思想问题作报告，并进行座谈
第三十次	1951年12月6日		郭沫若作世界和平理事会第二届会议的成就报告
第三十一次	1951年12月20日	李济深	薄一波作关于反贪污、反浪费、反官僚主义问题的报告，并进行座谈
第三十二次	1952年1月3日	章伯钧	继续座谈关于反贪污、反浪费、反官僚主义问题
第三十三次	1952年6月4日	林伯渠	潘汉年作关于上海"五反"运动情况的报告，并进行座谈；林伯渠在会上讲话

续表

次数	时间	主持人	议题
第三十四次（扩大）	1952年7月24日	李济深	郭沫若作世界和平理事会特别会议的成就报告
第三十五次	1952年8月21日	陈叔通	滕代远做成渝铁路修筑情况的报告
第三十六次	1952年9月11日	马叙伦	郭沫若、刘宁一作关于亚洲暨太平洋区域和平会议筹备经过的报告，并进行座谈；林伯渠在会上作发言
第三十七次	1952年9月18日	章伯钧	继续座谈亚洲暨太平洋区域和平会议筹备情况
第三十八次	1952年9月25日	许德珩	继续座谈亚洲暨太平洋区域和平会议筹备情况
第三十九次	1952年12月21日	李济深	彭泽民作中央访问团访问东北、内蒙古、绥远各少数民族的报告
第四十次（扩大）	1953年3月5日 北京饭店大礼堂	陈叔通	廖鲁言作关于贯彻婚姻法问题的报告
第四十一次	1953年3月26日	马叙伦	座谈抗美援朝和当前的国际形势问题
第四十二次	1953年4月9日	章伯钧	座谈周恩来关于朝鲜停战谈判的声明
第四十三次	1953年5月21日	许德珩	史良作司法改革与建设问题的报告，并进行座谈
第四十四次	1953年6月11日	李济深	赖若愚作关于工会工作的报告，并进行座谈

续表

次数	时间	主持人	议题
第四十五次	1953年6月26日	章伯钧	就目前国际形势，结合朝鲜停战问题进行座谈
第四十六次	1953年9月25日	陈叔通	张奚若作关于普通教育与师范教育工作问题的报告
第四十七次	1953年10月30日	彭泽民	各民主党派总部代表汇报关于过渡时期总路线的学习计划及学习情况
第四十八次	1953年11月13日	许德珩	继续座谈过渡时期总路线问题
第四十九次	1953年11月27日	李济深	周新民报告各民主党派学习党的过渡时期总路线的情况，并进行讨论
第五十次	1953年12月11日	罗隆基	杨刚作关于朝鲜谈判问题和遣俘问题，并进行座谈
第五十一次	1953年12月25日 长安戏院	陈叔通	章乃器作关于粮食统购统销及市场管理的报告
第五十二次	1954年1月15日	章乃器	座谈粮食统购统销及市场管理问题
第五十三次	1954年2月26日	王绍鏊	座谈苏美法英四国外长问题
第五十四次	1954年5月15日	许德珩	杨刚作关于日内瓦会议问题的报告，并进行座谈
第五十五次	1954年6月4日	王昆仑	继续座谈日内瓦会议问题

人民宪法得人心

宪法是国家的根本大法，是人民共同意志的集中体现。1949年新中国成立时，由于尚不具备召开全国人民代表大会的客观条件，中国人民政治协商会议制定了具有临时宪法性质的《共同纲领》，为新政权的政治、经济和文化建设提供了依据。随着社会主义制度的基本确立，《共同纲领》的一些规定已经不适应国家经济社会进一步发展的客观需要。在中共中央的领导下，经过深入协商讨论、广泛征求意见，1954年制定了新中国第一部宪法。这是中国历史上第一次由人民自主制定的宪法，集中体现了社会主义原则与人民民主原则。

要不要制宪

新中国成立后，中国共产党领导全国各族人民为巩固人民民主政权而斗争，到1952年，基本上完成土地制度改革和其他民主改革任务，取得抗美援朝战争的胜利，迅速恢复和发展国民经济，为向社会主义转变做好了准备。

按照毛泽东等中共领导人原先设想，从民主主义革命到社会主义革命需要一定的过渡阶段，向社会主义转变至少需要二三十年时间。随着形势的变化，1952年毛泽东重新思考这一问题。他在当年9月召开的"五年计划的方针任务"会议上，首次提出向社会主义过渡，并于1953年6月明确提出了中国共产党在过渡时期的总路线。与此相关，有两个问题摆在中国共产党和中国人民的面前：《共同纲领》的效力，以及要不要制定一部新中国的宪法。

《共同纲领》作为调整过渡时期各种社会关系的临时宪法，具有鲜明的新民主主义特性，其中一些规定已经不适应现实发展的客观需要。此时，有两件事对中共中央的决策产生了不同程度的影响。第一件是，按照《中国人民政治协商会议组织法》关于人民政协全体会议每三年召开一次的规定，到 1952 年底第一届全国政协任期即将届满。是召开人民政协第二届全体会议，还是尽快召开第一届全国人民代表大会，需要作出选择。第二件是，斯大林曾三次提出制宪的建议。1949 年 7 月刘少奇访问苏联期间，斯大林与中共代表团会谈时说，中国共产党应该制定现阶段的宪法，通过选举产生政府；1950 年初毛泽东访苏时，斯大林就中国建设提出建议，其中包括召开全国人民代表大会和制定宪法问题；1952 年 10 月刘少奇再次访苏期间写信给斯大林，表达了中共中央对召开全国人民代表大会和制定宪法的考虑，但斯大林还是建议制定宪法。

刘少奇在信中说，今年应该召开人民政协的第二届全体会议。如果不召开政协第二届全体会议，那就应该在明年或者至迟后年召开第一次全国人民代表大会。但因为全国政协在全国有很好的信誉，各民主党派愿意召开人民政协，而不积极要求召开全国人民代表大会，全国选举的准备工作也还有些不够。因此，考虑在明年春夏之间召开人民政协的第二次全体会议，把全国人民代表大会推到三年以后召开。对于在中国是否需要急于制定宪法，刘少奇谈到，中国已有一个《共同纲领》，而且它在群众中、各阶层中均有很好的威信，在目前过渡时期为国家的根本大法，是可以过得去的。他认为《共同纲领》能够比较好地反映过渡时期的阶级关系。如果在目前要制订宪法，其绝大部分内容，特别是对资产阶级和小资产阶的关系，也还是要重复共同纲领。基本上不会有什么改变，不过是条文形式和名称的改变而已。因此，考虑在目前暂不制定宪法，以《共同纲领》代替宪法。到了中国基本上进入社会主义以后，再制定一个社会主义的宪法。① 刘少奇信中的观点可以说反映了中共中央的意见。

斯大林与刘少奇举行了两次会谈，都谈到中国应该制定一部正式的宪法。这使中共中央重新考虑制宪的时机。

根据《中国人民政治协商会议组织法》规定，全国政协委员会有权协

---

① 中共中央文献研究室、中央档案馆编：《建国以来刘少奇文稿》（第 4 册），中央文献出版社 2005 年版，第 529—530 页。

商并提出对中央人民政府委员会的建议案。凡属国家的大政方针，包括土地改革、抗美援朝等运动，中共都通过全国政协进行讨论，提出建议案，这已成为一种惯例。

1952年12月24日，李济深主持召开政协一届常委会第43次扩大会议。周恩来受中共中央委托，提出由全国政协向中央人民政府委员会提出制定宪法的建议，并就此听取意见，协商讨论。周恩来指出：根据《共同纲领》的规定，我国的政治制度是人民代表大会制度。在建国之初，考虑到人民解放战争没有结束，各种基本的政治社会改革工作还没有在全国范围内进行，经济也需要一个恢复时期，人民代表大会制度没有立即实行的条件，因此，《共同纲领》规定在全国人民代表大会召开之前，由人民政协的全体会议执行全国人民代表大会的职权，选举中央人民政府委员会，并付之以行使国家权力的职权；在地方人民代表大会召开之前，则由地方各界人民代表会议逐步代行人民代表大会的职权。现在，这种过渡时期已经过去了，我国即将进入大规模的有计划的经济建设的新时期。为着适应这一新时期的国家任务，就必须根据《共同纲领》的规定，定期召开全国人民代表大会和地方各级人民代表大会，以求进一步巩固人民民主，以便充分发挥人民群众参加国家建设事业的积极性。

在会上，李济深代表民革、马叙伦代表民盟和民进、许德珩代表九三学社、彭泽民代表农工党、章乃器代表民建、赖若愚代表全总、章蕴代表中华全国民主妇女联合会先后发言，对中国共产党的建议表示赞同。大家一致认为，在三年来取得成绩的基础上，在开始大规模建设的同时，召开全国人民代表大会、制定宪法是正确的、合适的，符合全国人民的要求。会议决定向中央人民政府委员会建议召开全国人民代表大会和地方各级人民代表大会，并开始起草选举法和宪法草案的准备工作。

当时，社会各阶层对制定宪法也有不同认识。特别是一些民主党派有顾虑，担心制宪就意味着搞社会主义，损害他们的既得利益。李维汉在《回忆与研究》中说，到了讨论阶段，还有些人强烈要求明确保护资本家个人财产的继承权；有些人担心剥削得来的生活资料没有保障，要求将宪法规定的国家保护公民的"劳动收入"改为保护公民的"合法收入"；有些人出于阶级本能，对资本主义被消灭的前途表示疑虑不满。"在国家性质、主席职权问题上也是种种猜测，认为国家性质已经在变化，民族资产阶级实际上是被统治阶级；主席职权过大，实际上是共产党一党专政等等。"①

为了进一步听取党外民主人士意见，统一思想，1953年1月11日，毛泽东与18位民主党派负责人进行座谈；1月12日，周恩来又召集政协座谈会，对制定宪法等问题听取意见。座谈会讨论热烈。从两次座谈会看，有些民主人士对制定宪法还存在一些顾虑和疑问。比如，制宪的根据是什么？制宪有什么作用？制宪的可能性和可行性是什么？如果制定宪法，对民主党派、资产阶级是不是不利？也有人担心普选的结果会使共产党和工农群众的代表占压倒多数，他们的政治地位和政治权利得不到应有的保障。

1月13日，中央人民政府委员会召开第20次会议，讨论全国政协提出的《关于召开全国人民代表大会及地方各级人民代表大会的决议（草案）》。在《全国人民代表大会应该有自己的法律——宪法》报告中，周恩来说："宪法的主要内容，应包括我们的国家制度、社会结构、人民权利三部分，而这些内容在共同纲领里面已经包含了。共同纲领中已经实行的或者将要实行的以及必定实行的有关规定，可以把它拿到宪法里面来；把中央人民政府的组织法加以斟酌或作若干修改后，也可以拿到宪法里面来；选举法中的选举原则也可拿到宪法里面来，这样，就可以组成整个宪法。"针对各种疑虑，周恩来解释道："在昨天晚上举行的政协座谈会上，有的朋友顾虑起草宪法是否困难。经过昨天晚上的讨论，再加以考虑，我们感觉起草宪法的条件是成熟了。虽然有困难，但是可以克服的。""起草宪法虽然有困难，但是可以解决的。因为宪法不是永恒不变的。"②毛泽东也进一步阐述了召开人民代表大会和制定宪法的重要意义。他说，召开全国人民代表大会及制定宪法的条件已经成熟了。这是中国人民流血牺牲，为民主奋斗历数十年之久才得到的。人民代表大会制的政府，仍将是代表全国各民族、各民主阶级、各民主党派和各人民团体统一战线的政府，它是对全国人民都有利的。关于现在制定宪法有没有困难的问题，毛泽东说，困难总是会有的，但是比起我们已经做过的几件事，如抗美援朝、土地改革、镇压反革命、三反五反、恢复经济，困难都要少一些。

会议通过了关于召开全国人民代表大会及地方各级人民代表大会的决

---

① 李维汉：《回忆与研究》（下），中央党史出版社1986年版，第617—618页。
② 周恩来：《全国人民代表大会应该有自己的法律》，《党的文献》1997年第1期。

议。《决议》指出，将于1953年召开由人民普选方法产生的乡、县、省（市）各级人民代表大会，在此基础上召开全国人民代表大会，在大会上制定宪法。这次会议决定成立以毛泽东为主席的中华人民共和国宪法起草委员会和以周恩来为主席的选举法起草委员会。宪法起草委员有朱德、宋庆龄、李济深、李维汉、何香凝、沈钧儒、沈雁冰、周恩来、林伯渠、林枫、胡乔木、高岗、乌兰夫、马寅初、马叙伦、陈云、陈叔通、陈嘉庚、陈伯达、张澜、郭沫若、习仲勋、黄炎培、彭德怀、程潜、董必武、刘少奇、邓小平、邓子恢、赛福鼎、薄一波、饶漱石。这些人中，有中共党员，还有民主人士。

召开全国人民代表大会，制定宪法，这是新中国政治生活中两件大事，获得了中共党内和全国人民的拥护。但这两件事必将引起社会政治生活的重大变革，在民主党派及其联系的各阶层群众中也难免会有各种各样的反应。毛泽东、周恩来等中共领导人通过会议、谈话等形式与之协商讨论，解疑释惑，逐渐增进共识，对于顺利召开全国人民代表大会及其制宪工作发挥了积极作用。

形成宪法草案初稿

1953年1月召开的中央人民政府第20次会议，定于当年内召开全国人民代表大会、制定宪法，后因情况变化而推迟。12月，中共中央成立宪法初稿起草小组。从1954年1月9日开始，毛泽东亲率这个小组，集中精力在杭州起草宪法草案。2月17日，毛泽东给刘少奇发电报，提出宪法草稿，请中央政治局讨论。在北京，刘少奇召集中央委员讨论草稿，并将意见反馈给毛泽东。杭州、北京，往返几次。经过"二读稿""三读稿"，3月9日，起草小组提出"四读稿"。刘少奇主持中央政治局扩大会议，于3月12日、13日、15日三天，集中讨论通过了"四读稿"。3月15日，周恩来和董必武邀请宪法起草委员会中的非中共党员委员，座谈研究宪法草案初稿。

宪法草案初稿分为"序言"，第1章"总纲"，第2章"国家组织系统"（第1节"全国人民代表大会"、第2节"中华人民共和国主席"、第3节"国务院"、第4节"国家权力的地方机关"、第5节"民族自治机关"、第6节"法院与检察机关"），第3章"公民的基本权利和义务"，

第 4 章"国旗、国徽、首都"共四个部分。

根据宪法起草工作程序,这只是一个初稿,待宪法起草委员会审议通过后才形成宪法草案。3 月 23 日,在中南海勤政殿,毛泽东主持召开宪法起草委员会第一次会议。刘少奇、周恩来、陈云、董必武、邓小平等中共领导人和宋庆龄、李济深、何香凝、沈钧儒、马寅初、马叙伦、陈叔通、张澜、黄炎培、程潜等民主人士共 26 名委员出席。毛泽东代表中国共产党向会议正式提交《中华人民共和国宪法草案(初稿)》。

作为起草人之一,陈伯达向会议作起草情况的说明。在说明时,毛泽东有 19 次插话。在陈伯达讲到宪法与《共同纲领》的关系时,毛泽东说:这个宪法,是以共同纲领为基础,加上总路线,是过渡时期的宪法,大概可以管十五年左右。

陈伯达在说明初稿第 2 章第 1 节"全国人民代表大会"总的精神时,毛泽东说,我们的主席、总理,都是由全国人民代表大会产生出来的,一定要服从全国人民代表大会,不能跳出"如来佛"的手掌。资本主义国家名义上是议会选出政府,通过法律,实际上议会是政府的附属品。我们中央有个国务院,就是中央人民政府;地方各级人民代表大会选举出来的由主席、副主席、委员组成的地方各级人民政府就是国家的地方各级管理机关,也是国家权力的地方机关。因此,地方上就没有常务委员会了。苏联叫最高苏维埃,我们叫全国人民代表大会;苏联叫最高苏维埃主席团,我们叫全国人民代表大会常务委员会;苏联叫部长会议,我们叫国务院。我们就是多个主席。有个议长,还有个主席,叠床架屋,这个办法可以不可以?各人民民主国家中,捷克、民主德国是这样的制度,他们叫总统,我们叫主席。议会议好的东西,归主席发布;但他不能发布议会没有议过的东西;他也不能"行","行"是国务院的事。这个大家是不是赞成?可以讨论。

在讲到主席职权时,毛泽东说:主席也不是政府,国务院不向他报告工作。关于主席的职权,草案第 40 条第 5 款规定,担任国防委员会主席,而国务院又有国防部,我们还是叠床架屋,这是从国务院分了一点工作。第 6 款规定,在必要的时候召开最高国务会议,议什么事没有讲,总之不能违反全国人民代表大会。"在必要的时候",也就是说很少开,有紧急的大事情才开会商量一下……

谈到草案文字,毛泽东说:把什么什么"时"都改为"的时候"。讲话一般不说"我们在讨论宪法时",而说"我们在讨论宪法的时候"。"为"

字老百姓不懂,都改成了"是"字。什么什么"规定之","之"字在一句话的末尾,只是重复了上面的,毫无用处,也都去掉了。也许还有改得不彻底的地方,还可以改。[1]

毛泽东这些看似不经意的插话,实则都是深思熟虑的真知灼见,对解疑释惑、统一思想起着重要作用,也为后来的广泛讨论提供了重要原则。

会议决定在最近两个月内完成对宪法草案初稿的讨论修改,以便提请中央人民政府委员会批准作为草案公布。

草案初稿的协商讨论

根据宪法起草委员会第一次会议精神,1954年3月25日,中共中央发出《关于讨论中华人民共和国宪法草案初稿的通知》,指示各省市以上领导机关、各民主党派、各人民团体在四、五两个月内,分组进行讨论,并将修改意见汇总提交宪法起草委员会,以便修改与完善初稿。这充分体现中国共产党人所倡导的重大问题不在于最后的表决而在于事前协商和反复讨论的新民主主义议事精神。

对宪法草案初稿征求意见工作分别在全国政协、各大行政区及省市领导机关、宪法起草委员会进行,最后提交中央人民政府委员会。

全国政协层面进行的宪法草案初稿座谈讨论,较为深入并具有影响力。3月16日,陈叔通主持召开全国政协一届常委会第53次会议,中心议题是"商谈组织宪法草案的讨论的准备问题"。会议通过两个决议:一是修正通过《分组座谈宪法问题的名单(草案)》;二是"凡本会常务委员及委员在讨论宪法草案期间来京者,得随时编入小组,参加讨论"。当天的会议决定邀请全国政协各界别常委和委员组成15个小组(后调整为17个小组),讨论宪法草案初稿。每个小组设2—4位召集人,分别是:第1组,李济深、蒋光鼐、邵力子;第2组,何香凝、蔡廷锴、陈劭先;第3组,张澜、章伯钧、胡愈之;第4组,沈钧儒、罗隆基、费孝通;第5组,黄炎培、章乃器、施复亮;第6组,马叙伦、许德珩、林汉达;第7组,赖若愚、许之桢、刘子久;第8组,宋庆龄、李德全、史良、

---

[1] 中共中央文献研究室编:《毛泽东年谱(1949—1976)》(第二卷),中央文献出版社2013年版,第228—230页;韩大元:《1954年宪法制定过程》,法律出版社2014年版,第271—275页。

许广平；第9组，胡耀邦、荣高棠；第10组，沈雁冰、丁西林、邵宗汉；第11组，马寅初、张奚若、韦悫；第12组，郭沫若、李四光、张稼夫、侯外庐；第13组，乌兰夫、刘格平、朱早观；第14组，程潜、傅作义、张志让；第15组，陈叔通、李烛尘；第16组，陈嘉庚、廖承志、陈其瑗；第17组，齐燕铭、孙志远。为了便于统筹协调，由李维汉任召集人联席会议秘书长，田家英、屈武、孙起孟、辛志超为副秘书长，聘请周鲠生、钱端升、叶圣陶、吕叔湘、高崇民、武新宇为顾问。整个协商团队有中共党员、各民主党派和人民团体的负责人、各领域的著名专家和学者，可以说阵容庞大、精英荟萃。

全国政协座谈宪法草案初稿一般先召开小组会议，对初稿内容进行讨论；再召开小组召集人联席会议，在秘书长主持下对各小组提出的意见进行汇总。

全国政协组织的宪法座谈从3月25日开始。从有关材料看，各组从3月25日至3月底召开的第1、2次会议，讨论了宪法结构、文字等内容；4月初召开第3次会议，重点讨论序言；3月31日至4月9日召开第4、5次会议，重点讨论"总纲"；4月7日至12日召开第6、7、8次会议，重点讨论第2章第1节"全国人民代表大会"；4月10日至19日召开第9次会议，重点讨论第2章第2节"国家主席"；4月12日至21日召开第10、11次会议，重点讨论第2章第3节"国务院"；4月15日至26日召开第12、13次会议，重点讨论第2章第4节"国家权力的地方机关"；4月19日至28日召开第14次会议，重点讨论第2章第5节"民族自治机关"；4月20日至30日召开第15次会议，重点讨论第2章第6节"法院和检察机关"。总的来说，全国政协的座谈会共进行40多天，参会者500多人，开会260次，平均每组开会15次，有的达20多次。各组发言热烈、认真，提出意见和疑问除重复者外，达3900多条。

讨论宪法草案初稿的《通知》下发后，西北区、华北区、西南区、中南区、华东区等各大行政区，各省、市、自治区和50万人口以上的直辖市，都高度重视，立即行动，普遍成立了宪法草案初稿讨论委员会或宪法草案初稿讨论小组，设立办公机构，领导与组织本辖区各政府机关、各民主党派、各人民团体的讨论工作。4月5日，北京市成立了以副市长张友渔牵头的宪法草案初稿讨论委员会，共10位委员；将市人民政府、城郊各区党政负责干部、各民主党派、各人民团体、文教界、工商界等230多人分成16个组,自8日起陆续开始讨论。4月9日,广东省成立讨论宪法草案初稿小组,由古大存负责领导,华南分局、广东省政府、省协商委员会、各民主党派及各人民团体主要负责人等130人参加;采取党内外混合编组,从12日开始历时6周进行讨论。

各武装部队领导机关也对宪法草案初稿开展讨论。4月初,中央人民政府人民革命军事委员会所属各部、各兵种司令部组成宪法草案初稿的讨论小组,由各部门负责首长担任组长。同时,各大军区领导机关先后成立了讨论小组,规定讨论时间和步骤,进行认真讨论。远在抗美援朝前线的志愿军领导机关,在志愿军副司令员杨得志主持下,也组建宪法草案初稿讨论小组,开展讨论。

全国政协、各大行政区、各省市和有关军事单位,都在第一时间将讨论意见上报给宪法起草委员会。

这一阶段的讨论至5月29日结束。人民日报〔新华社二十九日讯〕报道:

> 中国人民政治协商会议全国委员会和各大区、省、市以及内蒙古自治区组织的对中华人民共和国宪法草案初稿的座谈,到五月二十九日为止,除新疆省、鞍山市外,都已先后圆满结束。
>
> 部分单位是从三月下旬或四月上半月开始这一讨论的。全国参加讨论的共有七千五百多人。其中参加中国人民政治协商会议全国委员会所组织的讨论的有五百多人,共分为十七个小组,开会二百六十次。已结束讨论的地方单位,一般都开过九次到十二次会。他们对宪法草案初稿全文逐章逐条逐句进行了热烈的讨论,并提出了许多意见。这些意见,现在已由中华人民共和国宪法起草委员会办公室加以整理汇集,以供宪法起草委员会讨论修改时的参考。

全国政协及各行政区领导机关和军事单位的讨论,涉及宪法草案初稿的各个章节,几乎无所不包。根据讨论情况,宪法起草委员会编辑印发25册《宪法草案初稿讨论意见汇编》。每份汇编包括对宪法的一般性意见,对宪法草案结构的意见,对宪法序言、总纲及各章节的一般性意见和具体条文的意见,并提出供研究的问题。仅全国政协的讨论意见,就分别于4

月5日印发《汇编》（一）、4月11日印发《汇编》（三）、4月15日印发《汇编》（四）、4月22日印发《汇编》（五）、4月24日印发《汇编》（六）、4月28日印发《汇编》（八）、4月30日印发《汇编》（九）、5月7日印发《汇编》（十一）、6月25日印发《汇编》（十二），详细反映会议成果。对全国政协座谈讨论提出的一般性意见，宪法委员会还出了专刊《汇编》（十三）。

在诸多讨论中，影响最大的，当属全国政协宪法问题座谈小组各组召集人联席会议。5月6日至22日，李维汉主持召开联席会议，集中对各组提出的一些重要意见和问题进行研究协商，最后形成《中华人民共和国宪法草案（初稿）的修改意见》。这些召集人层次高、代表性广，有丰富的政治经验和深邃的专业素养，他们对宪法初稿的讨论具有很强的权威性，基本反映各个阶层对宪法相关内容的关注和诉求，为宪法起草委员会进一步论证并完善草案初稿提供重要参考。

为了感受当年的协商意蕴，感念各组召集人的家国情怀及远见卓识，我们从宪法学专家韩大元专著《1954年宪法制定过程》里截取几段召集人联席会议的讨论片段：

第2条第2款 中华人民共和国国家权力的中央机关和地方机关一律实行民主集中制。

田家英：对第2款有两个修改意见：（1）应包括管理机关在内；（2）应单列一条。有的主张单列一条放在第16条和第17条之间。

李维汉：权力机关应该实行民主集中制，管理机关也应该实行民主集中制，这条意见应该采纳。单列一条，大家赞成吧。

田家英：我认为把第2款放在第16条和第17条的意见是可以采纳的。可以写作"中华人民共和国的一切国家机关一律实行民主集中制"作为宪法第17条。这一条和原第17条、18条的性质是一类的。

罗隆基：民主集中制是很重要的一个原则，放在后面，和机关、机关工作人员放在一起，是否合适？我意可以独列一条，就作为第3条。

李维汉：现在的第3条是民族问题。把民主集中制放在第3

条不合适。

钱端升：我赞成田家英同志的意见，独列一条，放在第16条和第17条之间。民主集中制是很重要的一个原则，重要的原则也可以放在后面，联系群众也是重要原则，放在一起是可以的。第1条、2条、3条都是讲国家结构的，中间插一条不好。

李维汉：这3条不能分开。

陈叔通：应摆在前面，前3条不能分开。是否摆在第4条？

陈其瑗：我认为摆在第16条和第17条之间最合适。

罗隆基：民主集中制，是表示民主精神的，是贯穿到各方面的，应该摆在前面。

胡愈之：我赞成作为第17条。只是"一切国家机关"的"一切"二字可删去。现在的第17条，是讲联系群众的，也是民主问题，可作为第17条的第2款。

罗隆基：如果这样写，怕人误会为联系群众是民主集中制的解释。

陈其瑗：为了显示民主集中制的重要性，才单列一条，再和第17条合为一条，不大适宜。

李维汉：是否把内容先定下来，位置摆在哪里，拖一下再说？内容可写为"中华人民共和国的一切国家机关一律实行民主集中制"单列为一条。原来只写权力机关实行民主集中制，是一个缺点。我们的民主集中制是很广泛的，管理机关也实行民主集中制。有人讲：部是一长制，不是委员会制。部是一长制，但部长也可以召集会议。部里有了争执还要报上级解决。

黄炎培：民主集中制与一长制并不抵触。

李维汉：从群众中来，到群众中去，都可以作为民主集中制的方法。民主集中制是政体，是制度，也是工作方法。

许德珩：那就应该摆在第4条。

李维汉：是否可先把内容定下来？

章乃器：国家机关是一个总体，上面加个"一切"总体性倒减弱了。我的意见是"一切"和"一律"都删掉。

罗隆基：可写成"中华人民共和国国家机关实行民主集中制"。

周鲠生：同意这样写，但应该作为第4条。

田家英：我比较坚持放在第 16 条和第 17 条之间。

李维汉：民主集中制最基本的东西是一切权力属于人民。

罗隆基：讲了一切权力属于人民，不讲集中，就过于民主了。所以民主集中制问题应该紧接着"一切权力属于人民"才好。

陈叔通：原条文的毛病就在于没有写管理机关也实行民主集中制，加上这个意思，仍作为第 2 款是不是可以？

李维汉：第 2 条是讲权力的，加上管理机关也实行民主集中制，就不好放在第 1 条里了。现在看，在内容上是否先定下来？

许德珩：在国家机关之上加"一切"就要放在后面，以使文字一致。

李维汉：那倒不一定。

钱端升：我主张放在后面，作为第 17 条。这样"国家机关"之上就要加"一切"，以求得一致。前三条是国家制度的基本东西，民主集中制是非常重要的原则、工作方法。但与这三条性质不一样，作为第 3 条或第 4 条，反而冲淡了前三条的重要性。

李维汉：前后排列，是逻辑关系，不一定放在后面的就是不重要的。

章乃器：如放在后面，为了求得一致，倒可把第 17 条和第 18 条的"一切"去掉。

黄炎培：位置放在哪里是相对的，不是绝对的。

李维汉：内容先照这样定下来，位置摆在哪里放一放再说。现在先往下进行吧。

（讨论结果：第 2 条第 2 款改为"中华人民共和国国家机关实行民主集中制"，并单列一条。是否加"一切""一律"，以及应作为第几条，当次会议没有达成一致意见。后又经多轮讨论，在 1954 年宪法中，这一款位置不变，仍然作为第 2 条的第 2 款，表述为"全国人民代表大会、地方各级人民代表大会和其他国家机关，一律实行民主集中制"。——笔者注）

第 11 条：国家保护公民的劳动收入、储蓄、住宅和其他生活资料的所有权和继承权。

李维汉：继承权问题单独写一条，作为新的第12条。"劳动收入"有人说不完全，可以删改含合法收入。这样，这一条就改为"国家依照法律保护公民的合法收入、储蓄、住宅和其他生活资料的所有权。"继承权问题写成一条作为第12条，原第12条改为第14条，原第13条还是第13条。

史良：公民的劳动权，肯定应该保护。在上面加个"依照法律"，又加个"合法"没有必要。

李维汉：公民收入，不一定都是劳动收入，所以才将"劳动收入"改为"合法收入"。

周鲠生：用"合法收入"可以。对公民生活资料的所有权，是积极保护的，可将"依照法律"4个字去掉。

罗隆基：前几条也有依照法律字样，讨论中有人提出过"依照法律"如何解释。

钱端生：前3条有"依照法律"字样，是因为国家在实行社会主义改造时期，对劳动者个体所有制和资本家所有制，是"依照法律"的规定来保护的。前几年保护的范围可能大一些，后几年保护的范围可能小一些，对公民生活资料是完全保护的，可能不要"依照法律"字样，对公民财产的继承权，是有限制地保护的。要有"依照法律"字样。我的意见，原第12条和原13条还是不对调。这四条的次序就是：完全保护的，有限制地保护的，对所有权的限制，禁止用私有财产破坏公共利益，这样比较好。

史良：我主张维持原文。

李维汉：可以不要"依照法律"4个字。"劳动收入"还是要改为"合法收入"。公民的收入，有些不是劳动收入，如资本家四马分肥①得的一份，就不是劳动收入，但是现在是合法收入。前几条改了以后，就只规定了保护他们生产资料的所有权，对他们的收入没有规定。如写为"劳动收入"，就包括不了公民的全部收入。继承权问题，单列一条，写为"国家依照法律保护公民的财产的继承权"，作为第12条。

原第12条和第13条是否不调了？

---

① "四马分肥"是社会主义改造中对民族资本主义企业的利润分配方式。

钱端升：不要调了。

陈叔通：可以不调吧。

李维汉：那就不调吧。

（讨论结果：本条改为"国家保护公民的合法收入、储蓄、住宅和其他生活资料的所有权"。继承权专列一条，作为第12条，写为"国家依照法律保护公民的财产的继承权"。经过之后的讨论，1954年宪法表述为"第11条：国家保护公民的合法收入、储蓄、房屋和各种生活资料的所有权。第12条：国家依照法律保护公民的私有财产的继承权"。——笔者注）

第64条：地方各级人民政府委员会由主席一人，副主席若干人和委员若干人组成。

黄炎培：地方政府用"主席"名称，有问题。

罗隆基：我主张都叫"长"，省叫省长。

李维汉：现在只有一个省叫"主席"，其余如市、县、乡、镇都叫"长"。内蒙古自治区现在叫"主席"。我曾经问乌兰夫，如果全国都改成"长"，内蒙古怎么办？叫"区长"？他告诉我，"主席"翻译成蒙文意思是"总部长"，即部长会议主席。主张改"长"的理由是："主席"不要太多，如果地方政府叫主席，一直到乡都叫主席，则普天之下都是主席了，全国就有二十几万个主席了。如果叫"长"，则只有省和自治区的"主席"改名称，人数比较少些。主张别的名称的也有，总之在这个问题上有各种各样的设想。

罗隆基：如果宪法上写起来没有困难，我赞成叫"长"。

田家英：在宪法上写的问题好解决。

李维汉：中国不仅"主席"多，而且"政府"甚多，二十几万个"政府"，看起来似乎是联邦制了。宪法规定中央只有一个主席，只有一个中央人民政府，否则一般老百姓就会搞不清楚。至于省主席，老百姓倒是和中央的毛主席分得很清楚。

邵力子：叫"省长"满好。

史良：叫"省长"蛮好。

钱端升：还有一个考虑叫"委员长"。不过，民族自治区怎么办，倒是一个问题。

田家英：可以叫"主任"。

邵力子：在内蒙古，盟叫盟长，镇叫镇长。

李维汉：这个问题是议而未决，总之是意见甚多。有人提议叫"长"，也有人提议省以下都叫"主任"，还有人提议地方政府都叫"人民委员会"，全国只有一个政府即中央人民政府。（罗隆基插话：那我举双手赞成）。但也有人，如黄任老，说"人民政府"的名称老百姓很熟悉了，觉得政府是人民的，是自己的政府，对这个名称有感情，改了不好。但也有人说这是一个习惯问题，是可以改变的，等等。

陈叔通："人民政府"不要改。

许德珩：省主席人数少，改省长好改些。

李维汉：内蒙古叫什么？可能叫委员长，叫区长或主任也可以，或者他愿意叫主席就叫主席也可以。总之，民族自治区的名称，关于"具体形式"完全按照当地人民的自愿，叫其自行决定。

陈劭先："委员会"三字还是不写好。

李维汉：地方人民政府即地方人民代表大会的常设机关，议行合一，所以有个委员会好，至于挂牌子，还是叫人民政府。

周鲠生：省以下叫"主任"是可以的。

田家英：不一定，好多人不过说是合作社主任。

李维汉：我们这个会上是不是多数人主张地方人民政府叫"长"，省主席改称"省长"？

史良：我们这几个人都赞成。

罗隆基：不只是"多数"，恐怕是"一致"赞成了。

侯外庐：我们那个组为了改"长"，连这一条的文字都改好了，改作"委员会由首长一人，副职若干人和委员若干人组成"。

李维汉：地方政府不是首长制，叫"首长"不好。

田家英：要改可改为"由省长或县长或乡长一人，副省长或副县长或副乡长若干人、委员若干人组成"。

史良：先决定原则，再说如何改法。

李维汉：我们这里不议文章。我们的会议都倾向于地方政府叫"长",至于具体写法,请田家英同志拟出适当条文送宪法起草委员会。

(讨论结果:本条暂不改动,但确定地方各级人民政府的负责人一律称作"长",具体写法由田家英拟出条文,送宪法起草委员会考虑。1954年宪法最终表述为:"第63条:地方各级人民委员会分别由省长、市长、县长、区长、乡长、镇长各一人,副省长、副市长、副县长、副区长、副乡长、副镇长各若干人和委员各若干人组成。"——笔者注)

通过各个层面对宪法草案初稿的协商讨论,在全国范围内增进了共识,为后来宪法草案顺利通过打下了坚实的思想基础。

协商通过宪法草案

1954年3月23日宪法起草委员会召开第一次全体会议后,一直没有再集中讨论草案初稿。全国政协及各省市领导机关讨论提交修改意见后,宪法起草委员会对宪法草案初稿进行正式审议。从5月27日至6月11日,宪法起草委员会又召开六次全体会议,字斟句酌地研究论证各个章节内容。其中,刘少奇主持了第二至第六次会议,毛泽东亲自主持第七次会议。

5月27日,宪法起草委员会第二次全体会议在中南海勤政殿召开,讨论初稿的序言和第1章总纲,基本是一些重大理论问题,比如,宪法结构、国家疆域、公民概念、民主集中制原则、公民财产保护、贸易、教科文等。在讨论初稿第11条个人财产保护问题时,刘少奇首先对"住宅"提出异议。

>   刘少奇:"住宅"是指自己的,还是包括租给别人住的?
>   田家英:包括租给别人的。
>   刘少奇:写法上好像自己不住的不包括在内。
>   李维汉:可改为"房屋","公民的权利和义务"所说的"住宅不受侵犯",是指自己住的。
>   黄炎培:也许起草时有限制的意思。
>   陈伯达、田家英:没有这个意思。

刘少奇：那就把"住宅"改成"房屋"好了。

薄一波：城市里有房地产公司，他们的房屋与公民的个人财产不同，把"住宅"改成"房屋"，包括出租的在内，就包括了房地产公司的房屋，性质就不同了。是否把"保护"改成"依照法律保护"。

邓小平：城市地产是国家所有的，没有什么问题，房屋出租的，一般是有两所或几所房屋，自己住一所，其余出租，这样也有好处，就是造房子出租也有好处，国家用限制租金、征税来解决这个问题，房地产公司与这个性质不同，可以另外解决。

李维汉：经营房地产，就是资本家，适用上一条。此外，还有一些，国家为了公共利益的需要可以征购、征用或收归国有。

朱德：房子再多也没有问题。苏联现在还奖励个人造房子。

薄一波：大量造房子出租，性质就不同了。

邓小平：这里要解决的，不是一波同志所讲的问题，而是一般人的房屋问题。

钱端升：这里不包括房地产资本家的。因此，是完全保护，用"房屋"，指的也是生活资料，不包括房地产资本家的房屋。

李维汉：以经营房地产为业的人，是资本家。这在第10条里已经包括了。为了避免产生误解，是否在第10条第1款中加上"其他财产"。

邓小平：可把第8条、第9条、第10条的第1款都恢复初稿原文，免得发生误解。

刘少奇：那就把第8条、第9条、第10条第3款恢复初稿原文，第10条第1款"民族资本家"中的"民族"二字还是删掉。

宪法条文无小事。如上面这段讨论，几乎每个词句都经过如此这般反复的推敲，从中可见共和国制宪者们严谨、审慎的态度。

5月28日，宪法起草委员会举行第三次全体会议，讨论初稿第2章第1节"全国人民代表大会"、第2节"中华人民共和国主席"、第3节"国务院"、第4节"地方各级人民代表大会和地方各级人民政府"。5月29日举行的第四次全体会议，讨论第2章第5节"民族自治机关"、第6节"法院和检察机关"，第三章"公民的基本权利和义务"。5月31日第五次会议讨论第2章第4节"地方各级人民代表大会和地方各级人民委员会"，以及第4章国旗、国徽、首都及其他问题。在这几次的讨论中，一般问题已逐步形成共识。当天，宪法起草委员会根据讨论意见，编印了宪法草案初稿的修正稿。

6月8日，宪法起草委员会第六次全体会议，对修正稿进行了讨论。在这次会议上，重大问题的协商仍在持续。比如，关于中华人民共和国主席的法律地位，李维汉解释说：初稿上原来没有这一条（指主席是国家元首）。经过讨论，大家觉得中华人民共和国主席应该有一个定义，后来就写了这么一条。现在又经过中共中央的反复研究，认为还是去掉了好。因为我们国家实行的是全国人民代表大会制度。中华人民共和国主席是根据全国人民代表大会和全国人民代表大会常务委员会的决定行使一部分职权的，所以，要写也只能写成"部分职权的元首"，不能写成"国家元首"，否则，就不科学了。我们认为，不写这一条，对于中华人民共和国主席的地位并没有影响。如果写了，倒很难解释。至于"元首"这个名称不大好，还是个次要的问题。

李维汉的这个解释引起一番热烈讨论：

黄炎培：我个人并不主张写上这一条，因为中华人民共和国是属于人民的，如果写上元首，就同中华人民共和国的精神不符合了。但是不写上这一条，将来一定会有人问，我们如何答复，应有所准备。

陈叔通：不写这一条好像对"主席"没有交代似的。

李维汉：我们国家的最高权力机关是全国人民代表大会，如果再写上元首，就会把我们国家的制度打了一个洞。

董必武：外国的元首都有一些不可控制的权力，如解散国会权，等等。

邓小平：从体制上讲，有"中华人民共和国主席是国家的元首"这一条是好一些。但有了这一条，就伤害了整个宪法的精神，恐怕还是不写好。

李济深：可不可以改为"中华人民共和国主席是国家的最高代表"。

刘少奇：全国人民代表大会的代表就是国家的最高代表，如果再把主席也说成是国家的最高代表,那就会对立起来了。

钱端升:法律小组认为写上这一条并不科学,也不妥当。因为在宪法的第1节和第3节中已经规定了全国人民代表大会是最高国家权力机关,国务院是最高国家权力机关的执行机关,如果再在第2节写上主席是国家元首这一条,就会同全国人民代表大会和国务院发生冲突了。

张治中:在地方上讨论这一节时,意见也很多。大家觉得第2章的其他各节写得都很具体,就是中华人民共和国主席没有写什么。其实,中华人民共和国主席的地位很重要,不写上这一条,是不符合全国人民的心理和愿望的。如果认为用"国家的元首"不大妥当,也可以改为"国家的领袖""人民的领袖""国家的最高领导者"。

章伯钧:我们爱戴毛主席,就要爱戴毛主席的理想和他主张的政治制度。

傅作义:我个人意见:可不可以把这一条改为"中华人民共和国主席对外代表国家"。

田家英:这样一写,就变成中华人民共和国主席只是对外代表国家了。

刘少奇:中共中央对于各种修改意见都考虑过,最后认为还是取消比较好。

6月11日,宪法起草委员会第七次全体会议在中南海勤政殿举行,毛泽东亲自主持会议。除宪法起草委员会成员外,中央人民政府委员会委员、宪法起草委员会顾问及起草办公室负责人列席了会议。根据两个多月讨论的意见,这次会议将在草案初稿提交中央人民政府委员会之前,进行最后一次审定。会议的主要议程是审议宪法草案的基本框架和基本内容;审议通过《中华人民共和国宪法草案》及提交中央人民政府委员会的《中华人民共和国宪法起草委员会关于宪法起草工作经过的报告》。毛泽东在会议上回顾了宪法起草的经过。他说:宪法的起草,前后差不多七个月。最初第一个稿子是在去年11、12月间,那是陈伯达同志一个人写的。第二稿,是在西湖,花了两个月时间,那是一个小组写的。第三稿是在北京,就是中共中央提出的宪法草案初稿,到现在又修改了许多。每一稿本身都有许多修改。西湖那一稿，就有七八次稿子。前后总算起来，恐怕有一二十个稿子了。大家尽了很多力量，全国有八千多人讨论，提出了五千几百条意见，采纳了百把十条。最后到今天还依靠在座各位讨论修改。总之是反复研究，不厌其详。将来公布以后，还要征求全国人民的意见。宪法是采取征求广大人民的意见这样一个办法起草的。这个宪法草案，大体上是适合我们国家的情况的。[①]李维汉报告了需要修改的条文及理由。对一般性问题，大家一带而过，但对讨论中争议较大的问题，仍然引发热议，比如第2章第2节题目用"国务院"还是"中央人民政府"？

何香凝："中央人民政府"的名字还是要好。

毛主席："中央人民政府"的名字不要了，太长了。这是上次会议议的，也是反复了几次。初稿是"国务院"，后来改作"中央人民政府"，最后又改回来叫"国务院"。按照外国的习惯，一个国家只有一个政府，我们现在的政府多得很，省、县、乡都叫政府，现在宪法草案上规定地方都改叫"人民委员会"。

何香凝：我们的"长"字也很多，省长、县长、乡长，也多得很。我不坚持自己的意见。

毛主席：我们大家研究了一下，觉得这样可以。全国只有一个政府，即国务院。大家对"中央人民政府"的名字有了感情，很喜欢它，不愿意改，但改了我看也可以。苏联叫部长会议，我们叫国务院，也就是部长会议。地方叫地方各级人民代表大会、人民委员会。中国古代也没有地方政府，叫作"布政司"，地方称政府也是最近若干年的事。各国都是如此，地方不叫政府，就是我们这个国家古怪，政府多得很。其实我们在古代也是只有一个政府。你看这样改可不可以？

何香凝：可以，可以。我没有什么意见。我只是想到这一点，随便说说。

毛主席：我们和你一样，也喜欢"中央人民政府"这个名字，喜欢"人民政府"的名字，所以在宪法初稿里，地方还是叫人民

[①] 中共中央文献研究室编：《毛泽东年谱（1949—1976）》（第二卷），中央文献出版社2013年版，第247—248页。

政府，国务院也解释作"即中央人民政府"，也是舍不得这个名字，和你一样。后来经过大家讨论，反复研究，才舍得了，才改了。

何香凝：我不坚持这个意见。

毛主席：那好。如果大家没有意见，就付表决。赞成这个宪法草案全文和今天修改的，请举手。（全体通过）

这次会议一致通过了宪法草案全文。宪法草案共分"序言""总纲""国家机构""公民的基本权利与义务""国旗、国徽、首都"五个部分；除序言部分外，共计条文106条。会议以举手表决的方式，通过了《中华人民共和国宪法起草委员会关于宪法起草工作经过的报告》。报告指出：起草工作从3月23日至6月11日，历时81天，除开过收集和交换意见的非正式会议多次外，共开正式会议七次，经过详细的周密的研究和讨论，通过了《中华人民共和国宪法草案》。在起草工作进行期间，中国人民政治协商会议全国委员会以及各大行政区、各省市的领导机关、各民主党派、各人民团体的地方组织和武装部队的领导机关，组织了各方面人士8000余人参加对《中华人民共和国宪法草案（初稿）》的讨论，在讨论中提出的修改意见共计5900多条。这些意见中许多是合用的，对于起草工作给了重大的帮助。

6月14日，毛泽东主持召开中央人民政府委员会第30次会议，审议通过《中华人民共和国宪法（草案）》，并通过关于公布宪法草案的决议。出席这次会议的有中央人民政府主席、副主席，委员46人，列席会议的有宪法起草委员会委员，政协全国委员会在京委员、政务院委员和所属各委、部、会、院、署等负责人，各民主党派、人民团体的负责人，各少数民族代表等200余人。在表决通过宪法草案前，宋庆龄、李济深、张澜、黄炎培、陈叔通等21位民主人士作了发言，充分肯定了宪法草案内容及起草过程中体现的民主精神，表示坚持拥护。

在会议上，毛泽东发表重要讲话，全面阐述了宪法草案的基本精神。他肯定了这个宪法草案的民主价值。他说"这个宪法草案，看样子是得人心的"。因为宪法草案初稿在北京500多人的讨论中，在各省市各方面积极分子的讨论中，也就是全国8000多人的讨论中，可以看出是比较好的，是得到大家同意和拥护的。他阐释了组织这样广泛讨论的几个好处：证实了宪法草案初稿的基本条文、基本原则，是大家赞成的，草案中一切正确的东西，都保留下来了。少数领导人的意见，得到几千人的赞成，可见是有道理的，是合用的，是可行的。其次，在讨论中收集了5900多条意见（不包括疑问）。这些意见，可以分为三部分。其中有一部分是不正确的，还有一部分虽然不见得很不正确，但是不适当的，以不采用为好。既然不采用，为什么又收集呢？收集这些意见有什么好处呢。有好处。可以了解在这8000多人的思想中对宪法有这样的一些看法，可以有比较。第三部分是采用。这当然是很好的，很需要的。如果没有这些意见，宪法草案初稿虽然基本上正确，但还是不完全的，有缺点的，不周密的。现在的草案也许还有缺点，还不完全，这要征求全国人民的意见了。

毛泽东在讲话中，提出了"搞宪法是搞科学"的著名论断。傅作义在发言中指出，毛泽东删除"中华人民共和国主席为国家元首"是"愈谦虚、愈伟大，愈伟大、愈谦虚"。对这种说法，毛泽东说："这不是谦虚，而是因为那样写不适当、不合理、不科学。在我们这样的人民民主国家里，不应当写那样不适当的条文，不是本来应当写而因为谦虚才不写。科学没有什么谦虚的问题，搞宪法是搞科学。我们除了科学以外，什么都不要相信。就是说，不要迷信。"[1]可以说，这样的民主和科学精神贯穿于宪法制定的始终。

宪法草案全民大讨论

1954年宪法制定过程的民主性，重要体现之一包括交由全国人民进行讨论，"使大家真正了解宪法草案的基本内容及其对于各阶层人民自己的切身关系"。对当时的广大人民群众来说，宪法是个新东西。学习讨论的过程，既是征求意见的过程，也是增进共识、普及知识、凝聚信心的过程。全民大讨论是民众熟知、接受进而使用宪法的重要社会基础。

中央人民政府委员会根据《关于公布〈中华人民共和国宪法草案〉的决议》精神，提出"全国地方各级人民政府应立即在人民群众中普遍地组织对于宪法草案的讨论，向人民群众广泛地进行对于宪法草案内容的说明，发动人民群众积极提出自己对于宪法草案的修改意见"，于6月16日向社会公布了宪法草案。当天，《人民日报》发表了《在全国人民中广泛地

---

[1]《毛泽东文集》（第六卷），人民出版社1999年版，第324—330页。

展开讨论中华人民共和国宪法草案》的社论。

全民讨论工作从6月16日开始,到9月11日结束。各地的讨论基本上分为三个阶段:准备阶段,普遍宣传、初步讨论阶段,逐章逐条讨论阶段。

早在宪法草案公布之前,全国大部分省市已成立了宪法草案讨论委员会,制定宣传与讨论宪法草案的具体计划,积极进行准备工作。

根据《人民日报》相关报道,6月1日,北京市成立了宪法草案讨论委员会,吸收政府、各民主党派、各人民团体、各界的负责同志参加。根据北京市宪法草案讨论委员会决定,全市将分别成立各区、各大厂矿、各高等学校、工商界、少数民族及宗教界等23个分会。随后,江西、内蒙古、天津、四川、贵州、重庆、云南、西康、江苏、山东、河南、安徽、辽宁、黑龙江、湖南、山西、新疆、陕西、宁夏、福建、青海、甘肃等省市相继成立宪法草案讨论委员会,组织一切可能利用的宣传力量,深入基层,到农村、牧业区、厂矿、街道和学校,向人民群众作宣传报告和组织群众参加讨论。6月22日,民革、民盟、民建、民进、农工党和九三学社等民主党派中央机关,先后向所属地方组织发出通知,号召全体成员积极参加宪法草案的讨论和宣传。人民解放军各部队在6月下旬或7月初分别举行了宪法草案报告会,有计划地展开宪法草案的宣传和讨论。

在学习讨论之初,有的人对宪法草案存在各种各样的疑问、猜测:不知道宪法是什么,有什么作用?有的人过去虽听说过宪法这个名词,但认为这是反动统治的东西;有的人不敢发言讨论,认为"宪法是国家根本大法,不能乱说,说错了,被人家批评立场、观点不正确";有的人认为,"宪法是毛主席写的,经过8000多重要干部反复研究,不会有错,无须讨论";有的人觉得"自己不是高级干部,不负责立法和司法的工作,不掌握政策法令,自己也不犯法,学不学都行"。

为有效帮助广大人民学习宪法草案,全国各省市配备相应数量的报告员或宣传员,提前做好训练,形成一支强大的宣传队伍。据统计,北京市共训练报告员和宣传员20500多名,上海市正式报告员和临时报告员2522名,宣传员95500多名。

各省市各单位根据自身情况,采取多种形式开展宪法讨论,充分调动大家参与的积极性。比如,呼和浩特市组织71名报告员和1400名宣传员深入工厂、街道、学校和各行业中作报告,到6月22日已召开了44个报告会，参加者 2400 多人，并组织了 563 个小型讨论会，参加讨论的达 12900 多人。内蒙古牧区各地在那达慕大会、敖包会和物资交流大会等群众集中的地方，展开宣传。河北创造了"三头"（地头、炕头、街头）、"四分"（分街、分片、分户、分人）的宣传方法，开会掌握快来、快开、快散的原则，并利用晚上、中午和下雨不能生产的时间进行讨论。在抗美援朝志愿军宣传周中，各单位的干部、战士首先听取了部队首长的宪法草案报告，然后分组进行座谈。各单位的有线广播台，天天播送着关于宪法草案的讲话和拥护宪法草案的文章。在非军事区北缘阵地和海防阵地上，到处可以看到张贴在墙壁上、大树上的各色标语，可以看到干部、战士们热烈谈论宪法草案的情景。

到了 7 月下旬，全国各地各阶层人士对宪法草案开展逐章逐条的讨论。在讨论方法上，一般采取"阅读、漫谈相结合"，念一条，讨论一条。北京作为首都，起到了示范作用。石景山钢铁厂、石景山发电厂、北京人民印刷厂、清河制呢厂、私营联昌电机厂等许多国营、私营企业的职工以及街道居民，通过读报组先后开始逐条讨论。各高等学校、工商界、少数民族、宗教界、各民主党派、文艺界等各系统的逐条讨论也已普遍开始。北京市食品工业公司面粉四厂为了启发职工提出修改意见，在逐条讨论前，由厂长介绍了苏联人民 1936 年讨论苏联宪法草案的情况，并抽调各科、室干部到讨论小组去做记录员。为便利群众提出意见，宪法草案意见箱已在全市各重要街道、胡同中设立起来。东四区各街道的意见箱附近还贴着刊有宪法草案的报纸和号召各界人民提出修改意见的大字报。讨论结束前，全市各界人民约有 103 万多人（不包括中央级各机关）听了关于宪法草案报告并参加初步讨论，约有 55 万多人参加了逐章逐条的讨论，提出修改和补充意见 14 万多件。

中央各机关工作人员带头参加对宪法草案的学习和讨论。在逐章逐条的讨论中，发言踊跃，有的人还联系我国实际情况和个人的生活经历发表意见，说明宪法草案的精神和内容。不少机关工作人员在讨论中提出许多对宪法草案的修改意见。据 7 月 27 日的不完全统计，中央部分单位提出的修改意见和问题共有 789 条，中华全国总工会直属各单位提出修改意见和问题 758 条。从各机关所提出的修改意见来看，主要是对文字方面的，也有一些意见是涉及具体内容的，如有人建议在宪法内规定国歌等；有的人提出在"序言"中可以加一句："台湾是我国的领土，我们要解放台湾。"

宪法草案受到了各阶层人民的一致拥护。各民主党派、各人民团体地方组织负责人都发表了谈话或文章，总工会、妇联、少数民族、宗教界都曾举行群众座谈会和群众集会，纷纷表示拥护宪法草案。经过宣传、学习和初步讨论，广大人民群众对宪法草案的主要内容和基本精神已有初步了解，澄清了模糊认识，大大提高了社会主义觉悟和劳动热情。海拉尔市发电厂发电车间工人在讨论中一致认为：宪法草案完全符合人民的利益。工人甄福民说：宪法草案里规定的真全啊，连工人们的劳动待遇都受到照顾。许多农民在听了报告后说：咱们现在真是当家作主了，亲自来讨论国家大法。很多农民提出，要以搞好夏锄生产的实际行动来欢迎宪法草案。

　　截至9月初，全国人民对宪法草案共提出了1180420条修改和补充意见及问题。《人民日报》在9月11日的第一版中，对这次大讨论成果进行了报道。比如，序言最后一段中的"互相尊重领土主权的原则"建议改为"互相尊重主权和领土完整的原则"；第3条第3款中"各民族都有发展自己的语言文字的自由"，应该添上也有使用的自由；第23条第一款中可把"少数民族"四字去掉，增加"自治区"三字；第2款在"全国人民代表大会代表名额和代表产生办法"之下，增加"包括少数民族代表的名额和产生办法"一句；第24条第2款规定全国人民代表大会任期届满的一个月以前，完成下届全国人民代表大会代表的选举，一个月的时间太仓促了，建议把时间改得长些；同款中"到下届全国人民代表大会选出为止"建议改为"到下届全国人民代表大会举行第一次会议为止"；关于人民法院的规定，宪法草案中有的地方用"人民法院"，有的地方用"法院"，应统一起来，一律用人民法院；第31条全国人民代表大会常务委员会行使的职权中第六项"撤销国务院和下级人民代表大会同宪法、法律和法令相抵触的决议和命令"，其中的"下级人民代表大会"包括从乡到省的各级人民代表大会，范围太广，应作具体规定，即把"下级人民代表大会"改为"省、自治区、直辖市国家权力机关"；第60条第4款中的"下级"，第65条第2款中的"下级"，第66条中的"上级"也应相应地改为"下一级"或"上一级"。各地在讨论中提出的意见，还有许多是属于技术性的和重复的，也都得到充分的重视。

　　刘少奇曾对这些意见的处理结果作过一个说明。他说，针对宪法草案的意见是52万多条，有些意见所涉及的问题不属于宪法内容，而是其他各种法律问题。宪法起草委员会将这些意见汇总起来，编辑《全民讨论意见汇编》共 16 册，主要涉及三个方面的内容：宪法草案结构、条文内容以及语法修辞，其中针对文字方面的修改意见为最多。

新中国第一部宪法诞生

1954 年 9 月 8 日，毛泽东主持召开宪法起草委员会第八次全体会议，根据各地提交的意见，对宪法草案作最后一次讨论修改。会议一致同意将宪法草案提交中央人民政府委员会通过。9 月 9 日，中央人民政府委员会第 34 次会议讨论通过了经过修改的《中华人民共和国宪法草案》，同意将此草案提交即将召开的第一届全国人民代表大会第一次会议审议。

9 月 12 日，刘少奇主持召开宪法起草委员会第九次全体会议。会议讨论了拟由刘少奇代表起草委员会向全国人大所作的《关于中华人民共和国宪法草案的报告》等文件。这个报告对我国的性质、过渡到社会主义社会的步骤、人民民主的政治制度、人民的权利和义务、民主自治等问题一一作了说明。毛泽东对这个报告高度重视，数次作出修改。宪法起草委员会的委员在发言中，都充分肯定了草案的内容，但还是提出了一些修改意见。比如，程潜提出了一些文字修改意见；高崇民提到应强调对不法资本家的警惕和严厉打击；张奚若认为对"反革命复辟仍然是一个实际的危险"说得重了一些；张治中提出："对第 27 条的中华人民共和国主席，很多人会主张是'元首'，是否要说明一下，因为在很多人思想上存在这个问题。"刘少奇对这些问题作出了回应。会议讨论通过了宪法草案报告稿。

从 9 月 1 日起，全国人大代表陆续报到，到 6 日已报到 1211 人。他们被分为 33 个代表组，分组讨论宪法草案。代表们提出了许多修改意见。比如，有人建议把"中华人民共和国宪法"这个名称改为"毛泽东宪法"。序言第三段，在"第一届全国人民代表大会"后面加"第一次会议"，并填上年月日。第 3 条第 3 款，西藏代表建议"各民族都有保持或者改革自己的风俗习惯和宗教信仰的自由"改为"各民族都有保持或者改革自己的风俗习惯的自由"。理由是：改革宗教可以，改革信仰则不妥，并且第 88 条"中华人民共和国公民有宗教信仰自由"已经有了规定。所谓有"宗教信仰自由"，就是说：你信仰宗教也好，不信仰宗教也好，你可以信这种宗教，也可以信那种宗教……既然有第 88 条，第 3 条再讲改革宗教信仰的自由，就重复了。这样写，似乎是不要宗教了。

针对这些意见，9月14日，中央人民政府委员会决定召开临时会议，对宪法草案再做修改。毛泽东主持了这次会议。出席会议的除中央人民政府委员会委员44人外，还邀请一届全国人大一次会议代表组组长21人列席。毛泽东对全国人大代表提出的必须修改的两个地方作了说明，一是序言第三段，在"第一届全国人民代表大会"后面加"第一次会议"，并写上1954年9月　日。下面将"庄严地通过我们的第一部宪法"改为"庄严地通过中华人民共和国宪法"，因为"过去到现在，中国的宪法有9部"。对于西藏代表的意见，毛泽东同样表示接受，说：把"和宗教信仰"五字删掉好，改为"都有保持或者改革自己的风俗习惯的自由"。经讨论，会议通过了这个修改的宪法草案。表决后，毛泽东再一次回顾宪法制定过程的讨论经过。他说，通过这些讨论，表明"宪法的起草算是慎重的，每一条、每一字都是认真搞了的，但也不必讲是毫无缺点，天衣无缝。这个宪法是适合我们目前情况的。它坚持了原则性，但是又有灵活性"。[1]

1954年9月15日，中华人民共和国第一届全国人民代表大会第一次会议在北京中南海怀仁堂开幕。下午4时，刘少奇代表宪法起草委员会作了《关于中华人民共和国宪法草案的报告》。从9月16日开始，全国人大代表对宪法草案和宪法草案报告进行了5天的讨论，并有164位代表在大会上作了发言。代表们在讨论和发言中一致拥护宪法草案，赞成刘少奇所做的报告，并进一步阐释了宪法的意义，提出宪法实施应重视的问题。比如，彭真说，为了保障宪法的顺利实施，还必须批判一些错误思想，比如，自以为有过一点"功劳""苦劳"超然于法律之上，法律管老百姓和"小人物"而不包括"大干部""大人物"，"党员只服从党的纪律就行"，"人民当家作主了就用不着再遵守什么法律"等。黄炎培说："一部字斟句酌的宪法，大会通过了，政府公布了，它本身会发生作用吗？不会的。每一个国家工作人员和全国人民大家好好地一字一句地照着它做。"周鲠生认为宪法规定的实施，尚需要有配合实施的具体条件，而事实上显然欠缺某些条件，比如国家保证公民劳动权、受教育权，就有劳动就业、学校设备等问题。

根据全国人大代表所提意见，宪法起草委员会对草案又作了修改。

---

[1] 毛泽东：《关于宪法草案的修改问题》（1954年9月14日），《党的文献》1997年第1期。

9月20日下午，周恩来主持会议，与会的1197名人民代表（缺席15人）庄严地行使了人民赋予的表决权，以无记名投票的方式，全票通过了新中国的第一部宪法。当日，大会主席团发布《中华人民共和国全国人民代表大会公告》："中华人民共和国宪法已由中华人民共和国第一届全国人民代表大会第一次会议于1954年9月20日通过，特予公告。"[1]

新中国的第一部宪法是中国人民100多年来革命斗争胜利的产物，是中国人民从1949年建国以来的新胜利和新发展的产物，确定了我国过渡时期的社会经济制度和政治制度。这部宪法反映了全国人民的共同意志，成为中国人民建设社会主义的有力武器。

1954年宪法作为新中国的第一部宪法，尽管在一定程度上带有那个阶段的时代特征，但整个制定过程具有重要的意义和价值。从提出初稿，经过中共中央，全国政协，各省市区领导机关、各党派、各团体、各民族、各阶层广大人民群众，由上到下再由下到上的协商讨论，集思广益，反复修正，最后提交全国人民代表大会审议通过，这是协商民主的生动实践。一是进一步体现了宪法的人民性。宪法初稿和草案不断讨论，调动了各阶层人士和广大群众参与政治生活的热情，使大家认识到宪法不是高高在上的经典，而是贴近人民、走进生活的行动准则，这为宪法实施厚植了社会基础。二是进一步体现了民主性。通过协商讨论，凝聚了社会各阶层对宪法的共识，增加了各界人士的政治认同感，提升了为建设社会主义努力工作的自觉性。三是进一步体现了科学性。通过不同层面的讨论、论证，收集到大量的意见建议，对提升宪法的质量，无疑具有重要帮助。正如毛泽东在审议宪法草案时所强调的：这个宪法草案所以得人心，是什么理由呢？我看理由之一，就是起草宪法采取了领导机关的意见和广大群众的意见相结合的方法。这个宪法草案，结合了少数领导者的意见和八千多人的意见。公布以后，还要由全国人民讨论，使中央的意见和全国人民的意见相结合。[2]

---

[1] 1954年宪法制定过程的相关资料参见韩大元著：《1954年宪法制定过程》，法律出版社2014年版。

[2]《毛泽东文集》（第六卷），人民出版社1999年版，第324—325页。

中共八大的党内协商

民主是中国共产党始终不渝的价值追求。协商作为一种民主精神、民主理念、民主形式，体现在中国共产党政治生活的各个方面。中共八大是中国共产党取得全国执政地位后召开的第一次全国代表大会。八大期间，协商贯穿于筹备与会议的自始至终，为中国民主政治建设树立了典范。

浓厚的协商氛围

1956年9月，中共八大在全国政协礼堂召开。大会正确分析国际国内形势和社会主要矛盾的变化，在经济、政治、文化、外交等方面作出一系列重要决策部署，明确提出党和全国人民在新形势下的主要任务，要求全党的工作重心适时转移到集中力量发展生产力上来。

历史证明，八大对中国建设社会主义道路的探索，站在比较高的历史起点上，取得了初步成果。大会制定的路线是正确的，所提出的许多新方针和新设想是富于创造精神的。以毛泽东的《论十大关系》和中共八大为标志，党对中国社会主义建设道路的探索有了一个良好的开端。

中国共产党及社会各界对中共八大都给予高度肯定，称之为一次团结的大会、民主的大会、开放的大会。这次大会的成功，与当时以毛泽东为代表的第一代中央领导集体的工作作风、工作方式有直接关系。其中，以协商沟通思想、凝聚共识，是这次会议的重要特点之一。

八大是中共在全国执政后的一个新背景下召开的会议，也是在七大之后经历11年之久召开的全国代表大会。新中国成立后，经过三年多的艰苦奋斗，解放前遭受严重破坏的国民经济得到恢复。到1952年底，除部分少数民族地区外，土地改革在全国范围基本完成，从根本上铲除了中国封建制度的根基。1953年6月，毛泽东在中央政治局扩大会议上首次提出党在过渡时期总路线：要在一个相当长的时期内，逐步实现国家的社会主义工业化，逐步实现国家对农业、手工业、资本主义工商业的社会主义改造。1954年9月，一届全国人大一次会议召开，通过了《中华人民共和国宪法》，标志着我国的根本政治制度——人民代表大会制度——正式确立。随着党所处的地位和环境的变化，加强执政党建设成为中国共产党面临的重大课题。为争取更加有利于建设的国际和平环境，1954年周恩来率领中国政府代表团参加日内瓦国际会议，彰显了新中国在国际事务中的地位日益提升。1956年2月，苏共二十大召开，赫鲁晓夫的秘密报告揭开了斯大林问题的"盖子"，这对于各国马克思主义政党破除对斯大林和苏联经验的迷信，解放被教条主义束缚的思想，探索适合本国情况的革命和建设道路具有重要意义。正是由于上述国内、国际两方面的原因，毛泽东和中共中央其他领导人开始思考怎样结合中国实际建设社会主义的问题。

中国的社会主义应该走出一条什么样的道路？在本国，前无可以借鉴的模式，外国的又不能复制。面临新情况新问题，通过调查研究摸透状况，通过协商讨论凝聚共识，通过集思广益形成对策，无疑是必要的。中共八大前后的民主协商就是在这种背景下展开的。

八大期间的协商，从形式上看，主要有会议协商、书信协商、谈话协商、上下协商等。据统计，从1955年开始筹备八大到会议召开前一天，中央政治局共召集研究八大事宜的各种会议130余次，其中讨论政治报告40次、修改党章及其报告33次、"二五"计划及其报告18次、中央委员候选人名单22次。仅八大召开前夕就有两个重要会议交叉进行：1956年8月22日、9月8日、9月13日，中共七届七中全会在北京召开；同时，8月30日至9月12日，八大预备会议召开。这两个会议商讨和研究了若干重大问题，为八大召开作最后的准备。

毛泽东作为中共中央最高领导人，率先垂范，广泛听取意见，主动协商重大问题。由《毛泽东年谱》查阅，从1956年初，到八大会议结束，毛泽东为筹备八大听取35个国家部委局的汇报，主持召开或参加的会议45次，约谈中央其他领导和相关同志讨论研究八大问题48次，在有关稿件上作出批示和回函71份。在保存下来的80多份政治报告修改稿中，经过毛泽东本人修改的就有21份。

由此可见，在中共八大期间开展的党内协商密度之高、范围之广，既是社会主义道路探索的需要，也是新中国成立初期民主政治氛围积极向上的反映。

"我们是有民主的"

1955年3月，在党的全国代表会议上，毛泽东宣布1956年下半年召开第八次全国代表大会。此后，八大筹备工作正式展开。

在大会筹备期间，最重要的就是文件起草工作。1955年，中共中央组织了三个写作班子。政治报告起草委员会由刘少奇、陈云、邓小平、王稼祥、陆定一、胡乔木、陈伯达7人组成；修改党章和修改党章报告起草委员会由邓小平、杨尚昆、安子文、刘澜涛、宋任穷、李雪峰、马明方、谭震林、胡乔木9人组成；周恩来主持起草"二五"计划的建议及其报告。

政治报告的起草是八大筹备工作的重中之重。在刘少奇主持下，政治报告起草委员会历时一年四个月，起草政治报告稿和修改稿前后达80多份。

起草八大政治报告，首先要明确指导思想。在1955年11、12月间，毛泽东提出：关于中共八大的准备工作，中心思想是要反对右倾思想，反对保守主义，提早完成社会主义工业化和社会主义改造。这为当时的起草工作定了一个调子。

万事开头难。起草八大政治报告也是如此。为深入了解情况、听取意见，1955年12月7日至1956年3月上旬，刘少奇先后约请国务院34个部门的负责人座谈。参与起草工作的邓力群回忆说：少奇同志"边听边记，时而插话、提问，画龙点睛地讲一些话"。"座谈会基本上是一个部门谈一天，个别部门也有谈上两天的，经常从白天一直开到午夜。这样一天连着一天谈，进行七八天、十来天，算一个段落。"[①] 从《刘少奇年谱》看，这些座谈会上的交流，经常闪烁着探索的火花。

此时，刘少奇已指定陈伯达起草报告初稿。1955年12月，陈伯达用了一个多月时间，写出一个《八大政治报告（草稿）》。在征求意见时，胡乔木认为这像个"学术报告"。刘少奇让胡乔木负责起草。邓力群回忆说，

[①] 杨胜群、陈晋主编：《五十年的回望——中共八大纪实》，生活·读书·新知三联书店2006年版，第19页。

有一天晚上，快 10 点钟了，少奇同志把写作班子成员召集开会。看得出来，少奇同志非常兴奋。他说他刚从毛主席那里开会回来。毛主席讲了很好的意见，同我们起草八大的报告关系密切。少奇同志说，有了毛主席的这个讲话，报告的主调就有了，找到起草八大政治报告的路子了。[①]

毛泽东这个讲话，就是他提出的十个问题，即十个关系。这也是一次集中调研的重大成果。在刘少奇调研开始后，从 1956 年 2 月 14 日，毛泽东也连续听取了 35 个部委汇报。在两个多月时间内，毛泽东风趣地说自己每天是"床上地下、地下床上"，起床听汇报，穿插处理日常工作，听完汇报就是上床休息。通过广泛深入调查研究，毛泽东在 5 月 2 日召开的最高国务会议上做了"论十大关系"的讲话。这个讲话以苏联为鉴，初步总结了几年来我国社会主义建设的经验，提出了探索适合我国国情的社会主义建设的任务。毛泽东提出的十大关系已经把解决经济建设中的矛盾摆在首要位置，为八大文件的起草和八大召开确定了原则、指明了方向。

7 月上旬，八大政治报告初稿草稿完成，标题为《为实现过渡时期的总任务而斗争（初草）》。稿子体现了"论十大关系"的基本精神，通篇贯穿"继续调动一切可能的力量，调动一切积极因素，为着完全实现过渡时期的总任务，把我国建设成为一个伟大的社会主义国家而奋斗"。稿子分八个部分：我们的情况，党在过渡时期的总路线，社会主义改造，社会主义建设，国家制度的若干问题，文化革命，国际问题，党的问题。在"社会主义建设部分"，对发展速度的具体目标作了描述，即用 3 个五年计划的时间基本上实现工业化，并按"论十大关系"思想阐述了重工业与农业和轻工业、内地和沿海、中央和地方、国家与合作社和个人等关系。

这是一个未成稿，缺少后四部分内容。7 月 14 日开始，中央领导人和相关人员对此稿进行修改。毛泽东在封面上批写了一些短语，如集体与个人、中农问题、资产阶级的个人改造，农业缺，及个人与集体、价格、商业等。其意大概是这些内容需要修改或完善。起草委员会按照这些思路，继续补充内容。彭真、王稼祥、陆定一分别起草国家制度若干问题、国际问题、党的问题；由李维汉负责增写民族问题、统一战线两个部分。

经过紧张的工作，8 月 8 日，政治报告的初稿完成。这一稿有两个题

[①] 杨胜群、陈晋主编：《五十年的回望——中共八大纪实》，生活·读书·新知三联书店 2006 年版，第 20 页。

目：一个是《中央委员会向八大的政治报告（初稿）》，一个是《调动一切积极因素，为把我国建设成为一个伟大的社会主义国家而奋斗》。后一个题目突出了社会主义建设这一重心。整个稿子改动较大，结构有所调整，篇幅有大的增加，包括十个内容：中国革命的情况和我们当前的任务，社会主义改造，社会主义建设，文化革命，国家制度的若干问题，民族问题，统一战线，台湾问题，我国的对外关系，党。

此时，距中共七届七中全会的召开不到半个月。全会将讨论八大文件稿。中央各位领导和有关人员再次集中对政治报告稿进行修改。对这一稿，毛泽东提出的修改意见32处。在印刷稿封面上，毛泽东批示："经济数字太少（成就）""苏共二十次""国防""华侨、工、青、妇"等。在稿子中，毛泽东还对相关问题作出批示，比如，对工程质量事故，"不能完全归咎下面，中央也要负一些责任"；商业部分，"没有对外商业"；节约和人民生活部分，"改善生活问题讲得不够"；文化革命部分，"革命也需要知识分子，也需要一些文化"；在中国共产党需要各民主党派监督部分，"首先是阶级的监督，群众的监督，人民团体的监督"；集体领导部分，"反个人崇拜"等。

起草委员会采取分头修改的办法。修改较大的是"社会主义建设"部分，删去了"发展速度问题"，增写了"为超额完成第一个五年计划而斗争"和"第二个五年计划的基本任务"两节，反映了1956年

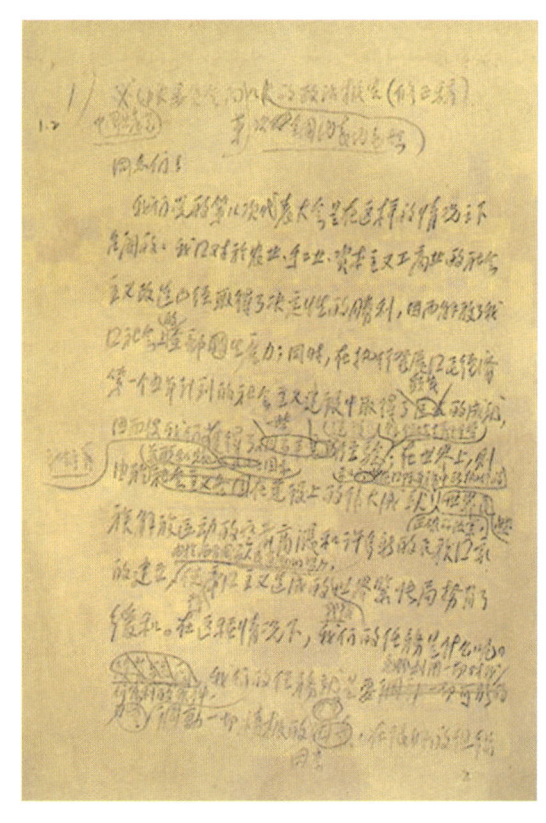

刘少奇的修改意见

提出的反冒进方针。刘少奇审改时专门强调，二五计划的目标和任务，是在比一五计划大得多的基础上的发展速度，这已经是非常高的发展速度。如果我们任意地加以提高，我们就会有从前进得过快的车子上跌下来的危险，我们就会犯冒险主义的错误。"我们在这个问题上必须采取十分谨慎的政策，把我们的计划放在稳妥可靠的基础上。"刘少奇对第一部分国内外形势进行了重写，多达14页，标题改为"国际形势和国内形势"。

8月中下旬，当刘少奇将"国际形势和国内形势"和"党在过渡时期的总路线"这两部分稿子呈送毛泽东时，毛泽东作了十几处比较集中的修改。原文中提到，社会主义制度在各国的具体发展过程和表现形式不可能千篇一律。毛泽东改写一段话："我国是一个东方国家，又是一个大国。因此，我国不但在民主革命过程中有自己的许多特点，在社会主义改造和社会主义建设的过程中也带有自己的许多特点，而且在将来建成社会主义社会以后还会继续存在自己的许多特点。"

8月22日，在中共七届七中全会开幕之际第二次修改稿完成。在这次全会上，邓小平在对会议文件作说明时，毛泽东插话说，政治报告稿9万

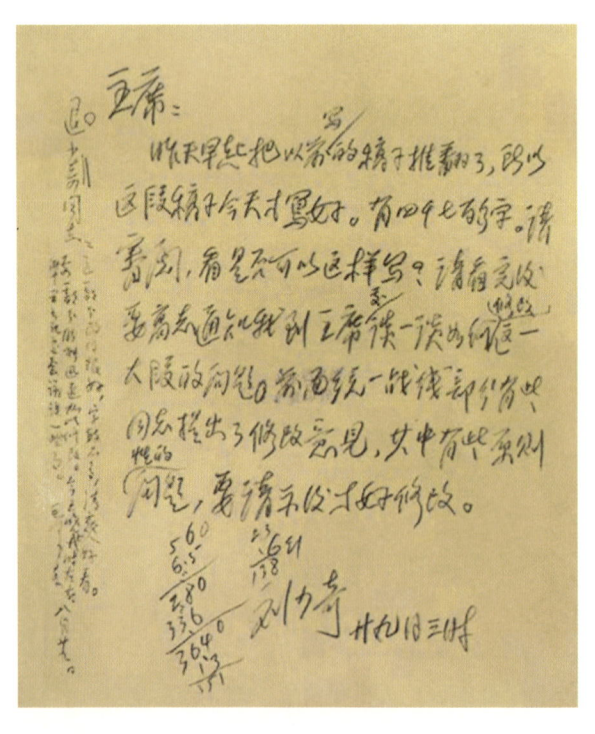

毛泽东、刘少奇关于政治报告的修改信函

字,能缩减三分之一就好。而这时距离八大预备会议的召开只有8天时间。如此篇幅的文字压缩工作,其任务是相当大的。毛泽东、刘少奇等领导人夙兴夜寐,投入紧张的修改工作中。

8月24日晚八时,毛泽东召集刘少奇、陆定一、陈伯达、胡乔木、胡绳、邓力群开会,讨论修改八大政治报告草稿问题。当日,刘少奇将改写好的关于无产阶级专政和统一战线部分致信毛泽东,请其审阅。毛泽东批示:"此件已经看了一遍,改得很好。我又作了一些小的修改,请酌定。觉得文中还有一些重复拖累的地方,还可以删节一些。"毛泽东重点增加了民主革命时期的任务、我国的社会性质、无产阶级专政的性质和实质,以及借助民主党派和无党派民主人士的监督来克服缺点和错误等内容。8月29日,刘少奇就"关于民族问题"部分致信毛泽东:"主席:昨天早起把以前写的稿子推翻了,所以这段稿子今天才写好。有四千七百多字。请审阅,看是否可以这样写?请看完后要高志通知我到主席处谈一谈如何修改这一大段的问题。前面统一战线部分有些同志提出了修改意见,其中有些原则性问题,要请示后才好修改。"毛泽东批示:"这一部分改得很好,字数不多,清爽好看。前一部分(人民民主专政和统一战线部分——笔者注)盼能迅速加以修改。"这一天,毛泽东又将陆定一写的"党的部分"修改后退回,"增加了两个小段,请加斟酌"。

8月30日,八大预备会开幕。繁重的会议任务并没有耽搁中央领导人对政治报告的修改进程。当日,毛泽东在刘少奇关于政治报告各部分重新编排问题的来信上批示:"退少奇同志:可以这样编排,将来再考虑是否变动。在国防问题上还可以讲几句人民解放军的英勇奋斗的鼓励话。"8月31日凌晨三时、五时、六时,毛泽东在阅改政治报告稿"社会主义改造""社会主义建设"等部分后,分别给陈伯达、胡乔木作出具体指示,提出修改意见。9月6日,毛泽东审阅政治报告稿"社会主义建设"部分后写下批语:"即送乔木同志:建设部分,除商业外,又看了一遍,用铅笔作了一些修改。请你将商业部分改好,于今天下午送我一阅,再送少奇同志。"当天7时,又写了批语:"伯达同志:周总理及洛甫同志今日开始修改政治报告,请你与总理联系,或即与总理处合并举行。"周恩来同日约张闻天、陈伯达、章汉夫、乔冠华谈八大政治报告中"目前形势"部分的修改问题。此时,各代表团也基本结束对政治报告草稿的讨论。

9月7日,毛泽东致信周恩来:"政治报告头几部分修改了以后,请你继续修改社会主义改造和社会主义建设两部分。这几部分今天一定要修改完毕，今晚一定要交付翻译，否则就来不及了。修改时请与伯达联系。"同日，毛泽东又致信胡乔木："国家问题这一部分，也许你可以在一天内修改好，困难问题不很多。但对肃反问题写得太简单，没有提党对反革命分子的严肃与宽大相结合的处理政策，请加注意。"周恩来根据毛泽东的要求，修改了社会主义改造和建设两部分，提出一些具体意见。

9月8日，毛泽东致信刘少奇："恩来同志的改本送上，我看改处均可用。如你同意，请饬人将改处准确地抄在一个本子上，和你我改的合在一起，立即付印，付翻译。"同日，周恩来就政治报告中关于"目前国际形势"部分的修改问题致信胡乔木，提出具体意见，要求这部分内容"必须根据五项原则，条理分明，界限分明"。

围绕政治报告，这样的信件、批示还有……

中共八大即将于9月15日开幕。9月13日，毛泽东阅看刘少奇的修改后回复："这些修改都很好，可以即刻付印，付翻，只是'国际关系'第六页，以不同的方式（有的是在经济上，有的是在政治上）'这一些新增的字，可以不要，以求与周总理报告一致。这原[是]我提议的，现觉应该取消。请酌定。" 9月14日，毛泽东对政治报告稿的国际部分和党的部分又作了修改后致信刘少奇："（一）国际部分的一段增加和一些其他字句修改，请即令人抄正付翻译，并另打清样。（二）党的部分，本日十二时前伯达等修改，已要他们直接付翻译。""你在其余地方有修改，请直付翻译，并打清样，不要送我看了。"

鉴于政治报告的重要性，毛泽东除倾注大量精力修改外，还多次组织讨论。1956年7月初政治报告稿形成后，6日晚，毛泽东在中南海颐年堂召集政治报告起草委员会开会；7日、8日、9日和10日、12日、14日六个晚上，继续召集相关人员开会，商谈政治报告起草问题。据不完全统计，从7月6日到9月14日两个多月间，毛泽东先后在北京和北戴河分别召集刘少奇、周恩来、陈云、邓小平及陈伯达、李维汉、胡乔木、陆定一、胡绳等有关同志，讨论政治报告的修改26次之多。

上述一封封信函、一件件批示、一次次约谈，是毛泽东、刘少奇、周恩来等中央领导人与起草委员会间精诚团结、民主协商、共同修改审定八大政治报告的历史见证。八大政治报告总结了中国自身建设的基本经验，在以苏联为鉴的基础上，根据自己的国情和建设实际，提出从经济、政治、文化、外交、党的建设等一系列的方针。在全面建设社会主义的帷幕即将拉开的历史关头，这份纲领性文献凝聚了全党的智慧，凝结了以毛泽东同志为代表的第一代中央领导集体的心血。

在八大文件的一些重要提法上，中央领导之间不都是思想统一、完全一致，也有分歧和争论，最终形成共识，这恰恰是民主协商的精神所在。周恩来主持起草的关于发展国民经济的第二个五年计划的建议及其报告，全面贯彻了我国经济发展要实行既反保守，又反冒进，坚持在综合平衡中稳步前进的方针。这一方针的形成，即是八大筹备中不断调研、反复讨论、深化认识的结果。

反对右倾保守思想，加快社会主义改造和建设的速度，是毛泽东为中共八大确定的主题。1956年各条战线、各省市根据毛主席1955年冬写的《中国农村的社会主义高潮》序言的精神，加快速度，扩大了预定计划的规模，增加了预算指标，出现"左"倾偏向。毛泽东对此有所察觉，提出要反右倾，也要防止盲目性。刘少奇在听取国务院各部门的汇报中，对实际情况也有了进一步了解。周恩来在1956年2月召开的全国计划会议上，主张对某些严重脱离实际的经济指标进行压缩。随着调查研究的深入，刘少奇、周恩来等领导人的思想逐步趋于实际，反映在大家对毛泽东论十大关系的赞同和拥护上。不过，当毛泽东在政治局会议上听到有些省市负责人反映当年增产大有希望时，提出追加1956年基建投资预算。毛泽东的建议，遭到政治局大多数成员的反对。周恩来再三说明增加基建投资会带来一系列困难。对这个讨论场景，1982年11月4日胡乔木还回忆说："（1956年）4月下旬，毛主席在颐年堂政治局会议上提出追加1956年的基建预算，受到与会同志的反对。""会上尤以恩来同志发言最多，认为追加预算将造成物资供应紧张，增加城市人口，更会带来一系列困难等等。毛泽东最后仍坚持自己的意见，就宣布散会。会后，恩来同志又亲自去找毛主席，说我作为总理，从良心上不能同意这个决定。这句话使毛主席非常生气。不久，毛主席就离开了北京。"[①] 可以说，这是两位中央领导人就冒进与反冒进问题进行的一次面对面的争论和交锋。

1956年五、六月份毛泽东离京调查研究期间，刘少奇主持中央政治

[①] 杨胜群、陈晋主编：《五十年的回望——中共八大纪实》，生活·读书·新知三联书店2006年版，第164页。

局制定了既反保守，又反冒进的思想路线。这一路线，对负责筹备八大的刘少奇、周恩来等中央领导来说，成为占主导地位的指导思想。

为了降低急躁冒进所表现出的高指标，6月4日，刘少奇主持召开的中央会议上，提出了既反保守又反冒进、在综合平衡中稳步前进的经济建设方针。6月20日，《人民日报》发表刘少奇安排中宣部起草的题为《要反对保守主义，也要反对急躁情绪》的社论。刘少奇在审阅修改这篇社论后报请毛泽东批示。毛泽东认为社论的内容是针对他的，简单批了三个字："不看了。"这也表明当时对此观点是有分歧的。

从1956年7月起，周恩来用很大精力主持编制第二个五年计划建议。在大反右倾保守思想的形势下，"二五"计划制定的指标很高，经过修改后仍然偏高。7月3日至5日，周恩来连续三天主持召开国务院常务会议。会议决定，按五年财政总收支2350亿至2400亿元来安排，相应削减主要工农业产品产量指标和基本建设投资，在稳妥可靠的基础上编制一个比较切实可行的方案，作为向八大提出的"二五"计划建议。

在修改"二五"计划建议的报告的过程中，周恩来为了从理论上总结概括中国经济建设的基本经验教训，提出在报告稿第一部分中增加"谈几个大的经验教训"。此后的事实证明，在中共八大确定的正确经济建设方针的指导下，在一段时间内，国民经济得到积极而稳妥的发展。

从以上史实可见，当时党内充溢着良好的民主氛围。在协商讨论过程中，毛泽东虽然对既反保守又反冒进持不同意见，但也没有公开反对。这也使得周恩来在主持起草"二五"计划建议报告中，能够贯彻既反保守又反冒进的方针。对于这份报告，毛泽东还曾做出充分肯定。他1956年9月13日两次给周恩来写信，第一次说"很好"；第二次说"你的报告全文很好，只是觉得头一部分（总结第一个五年计划时期经验）写得不甚清醒，不大流畅，不如以下各部分写得好，似乎出于两个手写的。如能在今明两天请一位文笔流畅的同志改一下，那就更好。如不可能，也就罢了"。这也表明，既反保守又反冒进、在综合平衡中稳步前进的经济建设方针，已成为当时全党的共识，是八大正确路线的重要组成部分。到了1960年6月18日，毛泽东在《十年总结》中，讲到高指标的教训时还说："1956年周恩来同志主持制定的第二个五年计划，大部分指标，如钢等，替我们留了三年余地，多么好啊！"

八大筹备过程中，对几个重要文件开展的民主协商不仅体现在中央主要领导人、中央政治局委员和起草委员会成员之间，还包括重视听取会议代表、基层党组织的意见等。比如，政治报告稿、修改党章及其报告稿等文件，都提前发给八大代表讨论。据原中央党史研究室编写的《八大的筹备和大会日志》记载，1956年9月5日，"各代表团结束对党章（草案）和修改党章报告草稿的讨论。东北、西北、华东代表团结束对政治报告草稿的讨论。华北、中南、西南、中直代表团继续讨论政治报告的草稿。东北代表团开始讨论'二五'计划建议草稿"。再比如，党章起草委员会于1955年10月20日完成党章初稿，邓小平批示印发中央政治局委员和起草委员会成员征求意见。1956年4月22日，中央政治局开会讨论党章初稿。党章起草小组吸收政治局委员的意见，形成第二次修改稿。此后3个月，起草委员会连续开会讨论党章修改问题，并给省、市、自治区和中央各部委党组、党委，下发讨论党章的通知，在更大范围内征求意见。八大秘书处于8月21日分别将各地方各单位对党章修改稿的讨论情况汇集成册，供中央领导和起草班子参考。

关于八大文件的起草过程，毛泽东在中央七届七中全会第三次会议上形象地说："这次文件的起草，第一次推翻你的，第二次推翻他的，推翻过来，推翻过去，这说明我们是有民主的。不管什么人写的文件，你的道理对，就写你的，完全是讲道理，不讲什么人，对事不对人。"[1]

没有事先提名的大会选举

选举第八届中央委员会，是中共八大的重要任务之一。筹备八大最早着手的工作就是拟定中央委员和中央候补委员候选人名单。

中共七大召开后，华夏大地发生了两次历史性巨变：中华人民共和国的成立和社会主义制度的基本确立。在此过程中，有许多共产党员为新中国的缔造和建设作出卓越贡献，建立了历史性功勋。哪些人能够当选中央委员和候补委员，是一件政治性政策性很强的事情，无论对党和国家，还是对个人，都意义重大。对这项工作，中央事先没有提名，而是采取广泛推荐人选、主动听取意见、充分讨论协商的形式，整个过程体现了民主集

---

[1] 中共中央文献研究室编：《毛泽东年谱（1949—1976）》（第二卷），中央文献出版社2013年版，第623页。

中制原则。

1956年7月30日,中央政治局会议决定成立一个专门委员会,负责研究八大的选举问题和中央领导机构设置方案,并指定陈云和邓小平为委员会的召集人。8月4日、6日和10日,邓小平召集专门委员会会议,讨论八大选举等问题。在集思广益并深入讨论的基础上,邓小平于8月22日的中共七届七中全会第一次会议上提出对中央委员和中央候补委员选举工作的建议。根据这个建议,八届中央委员会不预先提名,而是采取上上下下反复讨论酝酿,通过两次预选确定候选人名单,再举行正式选举。八大代表伍洪祥回忆说:"这次选举中央不预提名单,由代表自己提,想提什么人就提什么人。各代表团提出一个名单,交中央汇总,然后由政治局同代表团团长商讨,定出一个预选名单发下来,再由各代表团讨论、上报汇总,最后向大会提交正式候选人名单。大会选举以无记名投票的方式。"①

具体说来,八大的中央委员选举分六个环节:

第一个环节,中央先提出一个原则性意见。对于中委人数,毛泽东在七届七中全会和八大预备会议上均表示:第八届中央委员会的名额为150到170人,比七届中委增加一倍多一点,这样恐怕比较妥当。对于人选,他说:现在,很多有用的人才是在抗日战争时期培养起来的,这就是所谓"三八"式的干部。他们是我们现在工作的基础。这次选举中委,"三八"式的一般不选。"三八"式的确有大批优秀干部,但牵连很多,我们现在的方针是说服他们,让他们等几年,这样他们更成熟,更孚重望。现在还是让"三八"式以前的什么式在中央委员会掌一下权。如要安排"三八"式的,这届中委名额就要增加到好几百人,所以这次就不考虑安排了。毛泽东还就继续选举王明、李立三为八届中委的问题作了说明:如果不选举犯错误的人,我们就要犯错误,因为那是照他们的办法办事。

第二个环节,中共中央事先不提候选人名单,由各位代表自由提名候选人。在提名过程中,不确定人数,也不分中央委员和候补中央委员,代表们自由提名后,由各代表团汇总提出名单。9月2日,华北、中南、西北、中直等代表团分组进行第八届中央委员会候选人的提名工作;中南代表团举行团务会议,对提名工作进行检查;华东代表团举行团务会议,汇集各

---

① 杨胜群、陈晋主编:《五十年的回望——中共八大纪实》,生活·读书·新知三联书店2006年版,第54—55页。

小组提出的第八届中央委员会候选人名单。9月3日，各代表团分别举行团务会议，汇集各小组提出的第八届中央委员会候选人名单。

第三个环节，中央政治局、第七届中央委员和候补中央委员与各代表团团长、副团长，通过各种形式的会议讨论酝酿，协商汇总上来的名单。9月5日晚上，毛泽东在颐年堂召开中央书记处会议，讨论了各代表团提出的八届中央委员会候选人名单等问题。9月6日、7日，陈云在中南海西楼主持中央政治局扩大会议，讨论各代表团提出的八届中央委员候选人名单。9月8日，中共七届七中全会正式确定候选人名额为170人，并且通过了候选人名单。

第四个环节，各代表团讨论七届七中全会通过的候选人名单，对名单提出意见，进行第一次预选。9月10日，在中共八大预备会议第二次全体会议上，陈云代表中央对八届中央委员候选人名单的酝酿及提出的经过作出说明后，各代表团发表意见。毛泽东专门就"科学中央委员会"发表讲话。他在回顾了党的历史经验后说：我们现在是搞建设，建设对于我们是比较新的事情。我们要靠第二个五年计划和第三个五年计划来学会更多的东西。我们要造就知识分子。我们计划要在三个五年计划之内造就100万到150万高级知识分子，以适应社会主义建设的需要。现在的中央委员会，我看还是一个政治中央委员会，还不是个科学中央委员会。他希望在不久的将来，中央委员会里有许多工程师和科学家。最后他对候选人名单中的一些问题作了解释。会议原则通过了预选的候选名单。这天，各代表团讨论七届七中全会通过的第八届中央委员会候选人名单，并分别汇集各小组对这个名单的意见。

9月12日，各代表团对八届中央委员进行第一次预选，预选结果，170人被提名为八届中央委员的候选人，这次预选，没有分中央委员和候补中央委员。

在预选时，各代表团表示同意和拥护中央提出的候选人名单。中直代表团认为：中央委员会作为一个领导工作机构，既考虑到中央委员的能力，又照顾到各个主要方面，提出的170个名单是适宜的；有少数民族代表看到自己提名的少数民族的党员在名单中，很高兴地表示：这个名单可以说是我们自己提出来的；有的代表说：从酝酿名单的过程中，深深感到党的领导方法是科学的，体现了高度的民主精神，这样选出来的中央委员会，一定能够担负建设社会主义的任务。

第五个环节,进行第二次预选。9月21日,大会主席团常委和各代表团团长、副团长在中南海西楼开会,讨论第八届中央委员候选人名单。9月22日,在中南海西楼召开大会主席团、各代表团团长、副团长、各小组长、秘书长会议,讨论并通过八届中央委员、候补中央委员候选人名单。9月23日,各代表团对八届中央委员和候补中央委员进行第二次预选。当晚,陈云主持主席团常委和各代表团团长会议,讨论八届中央委员、候补中央委员人选。9月24日晚,大会主席团、各代表团团长、副团长、大会秘书处成员在政协礼堂举行联席会议。会议公布并通过预选中央委员、候补中央委员结果,通过中央委员97名、候补中央委员73名的候选人名单。

在对八届中央委员候选人的酝酿、讨论、协商中,不时会有新的名单出现。据参加八大的于光远回忆:"讨论中,中央的同志也发表自己的意见。记得刘少奇提出李昌是'一二·九'运动后中华民族解放先锋队的总队长,应该列入候选者的名单中。在吸收了代表们的意见后,才提出一份候选名单的草稿,进行一次预选。再一次把预选结果拿出去,让代表们选举出一份正式候选人名单,然后代表们再在大会上投票选举。"①

第六个环节,正式选举。9月26日下午,大会举行第十一次会议。大会执行主席李富春对中央委员的选举作了说明。他说:在代表大会预备会议期间,各代表团对中央委员会的选举曾经进行充分的讨论,并且提出了候选人。在各代表团提名的基础上,根据七届中央委员会的决议,由上届政治局和各代表团正副团长对各代表团提出的名单作了研究和讨论,提出了第一次预选的候选人名单,交给各代表团进行了无记名投票的预选。大会开幕之后,大会主席团和各代表团正副团长,根据预选的结果,确定了中央正式委员和候补中央委员的名额为170人,并且分为正式中委97人,候补中委73人,再交各代表团讨论。在各代表团都表示同意这个名额和名单后,又在各代表团进行了第二次无记名投票的预选。现在提出的候选人名单,就是根据第二次预选结果提出来的。当天的大会以无记名投票方式正式选举中央委员会。

9月27日下午,大会举行第十二次会议。首先以无记名投票方式选举中央候补委员。陈云代表主席团常务委员会向大会宣布中央委员和候补中

---

① 杨胜群、陈晋主编:《五十年的回望——中共八大纪实》,生活·读书·新知三联书店2006年版,第38页。

央委员的选举结果,即中央委员候选名单97人和候补中央委员候选名单73人,票数均超过半数,全部当选。至此,在充分讨论协商的基础上,中央委员会的选举圆满成功。

中共八大是在新中国成立后和平的环境中举行的。在这一背景下,民主的氛围给当年参加大会的代表都留下了深刻的印象。八大代表黄宝妹65年之后对选举的情况仍记忆犹新。我们在制作中共八大展览时,专门采访了她,她说:讨论中央委员候选人的时候,会开得比较长。选举名单出来后,王明在候选人名单上。大家都不同意选王明。李立三,也在名单上的。但他认识到自己不对的地方,检查了。王明在莫斯科,刘少奇打电报去叫他来,打了几次电报,他不来。他不认识自己的错误,这个态度不好,大家不同意选他。会议就分小组,晚上讨论,都不同意。通不过就不好开大会。外国人的评价也是这样,好像犯了这么大的错误还选为中央委员?后来,毛主席晚上来开会,谈为什么要选王明?因为我们共产党对犯错误的人还要挽救他、还要帮助他,最后就选上了。[1]

八大选举是协商民主和票决民主的有机结合、相辅相成,充分体现了中国式民主的内涵。对中央领导机构的选举同样如此。在中共七届七中全会第三次全体会议上,毛泽东对设立中央机构问题发表讲话。他说:党章准备修改,叫作"设副主席若干人"。中央准备设四位副主席,就是少奇同志、恩来同志、朱德同志、陈云同志。首先倡议设四位副主席的是少奇同志。另外,还准备设一个书记处,书记处的名单没有定,但总书记准备推举邓小平同志。当然,四位副主席和总书记的人选是否恰当,这是中央委员会的责任。一个主席,又有四个副主席,又有一个书记处,我们这个"防风林"就有几道。"天有不测风云,人有旦夕祸福",这样就比较好办。这对于我们这样的大党,这样的大国,为了国家的安全,党的安全,恐怕还是多几个人好。毛泽东的讲话确立了选举中央领导机构的指导原则,得到全体代表的一致拥护。

八大会议期间,代表们对选举中央领导机构进行充分的讨论酝酿。9月28日下午,第八届中央委员会第一次全体会议预选中央领导机构。当晚,毛泽东主持召开大会主席团常委会,讨论中央机构的成员问题。接着又召开大会主席团常委和组长、副组长联席会议,毛泽东对预选中央机构的结

---

[1] 2021年采访人大代表黄宝妹口述史记录。

果和通过候选人名单问题作出说明。子夜时分，第八届中央委员会第一次全体会议正式选举中央领导机构。大会选举毛泽东为中央委员会主席。刘少奇、周恩来、朱德、陈云为副主席；邓小平为总书记；选举产生了中央政治局及其常务委员会，中央书记处和中央监察委员会。[①]

  代表全党意志的新一届中央领导集体诞生了。

---

  ① 本章资料参见全国政协办公厅主办的《中国共产党第八次全国代表大会历史陈列》展览；石仲泉等主编：《中共八大史》，人民出版社1998年版。

"一只火锅，一台大戏"

在中国政协文史馆有一组"五老火锅宴"的场景复原，展现了改革开放之初，邓小平在人民大会堂宴请五位原工商业者的情景。这不是一顿普通的聚会。"历史不会忘记，1979年的春天，邓小平同志宴请胡厥文等五老的火锅宴，提出'钱要用起来，人要用起来'，打开了非公有制经济发展的禁区。"在2015年12月民建成立七十周年纪念大会上，时任中央统战部部长孙春兰高度评价了"五老火锅宴"这一事件的重要意义。

"五老"接到邓小平的邀请

1978年，中共十一届三中全会确定了邓小平提出的"解放思想、实事求是、团结一致向前看"的指导方针，开始全面认真地纠正"左"的错误，及时做出了把全党工作重点转移到社会主义现代化建设上来的战略决策，实现了新中国成立以来党和国家历史上具有深远意义的伟大转折，拉开了改革开放的序幕。

经过十年动乱，国民经济遭受极大破坏，迫切需要吸引港澳台同胞和海外侨胞积极参与社会主义现代化建设。调动各方面的积极性，团结更多的人，参与改革开放的洪流，是实现以经济建设为中心这一伟大转移的重要举措。邓小平将他那深邃的眼光投向了受到过不公正对待的一批原工商业者身上。这是一支不可忽视的力量。

新中国成立后，50年代进行了对资本主义工商业的社会主义改造。在消灭资产阶级的同时，为继续发挥原工商业者在企业经营管理上的经验和作用，中国共产党对民族资产阶级实行了和平赎买的政策。"文化大革命"十年间，许多与中国共产党风雨同舟的民主党派领导人遭受劫难。

当改革开放的春风吹来时,他们也迎来了新的政治生命。粉碎"四人帮"之后,中共中央重视落实民族资产阶级的政策,派工作组到上海等地进行调研,拟通过落实政策退还他们被查抄的存款和其他财物,恢复他们被扣减的高薪,鼓励原工商业者把在管理经济和企业方面的才能和经验发挥出来,为社会主义现代化建设服务。1978年11月,中共中央统战部调查组先后到北京、天津、上海和广州邀请约300名职工及工会、交通、财贸、银行等有关单位负责人,召开了40余场座谈会,广泛听取广大干部、职工的意见。大多数人对落实民族资产阶级的政策是赞同支持的。有的职工说,中央关于对资产阶级的赎买政策是完全正确的,决不能"一面搞赎买,一面又拿回来";有的说,中国共产党说话要算数,"言必信,行必果",这既有利于原工商业者继续接受改造,又能调动他们为社会主义服务的积极性;上海,特别与港澳相邻的广州的职工认为,许多资产阶级分子和海外有着广泛的社会联系,政策落实好坏,政治影响很大。但也有部分职工想不通,认为资产阶级分子工资恢复又补发,锦上添花。中央统战部于12月4日再次报告中共中央,认为各项赎买政策应予尽快落实。

胡厥文等作为工商界的代表人物,参加了中央统战部和上海市组织的一些调研活动。他们也主动召集工商界人士座谈,听取意见。胡厥文代表工商界的民主人士,给中共中央写了一封有关我国经济建设发展的建议信,其中反映了解到的一些情况。这封信引起了邓小平的重视。

邓小平本来要中央统战部安排,找荣毅仁商谈筹备成立中国国际信托投资公司的事,收到胡厥文的信后改变了主意。时任中央统战部部长乌兰夫说:"后因收到胡老的信,得知工商界的朋友们对改革开放的政策有许多好的意见和建议,就决定请大家一道来开个座谈会,让大家畅所欲言。"

1979年初,中央统战部邀请各民主党派、工商联代表人士到北京开会。邓小平趁此机会,提出要见几位工商界的老朋友。他列出了一个五人名单,分别是胡厥文、胡子昂、荣毅仁、古耕虞、周叔弢。

胡厥文,时年84岁,江苏嘉定人,著名爱国民主人士、杰出实业家。先后创办上海新民机器厂、合作五金公司、大中机械厂等,人称"上海机械大王"。抗战时期带头拆厂内迁,任迁川工厂联合会理事长。1949年出席中国人民政协第一届全体会议。他是民建发起人之一。时任全国人大常委会副委员长、全国政协常委、民建中央副主任委员、全国工商联常委。

胡子昂,时年82岁,重庆人。曾任重庆华西公司、自来水公司经理,

"一只火锅，一台大戏"

中国兴业公司总经理，华康银行董事长，重庆市参议会议长，号称"钢铁大王"。1945 年参与民建组建工作。1949 年出席中国人民政协第一届全体会议。1949 年加入民建。时任全国政协副主席，全国人大常委、民建中央副主任委员、全国工商联副主任委员。

荣毅仁，时年 63 岁，江苏无锡人。曾任无锡茂新面粉公司助理经理、经理，上海合丰企业公司董事，上海三新银行董事、经理，曾有纺织大王、面粉大王和红色资本家之称。1950 年加入民建。时任全国政协副主席，全国人大常委、民建中央副主任委员、全国工商联副主任委员。

周叔弢，时年 88 岁，安徽建德人。曾任唐山华新纱厂和天津华新纱厂董事、经理，启新洋灰公司董事、协理、总经理、董事长，人称"天津

胡厥文 　　　　　胡子昂 　　　　　荣毅仁

周叔弢 　　　　　古耕虞

水泥大王"；1949年出席中国人民政协第一届全体会议。时任全国人大常委、天津市政协副主席、天津工商联主任委员。

古耕虞，时年74岁，重庆人。抗战时期，古耕虞将猪鬃源源不断出口美国，换回战时急需的外汇和物资。所持"古青记"的"虎牌"猪鬃占中国输美猪鬃的70%，拥有"重庆山货业天下之半"，称霸全球，赢得"猪鬃大王"桂冠。1949年参加民建。时任全国政协常委、民建中央常委。

这五位老者，尽管领域各异、资历不一，但都有一个共同的称谓：著名爱国实业家。他们都是有着丰富的经商办实业经验，且海内外联系广泛，在工商业界影响较大。他们及其家族企业，在中国民族工业发展方面各领风骚，为国家和社会作出了贡献。

1979年1月16日，胡厥文、胡子昂、荣毅仁、古耕虞、周叔弢接到中办通知：邓小平同志要会见他们。这个邀请令五位老人无比兴奋，无限感慨。当晚，他们相约在胡厥文家中，商讨与邓小平见面时的谈话内容，研究他们的建言。最后，他们决定提出一份关于国家建设的《建议书》。古耕虞受托连夜起草。

邓小平与"五老"话改革

1979年1月17日，农历腊月十九。北京的冬天冰天雪地，寒气逼人。人民大会堂福建厅内却暖意洋洋，温如春天。在福建厅宽敞的大厅中间，对面摆着两排大沙发，距离靠得很近，大沙发的后面散放着一些扶手椅。会议室没有麦克风，也没有录音设备。这个座谈会的布置，营造出亲密交谈的氛围。

邓小平穿着一套深色中山装，面带笑容，神采奕奕地步入会场。他依次与大家握手打招呼，与各位老先生面对面落座。随同邓小平一起参加座谈的还有乌兰夫、谷牧、纪登奎、陈慕华以及卢绪章等中央统战部和工商联的负责人。

邓小平微笑地望着五位老者，开场说："今天，我先向老同志们介绍一下20多天前刚结束的十一届三中全会的情况。"邓小平称五位老者为"老同志"，使他们倍加激动，因邓小平此年也已70多岁了。

邓小平开诚布公地说：党的十一届三中全会决定把工作重点转移到社会主义现代化建设上来。过去耽误的时间太久了，不搞快点不行。但是怎样做到既要搞得快点，又不重犯当年的错误，这是个必须解决的问题。现在搞建设，门路要多一点，可以利用外国的资金和技术，华侨、华裔也可以回来办工厂。吸收外资可以采取补偿贸易的办法，也可以搞合营，要先选择资金周转快的行业做起。当然，利用外资一定要考虑偿还能力。我们的人都很聪明，千方百计选择快的来搞，不要头脑僵化。党中央对你们原工商业者寄予厚望，希望大家解放思想，实事求是，畅所欲言。

邓小平讲得情深意切、言简意赅、坚决有力。五位老者中，除胡厥文耳背需由秘书记录外，其他四位都聚精会神，边听边在沙发扶手上作笔记。邓小平的这番话，使在座的人耳目一新，格外兴奋。

介绍完十一届三中全会的情况后，邓小平诚恳地说：诸位老先生都是开国时期的元老，是我们党最真挚的朋友。我们肝胆相照，荣辱与共，风风雨雨走过了几十年，彼此都很了解。听说你们对如何搞好经济建设有很好的意见和建议，我们很高兴。我们搞经济建设，不能关门。对外开放和吸收外资，这是一个新问题，你们要发挥原工商业者的作用。今天就谈谈这个问题。

"五老"有备而来，正好直抒胸臆，便坦诚建言。气氛融洽、热烈。

围绕搞好经济建设的这个话题，大家各抒己见。主要涉及几个方面：

一是人才使用。胡子昂说：要发挥原工商业者的作用，要大力起用人才，有真才实学的人应该把他们找出来，使用起来，能干的人就当干部。邓小平对此十分赞赏。他说，对这方面的情况，你们比我熟悉，可以多做工作。比如说旅游业，你们可以推荐有本领的人当公司经理，有的可以先当顾问。还要请你们推荐有技术专长、有管理经验的人管理企业，特别是新行业的企业。不仅国内的人，还有入了外籍的都可以用，条件起码是爱国的，事业心强的，有能力的。

二是政策环境。在约见之前，五老在调查研究中听到很多工商界人士的反映，多集中在落实政策和创造环境方面。针对海外留学回国的知识分子和工商业者不能发挥专长、统战干部不敢讲话的情况，胡厥文说，原工商业者的技术专长不能发挥，统战部的投降主义帽子没有摘掉，这些问题不解决，工商界心有余悸。

胡子昂说：现在中宣部"阎王殿"的帽子摘掉了，统战部"投降主义"的帽子也应该摘掉。原工商业者在技术管理专长方面，大有人力可挖。现在工商界还没有摘掉帽子，一些企业把工商业者同地、富、反、坏、新生资产阶级不加区别地相提并论，这些问题不解决，他们心有余悸，就难以消除顾虑。

古耕虞补充道：中美建交以来，我接到不少在美国的朋友来信。那里有中国血统的人，很想来祖国投资，为国效力。现在统战系统确实存在不少问题，怕与资产阶级打交道，越到下面越厉害。我看首先要解决干部心有余悸的问题，统战干部在"文革"中被冲击得厉害，说是投降主义。统战政策是毛主席定的，工作是有成绩的。只有明确建国以来17年的统战政策是正确的，才能解决干部心有余悸的问题。

对于资本家的帽子没有摘掉，一些有用之才仍在工厂从事较重的体力劳动的现象，古耕虞建议，只要搞出条例、办法，这件事一定可以做好。他随即递交了书面建议。

"摘帽问题"是工商业界人士最为关心的。邓小平听后，十分干脆地回答：要发挥原工商业者的作用，有真才实学的人应该使用起来，能干的人就当干部，要落实对他们的政策，这也包括他们的子女后辈。他们早已不拿定息了，只要没有继续剥削，资本家的帽子为什么不摘掉？落实政策以后，工商界还有钱，有的人可以搞一二个工厂，也可以投资到旅游业赚取外汇，手里的钱闲起来不好。你们可以有选择地搞。总之，钱要用起来，人要用起来。①

"钱要用起来，人要用起来。"这是一个具有鲜明导向的提法，简洁而有力。在座的无不动容，情绪都很激动，纷纷表示感谢党的关怀和信任，决心在社会主义现代化建设进程中，贡献自己的一份力量。

三是经营管理。谈到外汇，荣毅仁如实说道：现在外汇很有限，引进外资要很快生效，目的性要明确，要功利性大些，生产的产品要能换取外汇，出口创汇。只要生产提高了，就不怕没有偿还能力。现在要搞好生产有两个问题，一个是工资问题，我们过去办厂，每年要增加一次工资。另一个是管理问题，没有民主就没有主人翁感，就不动脑筋；还有机构多头，画圈的人多了，办事效率就低，生产就不会搞好。对邓小平提出的要利用外国资金、华侨资金的意见，荣毅仁回应道：这确是重要问题。

---

① 政协全国委员会办公厅、中共中央文献研究室编：《人民政协重要文献选编》（中），中央文献出版社、中国文史出版社2009年版，第351页。

现在英、法、日、联邦德国都要跟我们打交道，因为我们政局稳定。从国际上看，对我们是有利时期。美国大公司来华还有顾虑，外国朋友建议我们邀请大老板面谈，让他们回去讨论，以改变目前的态度和看法。在美国还有许多工作需要去做，可以利用华侨、华裔来做工作。我对外国朋友说，我们有人力，你们有财力，可以合作。他还对引进外资问题提出建议。他说：对引进国外技术和资金，现在各级领导都很积极，这里需要协调一下，德国西门子公司来华，许多部门都找上门去，他们的尾巴就翘得老高，要价也就高了，为此，要对引进项目加强管理。

荣毅仁话音刚落，邓小平就立即表态说：现在国家计划想掉个头。过去工业是以钢为纲，钢的屁股太大，它一上就要挤掉别的项目，而且资金周转很慢。要先搞资金周转快的，如轻工业、手工业、补偿贸易、旅游业等，能多换取外汇，而且可以很快提高人民生活水平。他专门提出要发展旅游事业：我们国家地方大，名胜古迹多。如果一年接待500万人，每人花费1000美元，就是50亿美元。要大力发展旅游业，可以多搞几个旅游公司。名胜旅游区要整修一番，像四川的峨眉山，长江三峡，甘肃的敦煌、嘉峪关，西安的半坡村、秦始皇陵等。云南的石林，整修好了就是世界第一。

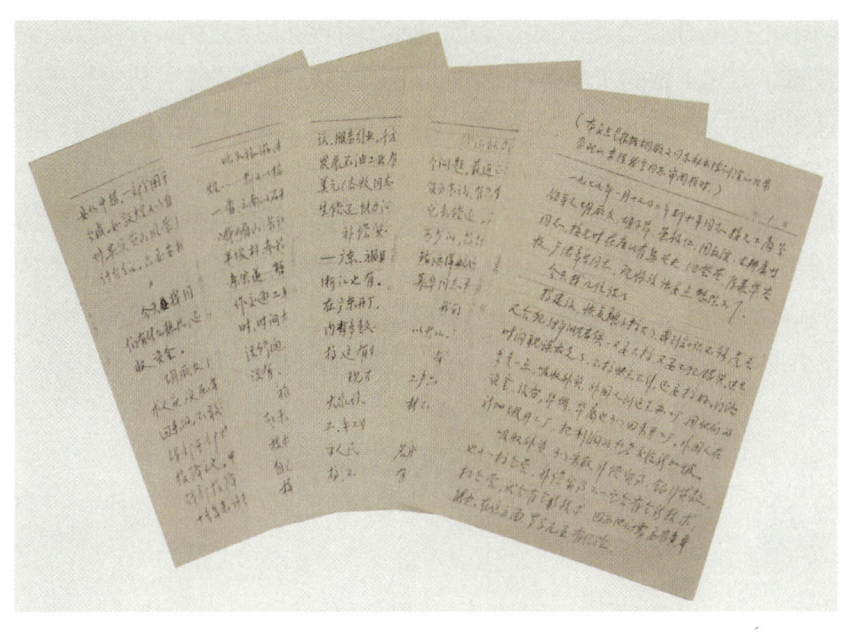

根据邓小平与"五老"谈话记录整理的文字材料（民建中央保存）

要搞好旅游景区的建设，要有电、有路、有旅馆，还要搞好城市建设，搞好服务业，千方百计赚取外汇。对于搞补偿贸易，他说，搞补偿贸易有相当的外汇收入，起码广东、福建两个大省大有希望。两省在外的华侨很多，江苏、浙江也有。补偿贸易不一定会得到全新技术，搞合营会有全新的技术，因为产品面向市场，需要具有竞争力。要引进国外的先进技术和资金。香港厂商给我写信，问为什么不可以在广东开厂，我看，海外同胞、华侨、华裔都可以回来办工厂企业。国际上资本主义有用的东西，可以拿来为我所用。到那时，在偿还能力这个问题上就可以解决了。

荣毅仁是五老中最年轻的。邓小平直接点将说：荣毅仁同志，"对你主持的单位，要规定一条：给你的任务，你认为合理的就接受，不合理的就拒绝，由你全权负责处理，处理错了也不怪你。要用经济方法管理经济，从商业角度来考虑签订合同，有利润、能创汇的就签，否则就不签，应该排除行政干扰。所谓全权负责，包括用人权。只要是把社会主义事业搞好，就不要犹豫。"[①] 邓小平还当场指定由谷牧与荣毅仁直接联系，负责解决他在工作中碰到的实际困难。

一顿火锅，拉开大戏的序幕

两个小时的座谈会在真诚、融洽的气氛中进行。大家你一言我一语纷纷发言。不知不觉到了中午，邓小平风趣地说，肚子饿了，该吃饭了，今天我们聚聚，我请大家吃涮羊肉。不一会儿，工作人员在福建厅的一角支起两个圆桌。邓小平与五位老人一桌，其他人员一桌。邓小平请大家入席。白菜、涮羊肉、火锅，热气腾腾，香气扑鼻。他和胡子昂、古耕虞都是四川人，凑在一起对桌坐着共用一只火锅，当然那只火锅里的辣椒放得最多。在嘶嘶作响的炭火和轻松愉快的谈笑间，他和两位四川老乡，用四川话相互交谈，偶尔还摆上几段龙门阵。其他同志也是边吃边聊天。古耕虞事后回忆起这顿寻常"火锅宴"的不寻常意义，形象地称之为"一只火锅，一台大戏"。正是这顿火锅宴，解放了一大批还戴着"资本家"帽子的私营工商业者，释放了他们手中的大量资金，开启

---

① 政协全国委员会办公厅、中共中央文献研究室编：《人民政协重要文献选编》（中），中央文献出版社、中国文史出版社2009年版，第351页。

了改革开放的先声。

火锅宴后不久,中共中央首先从政策上为民族工商业者摘去了"资本家"的帽子。1979年1月22日至24日,中央统战部召开在京及几个省市工商界上层人士、各民主党派的中央负责人、政协委员中的部分爱国人士参加的落实原工商业者政策问题座谈会,贯彻中共中央向全国转发的由上海市委报送的《关于落实对民族资产阶级政策的若干问题的请示报告》(八条规定)。这八条规定,就是落实民族资产阶级政策的8项措施:所有爱国人士和工商界人士过去蒙受的假案、错案和冤案,必须逐个平反、纠正和昭雪;工商业者在"文化大革命"中被抄走的财物和被占用的私人房产应该发还;过去被扣减的薪金应该补发;以前应领未领的定息可以补领;人事安排不适当的要进行调整;为了调动积极性,应该组织工商业者和职工一起参加劳动竞赛和评比;工商业者的病假工资根据实际情况发给50%—70%,医疗待遇参照职工待遇办法办理;关于工商业者子女入党、入团、升学、招工等问题,要坚持"重在表现"原则,不得歧视。

6月15日—7月2日,全国政协五届二次会议召开。邓小平在开幕式上宣布:"我国的资本家阶级原来占有的生产资料早已转到国家手中,定息也已停止十三年之久。他们中有劳动能力的绝大多数人已经改造成为社会主义社会中的自食其力的劳动者"。"现在,他们作为劳动者,正在为社会主义现代化建设事业贡献力量。"[1]邓小平的讲话,引发经久不息的掌声。这是一篇被誉为新时期爱国统一战线的纲领性文献。从"资本家"到"劳动者",这对资产阶级工商业者来说决不是一个简单的提法问题,它意味着既为资本家摘了帽,又从政治上肯定了工商业者的价值和贡献。有的政协委员感动得热泪盈眶,称之为"新的里程碑"。"金笔女王"汤蒂因委员说:"第一次喜出望外是公私合营,对于定息,估计坐三望四,结果五厘。去年落实民族资产阶级查抄定息、存款,全部发还,又是喜出望外。这次脱掉资本家帽子,更是喜出望外。"

这年底,中共中央先后颁发《中共中央批转中共中央统战部等六部门关于把原工商业者中的劳动者区别出来问题的请示报告》和《中共中央批

---

[1] 政协全国委员会办公厅、中共中央文献研究室编:《人民政协重要文献选编》(中),中央文献出版社、中国文史出版社2009年版,第353页。

转中共中央统战部等五部门关于对原工商业者的若干具体政策的规定》两个文件,进一步明确相关政策,规范原工商业者的政治待遇和生活福利,以充分调动他们的积极性。

为了不辜负改革开放的新形势和邓小平的殷切期待,五老老骥伏枥,激情燃烧。

邓小平"点将"后,荣毅仁2月初便向中共中央、国务院提出了设立国际信托投资公司的建议。邓小平对他说:"人由你找,事由你管,由你负全责!"他广揽贤士,遍请英才:北京61岁的经叔平,上海75岁的王兼士、65岁的吴志超、62岁的徐昭隆、68岁的吴光汉、67岁的雷一平、63岁的杨锡山。6月27日,国务院正式批准成立中国国际信托投资公司。10月4日,中国国际信托投资公司正式挂牌。在中信公司第一届董事会上,荣毅仁当选董事长兼总经理。改革开放之路不可复制,只有探索,摸着石头过河。荣毅仁和中信公司经历了姓"资"姓"社"的困惑,经历了新旧体制冲撞的苦恼⋯⋯他们左突右冲,终于闯出一条路来,成为中国改革开放的一个窗口、一个象征和标志。与此同时,由上海一批老工商界人士集资创办的"上海市工商界爱国建设公司",成为中国改革开放后第一家真正意义上的民营企业;由王光英任董事长兼总经理的中国光大实业公司,也在改革开放的大潮中发展成为知名的国际化大公司。

座谈会20天后,胡厥文写出了《关于怎样调动工商界一切积极因素为社会主义现代化建设服务的意见》,准备即刻动身去上海发动、实施。恰在这时,医生检查出他的胃部长了恶性肿瘤。以他的高龄,是否施行手术?医生很有些犹豫。胡厥文问明利弊,决定先用中医中药做保守治疗。由于效果不理想,他再次住进医院,施行手术。他在与时间赛跑。他儿子回忆道,他"计算着用三年时间就可以基本完成邓小平同志交给的任务了"。

会见后,胡子昂组织全国工商界为国家经济建设服务。在6月举行的全国政协五届二次会议上,他联合82位工商界的委员,提出了关于广开就业门路、安置待业青年的提案,发动各级民建、工商联组织安置待业青年。

"火锅宴"后,古耕虞给自己的定位是:不能"唱",只能"说"了。也就是说,由于年龄关系,他不能亲自登台唱戏,担任实际领导职务,但可以做调查研究,对发现的问题向政府提出建议。1980年,他就自己多年的老本行——猪鬃出口——向有关部门建言；1981年，他提出发展长江航运的建议；1984年，针对民生轮船公司和沿江一批集体所有制船队的诞生，他又提出真知灼见。

　　五老中，年龄最大的周叔弢本不打算再担任企业的职务了，但天津工商界为贯彻邓小平指示精神，筹备成立国际信托投资公司时，推举他担任董事长。他欣然同意。1982年10月，他亲笔写下遗嘱，叮嘱身后不办丧事，不留骨灰。对于为数不算多的存款，他也决定全部上交国家，最后为经济建设出点力。

　　"一只火锅，一台大戏！"这场影响中国改革开放和非公经济发展史的"五老火锅宴"，不仅润物细无声地化解了大跃进和"文革"以来对市场经济的禁锢，也助推了非公经济发展的伟大战略决策早日出台。此后，中国非公经济雨后春笋般发展起来，书写了我国改革开放新的篇章。

审慎论证"高峡出平湖"

长江三峡水利枢纽工程,又称三峡工程,是治理和开发长江的关键性骨干工程,也是当今世界最大的水利水电枢纽。三峡工程建设凝聚了几代人的心血,成为中华民族伟大复兴的重要标志。如此重大的工程建设项目,其论证过程历时之长、争论之烈、协商讨论之深广,史无前例,充分彰显中共中央和中央政府在决策过程中的科学民主精神。

筑坝三峡的梦想

三峡是长江上游四川奉节到湖北宜昌之间的一段 192 公里长的峡谷,为水陆要津,古称"西南四道之咽喉,吴楚万里之襟带"。近代以来,兴建三峡工程,根治长江水患,一直是中国人的伟大梦想。

1918 年,孙中山在《建国方略·实业计划》中指出了三峡"闸堰"开发的问题。1932 年,国民政府建设委员会派出勘测队在三峡进行为期约两个月的勘查和测量,编写了《扬子江上游水力发电测勘报告》,拟定了葛洲坝、黄陵庙两处低坝方案。20 世纪 40 年代,国民政府资源委员会与美国政府合作对三峡进行了勘察和研究。1944 年,中国战时生产局顾问、美国经济学家潘绥关于三峡修建水力发电厂的"潘绥报告",引起另一个美国人——世界著名坝工专家、"胡佛"大坝的设计者萨凡奇博士的极大兴趣。他两次到三峡实地勘察,在中国同行的帮助下,于四川长寿县完成了《扬子江三峡计划初步报告》,即"萨凡奇计划"。在萨凡奇的推动下,1946 年国民政府与美国垦务局正式签订合约,由该局代为进行三峡大坝的设计,并先后派出由徐怀云为领队的 54 名工程技术人员,赴美进行三峡大坝的初步设计工作。后因战事,这一计划被终止。

1953年2月毛泽东主席在长江舰上听取林一山汇报

1949年新中国成立后，百废待兴。由于长江防洪及治理问题影响巨大，1950年2月，在水利部下设长江水利委员会。1953年3月30日，毛泽东登上"长江"舰视察长江。他听取长江水利委员会主任林一山关于防洪问题的汇报后，提问道：费了那么大的力量修支流水库，还达不到控制洪水的目的，为什么不集中在三峡（修一个坝）卡住它呢？

1954年长江中下游地区发生特大洪水。12月，毛泽东、刘少奇、周恩来等党和国家领导人在京汉线的专列上，专门听取了林一山关于三峡水利枢纽工程的汇报。1954年百年一遇的洪水和曾在1870年千年一遇的洪水，使毛泽东对长江中下游平原和人民生命财产的安全感到万分忧虑。中央政府请求苏联政府派遣专家来华，协助进行长江流域规划。可以说，防洪成为毛泽东下决心修三峡水库的直接动因。1955年周恩来在听取长江委和苏联专家的意见时指出：三峡水利枢纽工程有着"对上可以调蓄、对下可以补偿"的作用。

1956年国务院决定，长江水利委员会改为长江流域规划办公室（长办）。自此，长办开始系统进行三峡工程的勘测和设计、研究工作。

这一年的6月，毛泽东畅游长江，"极目楚天舒"。他豪情万丈，挥笔写下《水调歌头·游泳》，描绘了一幅宏伟蓝图："更立西江石壁，截断巫山云雨，高峡出平湖，神女应无恙，当惊世界殊。"

林李之争

1957年,长办在广泛研究和论证的基础上,提出了建国后第一个三峡工程的具体方案。在这个方案中,比较了三个正常高水位的设想:235米、210米、200米。同时,论证了三斗坪、南津关两个坝址的优劣。长办摒弃了美国和苏联专家一致推崇的南津关坝址,认为三斗坪条件较为有利。

三峡工程事关重大。这么一个世界级的大工程,涉及防洪、资金、移民、泥沙、坝工、航运、环境、文物等诸多问题。围绕上与不上,赞同的、怀疑的、忧虑的、反对的,众说纷纭,牵动着社会各界的神经。以长办主任林一山为代表的,是三峡工程积极支持者;以水电总局局长李锐为代表的,是三峡工程的坚决反对者。这两个人都对长江三峡情有独钟,围绕三峡工程展开了激烈的争论。

林一山,山东文登人,是一位具有传奇色彩的职业革命家。20世纪30年代就读北京师范大学时参加革命。后来,指挥震惊全国的"雷神庙战斗",打响胶东抗战的第一枪。全国解放前夕,他任辽南省委书记兼辽南军区政委。新中国成立后,他放弃继续南下的机会,受命在武汉组建长江水利委员会,在较短的时间里完成了革命家向水利专家的转变。

李锐是毛泽东的湖南老乡,早在武汉大学机械系学习时,开展学运活动,后一直从事宣传工作。1952年,他从湖南省委宣传部调任燃料工业部水电总局局长,后任电力工业部部长助理兼水电总局局长。按他的说法,"改行做一点实际工作"。

1956年6月,《中国水利》杂志第五、六期合刊上发表了林一山2万多字的长文:《关于长江流域规划若干问题的商讨》。林一山提出:"在长江流域规划中必须首先解决防洪问题",而"三峡是防洪性能最好的地区""三峡水库可以根本解决两湖平原的水灾"。

针对林一山的观点,李锐在《水利发电》第九期上发表了题为"关于长江流域规划的几个问题"的文章。李锐认为林文把防洪问题绝对化了,"综合利用是规划河流的唯一总方针和总原则"。李锐根据国家当时的经济实力和经济发展需要,提出了长江开发应先支后干,分步实施。李锐还组织一批水电专家著文,在当年的《水力发电》"长江规划专号"刊出,就长江规划总的指导思想、防洪、发电、航运、地质、水文等方面的问题,系统阐述了与林一山完全不同的意见。

"林李之争"持续了两年之久。1958年的南宁会议，把这场争论推向了高潮。

正值大跃进搞得轰轰烈烈的1958年，在广西南宁召开的政治局会议上，毛泽东把"高峡出平湖"的设想提交讨论。

为了听取正反两方面的意见，毛泽东指示，请林一山、李锐参加会议。

林一山和李锐的争论不是意气之争，更不是个人恩怨。三峡工程关系国计民生，公共利益之所在。所以，即便是1958年"过热"的政治形势，也没有降低争论的激烈程度。

林、李同乘专机到达南宁。当天晚上，就参加了"南宁会议"。

林一山用了两个多小时，纵论历史上长江水患带来的危害，从汉朝贾让治水一直讲到1954年。他说：修建三峡水库，可根本解决两湖平原的水灾；可改善城陵矶到宜昌和宜昌到重庆的航道条件；每年可发电1000亿度以上。谈到投资，他说："按正常蓄水位200到210公尺，装机1340万千瓦计算，投资约需72亿人民币，只计发电效益，也属于成本较低的工程。"

李锐的发言只用了半个小时，言简意赅。他打开一张全国水电开发示意图，阐述了三峡工程短期内不能上马的理由：根据1954年抗洪的经验，荆江大堤溃口可能造成大量人员死亡的说法，夸大了可能的灾情；现阶段长江防洪，应以加固堤防和设置分洪区为主，以一个三峡大水库去统一地一口解决长江的防洪问题，是不经济的；影响三峡水库修建时间的，是国家财力，是经济发展需要，是电力而不是防洪；要在第二个五年计划期间修建三峡水库是不可能的，最乐观的估计，中国要几十年后才可能有此需要。

对参加会议的决策者们来说，李锐的意见可能更有说服力。

在会上，钱正英等主张项目上马者也发了言。

会议讨论激烈，双方各执一词。

毛泽东提议，让林、李二人各写一篇文章，"不怕长，三天交卷"。

林一山的右手在抗日时被子弹打残了。他硬是坚持在两天内写下了两万字，提前一天交了卷。林一山的文章《关于长江流域规划的初步意见》主题突出，材料丰富。一条长江的古来今往，一气呵成，可以说是长办多年来治水实践的总结。

李锐写了 8000 字，按时交卷。李锐的文章，观点鲜明，提纲挈领，行文流畅，一如他的发言清晰易懂。

两篇文章发到每个与会者手里。1 月 18 日，会议讨论长江流域的综合开发问题，重点围绕是否立即兴建三峡工程听取两种不同意见。讨论的结果，毛泽东肯定了李锐的意见，并提议由周恩来主持治理长江的工作。后来，毛泽东为三峡决议批了个"积极准备，稳妥可靠"。

在大干快上、反冒进的形势下，三峡工程没有被卷进大跃进的洪流，可见最高决策者的重视程度和谨慎态度。

"积极准备和充分可靠的方针"

"南宁会议"之后，1958 年 2 月 27 日至 3 月 6 日，周恩来乘"江峡轮"由武汉逆水而上，沿途考察长江流域开发。他在听取丹江口水利枢纽工程情况汇报后，考察了荆江大堤和南津、三斗坪坝址。3 月 3 日，在船上召开现场会议，李富春、李先念与国务院有关部委、有关省市领导、中苏专家百余人参加，继续讨论需不需要修建三峡大坝、能不能修建三峡工程、三峡大坝是不是开发长江水利资源的主体工程、其经济效益和社会效益如何、要不要提前修建等问题。

经过广泛讨论和实地察看，在 3 月 6 日三峡现场会议的总结会上，周恩来提出：以兴建三峡为主体的治理长江流域规划的方针，应是统一规划、全面发展、适当分工、分期进行，要有关部门正确处理远景与近期、干流与支流、上中下游、大中小型、防洪、发电、灌溉与航运、水电与火电、发电与用电这些关系，分别轻重缓急、具体安排。会议肯定了把三峡工程作为主体的意见。要求在进行三峡工程的同时，分期完成长江中下游各项防洪工程。

3 月 23 日，周恩来就三峡工程和长江流域开发问题，在"成都会议"上作了报告。3 月 25 日，会议通过了由周恩来主持起草的《关于三峡水利枢纽和长江流域规划的意见》（即"三峡决议"）。"决议"肯定了三峡"是需要修建而且可能修建"，但最后下决心确定修建及何时修建，要待各个重要方面的准备工作基本完成之后，才能作出决定。会议制定了"积极准备和充分可靠的方针"，吸取了正反两方面意见的积极部分。这显然考虑到当时上马三峡工程，条件尚不具备的因素。

后来担任国务院三峡工程论证领导小组副组长兼技术总负责人、我国著名大坝专家潘家铮认为,"成都会议"是对三峡工程的"热背景、冷处理"。他曾很坦率地对中青报记者说,1958年上三峡,无论是国力还是认识能力、技术水平,条件都是不具备的。在"大跃进"的情况下"热"上去,一两年后肯定要停下来,后果将是严重的。

对三峡工程"决不会草率从事"

此后的十几年间,尽管三峡工程没有决定上马,但筑建三峡的梦没有停止。刘少奇于1960年从重庆乘轮东下,对三峡进行实地考察。长办、国家科委等部门继续着三峡的研究、考察工作,先后完成《长江三峡水利枢纽综合工程地质勘察报告》及长江三峡科研规划课题等成果。1970年,中共中央批准修建葛洲坝工程,将之视为"有计划、有步骤地实现伟大领袖毛主席'高峡出平湖'的伟大理想的实战准备"。

1974年葛洲坝主体工程复工后,三峡工程建设又重新提到议事日程。1975年,国家建委召开三峡水利枢纽工作会议,研究坝址选择、水库水位等问题。长办于1976年3月、1978年8月,两次编制关于长江三峡工程坝址选择的补充方案。

随着改革开放的深入,各项大型工程项目接连上马,三峡工程再次引起关注。国家1977—1985年科技规划专门提出"长江三峡水利枢纽工程重大技术问题研究"。1979年5月、9月,水利部举行了两次长江三峡水利枢纽选坝会议,并向国务院建议以三斗坪为坝址开展初步设计工作。1980年邓小平视察三峡坝址,听取汇报,研究相关问题。

1980年7月12日邓小平乘"东方红32号"轮考察三峡

当年8月，国务院常务会议专门研究三峡问题，决定由科委、建委负责组织论证。1982年，邓小平在听取国家计委关于修建三峡工程以缓解电力紧张局面的汇报时表示：看准了就下决心，不要动摇。长办及湖北省向国务院提交了三峡工程问题的可行性报告。接着，国家科委、计委等对150米三峡低坝方案召开审查论证会议。5月，国家计委召开论证会，有350多位专家技术人员和各方面负责同志参加。

1984年，经过国务院16个部委、鄂湘川3省及58个科研施工单位、11所大专院校的专家审查，通过了蓄水位为150米的三峡方案。4月，中共中央和国务院原则上批复国家计委报送的《长江三峡水利枢纽工程可行性研究报告审查意见的报告》，初步确定三峡工程实施蓄水位为150米的低坝方案，决定成立国务院三峡工程筹备领导小组、三峡工程开发公司筹建处和三峡省筹备组，开始施工准备，争取主体工程1986年正式开工。

就在国家相关部门紧锣密鼓开始准备之时，三峡工程建设再一次成为社会的热点话题。这一次，先提出不同意见的是重庆市。1984年，重庆市人民政府给国务院提交《重庆市对三峡工程的一些看法和意见》（〔1984〕31号文）的报告。报告分两个部分：150米方案回水变动段存在的泥沙、航运问题及其对重庆和大西南的影响；推荐180米方案，从航运、防洪、发电等综合效益及移民、投资方面进行比较，得出180米方案优于150米方案的结论。同年5月，在全国政协六届二次会议上，有些委员通过提案、发言等对三峡工程提出不同意见；社会上，各界人士通过媒体纷纷发声，提出质疑。不同意见主要集中在两个方面：一是三峡工程该不该建，包括防洪有无必要，长江治理是先上游还是先下游、是先支流还是先干流，技术是否可行，国力是否能承受，移民能否安置，生态环境会不会遭到破坏？二是如何修建，是一级开发还是二级开发，如何设计各种不同的蓄水位方案？

重庆市及全国政协委员、社会各界的意见建议，得到中共中央和国务院的高度重视。1985年5月，国务院三峡筹备领导小组召开扩大会议。李鹏提出要对各方提出的意见，包括对正常蓄水位作出进一步论证。

1986年3月，邓小平接见美国《中报》董事长傅朝枢时表示：对兴建三峡工程这样关系千秋万代的大事，中国政府一定会周密考虑，有了一个好处最大、坏处最小的方案时，才会决定开工，是决不会草率从事的。

4月，国务院主要负责同志率队到三峡地区进行实地考察，听取各方面的意见和建议。5月,将三峡省筹备组改设为三峡地区经济开发办公室。6月,中共中央、国务院联合下发15号文件《关于三峡工程论证工作有关问题的通知》。通知指出,虽然"30多年来,我国的有关部门和科学技术人员对三峡工程做了大量的勘测、科研、设计工作,积累了丰富的资料,国务院也曾多次组织专家讨论并原则批准过三峡工程的可行性研究报告。但是,这一工程还有一些问题和新的建设需要从经济上、技术上深入研究。整个工程的可行性研究报告尚待进一步论证和补充,以求更加细致、精确和稳妥"。通知确定三峡工程的决策分为三个环节:一是由水利电力部广泛组织各方面的专家,扩大论证范围,进一步论证修改原来的三峡工程可行性报告。在广泛征求意见、深入研究论证的基础上,重新提出三峡工程的可行性报告,为国家提供科学的决策依据。二是成立国务院三峡工程审查委员会,负责审查重新提出的可行性研究报告,提请中央和国务院批准。最后是提请全国人民代表大会审议。

全国政协的协商式监督

三峡工程是举世瞩目的重大建设项目。在三峡工程论证中,全国政协发挥人才智力优势,切实履行政治协商、民主监督、参政议政职能。

鉴于三峡工程兹事体大,第七届全国政协主席李先念在1988年4月和1989年4月两次视察葛洲坝工程,并乘船考察三峡工程坝址。从全国政协五届开始,政协委员围绕三峡工程论证及建设,单独或联名提出提案670多件,开展了两次大规模视察及多次调研考察活动,就三峡工程是否上马、何时上马,以及防洪、移民、淤沙、环境、生态、文物等重大问题提出了许多重要的意见和建议,为三峡工程完成论证工作作出独特贡献。

1984年4月,中共中央、国务院原则上批准《三峡水利枢纽可行性研究报告》的决定公布前后,三峡工程也引起广大政协委员的关注。在1983年召开的全国政协六届一次会议上,覃修典委员提出了"关于长江三峡开发方案的几点意见的提案"。10月,全国政协经济建设组连续5次召开座谈会,组织相关委员讨论,提交多份专项意见建议,认为三峡工程现方案尚存在技术可靠性和经济合理性等多方面问题,需要慎重考虑,建议三峡工程推迟工期、暂缓上马。

1985年4月,全国政协六届三次会议期间,167位全国政协委员对三峡工程问题单独或联合提出17件提案，建议对三峡工程要慎重审议，不要匆促上马。时任全国政协常委、经济建设组组长、民革中央副主席的孙越崎老人，当年已92岁。他是对兴建三峡工程提出明确反对意见的委员之一。这位原国民政府经济部长、资源委员会委员长，早在20世纪40年代就组织过对长江流域水利资源和三峡工程的勘探考察。全国政协会议期间，他与34位委员联名提出"关于请中央慎重考虑缓建三峡水电站工程的提案"引起广泛关注。对于他的大胆陈言，有些委员很担心。黄凉尘委员曾说："由于'文革'结束不久，大家心有余悸。这时孙老带头签名，我和其他一些人也签了名。其实孙老多年来历经坎坷，但他认为这是对国家对人民负责，就不再考虑个人得失。"在这次大会、小组会上，委员们从不同角度提出意见和建议，其中不乏慷慨激昂之辞。在主张修建三峡的委员中，对水位和开发方式也提出不同意见。

为了深入实地调查研究，5月30日至7月6日，全国政协组织由经济建设组组长孙越崎任组长，经济建设组副组长、原国家计委副主任林华，原国家经委顾问徐驰和原商业部副部长王兴让任副组长，部分全国政协委员和专家参加的长江流域综合治理和三峡问题调查组，围绕三峡工程该不该上、能不能上，以及什么时机上等问题，先后到成都、重庆、万县、秭归、宜昌、沙市、武汉等地，进行为期38天的实地调研。调查组按照看、听、问、记的原则，乘船看坝址，坐车察大堤，并召开40余次座谈会，广泛听取各方意见。出席座谈会的有经济建设、交通运输、水利电力、地质、地震、气象、水文等部门负责同志、有关方面专家学者及当地全国政协委员、地方政协委员400余人次。经过实地考察，7月30日，调研组形成长达一万多字《三峡工程近期不能上》的调查报告，附有关于投资、防洪、航行、发电等6份专题报告。调研组认为，应借鉴美国和联邦德国的治水经验，开发水电须先易后难，在长江各支流实行梯级开发；建议三峡工程应充分论证、不要急于上马。

在国务院相关部门开展三峡工程重新论证的两年多时间内，全国政协委员继续以提案、视察、调研等形式对三峡工程项目建言献策。1986年全国政协六届四次会议期间，王钟琦等29位委员就三峡工程方面的问题分别提出提案；8月9日，全国政协呈报《三峡工程的论证应做出快上和缓上两种方案的比较》的报告，列举了投资、防洪、泥沙淤积、航运、发电、移民、安全七大问题。1987年全国政协六届五次会议期间，陆钦侃等39

审慎论证"高峡出平湖"

1989年4月21日,李先念乘船考察长江三峡水利枢纽工程坝址——三斗坪

1988年9月12日至23日,周培源(前排左三)率全国政协委员视察团视察长江三峡工程情况

位委员联名提出"关于缓上三峡工程，并收回葛洲坝电厂所创利润，上缴国库"的提案。

除了上述提案和调研，全国政协还组织了两次有重要影响的视察活动。

当时，围绕三峡工程能不能上马，何时上马，政协委员当中也有不同意见，甚至分歧较大。没有调查就没有发言权。为使更多委员了解情况，1988年9月12日至23日，全国政协组织以周培源副主席为团长，余湛、马大猷、杨拯民、钟师统、林华、沙里六位委员为副团长，林用三为秘书长的视察团，赴湖北、四川等地，重点对长江三峡水利枢纽工程建设进行视察。三峡工程问题本就是连续几年全国政协会议讨论的热点，报名参加视察的委员非常踊跃，仅在京委员报名达280人，最后成行的182人。包括记者、医生等工作人员，共239人。

1988年的这次视察，应该是全国政协历史上规模最大、规格最高、代表性最广的一次视察活动，足以显示全国政协对三峡工程问题的高度关切。视察团由一位副主席带队，1/3的委员是正副部长和兵团以上领导干部，少数民族、各民主党派及海外归侨的委员也占相当比例；全团70岁以上的约占1/3，最大的已86岁；视察内容丰富，共实地考察了41个单位。

为便于活动，全团分为5个分团，采取全团视察与分团视察相结合的方式。围绕三峡工程问题，委员们除了听取四川、湖北两省及沿途有关市县的汇报，还听取长江流域规划办公室、中国三峡工程开发总公司筹建处的有关情况介绍；参观了葛洲坝水利枢纽工程，实地考察了长江流域规划办公室拟选的三斗坪三峡水利枢纽工程坝址，以及实施150米或175米坝高方案后将要淹没的三峡库区水位标志；部分成员与长江流域规划办公室的有关人员就三峡工程问题进行了座谈。在视察过程中，在先上三峡还是先上支流、移民、航运、文物保护等问题上，委员与委员之间、委员与地方和部门同志之间，各抒己见，心平气和地进行对话，有的还作个别探讨。尽管还有不同的想法，但委员们普遍认为，这次视察有利于身临其境地了解情况、听取各方意见，有利于各种观点之间的交流和沟通、互相启发和碰撞，有利于今后进一步深入研究长江的综合开发与三峡工程问题，更好地履行职责。

视察之后，政协委员就长江的治理开发和三峡工程的有关问题，分别致信中共中央、国务院和全国政协，提出了《关于三峡工程的一些问题和建议》。委员们认为，三峡工程论证不够充分，不能轻易上马，并对争论了30年的三峡工程建设提出了"是上还是不上,是早建还是缓建,是高坝还是低坝,应在充分科学论证的基础上及早做出决策"的建议。赵紫阳阅后批示:"报告中所提出的问题都是应该重视的,一定要充分论证,根据可能和必要慎重决策。"

两年后,受国务院三峡工程审查委员会邀请,全国政协再次组团视察。1991年10月21日至11月2日,以王光英副主席为团长的全国政协委员视察团一行27人,以移民和防洪两个问题为重点,赴四川、湖北、湖南三省有关地区,实地考察三峡工程建设情况。

视察团先到重庆,后乘船顺江而下,经长寿、涪陵、丰都、万县、云阳、奉节、巫山、巴东、秭归、宜昌到沙市上岸,坐车过公安、安乡、岳阳,穿越洞庭湖区,水陆兼程1700多公里,走访30多个移民试点和防洪险段;所至之处广泛听取各级领导干部、工程技术人员和当地群众的意见,并听取了国务院三峡工程审查委员会办公室、长江水利委员会负责同志关于工程重新论证情况的介绍;最后进行内部座谈。

这次视察团的成员有各民主党派中央、全国工商联的负责人,有曾在中央国家机关担任领导工作的老同志和其他方面的一些同志。按照"听、

1991年10月21日至11月2日,王光英(前排右一)率全国政协视察团考察三峡

看、问、想"的要求，视察团边行边思考。对三峡工程和当地干部群众的愿望增加了了解，有一些给大家留下深刻印象：第一，洪区人民迫切要求兴建三峡工程，防止洪灾，维护生命财产安全；库区人民要求早建三峡工程，脱贫致富。第二，四川、湖北、湖南各级干部都有决心克服各种困难，做好工作，支持三峡工程上马。第三，党中央、国务院在几十年调查研究的基础上，组织几百名专家重新论证，认真听取不同意见反复比较研究，得出结论，显示了极其郑重的负责态度。以此之前，委员们提出的有关三峡工程的经济、技术、环境、物资等各方面的问题，在论证期间大都做出了比较完善的、可以令人信服的方案。

视察结束后，通过座谈和提交书面发言，委员们都表示收获很大。一些委员一直是赞成兴建三峡工程的，但缺乏具体接触，不了解情况。在座谈会上，贾亦斌委员发言说："这次考察解决了我一个问题，就是以往每次讨论三峡问题上不上，总感觉到不知所措，上好呢？还是不上好呢？早上好还是晚上好呢？始终不容易表态，这次可以表态了。我坚决希望早上。"有的委员以前听到一些不赞成或主张缓建的意见，觉得有道理。这次实地考察后，有了自己的答案。李刚委员在发言中强调三峡工程"是一个巨大的国土开发综合利用资源的项目"，经济上有利，技术上可行，工作做好了，国力是可以支持的，因而主张"应该早上"。塞风委员在书面意见中，也认为"经过几十年的努力，一些重大问题及技术上问题已经比较清楚了，时机已经成熟"，并从地质地震、战争、资金三个方面作了分析，赞成"早作决策"。总之，绝大多数委员认为应该尽快做出决策，使三峡工程及早开工；个别委员认为可以有计划有步骤地上马；也有人认为形势需要早上，但因事关重大，宜慎重决策。没有人不同意兴建三峡工程。

委员们在视察报告中提出了一些具体建议：一是希望中央、国务院对兴建三峡工程及早做出决断，提交全国人民代表大会审议通过，早日上马，争取"八五"期间开始施工准备。二是做好移民工作。这是建设三峡工程的关键。建议认真总结推广开发型移民试点工作经验，根据实际情况及时修订移民计划。三是要贯彻改革的方针，走具有中国特色的重点工程建设的新路，做到统一管理，政企分开，所有者与经营者分开，搞开发经营性的建设。四是自力更生，多门路、多渠道筹集建设资金。五是做好宣传工作。六是不能放松当前的防洪工作。这些意见和建议受到国家领导和有关部门的重视，大多被采纳。这份视察报告后来作为1992年审议三峡工程的七届全国人大五次会议的会议材料印发与会人员参考。

《人民日报》记者跟踪采访，在视察结束后以"三峡工程应尽快决策抓紧上马"为题，在头版对委员们视察的情况和提出的意见作了报道。

这次视察后，根据全国政协党组的安排，同年12月21日至24日，经济委员会副主任李人俊主持召开座谈会，继续征求委员对三峡工程的意见。部分经济委员会的委员、参加三峡论证组的委员、参加视察考察的委员等53人参加了会议。会议听取潘家铮《关于三峡工程论证和审查情况的汇报》，印发了视察团的报告和国务院三峡办主任李伯宁的报告等材料，有12位委员作了发言。孙越崎、王兴让、乔培新委员没有参加会议，但提交了书面意见，另有9位委员会下向主持人反映了他们的意见。大多数委员认为，三峡工程具有防洪、发电、航运、灌溉和改变库区长期贫困面貌的巨大综合效益，建设三峡工程很有必要。作为三峡论证经济评价组的成员，李京文委员认为，通过参加论证，"从开始疑虑转而觉得效益很大。三峡投资是考虑了各种因素，包括物价、工时定额、移民标准，一项一项地计算出来的，不是拍脑袋的结果"。参加考察的胥光义委员和马玉槐委员原来从人防角度，怕遭受战争破坏，还担心移民问题，现在解除了顾虑，赞成早上马。但也有一些委员提出不同意见。陆钦侃委员提出了三峡工程的几大难题：投资大、移民多、泥沙淤积碍航，建议缓上。孙越崎委员提出，长江流域开发应先支后干，当前不是上三峡工程的时候。王兴让、乔培新委员在联名书面发言中认为，三峡工程建成后将人为破坏环境，会引发地质灾害，不赞成建设三峡工程。针对这些意见建议，时任长江水利委员会主任魏廷铮委员、李伯宁委员分别作出解释和说明。座谈会后，全国政协办公厅于1992年1月专门给中共中央、国务院报告了有关情况，提出一些建议。

在国务院重新论证期间，全国政协委员还多次围绕三峡工程建设中可能涉及的方方面面的问题进行考察调研，并就生态环境、泥沙淤积、航运、地震、移民等若干问题提出具体建议和意见。国务院三峡工程论证领导小组邀请20余位全国政协委员作为专家或顾问直接参与论证。孙越崎，被三峡工程论证领导小组聘为特邀顾问兼三峡工程专题组组长。90多岁高龄的他，仍为三峡工程殚精竭虑，真挚建言。

全国政协委员的视察调研活动及意见建议，对三峡工程在论证科学、准备充分、技术成熟、组织周密的条件下开工建设起了积极作用。三峡工程论证领导小组组长,第七、八、九届全国政协副主席钱正英曾指出:"正是不同意见才促进了三峡工程论证的深入。提不同意见的同志都是积极的、认真的,出于爱国热情和对人民负责的精神。"李伯宁说,"三峡工程有争论是件大好事,但应该把真实情况摆出来,以便大家鉴别,取得共识"。潘家铮认为,"那些反对三峡工程的人对三峡工程贡献最大"。"正是他们的追问、疑问甚至是质问,逼着你把每个问题都弄得更清楚,方案做得更理想、更完整,质量一期比一期好。"

"高峡出平湖"不是梦

为实施对三峡工程的重新论证,1986年6月,由原水利电力部负责成立三峡工程论证领导小组,由部长钱正英为组长、其他有关负责同志共13人组成。论证领导小组邀请国务院所属的17个部门、中科院的12个院所、28个高等院校和8个省市,涉及40个专业的412位专家,根据工程需要和各方面意见,分别组织了地质地震、生态环境、防洪、电力、航运、枢纽建筑物、水文、泥沙、机电设备、移民、综合规划与水位、施工、投资估算、综合经济评价14个专家组开展论证工作。为了体现论证的科学化、民主化,这14个专家组里,水利界之外的专家占一半以上,并特别邀请了持有不同意见的专家。

论证工作制定了严密的审议程序。各组的论证报告由专家决定是否同意签字。如有不同意见可附在本报告的后面。经过两年8个月的论证工作,14个专家组中有9个组全体同意,5个组有1至3位专家不同意,并附了报告。412名专家中,有403人在可行性研究报告上签上了自己的名字。9位专家没有签字,未投赞成票。事后有人评论说,403:9很正常,倘若是412:0,则反而不正常了。

1988年11月召开论证领导小组第9次扩大会议,审议并原则通过了在14个专家组进一步论证基础上重新编写的三峡工程可行性研究报告。该报告连同14个专题论证报告和9位专家的不同意见一起上报,供中共中央决策时参考。报告提出的总的结论是:三峡工程对四化建设是必要的;技术上是可行的,经济上是合理的,建比不建好,早建比晚建好。报告推荐三峡工程建设宜采用"一级开发,一次建成,分期蓄水,连续移民"的方案。大坝坝高为185米,正常蓄水位为175米,水库总库容为393亿立方米，装机总容量 1768 万千瓦，年发电量 840 亿千瓦/小时。大坝坝址位于湖北省宜昌县三斗坪镇。施工总工期为 18 年，第 12 年首批机组发电。工程静态总投资为 571 亿元。

时任中共中央总书记江泽民高度重视三峡工程建设。他任总书记不久，就于 1989 年 7 月 21 日到了三峡，先是参观葛洲坝工程，接着又考察三峡大坝坝址，察看荆江大堤。在从沙市顺江而下的船上，他详细听取了关于三峡工程的专题汇报；到了武汉，又参观了三峡水库泥沙模型试验，具体了解三峡工程的效益及实际问题的解决方案。

1989 年，江泽民视察全面竣工的葛洲坝工程

1990 年 7 月，国务院召开三峡工程论证汇报会。时任国务院总理李鹏听取论证领导小组关于论证工作和新编可行性报告的汇报。孙越崎在会上作了引人注目的发言，提交了长达 4.8 万字的意见书，综合了三峡论证意见及四川和长江流域各地水利、能源、生态环境、地质等方面专家与世界银行专家的意见。在听取了水电部关于三峡工程可行性报告和各方面的意见后，国务院重新成立三峡工程审查委员会，由邹家华任主任，宋健、王丙乾、陈俊生任副主任，有关部委的负责人、中科院院长周光召等作为委员，对可行性研究报告采取先专题预审、后集中审查的办法全面进行审

查。12月11日，审查委员会第一次会议决定分别组成地质地震、生态环境等10个专题预审组，聘请163位专家参加。从1991年1月起分赴现场考察，对各个专题的可行性报告进行讨论审议。经过实地考察和慎重审议，审查委员会认为在重新论证基础上编制的可行性研究报告已符合要求，可以作为国家决策的依据。8月3日，审查委员会召开会议，通过了论证领导小组提交的三峡工程可行性报告。

1991年，江泽民、万里、李瑞环分别批示，对三峡工程建设要早做准备。邹家华、陈俊生等亲赴实地考察。11月13日至24日，全国人大常委会派出25人的队伍，在陈慕华副委员长的率领下，对三峡工程进行考察。考察组听取了川、鄂、湘三省以及重庆、涪陵、丰都、万县、云阳、奉节、巫山、巴东、秭归、宜昌、沙市、公安、安乡、岳阳等地、市、县党政负责人的汇报，实地考察了工程淹没区、开发性移民试点、城镇搬迁新址、三斗坪坝址、葛洲坝水利枢纽、荆江大堤、荆江分洪区和洞庭湖区等，并与专家、库区的干部群众进行了座谈。11月25日、26日，考察组又集中两天进行座谈讨论，普遍感到收获很大。多数成员过去都没有直接接触过三峡工程，只是听说有争论，意见不一，因而思想上有或多或少的疑问。经过考察，对三峡工程有了比较全面的了解。考察组充分肯定了三峡工程从1953年提出至今近40年所开展的调查研究、试验和论证工作，尤其是1984年之后重新进行的全面论证。考察组认为，其论证时间之长、工作量之大、投入力量之雄厚，在国际上也是罕见的。这说明中央对兴建三峡工程是十分慎重的，方案是建立在民主和科学基础上的，是可行的。考察组表示，三峡工程是综合治理和开发长江的关键工程，效益显著，其他方案无法替代。目前，从科技力量、移民安置、资金承受力等方面，兴建三峡工程的条件已经具备。考察组一致赞成可行性研究报告的结论，建议国务院尽早将三峡工程建设方案提交全国人大审议。

这一年，许多著名的专家学者如张光斗、严恺、沈鸿等，先后接受媒体采访，明确表示兴建三峡工程是合理的，应该尽早作出决议。与此同时，国务院三峡地区经济开发办公室、湖北省、湖南省、江西省、安徽省、江苏省和上海市的多位领导也向中央写报告，纷纷要求尽早作出兴建三峡工程的决策。

1992年1月17日，李鹏主持国务院第95次常务会议，对三峡工程可行性报告的审查意见进行认真审议，"一致原则同意建设三峡工程"。

2月20日，江泽民主持召开中央政治局常委会，讨论兴建长江三峡工程的议案，决定将这个议案提交全国人民代表大会审议。该议案中特别提到社会各界建议和意见的作用："特别是1984年以来，社会各界提出了许多新的建议和意见。一些同志本着对国家、人民和子孙后代高度负责的精神，对库区百万移民的安置、生态与环境的保护、上游泥沙的淤积、巨额投资的筹措和回收等疑难问题，从不同角度提出各自的意见，这些意见对于开拓思路，增进论证深度，完善实施方案，起到了十分有益的作用。"江泽民在谈到这项工程的决策过程时说：这个大工程，党中央、国务院一直非常重视，各方面专家反复研究论证，我们多次听取不同意见，最后才拿到全国人民代表大会表决。

3月21日，时任国务院副总理邹家华在七届全国人大五次会议上作关于提请审议兴建长江三峡工程议案的说明时指出，三峡工程是一项规模宏大的水利枢纽工程，在防洪、发电、航运和供水等多方面将产生巨大的综合效益，特别是对保障荆江两岸1500多万人民生命财产安全具有十分重要的作用。从对增强我国综合国力和为下世纪初国民经济发展打下坚实的基础来说，兴建三峡工程也是十分必要的。有关三峡工程的勘测、科研、设计和试验工作自50年代初开始，全国有关部门和各方面人士通力合作，已持续进行了近40年，前期工作深入，需要研究和解决的主要问题，已

1994年12月14日，长江三峡工程开工典礼在湖北宜昌三斗坪举行

基本清楚，并有了对策。建设方案通过重新论证和审查，考虑和吸收了各方面的有益意见和建议，更趋完善。三峡工程的前期工作已经可以满足可行性研究阶段的要求。三峡工程建设是必要的，技术上是可行的，经济上是合理的，随着经济的发展，国力是可以负担的，当前决策兴建三峡工程的条件已经基本具备。

4月3日，七届全国人大五次会议审议了国务院《关于提请审议兴建长江三峡工程议案》，并根据全国人民代表大会财政经济委员会的审查报告，决定批准将兴建长江三峡工程列入国民经济和社会发展十年规划，由国务院根据国民经济发展的实际情况和国家财力、物力的可能，选择适当时机组织实施。对已发现的问题要继续研究，妥善解决。当时出席会议的代表2633人。对这一个议案的表决结果是1767票赞成，177票反对，664票弃权，25人未按表决器。赞成票超过2/3。万里委员长宣布：议案通过。

1994年12月14日，经过长达数十年论证的长江三峡工程正式动工。经过三峡建设者们的不懈努力，2006年5月20日，全线浇筑达到185米高度的三峡大坝建成。气势磅礴的三峡大坝矗立西陵峡谷，毛泽东"更立西江石壁，截断巫山云雨，高峡出平湖"的宏伟梦想终于成为现实！

政党协商走向制度化

政治协商是中国共产党领导的多党合作和政治协商制度的重要组成部分，是社会主义协商民主的重要形式，是凝聚智慧、增进共识、促进科学民主决策的重要途径。其中，中国共产党同各民主党派、无党派人士直接开展的协商，称为政党协商。政党协商植根于中国革命、建设和改革实践，体现了我国新型政党制度的重要特点。新民主主义革命时期，中国共产党在局部执政地区，与各民主党派开展合作共事。新中国成立后，中国共产党全面执政，有力推动政党间协商。进入新时代，政党协商逐步走向制度化、规范化和程序化。

"遇事先和党外人士商量"

加强党派合作，是中国共产党统一战线政策的重要内容。经过国共两次合作，中国共产党积累了丰富经验。尤其是全民族抗战时期，中国共产党与民盟等民主党派共同抵制国民党专制统治，打击日本侵略者，风雨同舟，建立了深厚的友谊。

中国共产党将与民主党派、民主人士合作共事的精神，很好地推行到抗日根据地，开创性地实行"三三制"政权建设。1940年3月，毛泽东起草的《抗日根据地的政权问题》一文明确提出，为执行"三三制"，必须教育党员"遇事先和党外人士商量""尽量地鼓励党外人士对各种问题提出意见"。[①]1941年11月，毛泽东在陕甘宁边区第二届参议会上指出："共产党的这个同党外人士实行民主合作的原则，是固定不移的，是永远

[①]《毛泽东选集》（第二卷），人民出版社1991年版，第742—743页。

不变的。"①1942年3月，中共中央政治局扩大会议讨论《中共中央关于共产党员与党外人员关系的决定（草案）》时，毛泽东在发言中指出："今后凡重要问题，都要召集大的会议，征求同志们的意见。中央要听同志们的意见，党要听党外人士的意见。"毛泽东进一步强调："在各抗日根据地内，县委以上的各级党委必须有计划地召集党员与党外人员联合一起的干部会议及座谈会，与党外人员共同讨论各项抗日政策，并征求党外人员对党的意见。"②

在中共中央和毛泽东的推动下，通过座谈会等形式听取党外人士意见、开展民主协商，在陕甘宁边区推广开来。1943年1月29日，中共西北局召集陕甘宁边区政府党外人士座谈会，传达西北局高干会的经过与决定，听取他们的意见，得到党外人士的称赞。毛泽东在此次座谈会情况报告上批示："以后西北局可每两月召集座谈会一次。"③根据这一指示，陕甘宁边区将召开党外人士座谈会作为政府制定政策、改进工作的重要环节。这一形式经过其他根据地学习、借鉴，产生了良好的效果。1944年8月，中共中央机关报《解放日报》发表社论《党外人士座谈会的意见》指出：党外人士座谈会"是三三制政权的补充形式的一种""敌后各根据地都应该举行"。

诚然，"三三制"政权还不是党际合作关系。这些党外民主人士大多是各阶级各阶层的代表，这些座谈会也不具有真正意义上的政党协商性质。但是，中国共产党在根据地开展的民主协商，对巩固边区政权、推进统一战线、加强与党外人士合作发挥了积极作用。

"遇事与党外人士商量"作为一种理念，在中共七届二中全会上得以肯定。这次全会回顾和总结了统一战线工作，并阐述了与党外民主人士长期合作及如何合作的政策。毛泽东指出："我们必须把党外大多数民主人士看成和自己的干部一样，同他们诚恳地坦白地商量和解决那些必须商量和解决的问题，给他们工作做，使他们在工作岗位上有职有权，使他们在工作上做出成绩来。从团结他们出发，对他们的错误和缺点进行认真的和

---

① 《毛泽东选集》（第三卷），人民出版社1991年版，第809页。
② 《毛泽东选集》（第二卷），人民出版社1991年版，第398页。
③ 中共中央文献研究室编：《毛泽东年谱》（1893—1949）（中卷），中央文献出版社2013年版，第425页。

适当的批评或斗争，达到团结他们的目的。"①

"与党外人士商量"这一政策和原则贯穿在人民政协筹备和召开的整个过程始终。在新政协筹备中，对推举政协代表单位和名单、起草《共同纲领》和政府组织法及政协组织法、确定新政协重要原则等问题，中国共产党都通过各种形式，与各民主党派、党外人士进行广泛讨论。中国人民政治协商会议第一届全体会议制定的具有临时宪法性质的《共同纲领》，通过的政府组织法和政协组织法，通过的国旗国徽国歌国都四个决议案，选举产生的中华人民共和国中央人民政府委员会和人民政协第一届全国委员会，都凝聚了中国共产党与各民主党派协商讨论的重大成果。人民政协第一届全体会议的召开，标志着中国共产党领导的多党合作和政治协商制度的确立。中国新型政党关系进入一个新的阶段。

"一起来协商新中国的大事非常重要"

新中国成立初期，毛泽东等中共中央领导人高度重视发挥民主党派的作用。在1950年3月第一次全国统战工作会议上，针对社会上包括中共党内有些同志对民主党派的性质和存在的必要性产生的疑问，毛泽东明确表示，民主党派和民主人士是联系资产阶级、小资产阶级的，政权中要有他们的代表。他指出，有人认为民主党派只是"一根头发的功劳"，"一根头发拔去不拔去都一样"的说法是不对的。从他们背后联系的人们看，就不是一根头发，而是一把头发，不可藐视。②1954年12月19日，毛泽东在与党内外人士座谈人民政协存在的必要性时，专门强调：各党派、各民族、各团体的领导人物一起来协商新中国的大事非常重要。③

围绕国是开展民主协商，是中国共产党坚持与民主党派合作共事的重要实现形式。新中国初始，对涉及面广、影响深远或有意见分歧的重大决策，在提交会议讨论之前或期间，毛泽东、周恩来等中共领导人都要通过各种形式，征求民主党派领导人的意见。其中，协商座谈会便是主要形式。

---

① 《毛泽东选集》（第四卷），人民出版社1991年版，第1437页。

② 中共中央统战部研究室：《历次全国统战工作会议概况和文献》，档案出版社1988年版，第6页。

③ 中国人民政治协商会议全国委员会研究室、中共中央文献研究室第四编研部编：《老一代革命家论人民政协》，中央文献出版社1997年版，第183页。

1951年1月25日，毛泽东在批阅苏南区党委统战部关于召开民主党派座谈会给中共中央华东局并华东局统战部的报告时，要求各中央局、分局、省市区党委的统战部"一律定期召集，或有大事召集各民主党派代表人士开会""并向中央统战部作报告，不开会不报告者认为失职"[①]。协商座谈会基本上成为一种传统惯例。毛泽东、周恩来等中共中央领导人起到很好的示范作用。

　　比如，1953年1月12日，全国政协一届常委会第44次会议将听取并讨论周恩来关于召开全国人民代表大会及地方各级人民代表大会的说明；讨论并同意中央人民政府委员会《关于召开全国人民代表大会及地方各级人民代表大会的决议（草案）》。这是国家政治生活中的重大问题。11日下午，毛泽东、周恩来在中南海颐年堂召集有李济深、章伯钧、黄炎培、张治中、傅作义、陈叔通、马叙伦、彭泽民、陈嘉庚、李章达、何香凝等18位民主党派领导人和党外民主人士参加的座谈会。周恩来就召开全国人民代表大会及地方各级人民代表大会问题作了说明。李济深等人分别发言后，毛泽东作总结讲话，进一步阐明关于召开全国人民代表大会问题的依据及办选举、搞宪法的意义。

　　再如，同年9月8日，全国政协常委会要召开第49次扩大会议，专题讨论过渡时期总路线和经济建设问题。7日，毛泽东、周恩来在颐年堂召集将要出席会议的李济深、黄炎培、陈叔通、章伯钧、程潜、傅作义、章乃器、李烛尘、盛丕华、张治中等民主党派和工商界代表座谈。毛泽东详细解释了经过国家资本主义，完成由资本主义到社会主义的改造问题。毛泽东指出，整个过渡时期不是三年五年，而是几个五年计划的时间。这使工商界人士减少了疑惑。

　　这一时期，中共中央经常委派中央统战部组织民主党派负责人、无党派民主人士座谈。1957年4月中国共产党开始整风运动。4月30日，毛泽东在天安门城楼邀集各民主党派负责人举行座谈会，号召民主党派揭露教育、卫生等部门的官僚主义，并就高等教育学校的领导体制问题征求大家意见。接着，从5月8日到6月3日，中共中央统战部召开13次各民主党派负责人、无党派民主人士座谈会，用统一战线的方式帮助共产党整

[①] 中共中央文献研究室编：《毛泽东年谱（1949—1976）》（第一卷），中央文献出版社2013年版，第291页。

风。这些座谈会提出了许多意见。虽然有的比较尖锐，但绝大多数还是富有建设性的。

这种协商座谈会范围小、形式灵活、交流畅通、讨论比较深入，都取得了积极的成效。类似的协商座谈会或个别座谈尽管具有随机性的特点，但是从新中国成立到社会主义制度基本确立，中国共产党和国家的重大决策几乎都与民主党派开展了协商。这种协商也为中共中央与民主党派、党外人士沟通思想、增进共识创造了条件。从1957年下半年反右派斗争开始后，这种座谈会明显减少。除了1959年毛泽东与民主党派人士就"右派"和特赦问题在决策之前进行协商之外，此后长达20年时间内，没有与民主党派进行过民主协商。

1959年4月15日，毛泽东在中南海勤政殿主持召开最高国务会议第十六次会议

新中国成立后，除了通过座谈会直接协商外，人民政协、最高国务会议也是中国共产党与民主党派开展民主协商的重要平台。当时，巩固新生政权的任务摆在全党和全国人民面前。围绕国民经济的恢复和发展、抗美援朝、土地改革、镇压反革命、"三反""五反"、资本主义工商业的社会主义改造、制定宪法、准备召开全国人民代表大会、党内整风等若干重大问题，中国共产党在决策之前及决策之中，无一例外，都通过全国政协的全会、常委会，与民主党派进行了不同层面的征求意见和协商讨论。为了增加沟通情况、共商国是，以及处理统一战线内部事务的途径，全国政

协还举办双周座谈会、工作会议等形式,把协商座谈时收集到的重要意见建议反映给中共中央,供决策参考。

最高国务会议是根据《中华人民共和国宪法》设定的国家最高层面决策议政的一种重要形式。这实际上是一种行政会议。但是由于中国共产党及各民主党派主要领导人都参加了最高国务会议,共同参与国家重大事项的决策及重要人事候选人的提名,因此从一定意义上说,最高国务会议本身也带有党际之间民主协商的性质。比如,在1956年5月召开的第七次最高国务会议上,毛泽东作了《论十大关系》的著名讲话。在《论十大关系》中,毛泽东第一次提出了正确处理与民主党派关系的方针,即"长期共存,互相监督"。这对统一思想、调动积极因素、探索社会主义建设的道路具有重要意义。

中国共产党与民主党派主要领导者之间,还有一种协商方式,就是书面通信。在长期革命过程中,毛泽东、周恩来等中共领导人与一些民主人士之间有着通信的传统。他们通过书信沟通思想、商量问题、增进友谊。新中国成立之后,他们仍保留着这种传统。在书信中,民主人士反映思想状况、个人困惑,或者关于国家发展的各种建议;中共领导或则阐明政策,给予政治和思想引导;或则抒发感情,坦诚相见。比如,1950年12月18日,毛泽东致信陈叔通,提出商业行户要进行改组问题;1952年9月5日,毛泽东复信黄炎培,指出不要急于让资产阶级接受社会主义,而是以《共同纲领》作为指导思想;1956年12月4日,毛泽东写信给黄炎培,称赞民建和工商联实行批评和自我批评的方法解决思想认识上的不同意见。还比如,李济深在1954年12月22日给毛泽东、朱德、刘少奇、周恩来写信。他信中说:"20日全国人民代表大会常务委员会通过了1955年发行建设公债案,昨日并由主席公布了。这件事在法律手续上是正确的,但在步骤上我心里有点不大自然。因为自中华人民共和国政府成立以来,政府凡有一件比较大的事,都先经过协商机关座谈一番,然后提交政府委员会通过公布,而于推行上比较更顺利。这次是否因为时间关系,又值政协第二届全国委员会开会,不便提出,故急于如此办理。现在兵役法又要提出了,是否照往例先交政协协商一番,于将来推行似亦有帮助。"[①] 在信中,

---

[①] 中共中央文献研究室编:《毛泽东年谱(1949—1976)》(第一卷),中央文献出版社2013年版,第327页。

民主党派领导人李济深与中共领袖肝胆相照、赤诚相谈。根据李济深的意见，兵役法等诸多法律法规都提交人民政协进行了讨论协商。

这种通信看似比较私人化，但讨论和解决的均是国家大事。正因其采取点对点的沟通方式，协商更直接、便捷，效果更好。

从上述情况来看，新中国成立前后，政党之间以民主协商形式讨论和协商国家大事，成为我国政治生活中的一种常态。虽然没有达到制度化、规范化程度，但对正确处理阶级关系、党派关系起到了积极作用。实践证明，在重大决策出台之前或决策之中，中国共产党与民主党派协商较好的时期，也是中国共产党党内生活正常化、党和国家事业发展顺利的时期。

凡属重大问题，都要进行协商

从1957年下半年反右斗争扩大化开始，特别是在十年"文革"期间，由于受"左"的影响，中国共产党在探索社会主义建设道路的过程中出现失误，统一战线遭受严重挫折。人民政协和民主党派组织一度陷于半瘫痪状态，许多民主党派的成员受到迫害，民主党派的政治作用和社会地位被严重削弱。在这样的情况下，民主气氛式微，中国共产党与民主党派的协商也不可能有序开展。

1978年12月，中国共产党召开了具有历史转折意义的十一届三中全会。这次会议从根本上冲破了"左"倾思想的严重束缚，果断结束了"以阶级斗争为纲"，在思想上、政治上、组织上全面恢复了马克思主义的正确路线，确定把党和国家的工作重点转移到社会主义现代化建设上来。中国共产党多年实践的与民主党派、无党派民主人士民主协商、合作共事的优良传统也得以恢复和传承。

1979年6月15日，全国政协五届二次会议在北京召开。邓小平在开幕会上发表重要讲话，科学地分析了我国社会阶级关系的根本变化，全面阐述了新时期统一战线和人民政协的性质和任务。邓小平指出：在新中国成立的30年中，随着社会阶级关系的根本变化，中国的统一战线、民主党派的性质也发生了变化。中国的统一战线"已经成为工人阶级领导的、工农联盟为基础的社会主义劳动者和拥护社会主义的爱国者的广泛联盟"。中国各民主党派"都已经成为各自所联系的一部分社会主义劳动者和一部分拥护社会主义的爱国者的政治联盟，都是在中国共产党领导下为社会主

百年中国　协商史话
BAINIANZHONGGUO XIESHANGSHIHUA

1979年6月15日，邓小平在全国政协五届二次会议上发表讲话

义服务的政治力量"。①这个讲话在社会各界产生了强烈反响。在讨论中，民主党派和无党派民主人士中的许多人都认为，他们迎来了政治上的春天。

6月29日，中共中央邀请各民主党派负责人和无党派人士举行民主协商会，就增补和调整全国人大常委会副委员长、国务院副总理和政协全国委员会副主席的人选等问题进行协商。此次会议确定："今后凡属重大的问题，我们都要同大家商量。"在9月13日，第14次全国统战工作会议通过的《新的历史时期统一战线的方针任务》指出："我们一定要恢复和发扬毛泽东同志、周恩来同志为统一战线树立的民主协商的优良传统，充分发扬社会主义民主，活跃国家的政治生活。今年六月，党中央邀请各民主党派和无党派人士举行民主协商会，为全党做出了表率。最近，中央又批准恢复我党同各民主党派、无党派代表人士的座谈会（大体两月举行一次）。这些重要做法，建议各级党委仿照执行。今后，凡属有关国家和地方的重大问题，应当同各民主党派的领导人和无党派的代表人物进行协商。"10月14日，中共中央批转了这个文件。

改革开放初期，每逢有重要政策、重要文件、重要法律法规制定，全国人大、国务院、全国政协等领导人选变更，重大情况发生，中共中央都会召集各民主党派负责人和无党派民主人士举行座谈会或协商会，通报情况，座谈讨论，听取意见，协商内容日益丰富，协商形式不断创新。比如，中共中央组织党外人士座谈会，征求对重要文件和法律法规的意见；召开

---

①《邓小平文选》（第二卷），人民出版社1994年版，第186页。

情况通报会，对党内重要会议、重要人事安排和国家经济社会发展的重大事项向党外人士进行情况通报。最为经常的还是民主协商会，包括中国共产党在决定推荐国家机构领导人和全国政协领导人人选之前，先向党外人士通报人选推荐情况，然后征求党外人士的意见建议。1983年5月和1988年3月，中共中央就六届、七届全国人大、全国政协的人事安排问题，都与民主党派、无党派民主人士反复酝酿协商，取得一致意见。

人民政协是中国共产党与民主党派协商的一个重要平台。政协切实发挥民主党派和无党派民主人士的作用，为他们协商国是创造条件。全国政协于1979年9月13日举行主席会议，研究讨论召开各民主党派和无党派人士民主协商座谈会等问题。9月14日至21日，全国政协举行各民主党派和无党派人士座谈会，中心议题是关于调整部分农副产品的购销价格和提高部分职工工资问题、加速农业发展问题及总结建国以来的工作问题。当时的中共中央领导人华国锋、邓小平和各民主党派、无党派人士一同出席座谈会。12月25日至28日，全国政协再次举行各民主党派、无党派人士座谈会，讨论我国工业交通形势问题。胡厥文、胡愈之、陈此生、胡子婴、朱学范、钱昌照、许涤新等先后发言。他们对中共中央恢复毛泽东、周恩来生前倡导的优良传统，就国家对内对外的重大政策问题同各民主党派、无党派爱国人士进行协商和座谈，听取各方面意见，给予充分肯定；还对有关国民经济的调整和发展工作，提出许多意见和建议。

民主党派主要成员还与中共中央领导人互通信函，反映思想认识，提出意见建议。1984年6月，民盟领导人费孝通致信时任中共中央总书记胡耀邦，就高等教育和普通教育改革问题提出建议。他提出的提高教师政治地位、改善教师待遇的建议得到重视，随后国家设立了教师节。

这期间，中共中央的许多重大决策，包括政治、经济、文化教育、科学技术方面的，都事先征求各民主党派和党外人士的意见，并且不断实践、不断总结、不断完善，逐步走上制度化、规范化、程序化轨道。

中国共产党领导的多党合作和政治协商制度明确为我国的基本政治制度

"文革"结束以后，随着中国共产党工作重心的转移，统一战线和人民政协不断得到加强，统一战线性质、任务也发生了重大变化。1982年

9月，中共十二大报告明确提出了"长期共存，互相监督"和"肝胆相照，荣辱与共"作为新时期中国共产党同各民主党派、无党派民主人士长期合作的方针。这是中国共产党领导的多党合作制度在新的历史条件下的深化和发展。

1987年10月，中共十三大提出"完善共产党领导下的多党合作和政治协商制度"，要求"使国家大政方针和群众生活重大问题的政治协商和民主监督经常化"。1989年1月，邓小平批示："可组织一个专门小组（成员要有民主党派的），专门拟定民主党派成员参政和履行监督职责的方案，并在一年内完成，明年开始实行。"① 根据这个批示，在1月底成立了由中共中央和各民主党派中央组成的完善中国共产党领导的多党合作制度研讨小组，对民主党派成员参政和履行监督职责的方案进行专题研究。

1989年6月，中共十三届四中全会召开，江泽民当选为中央委员会总书记。新一届中共中央领导集体坚持十一届三中全会以来的路线和基本政策，不断推动政治体制改革。12月30日，中共中央经与各民主党派协商，制定颁布了《关于坚持和完善中国共产党领导的多党合作和政治协商制度的意见》（"1989年《意见》"）。

"1989年《意见》"贯穿加强和改善共产党的领导、坚持四项基本原则和发扬社会主义民主、充分发挥民主党派的作用两条主线，总结了新中国四十年来，特别是中共十一届三中全会以来，关于共产党领导的多党合作方面的成功经验和优良传统，结合新的实际情况，使之条理化、制度化。文件首次把"中国共产党领导的多党合作和政治协商制度"，明确概括为我国一项基本政治制度，是符合中国国情的社会主义政党制度；提出了各民主党派是参政党的科学概念，规定了民主党派参政的基本点，即参加国家政权，参与国家大政方针和国家领导人的协商，参与国家事务的管理，参与国家方针、政策、法律、法规的制定执行；对多党合作的制度化、规范化作出了具体规定，指出要加强中国共产党与各民主党派之间的合作与协商。这是第一次以中共中央正式文件的形式，制定中国共产党同各民主党派合作共事共同遵守的准则。

"1989年《意见》"明确提出，中共同民主党派进行政治协商，是

---

① 中共中央统一战线工作部、中共中央文献研究室：《新时期统一战线文献选编（续编）》，中共中央党校出版社1997年版，第121页。

中国共产党领导的多党合作和政治协商制度的一项重要内容。

文件进一步明确并规范了政党间协商的形式。一是民主协商会。中共中央主要领导人邀请各民主党派主要领导人和无党派的代表人士举行民主协商会，就中共中央将要提出的大政方针问题进行协商。这种会议一般每年举行一次。二是谈心活动。中共中央主要领导人根据形势需要，不定期地邀请民主党派主要领导人和无党派的代表人士举行高层次、小范围的谈心活动，就共同关心的问题自由交谈、沟通思想、征求意见。三是座谈会。由中共召开民主党派、无党派人士座谈会，通报或交流重要情况，传达重要文件，听取民主党派、无党派人士提出的政策性建议或讨论某些专题。这种会议大体每两月举行一次。重大事件随时通报。有的座谈会亦可委托中共全国政协党组举行。四是书面建议。文件指出，各民主党派和无党派人士可就国家大政方针和现代化建设中的重大问题向中共中央提出书面的政策性建议。五是约谈。必要时，民主党派领导人也可约请中共中央负责人交谈。文件还专门强调，上述各种协商形式，原则上也适用于中共地方党委和民主党派地方组织之间的协商活动。这一规定，就使政党间协商的形式得以逐级下沉，扎实开展。

"1989年《意见》"的贯彻实施，对于推进我国政治体制改革，加强社会主义民主政治建设，巩固和扩大中国共产党领导的爱国统一战线，促进全国各族人民大团结，实现国家的总任务具有重要的意义。

"1989年《意见》"颁布后，中共中央同各民主党派、无党派民主人士的政治协商被纳入决策程序，基本上实现了经常化、规范化。1989年至1999年的十年间，中共中央、国务院或委托有关部门与民主党派中央、无党派民主人士就国家重大问题举行协商会、座谈会、通报会近150次，协商内容涉及国家政治、经济、文化、社会发展的各个方面。时任中共中央总书记江泽民亲自参加的协商会议就有40次左右。各民主党派中央提出重大建议160项，推动了决策的科学化、民主化。尤其是1992年和1993年，在建立社会主义市场经济体制的关键时期，经济体制改革任务十分繁重，所以这两年中国共产党与党外人士加大了经济工作方面的协商力度，每年度要开3次党外人士座谈会。1993年11月，经中共中央、国务院批准，中央统战部邀请各民主党派中央、全国工商联负责人和无党派代表人士组成考察团，对长江三峡库区和即将施工的三峡工程前期准备工作进行考察。中共中央领导人在中南海召开座谈会，专门听取意见建议，就重大决策实施过程中通过实地考察继续协商。

除会议协商外，民主党派还通过"书面建议"这个直通车渠道，建言献策。1990年4月，民盟中央主席费孝通通过书面建议，向江泽民提出了建立长江三角洲协作开发区的设想；江泽民收到建议书后，邀约费孝通和民盟的负责同志到中南海商谈长江三角洲的开发问题。同年，中共中央和国务院决策开发上海浦东，并于1992年设立浦东新区，激活了长三角地区的经济活力。1991年，农工党中央主席卢嘉锡有感于全国十大杰出青年的评选中，一些具有突出贡献的青年科学家因知名度低而未能入选，因此写信给江泽民，建议采取措施提高科技工作者特别是中青年科学家的社会知名度。3天后，江泽民批示有关领导同志，在宣传报道方面注意宣传年轻科技人员。缘于上述事例，江泽民分别在1990年6月、1992年6月中共中央举行的党外人士情况通报会上，赞扬费孝通、卢嘉锡，对他们不顾年事已高、长期深入实际调查研究、对经济发展战略提出不少好建议的精神给予高度评价。

把政治协商纳入决策程序

中共十六大以来，以胡锦涛同志为主要代表的中国共产党人，在全面建设小康社会进程中推进实践创新、理论创新、制度创新，成功在新形势下坚持和发展了中国特色社会主义。

进入新世纪新阶段后，多党合作和政治协商面临新情况、新问题和新任务。2002年底，胡锦涛、贾庆林等中共中央领导同志，走访了八个民主党派和全国工商联，与民主党派新老领导人座谈，体现了中国共产党与各民主党派团结合作的亲密关系。

2005年，中共中央颁布实施《中共中央关于进一步加强中国共产党领导的多党合作和政治协商制度建设的意见》（"2005年《意见》"）。该文件总结历史经验，适应形势发展，对开展政党间协商的原则、内容、形式及程序等，进一步作出规范，体现了制度创新方面的新进展。

"2005年《意见》"进一步强调，政治协商是中国共产党领导的多党合作和政治协商制度的重要组成部分，是实行科学民主决策的重要环节，是中国共产党提高执政能力的重要途径。继2004年《中共中央关于加强党的执政能力建设的决定》之后颁布的"2005年《意见》"，从党的执政能力建设的高度，把政治协商纳入决策程序，就重大问题在决策前和决策执行中进行协商，并将此确定为政治协商的重要原则。

"2005年《意见》"提出，要完善中国共产党同各民主党派的政治协商。在形式上，主要采取民主协商会、小范围谈心会、座谈会等形式。民主党派中央可向中共中央提出书面建议。在内容上，主要有：中共全国代表大会、中共中央委员会的重要文件；宪法和重要法律的修改建议；国家领导人的建议人选；关于推进改革开放的重要决定；国民经济和社会发展的中长期规划；关系国家全局的一些重大问题；通报重要文件和重要情况并听取意见，以及其他需要同民主党派协商的重要问题等。在程序上，《意见》规定：中共中央根据年度工作重点，研究提出全年政治协商规划；将协商的议题提前通知各民主党派和有关无党派代表人士，并提供相关材料；各民主党派应对协商议题集体研究后提出意见和建议；在协商过程中充分发扬民主，广泛听取意见，求同存异，求得共识；对民主党派和无党派人士提出的意见和建议要认真研究，并及时反馈情况。

与"1989年《意见》"相比，"2005年《意见》"关于协商形式没有再提及约请面谈，但协商内容更加具体，尤其是提出了要"进一步完善协商的程序"问题，使政治协商更具可操作性。这是中共中央推进政治协商制度化的重要举措。

为了总结和宣传中国特色社会主义政党制度，2007年11月，国务院新闻办公室发表《中国的政党制度》白皮书。白皮书全面阐释了我国政治协商，首次明确使用了"协商民主"的概念。文件指出，选举民主与协商民主相结合，是中国社会主义民主的一大特点。在中国，人民代表大会制度与中国共产党领导的多党合作和政治协商制度，有着相辅相成的作用。人民通过选举、投票行使权利和人民内部各方面在作出重大决策之前进行充分协商，尽可能取得一致意见，是社会主义民主的两种重要形式。选举民主与协商民主相结合，拓展了社会主义民主的深度和广度。

与之前的"2005年《意见》"相比，白皮书对中国政党制度中的政治协商有了更加准确的表述。白皮书指出，政治协商是中国多党合作制度的重要内容。经过多年的实践，中国多党合作制度中的政治协商形成了两种基本方式：一种是中国共产党同各民主党派之间的协商；一种是中国共产党在人民政协同各民主党派和各界代表人士的协商。这两种基本方式既有联系又有区别。尤其是，白皮书对中国共产党与各民主党派政治协商的内容与人民政协政治协商的内容，进行了明确区分。

白皮书重申了"2005年《意见》"关于中国共产党同各民主党派政治协商的主要内容、形式和程序，对个别文字作了更规范的表述。比如，内容上将"中共中央代表大会"改为"中国共产党全国代表大会"，将"其他需要同民主党派协商的重要问题"改为"其他需要协商的重要问题"；程序上，增加了"各民主党派中央组织相关人员阅读文件，调查研究"内容，明确中共中央为处理、反馈政治协商意见和建议的主体。

在上述文件推动下，中国共产党同民主党派、无党派代表人士政治协商，在中央层面已形成制度。据不完全统计，2002年11月中共十六大至2012年4月，中共中央、国务院及委托有关部门召开的协商会、座谈会、情况通报会达189次，其中由时任总书记胡锦涛主持召开46次。协商内容涉及政治、经济和社会发展的重大问题。比如，在2004至2007年期间，各民主党派、无党派人士在协商中就《中共中央关于加强党的执政能力建设的决定》《中共中央关于构建社会主义和谐社会若干重大问题的决定》《中共中央关于进一步加强中国共产党领导的多党合作和政治协商制度建设的意见》等重要文件的征求意见稿，就全国人大、全国政协领导人选，就宪法修改以及立法法、反分裂国家法、监督法、物权法等多部法律文件草案，就《国民经济和社会发展第十一个五年规划纲要》等国民经济和社会发展的中长期规划，社会主义新农村建设、国家金融体制改革、卫生体制改革和教育体制改革等关系国计民生的重大问题，提出多方面意见和建议。这些意见和建议，许多被中共中央、国务院及有关部门采纳。中共中央召开党外人士座谈会次数最多的年份是2006年，共计5次，其中两次就经济工作听取意见建议，另三次涉及中共重要决议、法律（草案）制定和国家改革事项。

作为协商的重要成果，各民主党派中央、无党派代表人士还向中共中央提出多达百余项重要书面意见建议，主要包括：长江三角洲地区、环渤海地区、海峡西岸经济区、北部湾地区等区域经济社会发展问题，三江（长江、黄河、澜沧江）源地区、欠发达地区资源开发补偿机制改革等问题，深化文化体制改革、弘扬中国传统文化等问题。这些意见建议得到中共中央、国务院的重视和采纳，并产生了良好的社会效果。

为了深入贯彻"2005年《意见》"等文件精神，推动并规范中共地方各级党委同民主党派、无党派人士的政治协商，2010年，中共中央颁布实施了《关于进一步规范省、自治区、直辖市党委同民主党派、无党派人士政治协商的意见》。根据这些文件规定，一些省、市中共党委出台了专门的政治协商规程。比如，2009年9月，中共广州市委在全国率先出台了《中共广州市委政治协商规程（试行）》；2010年5月，《中共广东省委政治协商规程（试行）》颁布实施。这些规程不仅明确规定了政治协商的内容、形式与程序，而且把是否重视政治协商纳入党政领导的政绩考核内容。其他省、市中共党委也相继推出了政治协商规程和与之相关的制度性文件，使地方各级党委和民主党派、无党派人士的政治协商逐步规范。

"政党协商"概念提出及基本规范

2012年11月中共十八大的召开，标志着中国特色社会主义进入新时代。以习近平同志为核心的中共中央坚持和发展中国特色社会主义，作出"健全社会主义协商民主制度"的重大部署，推进协商民主广泛、多层、制度化发展。到了2015年，政党协商这个概念应运而生，并在一年之内相继推出加强政党协商的制度规范。这些，是中共十八大后理论创新、实践创新的直接结果。

中共十八大报告首次从制度层面对社会主义协商民主进行阐述，明确指出，要完善协商民主制度和工作机制，特别强调"加强同民主党派的政治协商"。

中共中央率先垂范，大力推进同民主党派的政治协商。从中共十八大召开到2015年底，中共中央、国务院或委托有关部门召开专题协商座谈会、调研协商座谈会、其他协商座谈会71次。其中，习近平总书记主持召开的党外人士协商会、座谈会等共14次。这些座谈会基本可以分为四大类：年初的共迎新春；年中的上半年经济形势和下半年经济工作听取意见建议；中共中央全会文件征求意见；年底的全年经济形势和下半年经济工作听取意见建议。

调研协商座谈会是中国共产党与民主党派协商形式的一种创新。2014年5月9日，时任中共中央政治局常委、全国政协主席俞正声主持召开党外人士专题调研座谈会，就司法体制改革、大学生就业创业、化解产能过剩、大数据技术应用等问题座谈交流。在专题座谈会上，民革中央主席万鄂湘、民盟中央主席张宝文、民建中央主席陈昌智、九三学社中央副主席赖明分别发言。俞正声就上述问题与大家深入交流研讨。他指出，开展专题调研，是党外人士参政议政的重要途径，也是推进政党协商的重要方法，要形成制度、坚持下去。6月20日，俞正声再次主持召开党外人士专题调研座谈会。座谈会上，民进中央主席严隽琪、农工党中央主席陈竺、致公党中央主席万钢、台盟中央主席林文漪、无党派人士代表徐济超作了发言。俞正声一边听取意见建议，一边与大家交流研讨。他指出，要认真总结经验，不断改进提高，使专题调研选题与党和国家中心工作结合得更紧密，意见建议更具有操作性，使专题调研座谈会更加富有成效。

短短两个月时间，中央召开两次专题调研座谈会。引起社会各界广泛关注的，不仅仅是研讨交流的内容关乎国家政治、经济、文化等领域的热点问题，而是座谈会所体现的在协商机制方面的创新。比如，参加这两次座谈会的，还有最高法、最高检和国务院相关部委的负责人，他们就民主党派调研主题和成果与民主党派领导人互动交流，使得民主党派能够更多地听到来自职能部门的直接反馈。这种模式就更加具有协商的意蕴和特征。还比如，协商的内容都是各民主党派凭借自身优势开展调研形成的成果。这种形式增强了党派协商的主动性，也对民主党派协商能力提出更高要求。再比如，这两次专题调研座谈会把八个民主党派和全国工商联、无党派代表人士分为两组分别举行，使参与协商的各方有更充分的时间交流互动，有利于增加对话频率，增强协商的深度。这些创新体现了中共十八大、十八届三中全会提出的要"构建程序合理、环节完整的协商民主体系，拓宽国家政权机关、政协组织、党派团体、基层组织、社会组织的协商渠道"的部署，以及"完善中国共产党同各民主党派的政治协商"的要求。

为贯彻十八大及十八届三中全会提出的推进协商民主广泛多层制度化发展的要求，在总结改革开放特别是十八大以来我国社会主义协商民主实践经验的基础上，中共中央于2015年2月印发了《关于加强社会主义协商民主建设的意见》（"2015年《意见》"），从整体上全面系统阐述了我国社会主义协商民主基本理论，首次把我国社会主义协商民主的实践形式完整地概括为七种渠道。《意见》指出，要重点加强政党协商、政府协商、政协协商，积极开展人大协商、人民团体协商、基层协商，逐步探索社会组织协商。这七种形式，构建了我国环节完整、程序合理的协商民主体系。

该文件突出的亮点，是第一次提出了"政党协商"的概念，并把这一独特形式放在七种渠道之首，还对政党协商作出一系列规范。

明确了政党协商的地位和作用。该文件不仅明确了政党协商在社会主义协商民主体系中的独特地位，而且强调开展政党协商对于发挥我国政党制度优势、构建和谐政党关系，具有的重要意义和价值。

规范政党协商形式，明确各自特点，使之具有可操作性。比如，会议协商形式有四种：就党和国家重要方针政策、重大问题召开专题协商座谈会，由中共中央主要负责同志主持；就重要人事安排在酝酿阶段召开人事协商座谈会，由中共中央负责同志主持；就民主党派的重要调研课题召开调研协商座谈会，由中共中央负责同志主持，邀请相关部门参加；根据工作需要，召开协商座谈会，沟通思想、交换意见、通报重要情况，由中共中央负责同志或委托有关部门主持。除会议协商外，文件进一步明确了中共中央负责同志与民主党派中央负责同志约谈、中共中央与民主党派中央书面沟通这些协商形式。民主党派中央直接向中共中央提出建议，是书面协商形式之一。文件专门作出规定，形成可遵循的制度。比如，民主党派中央每年以调研报告、建议等形式直接向中共中央提出意见和建议；民主党派中央负责同志可以个人名义向中共中央和国务院直接反映情况、提出建议。

规定了政党协商的保障机制。文件从知情明政、工作联系和协商反馈三个方面，提出要加强政党协商的保障机制建设，这为有效开展政党协商提供了有力支撑。

进一步规范政党协商的主体。无党派人士和工商联参加政党协商，是我国多党合作实践中的一个惯例。《意见》首次以中共中央文件的名义，对无党派人士和工商联参与政党协商给予明确规定。

随着社会主义协商民主的广泛多层制度化推进，政党协商的制度化进程日益加快。这也体现在2015年9月中共中央颁布实施的《中国共产党统一战线工作条例（试行）》（"2015年《条例》"）里。该条例全面阐述了新形势下统一战线的性质、地位、作用和目标任务、范围对象，进一步明确了民主党派性质、包括政治协商在内的基本职能等重大问题。《条例》首次以党内法规形式明确规定了政党协商的总体要求、形式、内容。

进一步整合了政党协商的内容。在"2005年《意见》"和2007年《中国的政党制度》白皮书的基础上，这个《条例》把政党协商内容归纳为四个方面,即:中国共产党全国和地方各级代表大会、中央和地方各级党委的有关重要文件;宪法的修改建议,有关重要法律的制定、修改建议,有关重要地方性法规的制定、修改建议;人大常委会、政府、政协领导班子成员和人民法院院长、人民检察院检察长建议人选;关系统一战线和多党合作的重大问题。

进一步规范了政党协商的形式。该《条例》对"2015年《意见》"规定的几种形式进行了概括,首次把政党协商形式明确为会议协商、约谈协商、书面协商这三种形式。

进一步明确了民主党派的基本职能。首次把参加政党协商界定为民主党派履行的基本职能之一,并将"在政治协商中提出意见和建议"作为民主党派履行民主监督的重要形式。这些都对做好政党协商提供了重要遵循。不过,与"2015年《意见》"对照,在政党协商主体方面,该《条例》没有提及工商联。

从政党协商制度化进程来看,该《条例》不仅是我国统一战线工作科学化的重要标志,也使我国政党协商制度化建设迈出重要一步。

政党协商位居社会主义协商民主七种形式之首,是社会主义协商民主体系的重要组成部分。新的形势发展亟需对政党协商进行实践总结和理论概括,从而更好地指导工作。根据中共中央全面深化改革领导小组要求,由中央统战部牵头负责起草政党协商的实施意见。2015年12月,中共中央颁布了《关于加强政党协商的实施意见》(《实施意见》)。

《实施意见》对政党协商进行了系统完整论述,进一步阐述了政党协商的内容、程序、形式、保障机制以及加强中国共产党对政党协商的领导等若干问题。

首次界定了政党协商的概念。"2015年《意见》"虽然提出了政党协商概念,尚未对其内涵作明确界定。《实施意见》完整阐释了政党协商的科学含义,即:政党协商是中国共产党同民主党派基于共同的政治目标,就党和国家重大方针政策和重要事务,在决策之前和决策实施之中,直接进行政治协商的重要民主形式。

规范了政党协商的内容。《实施意见》提出了七个方面的协商内容,有些提法相当明确,如"国民经济和社会发展的中长期规划以及年度经济社会发展情况;关系改革发展稳定等重要问题;关系统一战线和多党合作的重大问题"等。

明确了政党协商的基本形式和运行程序。在基本形式方面，《实施意见》和2015年《条例》是一致的，但规范了具体运行程序。

完善了政党协商的保障机制。在2015年《意见》规定的基础上，增加了考察调研机制，把政党协商的保障机制完整概括为知情明政机制、考察调研机制、工作联系机制及协商反馈机制，并对这四种机制作出了进一步说明。

强调要加强和完善中国共产党对政党协商的领导，从高度重视政党协商、营造宽松和谐氛围与加强协商能力建设等三个方面对各级党委提出要求。

对无党派人士和工商联的性质作了进一步规定。关于工商联性质，"2015年《意见》"规定，工商联是具有统战性的人民团体和民间商会，而《实施意见》则用"商会组织"取代了"民间商会"说法。

《实施意见》的颁布，是我国政党协商发展过程中的一个重要里程碑，大大加速了政党协商的制度化、规范化、程序化建设。

"要用好政党协商这个民主形式和制度渠道"

2018年3月4日，习近平看望参加全国政协十三届一次会议的民盟、致公党、无党派人士、侨联界委员，并参加联组会，听取意见和建议。在会上，习近平高度概括了中国新型政党制度，指出这是"从中国土壤中生长出来的新型政党制度"。他阐述了新型政党制度的"三新"：新就新在它是马克思主义政党理论同中国实际相结合的产物，能够真实、广泛、持久代表和实现最广大人民根本利益、全国各族各界根本利益，有效避免旧式政党制度代表少数人、少数利益集团的弊端；新就新在它把各个政党和无党派人士紧密团结起来、为着共同目标而奋斗，有效避免了一党缺乏监督或者多党轮流坐庄、恶性竞争的弊端；新就新在它通过制度化、程序化、规范化的安排集中各种意见和建议、推动决策科学化民主化，有效避免了旧式政党制度囿于党派利益、阶级利益、区域和集团利益决策施政导致社会撕裂的弊端。

习近平希望各民主党派和无党派人士要做中国共产党的好参谋、好帮手、好同事，增强责任和担当，共同把中国的事情办好。他强调指出要用好政党协商这个民主形式和制度渠道，有事多商量、有事好商量、有事会商量，通过协商凝聚共识、凝聚智慧、凝聚力量。①

政党协商是中国新型政党制度的重要实现形式，可以说是这"三新"的集中体现。中国共产党与民主党派的直接协商，以及发挥人民政协平台作用开展的政治协商，都有一套完整的程序设计和制度体系。比如，在中国共产党与民主党派协商过程中，协商前先制订计划，再进行调研，从而做到知情明政；协商时先进行情况说明，然后发表意见，再进行交流互动；协商后先对意见进行整理，然后交付办理，最后进行结果反馈。所有这些"制度化、程序化、规范化"的安排，都有利于集思广益，避免搞花架子、搞形式主义，实现"决策科学化民主化"的目的。

中共中央积极引领政党协商可持续发展。2021年6月25日，国务院新闻办公室再次发表《中国新型政党制度》白皮书，对中国新型政党制度的理论创新、制度创新和实践创新进行概括和总结。2021年白皮书特别强调："在中国特色社会主义制度下，有事好商量、众人的事情由众人商量，找到全社会意愿和要求的最大公约数，是人民民主的真谛。中国新型政党制度以合作、参与、协商为基本精神，以团结、民主、和谐为本质属性，具有政治参与、利益表达、社会整合、民主监督和维护稳定的重要功能，实现了执政与参政、领导与合作、协商与监督的有机统一，是人民当家作主的重要实现形式和社会主义协商民主的重要制度载体。"

白皮书进一步明确了政党协商的重要意义和内容、形式。文件指出，政党协商是社会主义协商民主体系的重要组成部分。在内容上，"2015年《实施意见》"中提及的"国民经济和社会发展的中长期规划以及年度经济社会发展情况；关系改革发展稳定等重要问题"等方面，因包含在"重要文件"之中，不再具体体现。白皮书专门强调了政党协商的制度保障问题。文件指出，政党协商基本形成了以相关法规为保障、以中共中央文件为主体、以配套机制为辅助的制度体系。比如，中共中央每年委托民主党派中央就经济社会发展重大问题开展重点考察调研，支持民主党派中央结合自身特色开展经常性考察调研。有关部门向民主党派中央提供相关材料，组织专题报告会和情况通报会，邀请民主党派列席相关工作会议、参加专项调研和检查督导工作。这些都为提高政党协商的实效奠定了坚实的基础。

为坚持和加强中国共产党对政治协商工作的领导，2022年6月13日，

---

① 《人民日报》2018年3月5日。

中共中央发布《中国共产党政治协商工作条例》（"2022年《条例》"）。这个条例第一次以党内法规的形式对中国共产党政治协商工作提出新的要求和部署，标志着以习近平同志为核心的中共中央对政治协商工作的高度重视，也标志着新时代中国共产党的政治协商工作科学化制度化规范化发展进入一个新的历史阶段。

"2022年《条例》"有许多突出亮点，具体到政党协商，一是将政党协商和人民政协政治协商这两种政治协商形式及其关系进行了明确界定。中国共产党同各民主党派、无党派人士直接开展的协商，简称政党协商；中国共产党在人民政协同各民主党派和各界代表人士开展的协商，简称人民政协政治协商。二是对中央、地方等各层面政党协商的对象、内容、形式、组织程序、工作机制一并予以明确，并提出中共中央、地方党委、各级统战部门的职责，有利于政党协商实践在基层的深入开展。文件指出，政党协商的对象是民主党派、无党派人士，工商联应邀参加政党协商。政党协商的内容包括中国共产党全国和地方各级代表大会、党中央以及地方党委有关重要文件的制定、修改；宪法的修改建议，有关重要法律的制定、修改建议，有关重要地方性法规的制定、修改建议；关系国民经济和社会发展的有关重大问题；换届时人大常委会、政府、政协领导班子成员和监察委员会主任、法院院长、检察院检察长的建议人选；关系统一战线和多党合作的重大问题。政党协商的形式主要有会议协商、约谈协商、书面协商。同时，在政党协商年度计划制订和实施、成果反馈等方面，进一步压实中共各级党组织的责任。三是在政党协商的指导思想等提法上，作了重大调整。"2015年《实施意见》"提出，政党协商是中国共产党同民主党派基于共同的政治目标，就党和国家重大方针政策和重要事务，在决策之前和决策实施之中，直接进行政治协商的重要民主形式。"2022年《条例》"不再有"在决策之前和决策实施之中"的表述。包括政党协商在内的政治协商，都要贯彻落实发展全过程人民民主的要求，为全面建设社会主义现代化国家、实现中华民族伟大复兴凝聚起共同奋斗的力量。

中共十八大以来的政党协商成效显著。根据2021年白皮书介绍，中共中央召开或委托有关部门召开政党协商会议170余次，先后就中国共产党全国代表大会和中央全会报告、修改宪法部分内容的建议、制定国民经济和社会发展中长期规划的建议、国家领导人建议人选等重大问题同党外人士真诚协商、听取意见，确保重大问题决策更加科学、民主。各民主党派中央、无党派人士深入考察调研，提出书面意见建议 730 余件，许多转化为国家重大决策。中共各级地方党委结合实际，就地方重大问题同民主党派各级地方组织进行协商，积极推动了当地经济社会发展。

十九大以来，习近平总书记多次主持召开党外人士协商座谈会。中央层面的专题协商座谈会，事关全局的重大事项和战略性问题，他都亲自主持会议并讲话，体现政党协商的重要性和独特性。比如，2017 年 12 月 15 日，关于修改宪法部分内容的建议听取意见和建议；2018 年 2 月 6 日、28 日，分别就《中共中央关于深化党和国家机构改革的决定》、《深化党和国家机构改革方案》、中共中央拟向十三届全国人大一次会议推荐的国家机构领导人员人选建议名单和拟向全国政协十三届一次会议推荐的全国政协领导人员人选建议名单，向各民主党派中央、全国工商联和无党派人士代表通报情况，听取意见；2019 年 9 月 25 日，就中共中央关于坚持和完善中国特色社会主义制度、推进国家治理体系和治理能力现代化若干重大问题的决定听取意见和建议；2020 年 8 月 25 日，就中共中央关于制订国民经济和社会发展第十四个五年规划和 2035 年远景目标的建议听取意见和建议；2021 年 9 月 10 日，就中共中央关于中国共产党的百年奋斗重大成就和历史经验的决议听取意见建议；等等。

在由习近平亲自主持召开的协商座谈会中，2020 年 5 月 8 日的这场比较特殊。座谈会议题是就新冠肺炎疫情防控工作听取各民主党派中央、全国工商联和无党派人士代表的意见和建议。突如其来的新冠肺炎疫情，对中国和世界都是一场"大考"。在这场大考中，中国制度优势激发出的强大效能，凝聚出的磅礴力量，成为战胜疫情的坚强保障。在这场战"疫"中，各民主党派、无党派人士和工商联同中国共产党想在一起、站在一起、干在一起，同舟共济、风雨与共。这场协商座谈会，既是向党外人士通报疫情防控工作情况的"交心会"，也是就落实和完善常态化疫情防控举措、加快恢复生产生活正常秩序集思广益的"神仙会"，体现了协商民主的制度内涵。

历史表明，中国共产党领导的政治协商体现了中华民族优秀传统文化的精髓，反映了社会主义制度的本质要求，符合中国国情和国家治理需要。政党协商已经成为我国社会主义民主政治生活中一道亮丽风景线，是中国政党之间团结和谐关系的生动写照，充分彰显中国新型政党制度的鲜明特色和独特魅力。

人民政协的协商议政新格局

人民政协因民主而生，因协商而立。70多年来，人民政协围绕党和国家的中心任务，切实加强专门协商机构建设，在促进广泛团结、推进多党合作、实践人民民主中，发挥了十分重要的作用。经过不懈探索，全国政协已经形成以全体会议为龙头，以专题议政性常委会会议和专题协商会为重点，以双周协商座谈会、远程协商会、专家协商会等为常态的协商议政新格局。地方政协的协商民主实践也精彩纷呈。

传统协商形式不断完善

中国人民政治协商会议第一届全体会议的召开，标志着人民政协制度的确立。按照政协组织法的规定，人民政协全体会议每三年召开一次，由全国委员会召集。事实上，自第一届全体会议之后这种会议没有再行召开；1954年9月政协全国委员会二届一次会议不再设立人民政协全体会议这一层组织机构。

政协全国委员会为履行好政协组织法赋予的职权，保证实行人民政协全体会议的决议，协商并提出对中央人民政府的建议案，协助政府动员人民参加民主改革及国家建设的工作，每半年开会一次（1951年10月28日常委会决定每年召开一次）。全国政协委员的全体会议，由常务委员会召集。

根据《中国人民政治协商会议全国委员会工作条例》，全国政协常务委员会的职权为，在政协全国委员会全体会议闭会期间，负责全国委员会的日常工作。自此，全体会议、常委会会议成为全国政协履行职能、开展政治协商的主要形式。

新中国成立初期，全国政协通过政协委员全体会议和常委会及座谈会等平台，围绕土地改革、国民经济恢复和发展、抗美援朝运动、贯彻落实过渡时期总路线、全国人民代表大会的筹备，以及宪法和重要法律法规的制定等，开展密集的协商活动，为协助党和政府巩固新生人民政权、稳定社会秩序发挥了重要作用。1954年全国人民代表大会召开后，毛泽东、周恩来先后对人民政协的性质和任务作出阐述，明确提出政协要协商国际问题、商量候选人名单、提意见、协调统一战线内部关系等。

在十年内乱中，由于"左"的错误影响，全国政协工作陷于停顿，基本上没再召开全体会议和常委会会议。进入新时期，人民政协迎来了春天。在全国政协五届二次会议开幕会上，邓小平明确指出："中国的社会主义现代化建设事业，继续需要政协就有关国家的大政方针、政治生活和四个现代化建设中的各项社会经济问题，进行协商、讨论，实行互相监督，发挥对宪法和法律实施的监督作用。"[①] 从五届全国政协开始，每年召开一次全体会议，每季度举行一次常委会会议，听取中共中央、国务院及有关部门负责人的报告并协商讨论。

在新形势下，全国政协不断规范全体会议、常委会会议这些协商形式。1982年修改的政协章程首次把主席会议作为一项制度确定下来，规定了主席会议的主要任务是协商讨论中国共产党和国家的大政方针以及社会生活中的重大问题，提出建议和意见等。此后，逐渐形成每月召开一次主席会议的惯例。

六届全国政协始终把进一步发挥政治协商、民主监督的职能作用，作为开创人民政协工作新局面的中心环节，并在政治协商和民主监督经常化、制度化方面采取了具体措施。时任全国政协主席邓颖超倡导发扬人民政协的优良作风，亲自协调推动为委员落实政策等工作。从六届一次会议开始，全国政协恢复大会发言制度。委员们不但在小组会上可以畅所欲言，还可在大会上对各方面的工作发表意见、提出建议、进行批评。这一届，除常规履职形式，全国政协还创新协商平台，组织和参加各种民主协商会，讨论中共中央的大政方针和重大决策、关系国计民生的重大问题及有关爱国统一战线的重要问题、重要人事安排等。

[①] 中国人民政治协商会议全国委员会研究室、中共中央文献研究室第四编研部编：《老一代革命家论人民政协》，中央文献出版社1997年版，第319页。

七届期间，在李先念主席领导下，全国政协的制度化建设取得重要成果。1989年1月，中共中央转发全国政协《关于政治协商、民主监督的暂行决定》。这是政协历史上第一个关于政协职能制度化、规范化的重要文件，首次提出政治协商、民主监督的会议、内容、形式和程序。12月30日，中共中央颁布了《关于坚持和完善中国共产党领导的多党合作和政治协商制度的意见》。这个文件特别强调，政治协商以中国人民政治协商会议为组织形式。为发挥好政协协商的作用，全国政协创设并召开常委专题座谈会。围绕坚持和完善中国共产党领导的多党合作和政治协商制度、高等院校教育经费和教师待遇、高校学生思想政治工作、提高工业经济效益、科学技术、音像工作、农村卫生工作等问题，常委专题座谈会进行协商讨论，提出许多有价值的意见建议。

八届、九届后，全国政协不断完善常规协商形式，尤其注重发挥全体会议在协商议政中的龙头作用。1995年八届三次会议期间，时任中共中央总书记江泽民及其他政治局常委到委员驻地看望出席会议的委员，并参加讨论，共商国是。这是政协会议制度的创新，也是社会主义民主政治建设不断推进的重要体现。

这两届全国政协切实围绕中国共产党和国家的中心任务，有效运用全体会议、常委会会议、主席会议等形式，进一步提升履职成效。比如，实现小康社会，是中国几代人的梦想。1995年，全国政协八届三次会议后，常委会组织委员围绕制订"九五"计划和2010年远景目标开展了大量的调查研究和协商活动。经主席会议讨论后提出的《关于调动多方面的力量，参与制定"九五"计划和2010年远景目标的建议》报送中共中央和国务院，受到高度重视，其主要内容也被《中共中央关于"九五"计划的建议》所吸纳。还比如，中共十五大提出了新的"三步走"发展战略。全国政协助力跨世纪发展战略的制定与实施，开展专题议政。围绕科教兴国战略，1998年6月，全国政协专门安排了一次常委会会议专题讨论，形成了《关于实施科教兴国战略若干问题的建议》；围绕可持续发展战略，1999年，全国政协召开常委会会议专题讨论，时任全国政协主席李瑞环发表了《关于我国绿化的几个问题》讲话，会议形成了《关于我国环境保护若干问题的建议》，包括保护水资源、防治土地荒漠化、治理大气污染、增加环保投入、加大环境科学研究、完善环境立法等14个方面，提供给中央政府参考。

随着人民政协事业的发展，2006年2月，中共中央颁布了《关于加强人民政协工作的意见》。《意见》第一次以中共中央文件的形式明确提出，人民通过选举、投票行使权利和人民内部各方面在重大决策之前进行充分协商，尽可能就共同性问题取得一致意见，是我国社会主义民主的两种重要形式。发展社会主义民主政治，建设社会主义政治文明，要善于运用人民政协这一政治形式和民主形式。

为贯彻中共中央文件精神，全国政协制定了政协全国委员会全体会议工作规则，修订了常务委员会工作规则、主席会议工作规则等，针对不同层次、不同领域的协商，进一步明确了协商什么、与谁协商、怎样协商、协商成果如何运用等基本问题。

从十届全国政协起，中共中央政治局常委到委员小组看望委员、参加讨论、共商国是活动，在广度上实现了每届五年内对所有界别的全覆盖，在深度上对每次共商国是活动都作出精心安排和充分准备。十届政协全体会议期间，政协委员听取政府工作报告和其他重要报告，围绕修改宪法、制定反分裂国家法等重要法律法规以及关系国计民生的重大问题提出意见和建议。

十届期间，常委专题座谈会规范为专题议政性常委会会议。五年间，召开了10次专题议政性常委会会议，就经济社会发展中的重大问题同到会的中共中央、国务院领导及有关部委负责同志进行互动交流。由于十一届全国政协又增设了专题协商会，所以，十一届召开了5次专题议政性常委会议，围绕经济建设这个中心，紧扣经济社会发展中的综合性、战略性、前瞻性课题，提出了一大批高质量的意见和建议。

中共十八大以来，中国特色社会主义进入新时代。以习近平同志为核心的中共中央对建设社会主义协商民主作出全面部署，并先后对人民政协发挥协商民主重要渠道作用作出指示，明确提出：人民政协要发挥专门协商机构的作用。全国政协以加强专门协商机构建设为重点，不断完善协商议政格局，特别注重运用好全体会议、议政性常委会会议、主席会议这些协商形式，将协商民主贯穿到各个环节之中。

在全体会议方面，"共商国是"活动的政治影响力越来越凸显。除了实现五年界别全覆盖外，这项活动还成为中共中央领导人发表国是主张的重要场所。比如，2018年3月4日下午，习近平看望参加全国政协十三届一次会议的民盟、致公党、无党派人士、侨联界委员，参加联组会讨论，听取意见和建议，并发表重要讲话。他首次阐明了中国新型政党制度的丰富内涵和鲜明特点，精辟论述发挥多党合作独特优势、发展社会主义民主政治的重要作用。这个讲话对进一步加强中国特色社会主义政党制度建设、推进协商民主广泛多层制度化发展、做好新时代统一战线和人民政协工作，具有重要指导意义。

为了发挥委员的主体作用，从 2016 年 3 月起，全体会议专门安排半天时间，请各小组分别围绕委员关心的一个热点问题进行讨论，邀请全国政协领导、中共中央和国家机关有关部门负责同志到委员小组听取意见、参加讨论。这种协商模式，受到委员的欢迎，不少会场出现抢话筒的现象。2019 年 3 月，正式将这种模式确定为界别协商会议，为发挥界别作用创造了条件。

为了增加协商的密度，从 2014 年起，全国政协将专题议政性常委会会议由一年一次改为每年两次，并在协商过程中增加了互动性。比如，当年 8 月围绕"深入落实八项规定精神，以优良的党风政风带动民风社风"常委会会议上，时任中共中央常委、中纪委书记王岐山作报告后，现场回答了 9 位政协常委的提问，有序互动，气氛热烈。从此，常委会会场设置互动环节成为常态，其中不乏精彩的片段。2016 年 6 月开始，在召开常委会会议时，还邀请对议题有研究的政协委员列席会议，并使之成为一项制度性安排。在建立协商成果的落实反馈机制中，针对全体会议、专题议政性常委会会议等成果，形成专门报告报送中共中央；会议发言还在网络上视频直播。

除了这些组织形式上的改进，在协商议题上也体现政协作为社会治理重要组成部分的特点。"十三五"时期，打赢扶贫攻坚战，是全面建成小康社会的底线目标。这一战，贵在精准，重在精准。从 2016 年"十三五"开局，全国政协连续将"脱贫攻坚"作为年度重要协商议题，通过召开专题议政性常委会会议等，持之以恒地助力推动。2016 年、2017 年、2018 年分别以"实施精准扶贫、精准脱贫，提高扶贫实效""实施精准扶贫中存在的问题和建议""解决深度贫困地区脱贫问题"为议题召开专题议政性常委会会议。十三届全国政协换届时，正值脱贫攻坚战收官关键期。继 2019 年举办"巩固脱贫成果、减少和防止脱贫后返贫"双周协商座谈会后，全国政协 2020 年围绕"高质量打赢脱贫攻坚战，建立解决相对贫困长效机制"，再次紧扣"脱贫"这个重点，召开专题议政性常委会会议协商议政。2021 年 7 月，习近平总书记在庆祝中国共产党成立 100 周年大会上宣告："经过全党全国各族人民持续奋斗，我们实现了第一个百年奋斗目标，在中华大地上全面建成了小康社会，历史性地解决了绝对贫困问题。"[①] 这其中，凝聚了几代人的努力和拼搏，也包含了人民政协的力量和贡献！

协商议政平台继续拓展

人民政协作为社会主义民主政治建设的重要组成部分，协商一直是主要工作理念和实现形式。除了全体会议和常委会会议等传统协商形式外，本世纪以来，人民政协的协商议政形式日益丰富、格局不断拓展。

专题协商会

专题协商会是在十届全国政协贾庆林主席倡导下，推动人民政协适应新形势开展政治协商活动的一种新探索。2005年7月，全国政协召开第一次专题协商会，议题是围绕制订国家"十一五"规划和2020年远景目标建言献策。这是一个具有重大意义的议题。中共中央有关领导同志、国务院有关部门负责同志到会听取委员们的意见建议，与委员们面对面协商国是。

专题协商会在设置上有一个突出特点，就是打破常规，以专题形式分组讨论。比如，第一次专题协商会设置了6个专题，分别为转变经济增长方式、提高科技自主创新能力、推进中国特色的城镇化建设、促进区域经济协调发展、理顺分配关系、进一步深化体制改革。40多位全国政协常委和委员提出的转变经济增长方式、保证能源安全和发展新能源、促进企业成为技术创新主体、推进中国特色城镇化建设、实现区域经济协调发展、完善社会公平分配机制、加快天津滨海新区建设、建设海峡西岸经济区等重要意见和建议，在中共中央关于制订"十一五"规划的建议中得到了体现。

十届、十一届全国政协先后召开11次专题协商会，围绕"统筹发展，促进形成城乡经济社会发展一体化新格局""加快发展方式转变和结构调整，提高可持续发展能力""着力扩大内需，促进发展方式转变""深化文化体制改革，繁荣发展文化事业和文化产业"等具有战略性意义的问题，

---

①《习近平谈治国理政》（第四卷），外文出版社2022年版。

咨政建言。

这期间，专题协商会不断改进，日益成为人民政协独具特色且成效显著的履职平台。

做好调查研究，使协商有的放矢，无疑是专题协商会提升实效的关键。每年的专题协商会在年初与各方商量确定下来议题，随后组织力量开展深入调研。全国政协充分发挥协调关系的优势，整合各方力量，加强与党政有关部门的联系合作，密切与民主党派的沟通联络，发挥委员的主体作用和专门委员会的基础性作用，形成了集中攻关、整体联动、优势互补的良好局面。这些措施在2016年开展的"东北三省工业转型升级问题"专题协商会前期工作中得以充分体现。1月至6月，全国政协经济委员会围绕该议题组织的专题调研，有近百位委员和专家学者参与。调研组先后在北京召开2场部门情况介绍会、3场专家座谈会和1场调研总结会，调研组先后5次前往东北，就重点内容、具体安排等征求意见。围绕国企改革、民营经济、对外开放、人才战略、去产能等重点领域，调研组设置了16个专题小组，分两轮开展全面调研、重点调研，在东北三省22个地市，考察了87家企业，召开了57场座谈会。调研形成了《关于东北三省工业转型升级问题的调研报告》和22个分报告。有25位参加调研的委员在专题协商会上发言。会后报送了《全国政协"东北三省工业转型升级问题"专题协商会情况报告》和8份政协信息专报。李克强、俞正声等领导同志先后13次作出批示。国务院随后召开了振兴东北地区等老工业基地推进会议并出台了系列文件，报告提出的许多意见建议被吸收到有关文件中。

专题协商会的专业性强，有利于全国政协发挥人才荟萃的优势。2019年5月14日，在全国政协常委会议厅，"创新驱动发展"专题协商会正

2019年"创新驱动发展"专题协商会现场

在举行。"近百名院士出席本次专题协商会，彰显了科学家在专门协商机构中的重要作用，体现了在科教兴国中的影响力。"汪洋主席的讲话点燃了委员们的激情。

"百名院士委员议创新"引起各方关注。这次会议，院士委员们期待已久。在政协这个平台，他们可以真正做到畅所欲言，把其他场所不好说不便说的话倾诉出来。这次会议的每一个环节、每一个细节、每一句话语，都体现了对人才、对知识、对创造的尊重。为了让委员有更多的发言机会，会议打破常规，一改以往全天大会发言的模式，而是上午举行小组讨论，下午进行大会发言。按照专业相近的原则，百名院士委员被分到基础研究、重大专项、生命科学、环境资源4个专题小组，进行充分交流。在委员发言时，原定每人5分钟左右。但有的人说了15分钟，主持人也没有简单地打断，让委员把问题说清、说透。"小组讨论的氛围非常好，有一些专业技术性问题，如果用大会发言的方式去讲，可能就是点点题。但小组讨论给了这类话题更多讨论交流互动的空间，让探讨走向了深入。"中国工程院院士、北京航空航天大学校长徐惠彬委员为此由衷"点赞"。

出席会议的部委负责人也被"百名院士委员议创新"的生动场面所感动。他们与委员们进行了真诚互动。科技部部长王志刚不仅在分组讨论的时候逐一回答委员的问题，会后还被委员们团团围住、相互交谈。在下午大会上，他对委员们的问题作了总体回应。

会议召开时，正值中美经贸出现摩擦。所谓"经贸摩擦"，其实就是高科技战。"创新驱动发展"这个议题的意义更加凸显。虽然政协说了不全算，但委员说的过程，本身就是一个凝聚共识的过程。关键时刻，全国政协汇聚百名院士就创新驱动发展建言咨政，行动本身就体现了团结人心、寻求共识的意蕴。

双周协商座谈会

2013年3月12日，时任全国政协主席俞正声在全国政协十二届常委会第一次会议上讲话强调，"政协是协商交流的重要平台"，"应该而且可能在深入研究问题上下功夫，在分析和集中各方面意见上下功夫，充分发挥人才荟萃的优势，使政协成为科学决策、民主决策的重要力量"。他提出要建立一种以界别为基础、以专题为内容、以对口为纽带、以座谈为主要方法、可以经常开展的协商形式，这就是双周协商座谈会。这种协商形式，是在人民政协成立初期"双周座谈会"基础上的继承和创新，基本上约两周召开一次，为期半天。

9月18日，十二届全国政协第六次主席会议通过《政协全国委员会双周协商座谈会工作办法（试行）》。同年10月22日，全国政协召开第一次双周协商座谈会。会议由经济委员会承办，议题是"分析当前宏观经济形势"。自此，双周协商座谈会成为一项制度，为委员与中共中央和国家机关有关部门定期协商交流搭建了经常性的平台。

一般情况下，双周协商座谈会每次由全国政协主席主持，参会的有政协委员、专家学者及国家职能部门负责同志，总人数控制在20人左右，规模不大，规格颇高。尽管每次人数有限，但每年下来大约有400位政协委员参与协商议政；一届任期间，便有近2000位委员参与，几乎实现了委员全覆盖。

在选题上，双周协商座谈会紧扣国计民生，选择切口小、社会关注度高的具体问题，内容涉及我国经济建设、政治建设、文化建设、社会建设和生态文明建设等方面。比如十三届全国政协开局之年，就选择了人工智能的发展与对策、《未成年人网络保护条例》的制定、历史文化名城名镇保护等题目。

每次双周协商座谈会一般由一个专委会或者一个专委会与一个党派联合承办。座谈会召开之前，承办的专委会都要开展深入的调研工作，并形成调研报告。这种基于调研基础上的协商，更有"发言权"。

双周协商座谈会会场布置颇有特点：在会场圆桌中间专设"口"字形计时器，对各发言人的发言时间严格控制，进一步提升协商效率，尊重与会者发言权利。在发言时，相关部门负责人先介绍情况，时间不超过10分钟；5位预约发言人发言，每人8分钟；委员自由发言，每人5分钟；部委领导回应，每人5分钟。与会者发言直奔主题，不讲套话。3个多小时的座谈会，内容丰富，节奏紧凑。

座谈会坚持把提高建言资政的质量作为努力方向，力求"说得对"，在提出卓有成效的意见建议的同时，积极宣传大政方针，为改革发展添助力、增合力。当然，会场上并不都是"一团和气"，有交流也有交锋，会"较真"也存共识。比如，2018年5月25日，十三届全国政协第三次双周协商座谈会围绕历史文化名城名镇保护展开协商讨论。人民政协报现场记者采撷了双周协商座谈会的一个协商片段，几近原汁原味地"转播"

会议实况：

周岚委员列举了一些保护较好的历史文化名城名镇的例子，立即遭到了"质疑"。"我可能要举一些和周委员不同的负面例子。"刘恒常委说，"一些名城名镇的相似性和同质化比较严重，我刚开始看的时候，新鲜感很强，到后来就不太想去了。"互动时，俞金尧委员也直言不讳："有的地方其实是建设性破坏，本来是保护区，成了大卖场，法律规定的历史文化名城名镇的'真实性、完整性、社会生活的延续性'没体现。"

"问题确实存在。"面对大家的较真，周岚诚恳地表示接受。她坦承，当前最难的是保护"活着"的城区，"比如南京的老城南是六朝古都，产生过丰富的诗词歌赋，但从物质景观看，它就是棚户区。一个是有人文价值的六朝情怀，一个是衰败的历史城区，怎么修复？这需要耐心，我们也做了一些尝试。"

作回应时，住房和城乡建设部副部长黄艳用了好几个"抓紧做"表达对委员建议的支持，其他部委负责人的态度也同样积极。

长期致力于传统村落保护的著名作家冯骥才说，参会前，他到黔东南待了一个星期，跑了七个村寨，发现了不少问题。"传统村落的保护太着急了，确实需要赶紧立法，我觉得可以先从制定条例入手。"黄艳说。

历史文化名城名镇保护的分类标准和相应措施都需要明确，这是不少委员的共同观点。黄艳回应说：国务院公布第一批历史文化名城是在1982年，那时的规定"太老了"，需要全面修改和修订。"这个工作我们回去赶紧做，另外还要争取推动相关领域的立法工作，大家的建议特别重要。"

保护与现代化建设的矛盾怎么解决？自然资源部副部长赵龙回应说，要将新城建设同疏解旧城人口、旧城功能相结合，还要与老城风貌有机结合。国家级贫困县无力保护怎么办？财政部副部长刘伟表示，资金重点补短的环节要顶上，尤其对那些既是贫困地区又是历史文化名城名镇保护地区要补短。如何建立多元化资金渠道来保护？国家发展和改革委副主任连维良说，除了政府预算内投资，要研究发挥企业债券、专项基金的作用。保护怎

人民政协的协商议政新格局

2018年5月25日,十三届全国政协第三次双周协商座谈会围绕"历史文化名城名镇保护"协商讨论

样"见人见物见生活"?文化和旅游部副部长项兆伦说,要把尊重当地居民放在保护工作的主体地位。①

这次座谈会还采取了一种新形式——与"网络议政"结合,以广泛吸收委员的意见和建议。委员可将建议发送至指定邮箱。安庭、陈伟忠、登巴大吉、郭媛媛、吉平等委员发来"网络议政"建言。安庭委员还被邀请出席并发言。他呼吁尽快开展对历史文化名城名镇"原生态居民"的入户调研,并形成阶段性的数据,为相关保护措施的实施提供科学的依据。为满足更多委员希望参会的愿望,会议在主会场附近另设了分会场,邀请11位对此关注的委员通过视频直播"旁听"。

双周协商座谈会增加了政协协商的密度,实现了全国政协协商议政的经常化,现已成为政协协商民主的重要品牌。这样的协商,会议不作结论,大家沟通了情况,交换了不同意见,以理服人,共识就产生了。委员们的意见建议政府部门也并非必须办理。听了这些意见,他们在工作中会考虑得更周到,协商的效果就达到了。

---

① 《给互动更多时间,让不同意见交锋,为发言设"计时器"》,人民政协报2018年5月28日。

网络议政、远程协商

习近平总书记在庆祝人民政协成立65周年大会上的讲话中首次提出，人民政协要"探索网络议政、远程协商等新形式，提高协商实效"。2015年中办印发的《关于加强人民政协协商民主建设的实施意见》等文件，也对人民政协探索网络议政、远程协商等新形式提出明确要求。

开展网络议政、远程协商是国情和世情发展的客观要求。我国幅员辽阔，2000多名全国政协委员分散各地，经常到北京参加会议成本太高，也不现实。但会议频次少，就造成委员履职平台少、京外委员参与机会更少的状况。随着互联网的普及和发展，不受时空限制的网络议政、远程协商成为可能。这将为委员履职提供广阔的空间。

十三届全国政协把探索开展网络议政、远程协商提上重要日程，明确功能定位、突出特色优势。2018年9月，全国政协举行第一次网络议政远程协商活动，议题是"优化营商环境，促进民营经济高质量发展"。这个活动分成两个阶段。第一阶段，从10月1日起，在委员移动履职平台开通主题议政群，开展网络议政；第二阶段，10月24日召开远程协商会。汪洋主持并作总结讲话。委员们在主会场、分会场、手机终端以及全国政协委员移动履职平台，同时与有关部委进行远程"面对面"协商。经济委员会主任作网络议政讨论情况综述，13位委员在北京、浙江、湖南、广东四个会场及通过手机连线发言，中共中央和国家机关有关单位负责同志在主会场与委员互动交流。这些委员有的来自基层民营企业，有的是金融行业的代表，还有长期从事研究工作的专家学者。当天的媒体报道说："委员发言、部委回应、在线提问，各个环节交叉进行而又浑然一体，时间一分一秒地过去，大屏幕上的互动热度始终不减。"

同传统协商议政方式相比，网络议政、远程协商具有参与面广、即时性强、互动程度高的特点，突出了"网"的优势、"议"的功能、"商"的作用。这是现实中任何一间会议室都难以实现的。尤其是对优化营商环境，社会各方面关注度很高。在这次会议，前后共有800多位全国政协委员通过手机上的移动履职平台在线进行文字发言。会上，部分观点滚动出现在北京主会场的屏幕下方。主持会议的汪洋主席从中抽取委员的问题，请部委负责人现场作答。比如，通过文字"插播"的刘世锦委员问："如何打破基础行业的行政性垄断，放宽准入，为民企提供新的投资机会？"

国家发改委副主任连维良解释说,"政策上没有问题,但还存在技术上的门槛"。他表示,要通过深化改革解决技术层面制约,分行业推出准入具体政策。

正因这种协商活动形式新颖、参与广泛、讨论深入、气氛热烈,一经推出就受到政协委员的热烈欢迎和社会各界的广泛好评。从2019年起,远程协商议题被纳入年度协商计划,形成制度化安排,议题更加丰富、参与人数更多、形式鲜活多样。"远程协商会"成为这一协商形式的正式名称,每年举行4次左右,品牌效应日益彰显。"面对面""键对键",远程协商会丰富了政协协商民主的形式,为人民政协发挥专门协商机构作用开辟了新路径。

专家协商会

中共十九届五中全会后,为贯彻习近平总书记关于全国政协要加强相关重大问题的前瞻研究、深度协商,提出有见地、有价值的意见和建议的指示精神,推动服务实施"十四五"规划高质量发展,全国政协主席汪洋提出创立"专家协商会"这一新的协商形式。

一般来说,每年各专门委员会按照计划,围绕相关议题至少召开一次专家协商会。汪洋参加部分场次。会议是小范围闭门进行,以提出问题、讨论问题、提出建议为主,不强调统一程序,可根据需要围绕某一议题多次召开会议、同有关部门深入协商。发言人开门见山、直奔主题、精准建言,讲真话、道实情、出实招,体现"专"的特色。

根据2021年全国政协组织召开专家协商会工作计划,当年安排了10个重点题目,包括"5G发展的重大问题""共同富裕的实现路径""加快推进农业农村现代化""进一步完善生育政策及相关措施"等,围绕科技创新与科学普及、农业农村现代化指标体系研究等战略性前瞻性议题召开36次会议,一些重要成果得到肯定和采用。

提升协商实效,是召开专家协商会的主要动因。有的专委会将重大战略性问题研究课题转为专家协商会议题,开展了课题研究;有的围绕课题专门成立课题组或调研组,邀请相关领域有实践经验、研究专长的委员、专家参加;有的还邀请相关研究机构对口支持专题组工作;有的根据研究需求,多方筛选建立专家库。

在专家协商会召开之前,一个突出环节是"调查"和"研讨"的有机结合。比如，各专委会系统梳理中央领导同志有关讲话和有关文件、研究文献、委员提案、典型案例等，编印参阅材料，供调研组研究；除了采取实地调研、联合调研、委托调研、网络调研、问卷调研等常规调研方式外，注重走访部门、高校、研究机构，深入了解相关情况；组织小范围的深入研讨，有的专委会还多次召开背对背小型座谈会，找出主要问题。全国政协贺丹委员用"深透"二字来概括专家协商会。"我参加的那次只选了三四位专家，发言的时候不限时间，说一个小时也可以，只要能把相关议题的进展、矛盾、困难讲深讲透。专家协商会'不公开'的特点让大家即使面对敏感话题也能毫无顾虑，而其所请专家不囿于政协委员及参政议政人才库特聘专家，也让'关键少数'的关键作用发挥得淋漓尽致。"

协商成果以《政协信息专报》（专家协商会专报）等方式报送中共中央、国务院及有关部门参考。可根据实际情况，采取一事一报方式，报送阶段性协商成果。有的将议政成果及时转为提案，全力跟踪督办，努力促进协商成果有效转化落实。对于可公开的协商成果，还可运用多种形式，加强新闻宣传，扩大社会影响。

经过不断探索实践，全国政协专家协商会初步形成了办公厅统筹、专门委员会主抓、调研协商结合、线上线下联动、委员专家互补的工作格局，实现了良好开局。2021年3月出台的《政协全国委员会协商工作规则》，明确了专家协商会的方式、程序、内容、原则等，使之更加具有可操作性。

协商民主实践遍地绽放

为了贯彻落实中共中央精神，各级政协结合实际，创新协商形式，探索政协协商与政府协商、立法协商、人民团体协商、基层协商等形式的结合点，参与社会治理，切实发挥协商民主重要渠道、专门协商机构作用，推进协商民主广泛、多层、制度化发展。

召开各类协商座谈会

借鉴全国政协双周协商座谈会等定期协商制度，各级政协创立各具特色的协商座谈会。有的双周召开一次，如天津市政协、北京市海淀区政协的双周协商座谈会；有的每月一次，如辽宁、甘肃、河南、陕西、宁波等政协和一些市级政协的月度协商座谈会；有的双月一次，如青海省、青岛市政协和石家庄及一些市县级政协的双月协商座谈会；有的每个季度一次，如河北省政协和拉萨、菏泽以及一些市县级政协的季度协商座谈会。尽管协商的频次不同，但协商座谈会的主旨是一样的。

创建形式多样的协商活动

北京市政协除了常规协商形式外，还设有议政性主席会议、议政会、协商恳谈会、立法协商、网络协商等，其中议政会由市政协与中共北京市委统战部共同组织、联合召开，由市政协主席和市委统战部部长轮流主持；江苏省政协创设政企协商座谈会；广东省政协召开"粤商·省长面对面"协商座谈会；安徽省政协建立"书记省长来协商"议政性常委会会议、"省委书记来督办"重点提案办理协商；等等。这些各具特色的协商活动，丰富了人民政协协商民主的实践。

共建联合协商平台

根据地域性特点，一些省份建立了综合性的协商议政平台，如京津冀政协主席联席会议、东北三省一区政协主席联席会议、助推西部陆海新通道建设十三省政协座谈会、沿黄九省（区）政协黄河流域生态保护和高质量发展协商机制等。这些协商平台，在助推区域经济社会高质量发展方面发挥积极作用。

2018年4月25日，济南市政协围绕"乡村振兴"围坐商量

建立具有地方特色的协商品牌

地方政协在开展政治协商过程中,创造了一系列协商品牌,有的还带有浓郁的地名特点。天津的"请你来协商"、山东的"有事多商量"、重庆的"渝事好商量"、吉林的"吉思广益"、黑龙江的"话龙点睛"、海南的"共建自贸港、有事好商量"、山西的"有事来商量"、陕西的"政在协商""陕靓登场"、江苏和宁夏的"有事好商量"、四川的"有事来协商"、深圳的"委员议事厅"等,都成为当地政协重要协商品牌,发挥着独特的影响。广西壮族自治区的"桂在协商"、济南市的"商量"、大连的"有事好商量"等,也成为全媒体协商新平台。

构建政协协商与基层治理的有机结合

为发挥人民政协在国家社会治理体系中的重要作用,各级政协将协商延伸到社区、到基层。浙江省在所有市县级政协搭建"请你来协商"平台,云南在州市和县级政协开展"协商在基层",贵州省政协组织"社区协商""院坝协调""村寨协调",湖北省开展"协商在一线"等。这些平台围绕群众反映的"关键小事",汇聚现场调研、现场沟通、现场协商的成果于一体,以"微协商""小协商"关注"大民生",推动基层社会治理。海南省推动政协委员履职小组成员进入村寨和居委会,实现基层协商民主议事平台全覆盖;南京推进"有事好商量"协商议事室建设,实现各街道(镇)全覆盖;哈尔滨市政协采取协商议事会等形式,推动协商民主向街(镇)、社区延伸。宁波市政协建立委员会客厅,探索建设"民生议事堂",把协商主会场搬到社区,通过现场与远程互动、线上与线下同步、市县政协联动的方式,开展"面对面""键对键"的协商。有些县区市政协更接地气,如四川省江油市政协利用"有事来协商"平台,曾围绕农村乱埋乱葬现象,历经 2 次调研、3 次座谈、2 次协商,推动相关措施落地落实。广州市政协联合媒体共同打造"有事好商量"民生实事协商平台,先后推动"老旧小区加装电梯难""公交地铁接驳难"等多个民生难题得到有效解决,为政协委员、职能部门和市民群众面对面协商创造条件。广州市政协这项创举,获评 2018 年"广州市城市治理十大改革创新奖",入选 2019 年中共中央组织部"贯彻落实习近平新时代中国特色社会主义思想在改革发展稳定中攻坚克难的生动案例"。

总之，人民政协加强专门协商机构建设任重道远，协商议政活动的创新具有广阔空间。人民政协已经构建的协商议政格局，基本上已在 2022 年 6 月 13 日中共中央印发的《中国共产党政治协商工作条例》里得以集中体现。比如，《条例》明确提出，人民政协政治协商的主要内容，包括列入政协全体会议议程的重要事项，国家方针政策和地方重要举措，经济建设、政治建设、文化建设、社会建设、生态文明建设重要问题，有关统一战线的重要问题，以及人民政协政治协商的形式，主要有全体会议、专题议政性常务委员会会议、专题协商会、协商座谈会，等等。这既是对人民政协多年来协商实践的高度概括，也为人民政协进一步发挥专门协商机构作用提供了重要遵循。

《民法典》立法协商采撷

《中华人民共和国民法典》是一部"社会生活的百科全书",是"新时代人民权利的宣言书"。2020年5月28日,十三届全国人大三次会议表决通过了《中华人民共和国民法典》,这是中国社会主义法治建设的重大成果。从20世纪50年代中期开始,中国先后5次组织编纂民法典。在整个编纂期间,不管是对民法典的指导思想、编纂原则、总体架构,还是对民法典的重要内容、重点条文等,立法机关都深入加强研究、广泛开展协商、积极征求意见,充分体现了科学立法、民主立法、依法立法的理念。

六十余年磨一剑

1954年,新中国第一部宪法颁布。随着社会主义制度的基本确立,我国民主法制建设也提上议事日程。1954年年底,新中国民法典的编纂工作启动。

时任全国人大常委会副委员长兼秘书长彭真直接领导立法工作。他多次强调,搞民主法制建设,要把民法、刑法等基本法的立法工作抓好。第一届全国人大常委会组建了专门起草班子,集中了包括北京政法学院在内的全国法律院校的部分民法教师、业务部门以及相关单位的工作人员30多人,开始起草中华人民共和国民法典。起草专班搜集、编印了大量民法资料,进行社会调查,并试拟出了部分法律条文。当时立法的体例,尽管受苏俄民法典的影响,但具体内容,并不照抄照搬,还是从中国实际出发的。

1956年9月中共八大召开。刘少奇在八大政治报告中提出了健全国家法制建设的重任。董必武发言强调:必须有法可依。这就促使我们要赶快把国家尚不完备的几种重要的法规制定出来。这是否可能呢？应当说是可能的。我们如果组织各方面的力量，限期写出草案，经中央审核后提请国家立法机关审议制定；草案在提交立法机关之前，还要把它交各级国家机关和人民团体讨论，提供修改意见；草案修正后再提请立法机关审议制定，这样办，我认为完全可能。

经过两年多的紧张工作，到1956年12月，完成新中国第一部民法典征求意见稿。初稿共有400多条。起草组召开了多次座谈会，向部分法院和经济部门广泛征求意见，还一个大区派一个工作组，分头到全国各个地方征求群众意见。由于"整风""反右"运动的影响，这项立法活动被迫中止。

在一段时间内，由于忽视自然规律和社会法制，给国家建设带来严重后果，这也使中共领导人开始进行政策调整。1962年3月22日，毛泽东在一次谈话中提出：不仅刑法要，民法也需要，现在是无法无天。没有法律不行，刑法、民法一定要搞，不仅要制定法律，还要编案例。[①] 由此开启了第二次民法典制定工作。

遵照指示，全国人大常委会组建工作班子，开始第二次民法典的起草。在近三年时间里，起草班子全力以赴开展工作，终于在1964年下半年完成了民法草案"试拟稿"，并铅印成册。在当时的政治环境下，我国既"反帝"又"反修"，只有一条路，就是制定一部百分之百符合中国"实际"的民法典。事实上，在法律虚无主义影响下，这部民法草案只能是一部零零碎碎的民事政策汇编。

这个民法典的草案共3编24章262条，分总则、财产的所有权、财产的流转。这次立法完全采取了自己的模式：在条文上，几乎没有法言法语；结构体例上，婚姻家庭关系和继承关系不再作为民法的组成部分。后来，由于"四清""文革"等影响，民法典的起草工作又一次中断。

1978年12月召开的中共十一届三中全会，不仅作出了要把全党工作重点转移到经济建设上来的战略决策，而且还强调了社会主义法制建设的重要性。新中国第三次启动民法典起草工作。

1979年11月，全国人大常委会法制委员会成立了民法起草小组。这

[①] 中共中央文献研究室编：《毛泽东年谱（1949—1976）》（第五卷），中央文献出版社2013年版，第94页。

次起草工作，是由"文革"后恢复工作的陶希晋与杨秀峰这两位富有经验的老法律工作者领导的。陶希晋曾任新中国第一任国务院法制局局长，杨秀峰曾任最高人民法院院长。

这次起草民法典采用大兵团作战的方式。在时任全国人大常委会法制委员会主任彭真领导下，第一批就调集了36位法学专家、学者和实务部门工作人员，几乎囊括了当时法学界精英，组成民法起草小组。根据计划，要在两年内拿出立法草案，任务很紧。起草小组一边调查研究，一边起草条文。1980年8月草拟出了一个民法草案"试拟稿"，开始向部分经济单位和政法部门征求意见。这个草案包括总则、财产所有权、合同、劳动报酬和奖励、损害责任、财产继承共6编，计501条。后来又修改了3次，到1982年5月形成了第四稿。

当时我国的改革开放和经济建设才刚刚起步。在短期内起草一部完善的民法典的条件尚不够成熟，但社会经济的发展却又迫切需要民事立法的调整，为此，时任全国人大常委会委员长彭真提出，民法典起草工作由"批发"改为"零售"，即先行制定单行法，待单行法完善后再制定民法典；针对现实生活中的一些迫切需要解决的问题，先制定一个民法大纲。这个大纲就是1986年4月12日六届全国人大四次会议审议通过的《中华人民共和国民法通则》。与此同时，单行法的立法工作继续推进。1980年、2001年两次修改《婚姻法》，又陆续出台了《继承法》《担保法》《合同法》等。

第四次民法典起草工作是在1998年之后开始的。当时，改革方向已经明确，各项制度也陆续建立，单行法相继出台，制定一部民法典的时机基本成熟。由于民法典起草还未正式列入立法议事日程，全国人大成立了由六位专家学者组成的"民事立法工作组"，开始着手民法典的起草工作。

2001年，时任九届全国人大常委会委员长的李鹏提出，要在九届全国人大任期内通过民法典。全国人大法工委在"民事立法工作组"基础上充实力量，成立民法典起草领导小组。这次立法，请中国社科院法学研究所在全国人大法工委起草的《物权法（征求意见稿）》基础上，由梁慧星教授领衔完成了一个民法典草案；同时，法工委又委托人民大学教授王利明，也起草了一个民法典草案。法工委将这两个草案综合起来，形成一部民法典草案，于2002年12月23日提交给九届全国人大常委会第三十一次会议审议。这份草案共有1200多个法律条文，10多万字，216页，体例分为总则、物权法、合同法、人格权法、婚姻法、收养法、继承法、侵权责任法、涉外民事关系的法律适用法共九编内容。由于民法典本身卷帙浩繁，时间又紧张，当时很难制定出一部让各方都能接受的民法典。这次审议后，经研究和讨论，仍确定继续采取分别制定民事单行法律的办法推进我国民事法律制度建设。

十届全国人大之后，陆续制定了《物权法》《侵权责任法》《涉外民事关系法律适用法》等。至2010年底，民法商法与其他法律部门一道，共同形成了中国特色社会主义法律体系。

尽管前四次民法的制定没能形成一部统一的民法典，但却为第五次民法典的编纂奠定了基础，积累了经验。中共十八大以来，以习近平同志为核心的中共中央把全面依法治国摆在突出位置，推动党和国家事业发生历史性变革。2014年10月，中共十八届四中全会作出编纂民法典的重大决策。2015年1月28日，全国人大常委会法工委召开了民法典编纂工作座谈会，听取最高人民法院、最高人民检察院、国务院法制办公室、中国社会科学院和中国法学会五家单位和部分专家的意见，起草民法典编纂工作有关问题的报告。这次编纂工作，按照中共中央的决策部署，由全国人大法工委牵头，最高人民法院、最高人民检察院、司法部、中国社会科学院、中国法学会五家单位参加，组成民法典编纂工作协调小组，对民法典编纂工作思路、工作步骤、任务分工等重大问题，共同商定工作方案，共同研究编纂工作中的重大问题。2015年3月，民法典编纂工作协调小组召开第一次会议，标志着此次民法典编纂工作正式启动。

此次民法典编纂采取"两步走"的工作步骤：第一步，制定《民法总则》，作为民法典的总则编；第二步，编纂民法典各分编，经全国人大常委会审议和修改完善后，再与《民法总则》合并为一部完整的民法典草案，提请全国人民代表大会审议、通过。2017年3月，十二届全国人大五次会议通过了《民法总则》。

鉴于民法典各分编草案条文数量较多，从初次提请审议到最后出台需要经过较长时间，为了统筹兼顾、提高效率，各分编的编纂工作开创了前所未有的滚动审议模式，即2018年8月初次审议时将《民法典各分编（草案）》作为一个整体提出，之后根据实际情况将各分编草案分拆为几个单元，分别于2018年12月、2019年4月、2019年6月、2019年8月、2019年10月，由十三届全国人大常委会第七次、第十次、第十一次、第十二次、第十四次会议分别审议，对六个分编草案进行二审，对各方面比较关注的人格权、婚姻家庭、侵权责任三个分编草案进行了三审。在此基础上，将《民法总则》与经过常委会审议和修改完善的民法典各分编草案合并，形成《中华人民共和国民法典（草案）》，提请2019年12月召开的十三届全国人大常委会第十五次会议审议。经审议，全国人大常委会作出决定，将民法典草案提请2020年5月十三届全国人大三次会议审议，并最终在此次大会上高票通过。

六十余载，民法典的跌宕过往，是中国特色社会主义法治道路历程的缩影，体现了中国共产党人民至上的发展理念，也凝结了广大法律工作者、专家学者和社会各界的智慧和心血。

"民法通则"与"经济法纲要"是否同步？

新中国成立后，我国民法制定经历了民法——民法通则——民法总则——民法典这一过程。特别是伴随着民法通则的制定，一直交织着各种激烈争论和积极协商。首先是民法和经济法的立法方向、定位。这关乎民法的调整范围。1979年8月7日、8日，在北京市沙滩北街15号中国社会科学院法学研究所，正在召开一场"民法与经济法学术座谈会"。正是这场已载入中国法制史册的座谈会，拉开了这场论争的序幕。

座谈会预设三个问题：一是我国应制定什么样的民法，即民法的调整对象是什么？二是如何处理民法与经济法的关系？三是中国应建立什么样的立法体系？

应邀参加座谈会的有在京的政法院系、财贸学院的理论工作者、政法机关的实践工作者50多人。与会人员就制定民法的重要性、制定什么样的民法以及民法与经济法的关系问题，进行了热烈的讨论。两天的讨论会，发言踊跃、气氛热烈，形成相互对立的两派理论观点："大经济法观点"和"大民法观点"。大经济法观点主张，经济法是调整国家机关、企事业单位和其他社会组织内部及其相互之间，以及它们与公民之间，在经济活动中所发生的社会关系；民法则只调整公民个人之间的财产关系和人身非财产关系。大民法观点主张，凡是横向的经济关系包括社会主义组织之间、社会主义组织与个人之间以及个人与个人之间的财产关系，均由民法调整；经济法仅调整纵向的经济管理关系。

座谈会后，这两个观点演化成民法学与经济法学两个学科之间长达7年之久的学术论争，并不断延伸到现实领域，最终体现在民法和经济法的立法活动中。这场争论在1985年民法通则草案征求意见时，达到白热化程度。

1985年10月全国人大常委会法工委完成《民法通则（征求意见稿）》，印发各部门和政法院校征求意见。同年11月完成正式的法律草案。草案第二条规定，民法的任务是调整公民之间和依法成立的组织之间，以及他们相互之间的财产关系和人身关系。"这个规定引起了经济法界轩然大波，以至于在民法通则通过前的4个月内集中交锋了3个回合。"十一届全国人大法律委员会主任胡康生2018年12月接受澎湃新闻采访时回忆说。

许多经济法学者以及部分经济工作部门强烈要求暂停制定《民法通则》，或者建议《民法通则》与经济法纲要同时出台。主要理由有：一是根据中央有关精神，调整经济关系应该以经济法为主；二是《民法通则》草案许多内容是错误的，比如《合同法》属于经济法，专利法、商标法更属于经济法；三是制定《民法通则》，将严重损害经济审判工作、经济法教学活动。

交锋的第一个回合是1985年12月。12月4日至11日，由彭真提议经委员长会议决定，《民法通则》草案座谈会在人民大会堂举行。座谈会邀请一些高等院校、科研机构的法律专家和中央及地方有关部门共188人，征求对民法通则草案的意见。这次会议人数多、范围广、规格高。会议气氛十分热烈。

几乎同时，12月10日至15日，国务院经济法规研究中心和中国经济法学研究会在广州联合召开全国第二次经济法理论工作会议。参加会议的有各省、自治区、直辖市和国务院有关部门及经济法学教学研究单位的法律工作者共300多人。这次会议对民法通则草案展开热烈讨论，不少与会人员对民法通则草案提出批评意见。

北京—广州，一北一南，隔空对话。彭真会后指出，民法通则仍然要按照立法步骤进行，同时应进一步听取经济法专家的意见。1986年1月21日至30日，全国人大常委会法工委在北京召开座谈会，听取包括经济法专家在内的各方面专家和实际工作者对民法通则草案的意见。

交锋的第二个回合是1986年2月。制定民法通则与经济法纲要之争，根源在于对民法与经济法调整范围的不同认识。2月，全国人大法工委党组将《关于民法通则草案的请示报告》报送中共中央。关于民法调整范围问题，报告中写道：民法调整民事活动中平等主体的公民之间、法人之间、公民和法人之间的财产关系和非财产的人身关系。这一规定表现了民法的两条基本原则：第一，民法有很大一部分是以法律形式反映商品经济关系的，而商品交换的当事人的地位和权利是平等的，在民事关系中当事人的法律地位平等是民法的基本原则。第二，民法主要调整平等主体间的财产关系，即横向联系的财产关系。国家对经济的管理、国家和企业之间以及企业内部纵向的经济关系，不是平等主体之间的经济关系，主要由有关的经济法律调整，民法基本上不作规定。

这个意见遭到时任国务院副秘书长、国务院经济法规研究中心总干事、中国经济法研究会会长顾明的反对。他不赞成制定《民法通则》。按照彭真的要求，2月3日，全国人大法律委员会领导到国务院经济法规研究中心，征求顾明对民法通则草案的意见。顾明谈了意见后，并交了一份6000多字的《关于对民法通则草案的意见和急需制定单行法规的建议》。17天后，法工委提出了《关于顾明等同志对制定民法通则的意见的请示》报告，认为顾明等人的意见不应影响现在制定民法通则，制定民法通则并不影响经济立法，也不妨碍其他有关调整经济关系的法律制定。彭真对此表示同意。他说，民法通则的制定不能因为有人反对就停止，但是，应当允许和欢迎别人提反对意见，顾明的反对意见可以进一步公开，立法民主化就要在这方面有体现。

2月27日，12所高校经济法学者给中共中央领导写信。信中说，《民法通则》草案中一些关键内容不符合中央关于经济体制改革决定中加强经济立法的精神，不符合中央关于"七五"计划建议中建立比较完备的经济法规体系的战略部署，不符合建立具有中国特色的法律体系的要求，同时，也会给经济司法带来混乱，现在制定《民法通则》是不适宜的。

交锋的第三个回合是1986年3月。3月12日，《经济参考》第一版刊登出"经济法纲要起草大纲制定完毕"的消息。同日，《新华社动态清样》刊登了题为"经济法专家呼吁《民法通则》和《经济法纲要》应协调同步制定"的文章。彭真对《国内动态清样》的内容高度重视，分送各位副委员长，并决定召开委员长会议，专门讨论经济法专家们的意见。3月14日委员长会议召开。据参与当时工作的王胜明在《文史资料选辑》175辑上发文回忆说，彭真在讲话中指出："国内动态清样反映一些经济法专家对制定民法通则的意见，已经送给各位了。这里，有理论上的问题，也有立法安排部署问题。民法典和经济法典怎么制定，苏联十月革命后，制定了民法，没有搞经济法典，几十年了，苏联还没有经济法典，据说只有捷克有经济法典，其他东欧国家也没有。民法，我们已经有了一批单行法，现在又制定民法通则。至于经济法典，如果国务院决定要制定，它的草案也要由国务院提出。一些经济法专家认为，现在制定民法通则不适宜。这个意见是向新华社记者反映的，登了动态清样，不是向人大提的，也不是经由国务院提的，不是法律程序。部分经济法专家提出制定民法通则同制定经济法纲要同步进行。如果要同步进行，那么，是经济法纲要加快，还是制定民法通则的步子放慢？经济法纲要刚刚开始起草，如果要同步起草，人大常委会几个月前已决定列为议程的民法通则就得停下来，不应考虑。再一个是对民法通则的具体条文有什么意见，请王汉斌同志转告顾明同志，请经济法专家对民法通则草案的具体条款提出修改意见，由法律委和法工委研究修改。"会后，王汉斌将彭真的讲话整理成《彭真同志在委员长会议上关于制定民法通则的讲话要点》，报中央领导同志批示后，中共中央办公厅将该讲话要点印成中央参阅文件。3月14日，全国人大常委会召开委员长会议，同意民法通则草案经常委会审议后，提请六届全国人大四次会议审议，由时任全国人大常委会秘书长、法工委主任王汉斌向顾明说明情况。

3月27日，国务院经济法规研究中心召开座谈会，召集参加经济法纲要起草的在京部分经济法专家，对民法通则草案进行座谈。这次会议认为，民法是在生产资料私有制基础上产生的，它的基本原则和制度在公有制占绝对优势的社会主义社会财产关系中如何贯彻实施没有经验，建议原则通过民法通则，公布试行，待总结经验修改完善后再正式实施。

3月，中共中央书记处召开会议。王汉斌在会上汇报了民法通则草案的制定过程和主要内容，以及经济法学界反对制定民法通则的意见。中央书记处讨论并原则同意法工委党组《关于〈民法通则〉草案的请示报告》。

3月19日，六届全国人大常委会召开第十五次会议，出席委员126人。会议以123票赞成、3票反对的结果，决定将《民法通则》草案提请六届全国人大四次会议审议。4月12日，六届全国人大四次会议表决通过。

《物权法》立法中的政协声音

2000多年前的孟子曾说,"有恒产者有恒心,无恒产者无恒心"。《物权法》就是一部保障人民"恒产"的法律。物权立法,既涉及国家的基本经济制度,也关系千家万户的切身利益,社会关注度高,不仅法律性强,而且政治性、政策性强。立法难度之大,操作过程之复杂,可想而知。物权法起草审议过程,已经成为一个重要的社会事件。

这部法律从1993年开始筹备,到2007年3月16日十届全国人大五次会议审议通过,前后历时13年。其间所经历的波折,也远远超出了一部法律所能承受之重:从2002年12月初次审议,到2007年审议通过,共经过8次审议,创下了中国人大立法史上单部法律案审议次数最高的纪录;2005年7月,物权法草案向社会全文公布,共收到人民群众提出的意见11543件,并先后召开100多次座谈会和多次论证会;与惯例相比,2007年的全国人大、全国政协会议延长了一至两天,用于讨论物权法草案和企业所得税法草案。

人民政协作为发扬社会主义民主的重要组织形式,在《物权法》的协商讨论中发挥优势、贡献力量。

最早提出物权法提案的是全国政协委员王翔。在2001年全国政协九届四次会议上,王翔提交了《关于尽快出台物权法的建议案》。王翔委员表示,物权法的一个重要使命就是确认保护财产权利。财产权得到充分保护,人们才有创业的动力和投资的信心。2002年他得到有关部门答复,准备制定物权法。

但这部规范基本财产权的法律的制定并非一蹴而就。一开始,两位起草者有两种意见。受全国人大法工委委托,1999年10月,中国社科院法学研究所梁慧星教授组织力量,拿出了专家建议稿。法工委专门组织了一次专家论证会。中国人民大学王利明教授就所有权主体的规定提出异议,随后提出了自己牵头起草的专家建议稿。在2001年年底,人大法工委民法室在梁慧星、王利明的两份专家建议稿的基础上,形成了正式的《物权法(征求意见稿)》。体例以梁慧星的专家建议稿为基础,所有权的制度设计采纳了王利明的主张。随后,两次在全国范围公开征求意见。2005年7月8日,全国人大常委会办公厅发出《关于公布〈中华人民共和国物权法（草案））征求意见的通知》，将《物权法》草案向社会公布，广泛征求意见。

物权法征求意见过程中，遭到有关专家学者的激烈反对。8月12日，北京大学巩献田教授发表公开信，认为《物权法》草案是违背宪法和背离社会主义基本原则的。时任全国人大法工委主任胡康生专门听取巩献田教授对《物权法》草案的意见。在9月26日全国人大召开的《物权法》草案座谈会上，时任全国人大常委会委员长吴邦国表示，从向社会广泛征求意见的情况看，在修改《物权法》草案问题上还有不少分歧，这是正常的。《物权法》草案的修改就是要充分听取各方面的意见。其后，全国人大又数次召开《物权法》草案座谈会，听取中央有关部门负责同志和专家对《物权法》草案中有关我国社会主义基本经济制度、国有和集体及私有财产的平等保护、防止国有资产流失、全面准确地反映党的农村基本政策、维护农民根本利益等重大问题的意见。为了增强共识，全国人大还向民主党派中央、工商联负责同志，向地方人大和解放军总政治部通报情况，并组成《物权法》小组，分赴30个省、直辖市、自治区人大和港、澳、台代表团，宣讲《物权法》草案基本原则和主要内容，答疑解惑。2007年1月，中共中央向地方党委通报制定《物权法》草案有关情况，并提出征求意见的要求。

2007年全国两会期间，《物权法》草案提交全国人大、全国政协进行讨论。全国政协十届五次会议将讨论物权法草案列为会议议程之一。3月8日上午，全国政协委员列席十届全国人大五次会议第二次全体会议，听取物权法草案的说明和企业所得税法草案的说明。同日下午，全国政协委员分组讨论物权法草案。

鉴于这部法律的重要意义及制定过程中的艰难推进，政协委员以高度的政治责任感投入协商讨论之中。当年中国网的记者为我们留下了工商联界别19组在北京丽晶酒店讨论物权法草案实录，摘要如下：

主持人金异：下午讨论开始，下面大家踊跃发言。中间不休息，五点钟结束。

刘永好：《物权法》草案这件事，我们现在讨论，之后人大立法来实施，我认为这件事非常重要。民营企业家们盼了十多年了。在国家改革开放大政策下，允许一部分地区、一部分人富起来，同时创建一些企业，包括私营企业。这些人除了家庭财产，还有一部分生产资料的财产，这部分的财产是按照国家的法律和党的政策，通过合法的劳动和手段取得的。而这部分通过合法的劳动和手段取得的财产，理应受到国家的保护。

以前没有《物权法》草案，我们不断地反映，写一些提案，提要保护民营企业的合法的财产。《物权法》草案的范围更宽了，不但保护私营企业，也保护每一个公民、每一个基本的生产单位和每一个组织，他们合法取得的所有的财产。

民营经济的发展需要稳定、和谐的格局，同时也需要一个法律的保证。法律是根本的大法。有了这个根本的大法，才能够使我们各级各类经济组织蓬勃地发展，也使得全国人民有了一定的资金或者是资产以后合法处置，更是鼓励一部分人把自己的一部分资产用于投入再生产，变成生产资料产生更大的价值。这就极大地鼓励全国人民投入创业和发展过程中来。

苏正国：我很赞成这部法律。但是有一点，农村的土地承包宅基地的事情放开以后，上午王兆国副委员长已经讲了这个事情，说还是不成熟。对于这个问题，我提出个意见。现在《物权法》草案通过以后，我们的房产可以抵押，也可以出让，但是农村宅基地盖的房子没有办法进入市场，农民的土地承包权，是在小范

2007年3月8日全国政协工商联界别19组讨论物权法现场

围内的抵押，不可能在银行抵押，而有很多的农民来到城市，就有很多的农民工问题。城市居民和农村居民长期形成两个政策，这个问题我感觉应该尽快地解决。农村的土地承包经营权，宅基地进入市场抵押贷款，这要尽快改革，否则农民更恼火。在城市买土地盖房，到期以后，比如70年以后可以再继续利用。以前是不可以，但是这部法律是可以接收。而农村不一样，"三农"问题一直是困扰我们国家那么多年的问题，现在的二元化社会，农民盖的房子进不了市场，卖不掉，没有办法在市场上流通，这个要尽快改革，应该让农民和城市居民一样有同等的经济地位。

张元龙：改革开放之后，真正的私人财富开始积累。我们社会财富的积累到了一定的程度，必须有这样一部法律来确定这个事情，说明党和政府的改革开放的政策的正确性。

这部法几经修改，还有很多的争议，还有一些不是让所有人全都满意的地方。但是，这部法已经体现出立法者的一个大的智慧，综合了各方面的力量，留下了一些空间。

这部法，我体会就是清晰产权的重要的法律。如果产权不清晰，很多事情不好做的，尤其是合法。只有合法和清晰的产权，才有可发展的空间；只有清晰的产权，社会才能真正建立起信用；只有清晰的产权，我们才有创造的激情。民营企业有一个最大的特点，就是创新的过程中可能也会有失败。企业的形式必须是相当的有承受力。只有清晰的产权才能够搏得起。

总的来说，对于《物权法》草案我非常同意，就提出来一点疑虑，就是溯及力问题。10月1号以前有关物权的问题，一些纠纷如何处置？比如物权被人灭失、侵占，是通过行政的手段还是通过法律的手段解决？

吴一坚：《物权法》草案，国内国外、上上下下非常关注，尤其是非公有制经济人士。改革开放已经三十多年了，对所有权益，从法律上的体现和保障，我们觉得出台《物权法》是非常必要的，也是必须的。改革开放这么多年，我们对私有财产也好、公有财产也好，权属问题也好，给了很多方面的政策和鼓励，但是缺少法律保证。各种各样的规定和各种各样的政策，不能代表法律。建设中国特色，尤其是保障市场经济秩序和构建和谐社会，没有《物权法》，是很难实现的，即使实现了，也不坚固。因此，《物权法》我们是非常拥护的。

当然，任何法律的实施都有一个起始的界限。怎么样能够在《物权法》颁布实施之前这个阶段内，有一个具体的对以前的基本的指导，有利于《物权法》更加明确地实施。

何志尧：《物权法》千呼万唤始出来。《物权法》的出台是第三次修宪以后一部重要的法律法规，是非常重要的，具有划时代的意义。长期以来大家都说，财产的保护是市场经济的核心。如果没有一套完整的法律保护个人的财产，社会创业的积极性就不能得到充分的发挥。所以，十六大讲，要让创业的人群充分发挥潜力。我们每年引进的外资很多，但是，中国的资金通过不同的渠道流向外国的也差不多那么多，没有一部保护创业人财产的法律，必然要抑制投资者的积极性，这使我们过去走了很多弯路。市场经济是企业经济，市场经济必须明确产权的关系，只有产权清晰明确，创业的积极性才能发挥，这是人类社会发展所共同总结的经验。所以，《物权法》是非常重要的。有一些文字上，比如"合法的私有财产"，这句话听了不太喜欢，但这是个人的意见。私有财产，就是我的财产，我的财产就是合法的财产。财产的主体都明确了，所以，肯定是合法的财产。贪污的肯定是不合法的财产，所以写"合法"是不是多余。

还有关于农民的宅基地的问题。农民有基本的生存资料就是土地，有几亩地不能动的。但是，土地问题是集体所有，国家所有的。我们常常说家庭联产，和谁联产，土地就是分产到户。主体是谁？客体是谁？都不清楚，应该写土地的权属。为什么农民不能取得所有权或者是私有权？

总之，这部法律出台非常及时。这是一个定心丸，希望它能够得以推动我们的基本经济制度，推动社会经济发展，对社会起到重大的作用，不完善的地方在实施过程中逐步完善。

郭占春：《物权法》草案对于民营企业来讲非常重要。尽管有一些像"合法的个人财产得以保护"，对于"合法"两个字不太好说等问题，但是专门有一条"国家、集体、所有人的物权和其他权利人的物权受法律保护，任何单位和个人不得侵犯"。

所以，这些用词，我看了以后非常高兴。再一个，我们是搞房地产的，原来很多东西不清楚，道路、用地、车位，到底是属于开发商还是属于业主的，这个事一直不太清楚。这次写得非常清楚，规划区内的车位、车库，这是属于开发商的。剩下的这些绿地、道路等属于物业供应。包括抵押等等，把这些东西理得非常顺，这样使我们企业也能够放心往下做。

关于刚才说的农民土地的问题，当然，这次也说了，为以后留有一定的余地，但是，我总觉得农民这一块，我们希望这次金融改革，农民享有一定的金融服务。农民也和城市人一样，有享受金融服务的权利。宅基地的问题，如果住房能够抵押，有了宅基地以后，贷款资金不足的时候也可以贷款之后逐年来还，而宅基地不允许抵押，就享受不到这样的金融服务。假如这次写不进《物权法》，将来应该很快地解释，还是要解决农民的宅基地问题，不然将来农民想发展，没有金融服务，现代农业也是非常难搞的。

韩真发：《物权法》草案从提出到现在已经很多年了，从提出到现在争议很多，可以说，是千呼万唤始出来。《物权法》草案的出台在我们社会主义初级阶段和实行社会主义市场经济过程当中，在法律史上有着十分重要意义。实际上我们国家自改革开放以来，我们所有的财产权，包括国有资产、集体资产和私人资产，最根本的问题皆是法律上没有明确，也没有保护。由于没有法律上的明确的保障，所以，很多人心里没有底。人们对财产权的保护有一种忐忑不安的心情。所以，大家都希望这部法律出台。当然，这里有很大的争议，但是，有些人争议是为了炒作。

另外，还有一个事，就是《物权法》草案充分体现了对个人的财产的保护，其中在个人的房产、地产利益等等方面作出了详细的法律约定，其中有一条我认为有重大的突破，第149条提出"住宅建设使用权期限届满的自动续期"。二十年前都提出了这个问题，但是所有人回答不了这个问题，住宅是50年、70年，届满以后怎么办，而现在不一样，这个给老百姓吃了定心丸。

邓伟：上午听了《物权法》草案以及《所得税法》草案，确实感到非常欣慰，也增加了对我们国家未来发展的信心。《物权法》草案的实施，正像王兆国副委员长在报告中说的"意义其中之一就是对私有财产依法得到保护,努力引导和支持非公有制解决的发展"。我还有两点体会,就是保护鼓励、支持非公经济的发展,保护私有权,意义决不在于保护私有财产本身,受益者也不光是非公经济的企业家,正像逐渐形成的共识一样,非公经济也是中国共产党执政基础之一。《物权法》草案的实施,一定会有利于继续贯彻党的十六届三中全会《关于社会主义市场经济若干决议》中提到的"坚持效率优先、兼顾公平"。再有就是有利于和谐社会的进一步建设。和谐社会的标准是民主、法制、公平、正义,我们有了法制作保证,也更能维护每个人的合法权益。

主持人:今天的讨论就到这里。①

全国政协工商联界委员的这个发言"实录",可以清楚地反映物权法草案引起的广泛关注和深度热议。其他界别的委员也从不同的视角对这部法律草案提出意见建议。

"坚持公有制为主体、多种所有制经济共同发展的基本经济制度""国家巩固和发展公有制经济,鼓励、支持和引导非公有制经济的发展",是《物权法(草案)》立法的基本原则。委员们在讨论中,对《物权法(草案)》的中国社会主义特色给予了充分的认同。保育钧委员表示,《物权法(草案)》既将公有财产和私有财产放到一起平等保护,又明确了国有财产、集体财产、私有财产的界限;辜胜阻委员建议,国有企业应当做其他所有制企业不愿意做的事情,比如公共资源的配置,"只有这样才能体现不同主体是平等的,同时地位和作用不一样"。

经济界别的委员们高度重视对国有资产的保护。苗耕书委员表示,物权法应当侧重对国有资产的保护。他认为,对于国有资产的流失,与一个企业和楼房相比,土地的流失是更加危险的,而现在我国很多土地的审批权往往都只掌握在一两个地方政府官员的手里,一支笔就能决定,法律在这方面给予监督控制是很关键的。陈清泰委员也表示应当重视国有资产流失问题。他以徐工并购案为例,指出国有资产重组不应以保值增值作为唯一目标,否则中国的优质企业都会落到外资的手里。政府应当加大力度培育以国有资本为主体的具有全球竞争力的企业,政府应当发挥应有的职能,

---

① 《全国政协十届五次会议讨论物权法草案实录》,中国网 2007 年 3 月 8 日。

实现国家目标、国家战略，而对于这方面，单单靠物权法是解决不了的。孙昌基委员认为，目前在企业改制、并购中，国有资产的流失非常严重，因此《物权法（草案）》明确了对国有资产的保护，意义重大。

关于限制公权力的滥用问题，物权法草案起草人之一梁慧星委员在分组讨论会上说，《物权法（草案）》对于划清公权力与私权利的界限，规范和限制公权力的滥用和"全面推行依法行政"的目标，都十分有益。他说，作为具有"排他性"的民事权利的物权具有"排除他人干涉的效力"。物权的"排他性"，不仅排除一般人的干涉，而且"排除国家的干涉"，首先是警察的干涉。我们看到车站、码头、广场、街道、公路都有警察巡逻，但私人的房屋、住宅小区却没有警察巡逻。为什么警察不能进入我们的小区巡逻呢？为什么许多小区的门口都有一块牌子，上面写着八个大字："私人产业，非请勿入。"警察如果要进入公民的房屋，第一须得到房主的同意；第二要想强行进入，必须持有搜查证。没有搜查证强行进入，就构成了违法行为。

委员们认为，《物权法（草案）》有利于促进市场经济发展。吴敬琏委员在会上会下都连连说："非常支持！""非常拥护！"3月8日，他接受记者采访时表示："我可以肯定这次《物权法（草案）》一定会顺利通过，因为这是众望所归，这也是市场经济的基本法律。我们搞市场经济都28年了，《物权法》的起草到现在已经13年了，《物权法（草案）》在征求了上万人的意见、开了一百多次会议讨论，应该说它已经相当成熟了，《物权法（草案）》体现了对国有、集体、私人财产的平等保护原则，对建设社会主义市场经济秩序意义深远啊！"

谈到物权法的意义，许多委员提出，这部法律将推动促进和谐社会建设。武春河委员说，近年来，物业和业主之间的矛盾越来越突出，有时还会演变为恶性事件，此次《物权法（草案）》的出台将有助于这一矛盾的化解。因为《物权法（草案）》从维护业主的合法权益出发，明确规定业主对建筑物内的住宅、经营性用房等专有部分享有所有权，对专有部分以外的共有部分如电梯等公用设施和绿地等公用场所享有共有和共同管理的权利。姜光裕委员说，随着改革开放的深入，目前国有的、民营的、外资的、合伙的多种产权形式出现，没有法律保护他们，大家心里面不太踏实。特别在前段时间对农村的土地征用，农村土地是集体的，有多少权益属于自己的，农民搞不清楚，农民有理没法讲。在征用农民土地和城市动迁中，人民群众和政府的矛盾很大。因此《物权法（草案）》的通过和实施将对化解矛盾，促进和谐社会建设有积极意义。

由于物权法与此前的一些关于产权的法规相矛盾，很多委员都表示非常关心物权法推出后对于历史遗留问题的解决。李书福委员根据自己的企业经验提出看法。他说，20多年前，自己旗下的一个企业以合资企业的身份通过政府购买了土地，而按照当时关于合资企业法律规定，合资期限到期后，土地、厂房以及相关的企业设施都要重新归国家所有。从目前来看，很多大大小小的合资单位都将要面临合资期限到期的问题。也就是说，这些企业在维持继续生产运营的情况下，要重新通过招标投标的方式，才能获得土地和厂房的继续使用权，这也将严重影响到企业的正常生产和发展。这个观点引起与会委员的同感，很多委员表示对于相关历史遗留问题的解决，准备写出专门说明上交人大常委会，希望政府对此补充司法解释。

在3月14日下午全国政协十届常委会第十七次会议上，大会秘书长郑万通对本次会议情况作了综合汇报。对于物权法草案，郑万通说，委员们一致认为，制定物权法，是建设中国特色社会主义法律体系的重大步骤，是实施依法治国、建设社会主义法治国家的重要举措，是我国经济社会发展的迫切要求。委员们建议全国人大尽快审议通过这个法律。

2007年3月16日，十届全国人大五次会议以2799票赞成、52票反对、37票弃权的表决结果，高票通过物权法。

人格权法独立成编的争论

随着市场经济和互联网大数据的发展，宾馆中的偷拍摄像头、人肉搜索、信息泄露等问题层出不穷，给个人隐私带来威胁。为贯彻落实宪法关于"公民的人格尊严不受侵犯"的要求，适应时代发展，保障公民在网络环境中人格利益的需要，2020年5月28日十三届全国人大三次会议通过的《中华人民共和国民法典》，将人格权法独立成编。

与其他国家相比，人格权编是我国民法典的一个鲜明特点。在我国民法典制定过程中，对于民法典要规定人格权，所有的民法学专家都没有异议。但是，编纂民法典应当如何规定人格权，却成了我国人格权立法主要争论的问题。

曾几何时，我们忽略了对个人人格权和人格尊严的尊重和保护，给国家和社会带来严重影响。基于这些反思，1986年通过的《民法通则》以专章的形式规定民事权利，专设了"人身权"一节，用7个条文规定了人格权，使我国公民享有生命健康权、姓名权、肖像权、名誉权、荣誉权，开创了我国人格权立法的先河。此后，人们对于侵害自己人格权特别是侵害自己的精神性人格权的侵权行为，拿起法律武器，敢于说不。这使人们一方面看到了人格尊严和人格权之于人的重要价值；另一方面也感到在保护人格权方面存在的不足，需要在立法中进一步完善。

关于民法典分则各编是否设置人格权编的第一次争论，发生在1995年司法部组织专家讨论高等学校法学统编规划教材（民商法系列）的计划时。当时许多民法学专家主张，法学统编规划教材应当单独编写"侵权行为法"和"人格权法"两部教科书，为将来的民法典编纂和民法学教学做好准备。有的专家反对专门编写这两部教材，理由是不符合传统民法的习惯做法。依照国外的民法立法惯例，人格权应当规定在总则的人法中，侵权行为法应当规定在债法中，不能单独立法，也不能单独编写教材。

经过激烈争论，最终按照多数人的意见决定，《侵权行为法》《人格权法》两部教科书单独编撰。

1999年《中华人民共和国合同法》制定完成后，立法机关决定起草民法（草案），成立了由9个人组成的民法编纂领导小组。在讨论民法分则各编的立法结构时，小组成员又发生了争论，许多人主张民法（草案）在总则编之外，设置物权编、合同编、人格权编、婚姻家庭编、继承编、侵权责任编和涉外民事关系法律适用编。有的专家坚持外国的立法传统，不同意单独规定侵权责任编和人格权编。最终，按照多数人意见，决定设立侵权责任编和人格权编。

按照分工，王利明教授主持民法（草案）侵权责任编和人格权编建议稿的起草任务，并于2001年年初完成了这两部立法建议稿草案。全国人大常委会法工委组织专家在西黄城根的人大会议中心，对这两部建议稿进行了两天讨论。与会专家充分肯定这两部草案建议稿的成果，认为内容丰富，条文比较扎实，可以作为起草民法人格权编和侵权责任编的基础。

2002年12月初，全国人大常委会法工委形成了《中华人民共和国民法（草案）》，分为总则编、物权编、合同编、人格权编、婚姻编、收养编、继承编、侵权责任编和涉外民事关系法律适用编共9编。当月下旬召开的九届全国人大常委会第三十一次会议对民法（草案）进行审议。

立法机关对民法（草案）审议结束后，决定继续完善民法单行法的立法体系。《物权法》《侵权责任法》《涉外民事关系法律适用法》《消费者权益保护法》……相继完成立法。由于专家意见分歧，《人格权法》的立法工作暂时搁置。

2014年，中共中央决定编纂民法典，先编纂《民法总则》。由于制定《民法总则》必然涉及下一步编纂民法典分则各编是否要规定人格权编的问题，对人格权立法的争论重新开始。

2015年9月14日，全国人大常委会法工委民法室在全国人大办公楼会议室召开第一次《民法总则（草案）》专家研讨会。在为时三天的座谈会上，围绕"人格权独立成编"问题，数度引发激烈争论。第一天上午，不同意人格权编单独立法的专家发表了长篇讲话，主张不能在民法典的分则中规定人格权，应当在《民法总则》中关于人法的部分规定人格权，否则就破坏了民法的立法传统。梁慧星教授是反对人格权单独成篇的专家之一。他撰写的政协"三亲"史料回忆民法典编纂过程时说，"从人格权的重要性来讲，人格权法（编）当然可以单独设编。但我个人倾向于人格权法（编）不单独设编。我认为人格权具有特殊性，它是自然人对自身的权利。如果单独设编，就是将人格权这一主体自身的问题与物权关系、债权关系、亲属关系和继承关系并列，从编纂逻辑角度来看是不太合适的。回想往事，殊途同归，所有的争论，都是为了制定一部先进的、科学的、完善的民法典"。

这次会议结束之后，民法学界开始重新讨论民法典的人格权是否独立成编问题。争论的焦点是，民法典人格权独立成编究竟是立法技术问题，还是政治风险问题。王利民是人格权独立成编的坚决主张者。他们始终认为，编纂民法典对人格权如何规定，是在私法领域规定民事主体的民事权利，不存在政治风险问题；人格权独立成编完全是立法技术问题，独立规定人格权编将会有比较广阔的立法空间，能够对人格权进行全面规定，从而突出我国民法典的鲜明中国特色。

随着《民法总则》在2017年3月通过，民法典分则各编的编纂工作开始。在这一期间，专家一直探索新的办法解决人格权的立法问题，最终没能实现。

这年10月，中共十九大报告提出"保护人民的人身权、财产权和人格权"。这使编纂民法典，特别是规定好人格权法有了重要遵循。根据十九大报告的精神，人格权编的立法正式纳入民法典分则各编的立法计划，起草了包括人格权编在内的各分编的草案。经过专家的多次讨论修改，终于将民法典分则各编（草案）于2018年8月27日提交全国人大常委会进行第一次审议。在审议中，人格权编的立法方法和具体内容得到了常委们的高度认可。

民法典分则各编（草案）公开征求社会各界意见时，赞成人格权编草案的占绝大多数。经过充分吸收讨论意见，人格权编草案的修改越来越完善。最终，全国人大会议高票通过各编合体后的民法典。人格权编在保护人民的人格权的成功立法，是我国《民法典》立法的亮点之一。

凝聚高度共识的《民法典》诞生

法典是时代精神的法律表达。在所有法典中，民法典关系着市场经济的基本运行规则、关系着人民生活的基本行为准则和切身利益。民法典的出台，凝结了新中国几代人的夙愿，凝聚了社会各界的智慧和心血，体现了科学立法、民主立法、依法立法的成果，成为法治现代化的一个重要标志。

——以习近平同志为核心的党中央的正确决策和坚强领导，是民法典编纂工作顺利完成的最根本原因。

2016年6月、2018年8月、2019年12月，中共中央总书记习近平三次主持中央政治局常委会会议，听取并原则同意全国人大常委会党组就民法典编纂工作所作的请示汇报，对民法典编纂工作作出重要指示，为民法典编纂工作提供了重要指导和基本遵循。

根据编纂民法典的指导思想，立法机关确立了"编纂式立法"这一重要理念：不是制定全新的民事法律，而是对现行的民事法律规范进行编订纂修；不是简单的"麻袋装土豆"，而要对已经不适应现实情况的规定进行修改完善，针对经济社会生活中出现的新情况、新问题作出有针对性的新规定。

为做好民法典编纂工作，全国人大常委会党组先后多次向中共中央请示和报告，就民法典编纂工作的总体考虑、工作步骤、体例结构等重大问题进行汇报。"党中央的坚强领导，是我们圆满完成民法典编纂的决定性因素。"全程参与本次民法典编纂的全国人大代表、中国社会科学院学部委员孙宪忠认为，不少立法中的关键问题和重大争议，都是中共中央在科学研判的基础上拍板解决。

——民法典编纂工作协调小组各成员单位牢记使命担当，为民法典编纂贡献了重要力量。

2015年3月20日民法典编纂工作正式启动后，由全国人大常委会法制工作委员会牵头，最高人民法院、最高人民检察院、国务院法制办公室、中国社会科学院和中国法学会这五家协调小组组成单位分别通过本系统开展调查研究，提出意见建议。比如，2016年3月30日，最高人民法院就民法总则制定工作给全国人大常委会法工委复函，提出了9个方面的建议，包括加强民法总则立法的时代特色；民法总则应当反映绿色发展理念，确立民事主体保护环境，节约资源，促进人与自然和谐发展的理念；在具体内容上，建议增加民事责任专章，完善监护制度，建立亲权监护为主、国家监护保障的监护制度，等等。开始各分编的编纂后，最高人民法院于2018年两次致函全国人大常委会法工委，对6个分则提出近300条意见和建议。再比如，在民法总则研究工作中，高检院立足检察职能，确定了6个重点专题，并向北京、天津、河北等18个省级人民检察院下发了调研通知，在院内组成课题组，汇总研究地方检察机关的意见。还比如，根据分工，中国法学会担任《民法总则专家建议稿》起草工作。初稿形成后，他们于2015年4月20日在网上公开征求意见，引起了社会各界的高度关注。截止到6月22日20时，征求意见稿在各平台浏览量为：中国民商法律网网站16914，微信平台49832，微博平台291853；中国法学创新网17165。另有500多人、15个团体通过发送电子或纸质方式对建议稿提出意见或建议，共计近3000条，字数总计超过83万字。聚焦热点难点，中国法学会还组织召开或参加了10多个专题研究会议，针对民法典编纂过程中的重要问题，从概念用语到制度设计，充分进行研讨甚至激烈交锋，各次会议均形成专门意见，总计超过千条。

——回应现实关切，充分吸收各方面意见。

在起草民法总则前后一段时间里，社会上发生了一系列案件，引发各方面广泛关注和群众热烈讨论。这些案件背后折射出的法律问题，被群众精练地概括为"扶不扶""劝不劝""追不追""救不救""管不管"等法律及道德之问。此外，在一个时期，一些侮辱英烈人格的言论，在报纸杂志和网络上时有发生，引起人民群众的极大愤慨，有的也成了民事案件。

所以，在民法总则中能否增加弘扬社会主义核心价值观的有关规定，也成为大家关注的重点。

经过反复讨论、听取意见，民法典规定的具体制度体现了这一立法宗旨。全国人大常委会法工委民法室主任黄薇曾在《文史资料选辑》175辑上撰文，对总则编第184条"好人条款"的形成过程进行了回顾。

> 一段时间以来，"救人者"反被指为"肇事者"，引发社会上对见义勇为却要招来侵权责任问题的关注。在民法典编纂的第一步——制定《民法总则》的过程中，有意见提出，应当强化对见义勇为救助行为的鼓励和保护，匡正社会正气，化解老人倒地无人敢扶等社会问题。也有专家提出外国有"善良的撒玛利亚人法"，规定急救情况下通常在所难免的风险、一般难以预见的损失不能归咎于急救行为，救人者不需要因此承担侵权责任，只有故意或者重大过失导致受害人损害的，才须承担侵权责任。经过认真研究，民法典吸收了这一意见，在《民法总则》草案中规定了一条：因自愿实施紧急救助行为造成受助人损害的，救助人不承担民事责任。但是救助人因重大过失造成受助人不应有的重大损害的，承担适当的民事责任。2017年3月，《民法总则》草案提请十二届全国人大五次会议审议，有不少代表提出，上述的这一条规定具有很强的针对性，对鼓励见义勇为，保护救助人，有着积极意义，但该条"但书"的规定不能完全消除救助人的后顾之忧，对救助人的保护不够彻底，建议修改。经认真研究，我们采纳了这一意见，对这一规定作了修改，从举证责任、是否有重大过失等方面对救助人在特殊情况下承担的民事责任作了进一步严格限定，将这一条修改为：因自愿实施紧急救助行为造成受助人损害的，救助人不承担民事责任。受助人能够证明救助人有重大过失造成自己不应有的重大损害的，救助人承担适当的民事责任。这一修改方案再次提请代表审议，一些代表还是不满意，认为修改后的条文虽作了进一步严格限定，针对的是在实践中可能出现的特殊情况，但仍难以免除见义勇为者的后顾之忧，不利于倡导培育见义勇为、乐于助人的良好社会风尚，建议删除"受助人能够证明救助人有重大过失造成自己不应有的重大损害的，救

助人承担适当的民事责任"的规定。我们经反复研究，最终吸收了这一意见，将这一条修改为："因自愿实施紧急救助行为造成受助人损害的，救助人不承担民事责任"，从而从法律制度上明确宣示见义勇为不构成侵权责任，彻底免除了见义勇为者的后顾之忧。此外，根据这一条前面一条的第一百八十三条的规定，见义勇为所受损害由侵权人担责或者由受益人补偿。这两条规定共同构成了对见义勇为的民法保障，就中国问题给出了中国方案，也得到了人大代表、司法机关和社会各方面的一致好评，成为民法典的一大亮点。

厚重的民法典，1200多个条文之首，"社会主义核心价值观"庄重醒目。这就是中国特色的重要体现，是贯彻依法治国与以德治国相结合原则的重要体现。民法典树立鲜明导向，引领公序良俗，彰显法安天下、德润人心。

——坚持开门立法，求得社会共识的"最大公约数"。

2020年2月，疫情防控阻击战正处于关键阶段。全国人大代表、广州市中级人民法院少年家事审判庭庭长陈海仪，焦急地与全国人大常委会相关部门取得联系，反映有儿童因为家长被隔离而无人照顾的问题，并建议对相关制度作出完善。当年两会上，陈海仪惊喜地发现，她的建议已经在立法中得到回应。民法典结合疫情防控，进一步完善监护制度，把对被监护人的保护网织得更密。

这一幕，是民法典开门立法的一个缩影。从呱呱坠地出生，到百年之后离世；从清晨迎接第一缕阳光，到下班回家休息。每个人时时刻刻都在与民法打交道，受其规制，受其保护。这部民法典能否得到广大人民群众的充分接受，并切身践行，是检验其成功与否的重要因素。开门立法，广泛征求意见，无疑是民法典制定过程中的重要环节。

在民法典制定过程中，立法机关10次通过中国人大网公开征求社会公众意见，共计42万人次参与，102万条意见反馈；27次赴地方开展立法调研，在北京召开51场各类座谈会、研讨会，听取人大代表、政协委员、专家学者、人民法院、人民检察院、政府部门、企业、基层干部群众等各方面的意见。针对意见反映集中、争议较大的问题专门召开座谈会……一场广泛而热烈的"民法典大讨论"，体现了立法者的人民至上理念，也成为法治中国的亮丽风景。

为了让人民的法典更接地气、更具实效，立法机关深入基层，走进群众。2019年，全国人大办理代表涉及民法典编纂的议案32件；选取生态环境、公益诉讼、夫妻共同债务等重点问题，专程奔赴有代表性的地方调研；针对物业纠纷等老百姓反映强烈的问题，走访小区、居委会……通过广泛吸纳各方意见，让立法理念与社会发展同步，法律条文与百姓期盼同频。

2019年12月，由民法总则与民法典各分编草案"合体"而来的完整版民法典草案首次展现在世人眼前。2020年全国两会期间，5月24日下午、5月25日上午，全国人大各代表团分组审议民法典草案；23日下午、26日上午，全国政协各界别委员分组讨论民法典草案。出席全国两会的人大代表和政协委员一致认为，民法典草案彰显人民至上，回应百姓关切，有着鲜明的中国特色与时代特征。在这次会议上，共有1241名人大代表提出2956条意见。全国政协委员也提出许多修改建议。在对各方面意见进行研究后，草案又作了100余处修改，其中实质性修改40余处：禁止物业公司用断水、断电等方式催交物业费；针对地面塌陷伤人问题作出规定；明确公安等机关对高空抛物坠物的调查责任……在讨论中，也有一些很有价值的建议，尽管没有被采纳，但可以吸收到将来民法典执行过程中的立法解释与司法解释当中。

2879票赞成、2票反对、5票弃权。2020年5月28日十三届全国人大三次会议的这个表决结果，充分表明《中华人民共和国民法典》凝聚的高度共识！这部具有中国特色、体现时代精神、反映人民意愿、保障民事权利、维护社会公平正义的法典就此诞生。民法典，必将助推"中国之治"跃上更高境界，在新时代中国特色社会主义事业奋斗征程上树起又一座法治丰碑。[1]

---

[1] 本章资料参见中国政协文史馆编：《文史资料选辑》（175辑）"民法典编纂专辑"，中国文史出版社2021年版。

民主恳谈：基层协商的温岭模式

习近平总书记在庆祝人民政协成立 65 周年大会上讲话指出，我们要坚持有事多商量，遇事多商量，做事多商量，商量得越多越深入越好。在人民内部各方面广泛商量的过程，就是发扬民主、集思广益的过程，就是统一思想、凝聚共识的过程，就是科学决策、民主决策的过程，就是实现人民当家作主的过程。[①]"谈"是商量的主要形式。20 多年来，中国浙江温岭以"民主恳谈"形式，在乡村、社区、企业及各级政府，围绕公共事务开展的各种决策议事会、专题询问会、重大事项听证会，实质上就是充分讨论、坦诚交流、诚恳对话的广泛商量，是基层协商民主的重要体现。

缘起：思想政治工作的载体

温岭市是浙江省台州市所辖县级市，地处浙江东南沿海，是一座滨海城市。全市陆域面积 926 平方公里，海域面积 1079 平方公里，大小岛屿 170 个，海岸线长 317 公里；下辖 5 个街道 11 个镇 97 个社区（居）委会，830 个行政村。根据第七次人口普查数据，截至 2020 年 11 月 1 日零时，温岭常住人口为 141.6 万人。在当年 12 月中国社科院发布的《全国县域经济综合竞争力 100 强》中，温岭排名第 21 位。

这是一个走向现代化的新型城镇。但在改革开放之前，温岭同全国其他地方一样，贫困落后、基础薄弱。尤其是人多地少的矛盾严重制约了温岭发展。当改革大潮卷到温岭，领风气之先的一拨拨农民，奔波于全国各地，经营着贩卖小商品、修修补补、小作坊等小生意，赚取人生的"第

---

① 《习近平谈治国理政》（第二卷），外文出版社 2017 年版，第 292—293 页。

一桶金"。1983年，牧屿镇（现合并到新河镇）的几个鞋匠共同出资创办了牧屿鞋厂，成立了中国大陆第一家股份合作制企业。陆续地，各种乡村企业纷纷在温岭起步，推动了民营经济的发展。

到了20世纪90年代，温岭的经济发展远远走在了社会治理的前面。地方经济振兴给社会管理带来了新的变化，甚至挑战。除了群众生活的富足安康外，还有当地人与外来人、体制内与体制外、经济发展与环境改善等一系列的矛盾和冲突。乡村关系（乡镇政府与村居委员会的关系）、两委关系（村居党组织和村居委员会的关系）和干群关系常常陷入困境，用"扭打在一起"来形容并不为过。比如，就干群关系来说，既有乡镇干部与群众的关系，也有村两委干部与群众的关系。干部抱怨群众只顾眼前利益而不考虑当地社会发展的长远利益，自由散漫、不服从安排；群众则怨气更大，认为干部工作方法简单、粗暴，不听群众意见，剥夺群众知情权和参与权，一些曾经走出去见过世面的群众还运用上访等手段主张利益诉求；他们尤其对村居一级财务混乱，有些村干部私分集体财产，公款消费颇为不满，敢怒不敢言。

面对这种不正常的政治生态，温岭市委市政府一直在寻找解决方案，运用各种形式的思想政治教育手段，包括请专家给村民宣讲政策等。时间久了，群众对这些千篇一律的形式日觉厌烦，而对寄希望解决的诸如乡村道路修建、建房审批、社区治安、环境整治等问题始终得不到重视感到无奈。对党委政府组织的各类教育活动，很多村民采取逃避、敷衍等方式予以抵触。

事实上，当时温岭这种状况不是个案，其他地方也有不同程度的存在。这种情况引起中共中央高层的重视。如何破解基层思想政治工作的困局，成为各级党政官员要寻找的答案。

1999年，中共浙江省委将持续十年的"农村基本路线教育"改名为"农业农村现代化教育"活动，在基层进行动员和推动。为落实好这场现代化教育活动，台州市委宣传部要求温岭市委宣传部选择一个镇作为试点。经过多次沟通、协商，温岭市委宣传部与松门镇党委达成一致意见，在松门创设了"农业农村现代化建设论坛"。

松门镇地处沿海地区，农业、工业、渔业等产业发展比较均衡，当时社会经济处于温岭市的中上水平，但发展中的问题也比较多，尤其是干群关系比较紧张。松门镇党委、政府的主要负责人也想积极探索一些行之有效的办法来化解基层的矛盾和问题，希望以"农业农村现代化教育"为契机，改变长期以来形成的灌输说教的宣教模式，从解决实际问题着手，了解民众的实际需求和意愿，诸如他们在想什么？盼什么？对农业农村现代化建设有什么好的建议？

这是一个通过对话方式来发现问题、解决问题的论坛工作思路。在干群关系紧张、社会矛盾突出、基层问题集中的形势下，这样做还是具有一定风险的。既怕没人来，又怕控制不了局面。把控不好，对话会就会成为"吵架场"。

为稳妥推进论坛，温岭市委宣传部和松门镇党委、政府负责人提前做了充分讨论，甚至准备了"应急预案"。在做第一次论坛的预案时，他们归纳出几个问题：

如何确定参会者？他们认为普通群众可能会来，但估计不会多。如果有"来者不善"者怎么办？为此，事先特地通知了15位村干部参加。组织者特别提出，现场要掌控局面，对"不善"者，坚持有礼有节，做好应对准备。

现场如何讨论？对组织者来说，归根到底一句话，要让群众充分发表意见，不要随意打断。参会的分管领导、各线干部作好充分思想准备。对于群众提出的问题，干部要认真解答，不能敷衍了事。现场能够回答的，就明确表态；需要调研或集体研究的，也要坦诚说明原因，事后予以办理；对承诺的事情，必须抓好落实，取信于民；属于工作建议的，做好梳理、以备吸纳参考。

论坛如何组织？温岭市委宣传部和松门镇党委专门成立论坛领导小组。镇党委书记为组长，全面统筹。设三个副组长：党群副书记，负责会前调研，确定论坛议题；人大主席负责每项问题交办的跟踪督查落实。论坛正式开始之前，公告主题，广泛动员，鼓励民众自愿参加。

6月15日，松门镇"农业农村现代化教育"论坛开幕。第一期主题确定为群众非常关注的社会治安，即"社会治安综合治理与现代化建设"。会场特意选择在镇政府四楼会议室，这样便于控制局面。会议之前，特别强调了论坛的规则和纪律。出席会议者有镇政法委副书记、镇综治办主任、派出所所长、法庭庭长、边防大队大队长等15名干部；还有150多名自发参加的群众。民众对这次论坛充满好奇，更充满期待。参加者有惜时如金的生意人，有大字不识的老妪，有见多识广的年轻人，有关注公共事务

1999年温岭松门镇的农业农村现代化论坛

的热心人。出乎主办方意料的是，整个会议室坐得满满的。发言者举手拿话筒，一个接一个。现场秩序井然，气氛热烈。整场会下来，没有长篇大论，没有空话套话。群众与镇领导、与执法者之间进行着平等、理性、真诚的对话。对话内容涉及方方面面，大到镇村规划、投资环境，小到邻里纠纷、生活琐事。当场提出了20多个问题，其中10个问题当场给予解答。一时解答不了的，作出耐心解释，并承诺具体解决时间和办法。

当年论坛的创办者也许没有意识到，他们植下的温岭基层民主协商的种子，在以后的二十多年里枝叶繁茂、开花结果。这次"农业农村现代化建设论坛"成功举办后，松门镇又于当年8月17日、9月2日、11月3日分别召开了议题为"快速、健康、协调发展工业经济""大力推进村镇建设，美化村容村貌""推进科教兴镇，提高人口素质"三次论坛。这几次论坛，共有600余人参加，提出问题110余件，答复84件，承诺交办26件，产生了很好的效果。松门镇把"民主、教育、服务"贯穿论坛全过程，通过对话听民声、察民意、顺民心、聚民气，促进了各级干部工作作风的转变，可以说找到了农村思想教育活动的抓手。群众也有机会对与自身利益有关的问题发表意见。这比那些似懂非懂的宣讲和说教更易接受。尽管有些问题一时不能得到如愿解决，但在对话交流中体会到了平等、尊重、当家做主的自豪感。当年，中央电视台的"焦点访谈"以接地气、直面问题而深入人心。这些论坛就被群众誉为松门的"焦点访谈"，可见其受欢迎的程度。

松门的经验对全市都是一个启发，吸引了各地急于破解乡村思想政治工作困局的党政官员们。一时间,松门的做法在温岭各乡镇迅速推广。1999年年底,全市各乡镇出现了各式各样的沟通会、对话会,比如"村民民主日""农民论坛""民情直通车""民情恳谈"等。甚至村一级也直接推广了干群对话活动。

温岭市委及时总结松门镇的经验和做法,并对其进行规范。2001年6月12日,温岭市委颁布《关于进一步深化"民主恳谈"活动,加强思想政治工作,推进基层民主政治建设的意见》,将各地形式多样的实践活动,在名称上统一定名为"民主恳谈"。

常态:乡村治理的必经程序

温岭市经济社会发展程度较高,县域经济的基本竞争力较强。随着市场经济的发展,当地群众的自主、竞争、公平、公正、契约等现代民主观念逐渐产生,并渗透到日常政治生活领域和公共事务管理之中。以解决思想政治工作为切入点的温岭民主恳谈,通过积极的探索,逐渐成为基层民主政治建设的创新模式。

"民主恳谈"这种模式契合了群众合理合法维护自身权益和表达诉求的愿望,激发了关心身边大事、参与公共事务决策和管理的热情。为回应这种愿望和热情,温岭市进一步改进民主恳谈工作,完善乡镇民主恳谈程序。在民主恳谈实践逐渐走上正轨之后,温岭市委要求各地各部门把民主恳谈作为重大决策的必经程序,并指导乡镇、村居、企业、事业单位制定符合各自实际的操作规程。据统计,到2002年年初,即民主恳谈实践刚刚萌发的头三年,温岭市参加民主恳谈的群众就达30万人次,占全市人口的四分之一以上,提出的意见有5万多条,当场答复的有近万条,解决落实的占到三分之一。2004年,温岭市委作出《关于民主恳谈的若干规定》,对民主恳谈应遵循的基本原则,乡镇(街道)、村(居)和乡镇(街道)党内民主恳谈的议题范围、参加对象、基本程序、讨论事项的实施、监督等问题作出详尽规定。这一年,温岭的"民主恳谈"高票入选第二届"中国地方政府创新奖"。如今,民主恳谈形式已在温岭社会治理中不可或缺,平均每年要开1800多场民主恳谈会。

在乡镇层面,温岭市要求乡镇凡属政府投资的公共设施建设项目、群众普遍关注的民生事项等,都要纳入恳谈会议题,进行民主协商。一般情况下，会议由召集人和利益相关者参加。在会议召开之前，就把议题交给会议参加者做事先研究和准备。这些议题往往事关当地发展和个人利益，参加者无不倾心投入。政府负责人经过听取群众意见建议和讨论协商后，对原定方案进行修改、补充、调整、完善，再形成新方案，进入正式决策程序。

2002年8月，为优化教育资源，温崎镇政府召开"江厦学区校网调整民主恳谈会"，商讨将青屿中学撤并至江厦中学的方案。镇政府本意是借此进一步提高本地教学质量，但这个方案却遭到青屿片区居民的强烈反对。他们的理由是，这将增加学生食宿、交通等费用，且路途安全也缺乏保障。在听取群众意见、认真论证后，镇政府在恳谈会现场做出暂缓撤并青屿中学的决定，还对整合优化教育资源制定一些新的措施。不过，没有多久，由于江厦中学教育资源更佳，群众就自愿选择了最优者。

"公厕革命"是温岭市2018年启动的攻坚克难重点项目。这年8月1日，大溪镇政府召开"公共厕所建设"民主恳谈会。政府拟投入1700万元资金，在建成区新建5座公厕、改造提升42座，在非建成区新建2座、改造提升124座，另外安排企事业单位对外开放26处。"公厕革命"的话题吸引了80多位大溪镇群众的积极参与。恳谈会上，大家基本认同政府的拟建计划，但对公厕拟建的数量与布局、外观形象设计、功能设施、项目运作市场化等方面提出了20多条建议，多数被镇政府采纳。

村庄、社区是我国最基层的社会组织。温岭将民主恳谈会这种形式向乡村、社区公共事务决策和管理方面复制，进一步扩大公众的知情权、参与权、管理权和监督权。村一级恳谈会的组织者一般是村两委班子成员，参会者除党员、村民代表外，主要是本村村民；议题涉及范围大都与村级公共事务与管理有关。从泽国镇政府有关资料来看，仅2004、2005两个年头，该镇就有金水村、双峰村、下点村、长桥村、渚里村等村庄围绕创建省级卫生村、村庄整治等工作开展200多次民主恳谈会。2007年，81个村庄分别围绕村留地建设、提高村集体收入、村民饮用水、环境卫生整治、老人活动场所建设等问题全部开展了民主恳谈。

2007年7月2日下午，箬横镇东洋里村在东浦管理区四楼会议室举行关于本村钢铁机电市场经营管理问题的恳谈会。这个村子建材业较为发达。两年前，村委会在未告知村民的情况下，把村里的钢材市场承包出去，村民意见很大。在此情形下，村委会不敢再发包，最后导致招标"流产"，以至于市场管理找不到责任人，严重影响市场运行。村民们对这次恳谈会寄予希望，早早就有100多位村民来到会场。主持人先介绍恳谈会的前期准备工作，包括组建市场整顿领导小组，召开市场经营户座谈会以及党员、村民代表大会等。在征求多方意见基础上，两委拿出整体承包、租赁承包、分割承包三套方案，并分析了各项的优缺点。会议讨论热烈。如果整体出租，就好像把自己的东西卖给了别人，不能接受；如果选择租赁，有可能外村人成为法人代表，村民不放心；如果按摊位承包，又太分散。经过数个回合的讨论和争辩，思路逐渐清晰，共识不断增强，最后选择了整体承包。这是一个保本的选择。村里每年可以有近10万元的承包款入账，旱涝保收。根据议程规定，会后立刻进行村民代表表决，一致同意整体承包。这次民主恳谈会创造了较为成熟的经验：会前，村两委班子花去近40天时间开展深入全面的调研，对议题提出三套有利弊分析的方案，之后才进入恳谈协商程序；会上经过激烈辩论，根据多数与会者意见选择最优方案。

村庄环境综合整治相对复杂，"牵一发而动全身"。2018年10月份，大溪镇沈岙村召开"环境综合整治"民主恳谈会。会上，村民们的有些发言具有很强针对性：村干部有没有违建房屋，为什么不拆？建筑垃圾何时清理完？农民建房指标如何落地？工业集聚区提升工程怎样进行？更多的村民是对这一问题的积极建言，包括加快推进A级旅游村庄建设、设立环境综合整治具体标准、发挥党员干部带头作用开展整治监督等。通过协商，这些问题都得到不同程度的落实，有效推进了农村人居环境改善。

上述片段，只是村民参与民主决策和社会治理的一个缩影。在温岭，这已经成为惯例。村民委员会对重要村务事项作出决策时，必须先召开村民民主恳谈会，广泛听取村民意见，并对议案进行修正和完善，再依法提交村民会议或者村民代表会议讨论通过，从而形成符合多数村民意愿的最终决策。通过这么多年的实践，民主恳谈这项制度进一步扩大了重大村务事项决策的民主程度。由于有广大村民的参与，使决策更加透明、更加科学，从而提高了村民的认同感，让村民切身感受到当家作主的滋味；同时，增进了村委会的凝聚力，也有利于决策事项的顺利实施。

民主恳谈也在城镇社区治理中发挥着积极作用。环境整治，是城镇社区老百姓身边的"大事"。2022年2月16日，浙江温岭太平街道坊巷举行"品质管理"民主恳谈会。居民代表们围绕如何完善小区治理建言献策。这是20多年来温岭市主城区进行旧城改造体量最大的项目之一，涉及住宅667户，征迁面积达8.5万平方米。改造工程从2017年正式启动，经过4年多的等待，2021年9月底完成房屋抽签安置。

为了做好召开恳谈会的准备，社区改造负责部门先在小区所在的卖鱼桥社区进行民意调研，听取业主们对提升小区品质管理的意见，并就大家关心的热点问题与设计单位、职能部门沟通，请他们全程参与恳谈会。

民主恳谈会在热烈气氛中进行。业主们纷纷举手发言，抛出一系列问题：小区地下两层车库没有明确标识、不熟悉地下车库结构的居民有时找车就需要半个多小时、小区路灯的亮度普遍偏暗等。一个多小时的恳谈，围绕营业房油烟排放、商圈打造、小区亮化、地面充电场所选址、小区居家养老、邻里公共文化建设等八大类，提了30多条看似小事实则与居民生活品质息息相关的问题。恳谈会，施工单位及物业公司立时表示积极吸收业主们的建议，对车库内做好详细标注标识、解决路灯偏暗等问题。参会的职能部门除当场给予解释和承诺外，对全部记录进行归类整理，有针对性地做好落实，以此提升坊巷里小区的档次，让居民切实感受到幸福感和归属感。

这种面对面协商问题、实打实解决难题、老百姓广泛参与，已经成为温岭基层民主建设的常态，体现了共建共治共享的现代社会治理理念。据不完全统计，大至重大项目决策，小至群众烦心琐事，20多年来温岭已举行了3万余场各种类型的民主恳谈会。

嵌入：参与式预算

沿海地区的开放进取特性，在温岭人身上得以体现。在民主恳谈会探索过程中，温岭市委市政府以积极的态度高度重视外界智识的重要智囊作用。从1999年民主恳谈会创设后，就有许多专家学者、媒体记者、政府官员前来观摩，或从民主创新层面或从基层治理层面，肯定其价值，提炼其意义，并对增强其科学性专业性提供帮助和咨询。在国外盛行的"参与式预算"，就在学者和专家的建议下，与民主恳谈会进行了融合。所谓参与式预算是指在政府预算的各个环节，公民通过一系列的制度安排直接进入预算过程。这是公民与政府，就政府财政预算交换意见、表达意愿和利益要求的一种平台。由于民主恳谈会和参与式预算在理念上有诸多契合，两者融合创造出具有温岭特点的制度模式。在温岭的参与式预算中，以民主恳谈为主要形式，民众就政府年度预算方案协商讨论，人大代表审查政府财政预算并决定预算的修正和调整，进而实现实质性参与和监督政府预算的执行。通过这种形式，对影响农村公共产品供给的财政预算支出吸引公众参与，对公共项目的优先性进行排序，最终实现提高财政资金使用效率、监督财政资金有效运行的目的。

最先实践参与式预算的民主恳谈会，是2005年的泽国镇。年初，镇政府根据"小城镇综合发展"试点要求，在征求人大代表、政协委员意见基础上，列出4大类30个需要建设的项目，包括道路、桥梁、旧城改造、规划设计等，共需资金13692万元，而当年可用城镇建设资金只有4000万。恳谈会需要解决两个问题：民众最希望哪些项目当年列入预算？在给定资金的前提下如何进行项目优选？

4月9日，泽国镇2005年城镇建设预算安排决策民主恳谈会召开。这次会议引入美国斯坦福大学菲什金教授的"协商民意测验"技术，凸显出流程设计的科学性和民主技术的严密度。比如，用类似博彩的乒乓球摇号方式，按一定比例随机抽样挑选275名代表，以保障参与代表的广泛性与真实性；预先10天将项目说明书和专家组对项目的介绍发给代表，让代表对议题有所了解与准备；培训中立的主持人和观察员，在协商过程中发挥引导作用；程序上安排两轮小组讨论和大组汇报，让所有代表有充分而平等的发言机会；协商之前、之后发放两次问卷调查，进行定量分析，让决策者能准确把握参与者的意见。最后，按第二次问卷调查依得分顺序，将总投资约3640万元的12个项目拟定为当年预算，将总投资约2250万元的另外10个项目作为备选。会后，在泽国镇第十四届人大第五次会议上，镇政府关于2005年城镇基础设施建设项目的报告得到表决通过。这次民主恳谈会被学者们称为"泽国实验"得到认可。

与泽国实验几乎并行的，是将民主恳谈形式与基层人民代表大会制度相结合，针对公共预算进行民主协商的"新河参与式预算模式"。新河镇的预算民主恳谈经历了两年的尝试。2005年，仅限于会期内的人大代表民主恳谈；次年，为体现民主意蕴，既有专家"外脑"支持，还吸引公众参与，并增加具有法律效力的预算修正案环节，形成了可供复制的预算民主恳谈、预算执行与监督的制度流程。

新河镇参与式预算主要由人代会期间的两轮预算恳谈审查与非会期的常设财经工作小组完成。在初审环节，由镇人大财经小组组织预算报告，提交恳谈会讨论。参与民众根据职业划分为农业组、工业组和社会发展组，分组参与预算报告讨论（现已调整为以人大代表工作站为单位组织恳谈），并详细记录初审意见。为保障恳谈质量，事先公布预算草案、恳谈告示、对参与者进行培训。在人代会讨论环节，由人大代表参与预算审查。代表们在了解初审恳谈情况后，对预算草案提出质询与建议，镇政府负责人现场解答。根据两次恳谈会意见和建议，镇政府重新提交修改后的方案，由全体代表对新方案讨论。若有不满意之处可联名提出"预算修正议案"，一旦修正议案表决通过则具有强制性的法律效力。预算通过后，由人大财经工作小组监督政府的预算执行情况。镇政府需每季度向该小组报告预算执行情况，特别是预算变动、新增预算等重要信息。

新河镇的参与式预算模式将议题聚焦于公共财政，既推动了预算的公开化、透明化改革，又与基层人大制度相结合，促使民主恳谈走向制度化的轨道。2009年1月，温岭市人大常委会作出了《关于开展预算初审民主恳谈，加强镇级预算审查监督的指导意见》的通知，进一步深化民主恳谈与基层人大工作的结合，加强预算审查监督，规范政府预算行为，并对预算试验的具体开展作了详细规定。

为切实加强乡镇政府财政预算编制工作，温岭市按照中共十八大和十八届三中全会提出的加强全口径预决算审查监督的要求，运用民主恳谈的方式，继续在镇（街道）和市级部门两个层级深化社会公众参与财政预算协商的探索，先后推出预算征询民主恳谈会、预算收入民主恳谈会、选民代表协商民主恳谈会等形式。不管何种形式，总的设计思路还是让民众确实享有充分的自主权：公共财政项目该不该建？如果要建，怎样建更节约、更合理、更有效？

搭载："请你来商量"

中共十八大以来，以习近平同志为核心的中共中央对建设社会主义协商民主作出全面部署，推进协商民主广泛多层制度化发展。人民政协作为专门协商机构，不断完善协商议政格局。各级政协结合实际，创造各具特色的协商形式，参与社会治理。浙江省政协的"请你来商量"、温岭市政协的"民生议事堂"等，都是当地有影响的协商品牌。

到了2018年，"民主恳谈"经过近20年的不断完善，日益成为温岭

百年中国 协商史话

"请你来商量"民主恳谈协商现场

体制内外喜闻乐见的基层协商形式。8月30日下午，温岭市政协召开"请你来协商"物业管理专题恳谈会，首次运用民主恳谈这一载体，改进相关程序，通过线上线下的实时互动，进一步拓宽了政协吸收和征集社情民意的渠道。这次活动将民主恳谈形式融入政协协商之中，实现政协协商与基层协商的有机结合，探索形成有温岭政协特色的恳谈式协商议政新模式。

"温岭170个小区，成立业委会的有137个。但是，真正能管理到位的大概只有十分之一；大部分以刷存在感为主，部分甚至处于瘫痪状态。"温岭市政协委员林兼优第一个接过话筒，他的发言显然经过了事先的调研。

"小区遛狗吓到孩子，谁来管？"

"老旧电梯的安全问题谁来负责？"

"又要费用便宜，又要服务质量高，物业管理难上加难！"

……

"U"字形的会场里，在电子大屏幕前，政协委员、有关部门负责人、群众代表围坐在一起，围绕物业管理主题，分别就业委会和小区自治、物业管理与物业费、小区安全、小区秩序和二次供水及老旧小区电梯安装、物业企业服务变革提质及其可持续发展、信用物业及政府监管6个方面进行面对面的恳谈协商。

物业管理事多繁杂，但物业无小事，"一枝一叶总关情"。小区秩序、二次供水及老旧小区电梯安装成为大家讨论的热点之一。《温岭日报》对这天恳谈会的报道，展示了现场协商的情况。

政协委员王齐恩：近几年来，政府为了解决道路拥堵问题，积极开展治堵，不断拓宽道路，道路虽然畅通了，但给小区周边秩序带来一系列问题。比如，给居民出行带来安全隐患；使得小区居民停车更难；对小区建筑物结构安全很不利。

群众代表南屏社区居委会主任陈轶：南屏小区的秩序管理，其中主要一项是车辆管理。目前，南屏小区车辆已超过了2000辆，现夜晚满负荷容纳量是1500辆。小区目前没设门禁，因为车位和需求量的差额太大。如果全面实行停车位改造，留取消防通道以及消防登高面后，停车位将仅剩1000个左右，更为紧张。

交警大队：停车问题是社会焦点问题，想要解决此矛盾，除了对进入小区的车辆进行限行，适当收取停车费等，还要在小区内适当划停车位，建立立体停车位等。市政府对于改造老旧小区有相关资金补助。

政协委员邵力军：居住小区居民饮用水安全及二次供水管理在物业管理上显得尤其重要。目前，城区有二次供水设施的高层住宅小区有80余个，有些小区用水设施设备老化严重，运行能耗大，水箱清洗不及时影响水质，群众反响强烈。建议市政府成立二次供水改造专门机构，对现有高层住宅二次供水设施，采取成熟一批，改造一批，接管一批，改造验收合格后，由供水公司接管，实现专业化管理和供水到户、服务到户。对新建高层住宅二次供水设施，在规划设计时就应按高层二次供水设施技术标准进行规范。

水务集团：对于二次供水，从120个小区供水设备的调查结果来看，设备设施老化严重，能耗大，噪声大，水箱没有清洗，安全防范措施不到位，并不乐观。今年5月份，台州市综合行政执法局专门针对二次供水问题邀请相关人员去江苏调研学习，我们要出台政策，出台建筑标准，要求统建统管，我们也愿意承担该责任。对于新建小区，我们要严格要求。对于老旧小区，要按改造一个，接收一个，由我们统一管理。老旧小区没有改造完成前，物业公司要加强日常管理，对二次供水设备设施建立档案，定期消毒水箱，涉及资金问题建议业委会与物业公司事前明确。

市建设规划局：对于老旧小区加装电梯问题，听说在杭州、宁波等地有试点，我们认为该问题应提上议程。电梯安装费用需十几万元，平时运行也需要费用，住户对于需求是否一致、费用如何分摊等问题均存在。该问题正在一步步落实。

有问题有回应，彰显了"恳谈"就是"商量"的真义。为扩大参与范围，这次恳谈会采取现场图文直播互动的方式，直击各个小区存在的种种问题。在会场的主屏幕上，记者看到"直播区""大家说"两个子频道，主持人可以通过来回切换将网友的发言抛入现场。"线上"同样是有问有答。

网友"双"在线发帖："因野蛮装修造成危房或房屋坍塌的事例各地时有发生，导致对房屋质量的隐性破坏。"

政协委员张美仁建议："物业严把门岗关，加大装修巡查频率，做好全过程装修监管，对制止劝说无果的及时上报执法部门。"

建工局相关负责人表示："接到投诉后，将第一时间组织现场勘查，要求其恢复原状并进行相应罚款。"[1]

在两个半小时的微信直播中，吸引了13.8万人次的网民浏览，留言跟帖458条。这些留言内容也将分门别类予以整理，由相关部门跟进解决。

政协委员是各界群众的代表，具有一定的专业素养和参政能力；参会群众都是利益相关者；职能部门既是公共事务的管理者，也是会议成果的落实者。这种政协协商与基层协商相结合的新模式，必将产生1+1>2的效果。正如时任市政协主席黄海斌所总结的，这次举办物业管理专题恳谈会，有助于进一步发挥政协协商民主作用，搭建政协委员、界别群众与政府相关部门面对面的交流沟通平台，共同商讨对策，凝聚共识，推动相关问题的解决。

衍生：行业工资集体协商

温岭行业工资集体协商是民主恳谈实践的横向拓展。这种协商方式

---

[1]《市政协召开"请你来协商"——物业管理专题恳谈会，推进物业管理高质量发展》，《温岭日报》2018年8月31日。

首先在新河镇实践。20世纪80年代，伴随改革开放的春风，新河镇不少人开始从事羊毛衫产业。虽然是手工作坊式的加工，但也使一部分人逐渐走上了富裕、安康的生活道路。仅几年时间，新河镇从事羊毛衫行业的小作坊迅速扩张，产业群不断扩散。由于新河镇羊毛衫行业是一个劳动密集型企业，技术含量和市场准入门槛较低，呈现各种规模的生产企业，大到1000多人以上规模的大工厂，小到几十人的家庭作坊。企业之间竞争非常激烈，难免出现大量无序竞争。尤其是，这个行业生产季节性很特殊：1月至4月基本不开工，4月至8月是生产淡季，9月到11月才是生产旺季。在生产旺季，为了聘用到足够数量、具有娴熟技能的工人，激烈竞争会导致私营企业主之间反目成仇，多败俱伤。与此相关联，工人与企业之间的矛盾也一触即发。对于工人来说，"哪里给的钱多就到哪里去"。在生产旺季的时候，工人突然提出加薪的要求。企业主为完成生产任务，表面上答应工人的要求，一旦旺季过后，却难以兑现，劳资冲突不断。温岭市人事劳动保障局的资料显示，2002年8月到9月，在这近一个月的时间里，新河镇有8家企业，168人就工资拖欠问题上访，其中一个企业有40多人集体上访。2004年8月下旬，新河镇最大的羊毛衫厂之一——唐古拉绒毛制品有限公司的工人因某个款式的羊毛衫计价工资同比下降了1元而难以接受，走上罢工的地步。

激烈的劳资纠纷和资方之间的矛盾，严重影响新河镇羊毛衫企业的经营生产，工人也常常面临丢掉工作、减损收入的局面。2003年，在政府的引导下，新河镇羊毛衫行业的113位企业负责人联合成立了羊毛衫协会。成立协会的初衷主要是协调资方关系，避免无序竞争。如果企业主结成了"利益同盟"，工人仍像马铃薯一样处于分散状态，其合法权利就无法保障。工会的积极介入就责无旁贷。

工资是劳资关系的焦点和核心议题。为了促进企业健康发展和劳资关系和谐，温岭市委市政府鉴于当时民主恳谈实践的成功，便试图借用这个平台解决日益严峻的劳资冲突。温岭市总工会和劳动保障部门约定，按照《工资集体协商办法》，工资集体协商双方达成一致意见后，工资协议经双方首席代表签字盖章后成立。协议签订后，应于7日内由企业将工资协议一式三份及说明，报送当地劳动保障行政部门审查通过，使之具有规范效力。

温岭及其新河镇两级政府策划开展一场由政府主导、工会出面、劳资双方积极参与的"羊毛衫行业职工工资恳谈会"。有着27年基层工会工作经历的新河镇总工会副主席陈福清被委以重任，负责首场行业恳谈会的具体安排工作。陈福清围绕羊毛衫行业进行一个多月的摸底调查，收集了1000多人的意见，并形成一个意向的价格。随后，新河镇工会约请羊毛衫协会的几位理事，根据工作程序的实际，将羊毛衫的生产环节分解成5个工种，59道工序。在与温岭市人事劳动保障等部门协商沟通后，根据当地社会平均劳动时间，确定最低工价为8.5元。

2003年6月13日，各方代表开展民主恳谈。从10家大规模企业员工中挑选出来13位职工代表与8位企业负责人代表就初步拟定的5个工种、59道工序的工价标准进行协商谈判。温岭劳动保障部门，市总工会、新河镇政府及工会的负责人出席恳谈会，但不直接参与谈判，不做任何行政干预。

恳谈会上，主要焦点问题自然是工价。尽管这个问题争议已久，但会议气氛并没有火药味。大家心平气和，积极协商沟通。比如，工人代表说：羊毛衫加工的第一道工序，我觉得，这个工种的合理价格应该是10.5元。企业主代表说：根据行业情况，这个工种的工价每件9.35元是合理的。工会代表提出：根据工会调查，这个工价是有点低，希望企业考虑工人的合理要求，予以合理提价。

2021年温岭新河镇羊毛衫行业工资协商会现场

整个工资集体协商过程，劳资双方经历三轮6次反复，共召开10次民主恳谈会，发放征求意见表500余份。第一轮协商后，与会代表与各自联系的利益群体进行磋商，职工代表还受其他工人的委托，以匿名方式提出自以为合理的工价。镇工会汇总后，反馈给行业协会。由于职工诉求与企业意愿相差甚远，有的工序相差每件1元。紧接着又进行了第二轮协商。职工代表与企业主代表分别做出让步，双方诉求进一步接近。在第三轮协商时，新河镇工会出面予以协调，最终双方达成都比较满意的最低工资标准：8小时正常劳动时间内，工资最低价格为27元，月工资（包括加班工资）不低于800元，同时明确工资必须在"当月产量结算后次月25日至28日发放"。如有困难，与工会协商后可适当推迟，但每月必须先支付不得低于国家规定的最低工资标准。

8月8日，陈福清代表羊毛衫行业全体工人与羊毛衫协会在《2003年下半年羊毛衫行业职工工贸（工价）集体协商协议书》上签字。由于羊毛衫行业容易受市场、价格、成本等多种因素波动的影响，工会与协会的协商谈判就成为一个动态性工作。双方约定每年进行一次行业工资协商，基本上都在每年八九月份进行。

行业工资协商带来的结果是显见的：企业主、工人和政府都成了赢家。工人工资逐步上涨，不仅使工人直接受益，还逐渐优化温岭的经济发展环境。2004年到2005年，新河同类上访案件直接下降；2006年以来，已基本实现了纠纷案件零投诉。温岭羊毛衫行业的工资集体协商被推广至其他行业。如今，制鞋、船舶修造等16个行业的工人工资标准都是采取这种协商方式达成的。整个温岭，有23个行业工会与行业协会开展行业工资集体协商，覆盖9000多家企业，其中2500多家企业单独开展协商，总共惠及近40万名职工。通过广泛的"民主恳谈"，形成了行业谈标准、区域谈底线、企业谈增幅的良性循环。

参考文献

《习近平谈治国理政》（二），外文出版社 2017 年版。

《毛泽东文集》，人民出版社 1999 年版。

《毛泽东选集》，人民出版社 1991 年版。

《周恩来选集》，人民出版社 1980 年版。

中共中央文献研究室编：《毛泽东年谱（1893—1949）》，人民出版社、中央文献出版社 1993 年版。

中共中央文献研究室编：《周恩来年谱（1898—1949）》，中央文献出版社 2020 年版。

中共中央文献研究室编：《周恩来年谱（1949—1976）》，中央文献出版社 2020 年版。

中共中央文献研究室编：《毛泽东传》，中央文献出版社 2003 年版。

中共中央文献研究室编：《周恩来传》，中央文献出版社 2008 年版。

中央统战部、中央档案馆编：《中共中央抗日民族统一战线文件选编》，档案出版社 1985 年版。

中央统战部、中央档案馆编：《中共中央解放战争时期统一战线文件选编》，档案出版社 1988 年版。

中央档案馆：《中共中央文件选集》（第 15—18 册），中共中央党校出版社 1992 年版。

中共中央文献研究室、中央档案馆编著：《建党以来重要文献选编（1921—1949）》，中央文献出版社 2011 年版。

政协全国委员会办公厅、中共中央文献研究室编：《人民政协重要文献选编》，中央文献出版社、中国文史出版社 2009 年版。

中共中央党史和文献研究院编：《中国共产党的一百年》（新民主主

义时期），中共党史出版社 2022 年版。

中共中央统战部编著：《中国共产党统一战线史》，华文出版社 2017 年 7 月版。

政协全国委员会办公厅：《开国盛典——中华人民共和国诞生重要文献资料汇编》，中国文史出版社 2009 年版。

中国人民政治协商会议全国委员会研究室、中共中央文献研究室第四编研部编：《老一代革命家论人民政协》，中央文献出版社 1997 年版。

中央档案馆：《中华人民共和国国旗国徽国歌档案》，中国文史出版社 2014 年版。

政协全国委员会办公厅编：《大道同行——从"五一口号"到协商建国重要史事回顾》，中国文史出版社 2019 年版。（本书部分图片选自该画册）

政协全国委员会文史资料委员会编：《五星红旗从这里升起——中国人民政治协商会议诞生记事暨资料选编》，中国文史出版社 1984 年版。

中共河北省委统战部：《李家庄时期统一战线史料选编》，华文出版社 2018 年版。

重庆市政协文史资料研究委员会等编：《政治协商会议纪实》，重庆出版集团、重庆出版社 2016 年版。

中共重庆市委党史研究室等编：《重庆谈判纪实》，重庆出版集团、重庆出版社 2016 年版。

重庆市政协文史资料研究委员会等编：《抗战时期国共合作纪实》，重庆出版集团、重庆出版社 2016 年版。

重庆市政协文史资料研究委员会等编：《国民参政会纪实（1938—1948）》，重庆出版集团、重庆出版社 2016 年版。

中国社会科学院近代史研究所等主编：《陕甘宁边区参议会文献汇辑》，知识产权出版社 2013 年版。

中共北京市委党史研究室等编：《老一辈革命家在香山》，北京出版集团公司、北京人民出版社 2019 年版。

中共河北省委统战部编：《李家庄纪事》，华文出版社 2018 年版。

中共河北省委统战部编：《追忆李家庄》，华文出版社 2018 年版。

中国政协文史馆编：《文史资料选辑》第 171 辑，中国文史出版社 2019 年版。

全国政协办公厅编：《人民政协视察工作五十年》，中国文史出版社

2005 年版。

李维汉：《回忆与研究》，中共党史资料出版社 1986 年版。

朱学范：《我与民革四十年》，团结出版社 1990 年版。

张治中：《张治中回忆录》，华文出版社 2022 年版。

黄炎培：《黄炎培日记》，华文出版社 2008 年版。

柳亚子：《柳亚子日记》，上海人民出版社 2015 年版。

梁漱溟：《忆往谈旧录》，中国文史出版社 1987 年版。

叶圣陶：《叶圣陶日记》，山西教育出版社 1997 年版。

海宁市档案局整理：《宋云彬日记》，中华书局 2016 年版。

叶笃义著：《虽九死其犹未悔》，北京十月文艺出版社 1999 年版。

《王世杰日记》（手稿本），影印件。

金冲及：《二十世纪中国史纲》，社会科学文献出版社 2009 年版。

胡乔木：《胡乔木回忆毛泽东》，人民出版社 2014 年版。

童小鹏：《在周恩来身边四十年》，华文出版社 2015 年版。

石仲泉主编：《中共八大史》，人民出版社 1998 年版。

朱维群：《1948—2008：让历史告诉未来》，华文出版社 2008 年版。

杨胜群、陈晋主编：《亲历者的记忆：协商建国》，生活·读书·新知三联书店 2009 年版。

杨胜群、陈晋主编：《五十年的回望——中共八大纪实》，生活·读书·新知三联书店 2006 年版。

全国政协文史资料委员会：《中国人民政治协商会议第一届全体会议亲历记》，中国文史出版社 2003 年版。

陈扬勇：《建设新中国的蓝图》，社会科学文献出版社 2013 年版。

韩大元：《1954 年宪法制定过程》，法律出版社 2014 年版。

于化民：《裂变与重构——人民共和国的创世纪》，社会科学文献出版社 2016 年版。

高伟：《百年三峡：三峡工程 1919—1992 年新闻选集》，长江出版社 2005 年版。

左玉河编著：《张东荪年谱》，群言出版社 2013 年版。

郝在今：《协商建国：中国民主 1949》，漓江出版社 2010 年版。

史宝强：《"五一口号"史稿》，河北出版传媒集团、河北人民出版社 2015 年版。

陈奕敏：《从民主恳谈到参与式预算》，世界知识出版社2012年版。
李红梅、刘仰东：《人民政协诞生实录》，中国文史出版社2019年版。
李红梅、刘仰东：《向北方》，江苏人民出版社2021年版。

后 记

协商民主是实践全过程人民民主的重要形式。习近平总书记指出，协商民主在中国"具有深厚的文化基础、理论基础、实践基础、制度基础"，社会主义协商民主"有根、有源、有生命力"。那么，协商作为一种政治理念、作为一种民主形式，以及协商与民主有机结合发展成一种制度，它是如何生发的？任何理论、制度都有其内在的历史逻辑。所有这一切，既需要从理论上说得清、讲得明，更应该从历史上弄清其演进过程。若能有让人可见可闻的协商案例，无疑将绘就一幅更加清晰的"生长"画卷。

历史是最好的教科书，是理解现实世界的必要起点。商量、讨论、协商的传统，在我国社会生活乃至政治文化中源远流长，留下许多耳熟能详的成语：求同存异、和衷共济、和合共生、和而不同、兼听则明……在我国，具有真正现代民主含义的协商，则发生在中国共产党成立之后。民主是全人类的共同价值，是中国共产党和中国人民始终不渝坚持的重要理念。中国共产党在领导人民进行革命、建设、改革的长期实践中，不断弘扬协商精神，运用协商理念，创新协商形式，使之与现代民主有机结合，创造和发展了我国社会主义的政治制度。本书所展现的，主要集中于中国共产党领导中国革命、建设和改革活动中所开展的协商场景，或者与之相关的协商制度演变。

在我国政治架构中，人民政协是社会主义协商民主的重要渠道，是专门协商机构。本人毕业于中共党史专业，具有28年政协协龄。无论出自职业敏感还是个人兴趣，我对协商都有一种天然的好奇。尤其是，这几年在研究政协历史和文化过程中，发现了许许多多没有得到充分挖掘且意义重大的政协协商故事。比如，我们常说协商建立新中国，新中国是如何协商建成的？共同纲领、政府组织法、政协组织法是如何形成的？国旗国歌国徽是如何诞生的？这一系列问题，普通民众想了解，但似是而非；一些专业学者想梳理，但囿于资料所限难以深入展开。最近我在人民政协报上相继发表了中华人民共和国国名、国旗、国歌、国徽是如何协商产生的文章，得到读者的盛赞。有党史专家称其中的篇章"很具体、很准确，也很有权威性"；许多媒体予以转载，仅"国旗国歌"一篇在新华网客户端的点击量不到一个月就达17万。这在带给我惊喜的同时，也令我深受触动，表明有那么多人喜欢阅读这些协商故事。

这几年，我们先后举办了《大道同行——从"五一口号"到协商建国重要史事回顾》《人民政协光辉历程展》《档案实录——人民政协成立前后珍贵资料展》《中国共产党第八次全国代表大会历史陈列》《旗帜飘扬——党旗国旗军旗诞生珍贵史料展》等展览。在策展和脚本创作中，我接触、研究了大量的档案文献及日记、回忆录等"亲历亲见亲闻"史料。我总感到，若不将一些重大事件的协商细节系统地整理出来，许多有价值的内容只能沉睡在历史角落，或者束之高阁。我在梳理过程中，为了弄清弄透一些史事，有时，还对其他一些协商案例，通过挖掘资料线索，爬罗剔抉，作比较研究。事实上，这些协商事例，基本上包含了全过程人民民主的全链条、全方位、全覆盖。我越深入研究，越觉得应该将这些协商故事讲给更多人，使他们从中感受协商的理念，品味其神韵，以便深入理解和领会协商民主的理论、实践、制度背后的逻辑。

疫情期间，在工作之余，《百年中国协商史话》这本书断断续续写了三年多，好几次都差点搁笔放弃了。不是因为青灯黄卷坐不住"冷板凳"，而是怀疑做这件事的价值。非常感谢在我犹豫时给我鼓励的老师、领导、同事、家人和朋友。当我给我在北京大学读书时的老师宁骚先生谈及本书思路和章节内容时，他说仅从实证研究和比较研究来说，就很有价值，并不顾80岁高龄欣然作序。我担心他的身体，可这位老政治学家说："我有话说。"当我给老领导卞晋平先生汇报书稿时，心里是忐忑的。但他给予的肯定令我感动。他为此书写的序中有句话与我的初衷不谋而合：这是"一部力图让广大群众都能懂得、都能掌握"的书。党史专家李忠杰先生、黄小同先生、杨冬权先生为本书提出许多宝贵的修改意见。刘华林等一些同事和朋友帮助提供资料、给予支持。两位责编詹红旗和戴小璇为本书的出版付出了大量心血！最直接最温暖的动力是家人的爱。我母亲王书兰给我的创作提供坚强的后盾；我爱人时和兴教授常常提出独到的见解，并放下他的写作为此书统稿；我女儿时川萌用她在哈佛大学求学的实际行动激励着我：有目标就要坚持！

  谨以此书，献给我热爱的人民政协事业，回报一切爱我的人及我爱的人！由于本人能力所限，本书难免有不妥之处，敬请批评指正！

李红梅

2022 年 9 月